# 小学语文
# 课程与教学导论

江玉安　著

湖南师范大学出版社

**图书在版编目（CIP）数据**

小学语文课程与教学导论／江玉安著. —长沙：湖南师范大学出版社，2018.5

ISBN 978 - 7 - 5648 - 3222 - 3

Ⅰ.①小…　Ⅱ.①江…　Ⅲ.①小学语文课—教学参考资料　Ⅳ.①G623.203

中国版本图书馆 CIP 数据核字（2018）第 082671 号

# 小学语文课程与教学导论

Xiaoxue Yuwen Kecheng yu Jiaoxue Daolun

**江玉安　著**

◇组稿编辑：李　阳

◇责任编辑：李红霞

◇责任校对：胡晓军

◇出版发行：湖南师范大学出版社

地址／长沙市岳麓山　邮编／410081

电话／0731 - 88873071　88873070　传真／0731 - 88872636

网址／http：//press. hunnu. edu. cn

◇经销：新华书店

◇印刷：湖南雅嘉彩色印刷有限公司

◇开本：710mm×1000mm　1/16

◇印张：25.25

◇字数：490 千字

◇版次：2018 年 5 月第 1 版　2018 年 5 月第 1 次印刷

◇书号：ISBN 978 - 7 - 5648 - 3222 - 3

◇定价：69.00 元

# 前　言

　　本人曾多年任教小学语文学科，又较长时间任教小学语文课程与教学论学科，一直关注与思考小学语文课程与教学问题。特别是 2003 年以来，由于教学小学语文课程与教学论的需要，很想把小学语文课程与教学的有关内容梳理一下，为自己的教与学生的学提供方便。

　　教学与研究都需要有改革创新精神，但改革创新不是对既有东西的全盘否定、一切从头再来。教学中如果忽视理论的继承性，忽视已有研究成果或知识的重要性，就会使学生无所适从，动摇学习的信心，这对学习是十分不利的。研究小学语文课程与教学，首先要研究小学语文课程与教学的既有研究成果。小学语文课程与教学的既有研究成果主要体现在以下几种载体中：小学语文课程标准或教学大纲、小学语文课程与教学论教材或论著、小学语文课程与教学有关杂志或学术论文。小学语文课程标准或教学大纲，以国家法规的形式反映当时人们对小学语文课程与教学的共识或比较先进的理念；小学语文课程与教学论教材或论著，往往比较系统、深刻地反映一个时期的研究成果；小学语文课程与教学有关杂志或学术论文，往往能较及时地反映小学语文课程与教学的"最新"研究成果。研究这些既有研究成果，才能发现不同时期小学语文课程与教学中不变的东西及变化的规律与趋势，才不至于被课程与教学一时一事的现象所迷惑。因此，教学或研究小学语文课程与教学，首先要研究小学语文课程与教学的既有研究成果。

　　"教学论可以分两种研究取向：一是基于哲学和教学实践经验总结的教学论（简称哲学取向教学论），这种教学论可以追溯到夸美纽斯（1592—1670）的《大教学论》（1657 年公开发表）。二是基于科学心理学和实证研究的教学论（简称科学取向教学论）。后者产生于20世纪六七十年代的美国。"① 从某种程度上说，基于科学心理学和实证研究的教学论更具有可信性。因此研究小学语文课程与教学特别应该学习与借鉴科学心理学的成果。现代教学设计，实际就是基于科学心理学和实证研究的教学论，因此研究小学语文课程与教学也应当很好地借鉴现代教学设计的研究成果。

教学或研究小学语文课程与教学，还应该参与小学语文课程与教学的实践。只有联系实际，才能更深切地理解理论，验证理论，促进理论的发展。作为小学语文课程与教学论教师，也只有具备小学语文课程与教学的一定实践经验或经历，说话才更有底气，才能为师范生所信服。

本书内容，就是本人从事小学语文教学及小学语文课程与教学论教学或研究过程中，学习参考不同时期教学大纲或课程标准、有关小学语文课程与教学论教材或论著、有关杂志中的论文等成果，学习有关课程与教学理论、心理学与现代教学设计理论，结合自己教学实践体会而形成的东西。特别是借鉴了"哲学取向"与"科学取向"两种取向教学论的一些成果，研究方法上尽量借鉴两种取向的长处，不排斥"经验"，更不排斥"科学的理论"，尽量用全面、联系、发展、实践的观点与方法研究小学语文课程与教学问题。这样的研究或许是理论与实践相结合的最好方法。本书各部分内容，尽量在梳理不同时期小学语文教学法或小学语文课程与教学论教材中相关内容发展脉络的基础上展开论述，特别注重不同时期语文课程与教学论的纵向联系，以及小学语文课程教学与心理学等学科内容的横向联系，注重理论联系实际，目的是引导读者对有关内容能有一个更全面的认识，或为大家进行深入研究起到一定的引导作用，因此本书命名为"小学语文课程与教学导论"。

本书内容涉及教师论、课程论、教学论等内容，共分8章。这些内容涵盖了小学语文课程与教学论的最重要的方面。因此，本书可以作为师范生、小学语文教师及研究人员学习研究小学语文课程与教学论的教材或参考。

如前面所说，本人自从任教小学语文课程与教学论（当时课程名称为"小学语文教学法"）开始，就想自己编写一本《小学语文课程与教学论》资料。这有诸多原因，主要的有两个：一是想通过编写资料，促使自己查阅有关资料，真正熟悉与掌握这门课程；二是自以为，结合着自己曾经的

---

① 皮连生. 教学设计（第2版）[M]. 北京：高等教育出版社，2009：17.

教学经历，编写出一本高质量、有特色、方便教、利于学的资料甚至正式的教材也许不是一件很困难的事情。但这项工作实行起来却并没有想象的那么简单。十多年来，越来越觉得需要学习、借鉴的东西还有太多太多，不时会发现自己成果中本来较得意的内容还需要进一步修改或不断完善，越来越没有勇气把自己不成熟的成果过早地公之于众。当然，学无止境，个人的研究也不会有止境。由于本人水平有限，目前呈现的这个"成果"中谬误肯定不少，恳请专家、读者指正。

　　本书参考了大量前辈及当前专家、名师的既有研究成果。在众多的参考资料中，由于教学需要及资源条件等原因，在小学语文教学法或小学语文课程与教学论方面重点参考引用过的教材或论著有：李纪生著、浙江人民出版社出版的《小学语文教学法讲话》（1954 年 8 月第 1 版，1956 年 1 月第 6 次印刷），这是本人手头持有的一本新中国成立以来最早的小学语文教学法资料；薛焕武、李树棠、吴德涵、易新夏等编，人民教育出版社出版的师范学校课本《小学语文教学法》（1958 年 7 月第 1 版第 1 次印刷），这是本人手头持有的一本新中国成立以来人民教育出版社出版的最早的小学语文教学法；袁微子主编、人民教育出版社出版的中等师范学校语文课本（试用本）《小学语文教材教法》（1984 年 12 月第 1 版），这是改革开放以后，人民教育出版社出版的较早的一本小学语文教学法课本；《小学语文教学研究》编写组编、江苏教育出版社出版的《小学语文教学研究》（1993 年 8 月第 1 版），这是本人手头持有的一本最早的、编写质量很高的专科层次小学语文课程与教学论方面的教材，是国家教育委员会师范司中师处委托上海师范专科学校负责组织，由北京第三师范学校、南京晓庄师范学校、江苏南通师范学校、江苏无锡师范学校、上海师范专科学校等有关同志合作编写的；人民教育出版社小学语文室编著、人民教育出版社出版的中等师范学校语文教科书（试用本）《小学语文教学法》（1995 年 12 月第 1 版），这是我国小学教师即将由中师层次向专科层次过渡的时期、人民教育出版社出版的一本中师层次的小学语文教学法教材；魏薇主编、齐鲁书社出版的山东省五年制师范学校统编教材（试用本）《小学语文教学法》（2002 年 6 月第 1 版），这是本人任教小学语文教学法学科后使用的第一本教材，这也是新课改开始后较早的一本专科层次小学语文课程与教学论方面的教材；倪文锦主编、高等教育出版社出版的基础教育新课程教师教育系列教材《小学语文新课程教学法》（2003 年 7 月第 1 版）与李家栋主编、开明出版社出版的中小学教师继续教育——新课程教学法丛书《小学语文新课程教学法》(2003 年 11 月第 1 版)，这是新课改开始后较早的两本较好的体现新课程精神的小学语文课程与教学论方面的教材；江平主编、高等教育出版社出版的高等院校小学教育专业教材《小学语文课程与教学》(2004 年 8 月第 1 版)，这是本人教学使用过的第二本教材，本教材较好地体现了新课改精神，内容比较系统、全面，注重理论性与实践性；尚继武主编、山东教育出版社出版的高职高专初等教育专业系列教材《新课程背景下的小学语文学与教》(2008 年 8 月第 1 版)，这是一本体现新课改精神、一定程度上反映了新课改成果的教材。从这些教材，即可大体看出新中国成立以来我国小学语文课程与教学论发展的脉络。当然，本书还引用了许多其他优秀教材或论著的内容，不再一一罗列；由于本人学习能力及文献资料查阅条件的限制，不免还有许多优秀的文献没有查阅到。

本书引用或参考的内容尽量注明了出处。但由于本书是一个长期学习积累的结果，也由于当初引用"参考"意识不强或不规范，有些参考或引用内容的出处并没有记录或记录不准确。在此向有关参考文献的作者表示歉意，并向本书中所有参考文献的作者以及给予我帮助与启发的前辈、专家、同行、同事及我的学生们，表达衷心的谢意！

江玉安

2017 年 12 月 20 日

# 目 录

# 绪 论

## 一、小学语文课程与教学论的性质与地位

各个时期的小学语文课程与教学论教材，在其"绪论"中对这门课程的性质与地位大都有所说明，但内容不尽相同。例如：

有《小学语文教学法》认为："小学语文教学法是教育科学体系中分科教学法的一种，是师范学校一门重要的专业课。"[1]

有《小学语文教材教法》在"绪论"的"明确学习目的"中指出："《小学语文教材教法》是一门实践性很强的专业课。"[2]

有《小学语文教学研究》认为：中等师范学校的《小学语文教材教法》课，是"教育科学领域中的一种分科教学法，是与教育学、心理学、语言学等学科具有密切联系，但又独立存在的一门边缘学科。"[3] "《小学语文教学研究》是《小学语文教材教法》的后续课程，是小学教育专科学校（班）的一门专业学科。"其特点是具有"整体性"与"探索性"。[4]

有《小学语文教学法》对小学语文教学法的性质作了较详细的分析，最后概括指出："小学语文教学法是一门具有理论性、实践性和综合性的教育学科。"[5]

有《小学语文课程与教学》在其"前言"中指出：从《小学语文教学

---

① 薛焕武，李树棠，吴德涵，等. 小学语文教学法 ［M］. 北京：人民教育出版社，1958：1.

② 袁微子. 小学语文教材教法 ［M］. 北京：人民教育出版社，1984：2.

③ 《小学语文教学研究》编写组. 小学语文教学研究 ［M］. 南京：江苏教育出版社，1993：1.

④ 《小学语文教学研究》编写组. 小学语文教学研究 ［M］. 南京：江苏教育出版社，1993：2 - 3.

⑤ 魏薇. 小学语文教学法 ［M］. 济南：齐鲁书社，2002：2 - 3.

法》或《小学语文教材教法》，发展到《小学语文教学论》，又发展到《小学语文教育学》，显示出这类教材由中师向大专、本科发展的学术层次的提升。《小学语文课程与教学》与《小学语文教育学》处于同一层次，又包含新一代学科教育学要素；课程理论与教学理论是其蕴含的教育理论的两大支柱，开放与生成是其明显的特点。①

有《新课程背景下的小学语文学与教》在"绪论"中谈到：小学语文课程与教学论是初等教育专业（与之对应的本科专业称"小学教育专业"）开设的"一门重要的专业必修课程，专门研究小学语文教学问题，也涉及小学语文课程问题"，"小学语文课程与教学论是高等院校初等教育专业一门重要的、体现专业特色的核心课程"②。关于"新课程背景下的小学语文学与教"的研讨定位，该教材认为："它更侧重于对小学语文教学问题的研究，兼顾一些小学语文课程问题的探讨。"③

由上可见，各个时期的教材，尽管其具体内容不同，但大都将本课程定位为小学语文教师培养的一门重要的"专业课"，认为它是教育科学领域中的一个分支学科，具有理论性、实践性和综合性。

## 二、小学语文课程与教学论的课程目标与内容

### （一）小学语文课程与教学论的课程目标与内容的概念

不同时期相关教材的"绪论"中对该门课程的目标与内容的称谓是不一样的，其具体内容当然也不相同。例如：

有的将该门课的目标称为"小学语文教学法课程的目的"，认为："我们学习小学语文教学法的目的，就是要学习小学语文科的目的和任务，学习小学语文教学的理论和方法，以便掌握小学语文教学的规律，在实际工作中有效地进行语文教学，完成小学语文科应该担负的任务。"④ 将"小学语文教学法的学习内容"概括为三个方面：第一，学习小学语文教学的任务和教学的内容，使我们首先对小学语文科有一个全面的认识。第二，学习小学语文科识字、写字、阅读、汉语、作文等各个组成部分的教学原则，以便掌握小学语文教学的理论知识，作为指导教学实践的依据。第三，学

---

① 江平. 小学语文课程与教学 ［M］. 北京：高等教育出版社，2004：1.
② 尚继武. 新课程背景下的小学语文学与教 ［M］. 济南：山东教育出版社，2008：1.
③ 尚继武. 新课程背景下的小学语文学与教 ［M］. 济南：山东教育出版社，2008：14.
④ 薛焕武，李树棠，吴德涵，等. 小学语文教学法 ［M］. 北京：人民教育出版社，1958：1.

习以上各个部分的教学方法，使我们不仅掌握理论知识，同时运用这些理论知识，学会教学技能，从而能担负起小学语文科的教学工作。①

有的在"绪论"中指出，编写的"目的在于使同学们毕业以后，能够比较顺利地担任小学语文教学工作，成为优秀的小学语文教师"。在"明确学习目的"部分，提出了学生应该达到的几点"认识"。在"掌握主要内容"部分，介绍了教材的内容及结构。②

有的在其"绪论"的"小学语文教学法的性质"部分中提到了它的"研究对象""研究范畴"等概念。③ 在其"绪论"的"小学语文教学法的研究任务"部分中认为小学语文教学法的研究任务，"从总体上看，就是运用教育学、心理学、语言学等相关学科的研究成果，认真考查、系统分析小学语文教学实践过程中的各种现象和事实，探索其中的规律，建立科学化的语文教学理论体系，并指导语文教学实践"④。研究的内容可概括为以下三个方面：研究小学语文教学法本身的基础理论，构建和完善学科的体系；研究和总结语文教学实践或其他相关学科实践中的行之有效的经验，丰富和发展教学理论，促进教学实践的创新；对邻近学科的成就作理论分析，吸取相关学科的有关原理和方法，从而更加深入、全面、系统地考察本学科的研究对象，达到提高小学语文教学质量的最终目标。⑤

有的在其"绪论"中论述了"小学语文课程与教学论的追求"，从"明确课程目标""面向小学语文新课程""以课堂教学为核心"三个方面具体论述；关于"研究对象"，主张将"小学语文教学活动"（包括学生的学习与教师的教学两个方面）作为"小学语文学与教"的研究对象。⑥

这些教材的"绪论"中先后出现过"课程（或学习）的目的""学习的内容""教学任务""研究对象""研究范畴""研究任务""研究内容""追求""课程目标""研讨内容""研讨任务"等概念，有越来越复杂的趋势。其实，这部分内容讲清两个问题就可以了，即这门课程的教学目标与主要内容。其中教学目标就是用最概括的语言说明这门课程要让学生达到的"最终目标"，主要内容就是从宏观上说明这门课程所包含的知识模块。

---

① 薛焕武，李树棠，吴德涵，等. 小学语文教学法 [M]. 北京：人民教育出版社，1958：1.
② 袁微子. 小学语文教材教法 [M]. 北京：人民教育出版社，1984：1 - 5.
③ 魏薇. 小学语文教学法 [M]. 济南：齐鲁书社，2002：2.
④ 魏薇. 小学语文教学法 [M]. 济南：齐鲁书社，2002：4.
⑤ 魏薇. 小学语文教学法 [M]. 济南：齐鲁书社，2002：4 - 5.
⑥ 尚继武. 新课程背景下的小学语文学与教 [M]. 济南：山东教育出版社，2008：9 - 13.

概括各教材中的相关内容，我们可以把目前小学语文课程与教学论这门课程的目标表述为：使师范生掌握必要的小学语文课程与教学理论知识，熟练掌握小学语文教学的基本技能，具有创新意识与初步的研究能力，培养师范生热爱小学语文教育的情感。

**（二）小学语文课程与教学论的内容与结构**

不同时期的小学语文课程与教学论的内容与结构是不一样的。例如：

李纪生著、浙江人民出版社出版的《小学语文教学法讲话》（1954 年 8 月第 1 版，1956 年 1 月第 6 次印刷），其内容一共有十四讲，分别为："小学语文教学的目的和要求""教学原则与教学原则的综合体现""课堂教学的组织形式、一般要求及语文课堂教学类型的选择""怎样讲授语文课新教材""掌握教材中心思想贯彻思想教育""语文课中自然常识的教学""语文课复习、巩固及布置作业的实施方法""教学方法与教学方法的错综使用""语文课教学的课前准备工作""怎样编写语文课授课计划""语文课书面作业的内容与订正问题""小学低年级说话与写话的教学方法""小学中、高年级作文课的教学方法""生字练习与写字课的教学"。这些内容主要属于教学问题。

袁微子主编、人民教育出版社出版的《小学语文教材教法》（1984 年 12 月第 1 版），其内容除了绪论，一共分为九章。这九章大体可以分为三个部分。前三章为第一部分，着重阐述小学语文教学的几个基本概念；第四到七章为第二部分，着重阐述小学语文教材和教学的具体情况；第八、九章为第三部分，分别讲小学语文教学的工作常规和在教学实践中提高教学水平。这里增加了教材问题与提高教师教学水平问题。该教材在 1989 年 2 月再版时，基本保留了第 1 版的体例，补充了一些教学实例，特别是在"小学语文的课堂教学（一）"这一章中增加了"听话、说话教学"一节。

《小学语文教学研究》编写组编、江苏教育出版社出版的《小学语文教学研究》（1993 年 8 月第 1 版）的内容共有十一章："小学语文教学的基本理论""小学语文教材""小学语文教师的修养""小学生语文能力的形成和发展""小学语文教学的基本方法""小学识字教学""小学阅读教学""小学听说教学""小学作文教学""小学语文教学评价""国外小学语文教学简介"。这里把"小学生语文能力的形成和发展"作为小学语文教学研究的一项重要内容，把"小学语文教学评价"作为小学语文教学研究的一个专题来研究，都具有重要的意义。

人民教育出版社小学语文室编著、人民教育出版社出版的《小学语文教学法》（1995 年 12 月第 1 版），其内容除绪论外，编为十一章，可以分为三个部分。第一部分包括第一、二章，着重阐述小学语文教学大纲和小学语文教材的几个主要问题。第二部分包括第三至第九章，分别对汉语拼音教学、识字写字教学、阅读教学、听话说话教学、作文教学、课外活动和电化教学作了详细论述。第三部分包括第十、第十一两章，分别介绍小学语文教学工作常规与小学语文教师。这里增加了课外活动和电化教学等内容。

魏薇主编、齐鲁书社出版的《小学语文教学法》（2002 年 6 月第 1 版）除了绪论，一共分为九章，大体可分为四个部分。前两章为第一部分，阐述小学语文课程、小学语文课程标准与小学语文教材；第三至七章为第二部分，分别阐述小学语文实践活动、识字教学、阅读教学、作文教学与听说教学；第八章为第三部分，阐述小学语文教学评价；第九章为第四部分，阐述小学语文教师的素养、常规工作、继续教育等。这里已经将"小学语文课程"作为一项重要内容来论述。

江平主编、高等教育出版社出版的《小学语文课程与教学》（2004 年 8 月第 1 版）的内容共分九章："小学语文课程（上）"、"小学语文课程（下）"（含小学语文课程教材与资源两节）、"小学语文学习"、"小学语文教学（上）"（含小学语文教学的规律、模式、方法、策略四节）、"小学语文教学（下）"（含识字与写字、阅读、写话与习作、口语交际、综合性学习的教学与指导及国外小学语文教学六节）、"小学语文教学与现代教育技术"、"小学语文课程与教学评价"、"小学语文教育研究"、"小学语文教师"。这里把"小学语文教育研究"作为一项重要的内容来论述。

尚继武主编、山东教育出版社出版的《新课程背景下的小学语文学与教》（2008 年 8 月第 1 版）的内容除绪论外共九章，前三章为"小学语文课程""小学语文教材""小学语文教学设计"，第四至八章分别讲"小学语文识字与写字教学""小学语文阅读教学""小学语文口语交际教学""小学语文写话与习作教学""小学语文综合性学习"，第九章是"小学语文教师专业素质及专业发展"。这里增加了"小学语文教学设计"一项内容。

通过上述例子可以看出，小学语文课程与教学论课程的内容在逐步丰富，结构逐步清晰。开始时主要包含"怎么教"（方法）的内容，逐步增加了"为什么教"（目的）、"为什么这样教"（理论）、"教什么"（内容）、

"怎么学"（学生）、"怎么提高"（教师）等内容。增加"为什么教""为什么这样教"与"教什么"等内容，体现了教学研究的深入及对"教学"与"课程"理论的重视；增加"怎么学"的内容，体现了对学生学习主体的重视；重视"怎么提高"则是教师专业发展的要求。

参考有关成果，可把目前的小学语文课程与教学论的主要内容概括为三个模块：教师论、课程论、教学论。本书分八章来论述这三个模块的内容。第一章属于"教师论"的内容，包含小学语文教师应该具备的素养、小学语文教学工作常规、小学语文教研活动及小学语文教育研究等内容，通过这个模块的学习，可以了解小学语文教师的角色及常规工作、活动情况。第二章属于"课程论"的内容，包含小学语文课程的性质、目标、内容、载体、实施途径等内容，通过这个模块的学习，可以对小学语文课程、教材等有一个整体的了解与把握。第三至八章属于"教学论"的内容，包含小学语文教学设计的一般理论方法（如小学语文的教材分析，学情分析，教学目标与重难点的确定，教学方法的选择与教学原则，教学过程的设计，练习、教具与板书设计等）与教学实施（包含识字与写字、阅读、作文、口语交际、综合性学习等方面教学的具体实施），通过这个模块的学习，可以掌握小学语文教学的基本规律，掌握具体的教学方法，促进必要的教学技能的形成。在上述三个模块的内容中，最重要、最核心的内容是"教学论"模块中的"教学实施"部分。

### 三、小学语文课程与教学论的历史演变以及与其他学科的关系

#### （一）小学语文课程与教学论的历史演变

夸美纽斯是世界上第一个试图建立分科教学法的教育理论家，对历史学的重视是他在课程论方面的一大贡献。他曾说："熟悉历史是一个人的教育里面的最重要的因素，是他终生终世的眼目。"[①] 对于师范生或小学语文教师来说，了解小学语文课程与教学论的历史演变，对于学好小学语文课程与教学论这门课程是十分必要的。因此，近些年有些小学语文课程与教学论教材已关注到了这个问题，把对这门课程的历史演变过程的介绍作为了教材或教材绪论内容的一部分。例如王文彦、蔡明主编，高等教育出版社出版的面向21世纪课程教材《语文课程与教学论》，其第一章的第三节

---

① 曹孚，滕大春，吴式颖，等. 外国古代教育史［M］. 北京：人民教育出版社，1981：207.

专门介绍"语文课程与教学论的发展演变",认为"20 世纪初语文单独设科后,语文课程与教学论的研究大体上经历了以下几个发展阶段":孕育于教育学时期(1902—1918 年);国文教授法时期(1918—1924 年);国文教学法和国语教学法时期(1924—1939 年);语文教材教法时期(1939—1978 年);语文教学法和语文教学论时期(1978—1989 年);语文教育学时期(1989—1997 年);语文课程与教学论时期(1997—)。① 又如尚继武主编的《新课程背景下的小学语文学与教》,在其"绪论"中介绍了 20 世纪初语文单独设科后语文课程与教学论研究的几个发展阶段:孕育期、"国文教授法"时期、"国语教学法"时期、"小学语文教材教法"时期、"小学语文教学法"和"小学语文教学论"时期、"小学语文教育学"时期、"小学语文课程与教学论"时期。②

我国小学语文课程与教学论学科的产生与发展,与小学语文课程的产生与发展是密不可分的。因此,给小学语文课程与教学论的发展历史进行分期,需要先了解小学语文课程的产生与发展过程(有关内容见本书"小学语文课程"部分),考虑语文课程名称的变化及研究层次的变化。当然,分期的"界限"并不是绝对的——所谓的某个时期,也许还存在着其他时期对这个学科的称谓与研究层次。

1. 小学语文课程与教学论的历史分期

参照有关研究成果,按照我国小学语文课程及小学语文教学史的基本脉络,我们可以把该门学科的历史划分为以下 10 个时期:

(1)非系统研究时期(语言产生—20 世纪初)

语言是人类的交际工具,是语文的重要组成部分。人类自从有了语言,就有了语文的开端,也就有了语文教学及研究的开端。在我国漫长的历史中,不乏有关语文课程与教学的精湛论述,但直到 19 世纪末,还没有独立的语文课程与教学,当然也就没有独立的、系统的语文课程与教学论。

(2)孕育于教育学的国文教授法时期(1902—1914 年)

1902 年,清政府颁布了钦定学堂章程,"国文"(设习字、读经、作文等科)单独设科,成为中国近代史上具有学科意义的语文教学的开端。同年,钦定京师大学堂(北京大学前身)设立师范馆(北京师范大学前身),

---

① 王文彦,蔡明. 语文课程与教学论(第 2 版)[M]. 北京:高等教育出版社,2006:14 - 18.

② 尚继武. 新课程背景下的小学语文学与教[M]. 济南:山东教育出版社,2008:1 - 4.

开设的《教育学》中有"各科教授法"一章，包括"国文教授法"。"国文教授法"侧重于研究语文教学的具体方法与技术。

当时已出现了以"初等小学国文教科书教授法"等为书名的书，但那并不是教授法专著，而只是当时教科书的"教学参考书"。当时的《初等小学堂国文教科书》《高等小学堂国文教科书》，"每册还另撰教授法书，按课数编次。凡诵读讲解、习问默写、联字造句等法无不详备。其稍之名物训法皆细加诠释，所引古籍、西籍亦详其出处，以省教员检查之烦"①。

（3）综合于教授法的国文教授法时期（1914—1924 年）

1914 年李步青出版了《（新制）各科教授法》，这是我国较早的一本关于小学各科教学的书籍。国文教授法为其中的一章。该书具体地介绍了国文教材和教授方法。这时课程与教学研究逐步从教育学中独立出来，成为独立的学科。但语文课程与教学研究还是与各科"教授法"合编在一起的。此时尽管也出现了专讲国文学科教学的著作，如姚铭恩编《小学校国文教授之研究》1914 年出版，但"此时的小学教授法著作，多为综合论述，学科教授法尚未分化出来"②。小学语文教授法还没有成为独立的学科，且研究的重点是教师的"教"，而很少涉及学生的"学"。

（4）独立的国文、国语教学法时期（1924—1939 年）

早在 1919 年，时任南京高等师范学校教务主任的陶行知就倡导把"各科教授法"改变为"各科教学法"，以便把研究的对象由单独研究教师的"教"，拓展为同时研究学生的"学"。1920 年，当时的教育部通令全国将小学国文科改称为国语科。

黎锦熙于 1924 年出版了《新著国语教学法》。这是中国最早的一部以教科书形式编写的小学语文教学法专著。③ 1934 年国民政府颁布的《中学及师范学校教育检定暂行规定》中规定，师范学校设"国文教学法"。1938 年《师范学院规程》中也规定开设"国文教学法"或"国语教学法"，"国文教学法"或"国语教学法"成为高等师范院校的一门重要学科。

（5）国语教材教法时期（1939—1949 年）

20 世纪 20 年代，师范学校开设了"小学教材及教学法"课程，将教材和教法的研究融为一体，小学国语教材教法仍包含在其中，未单独设科。

---

① 林治金. 中国小学语文教学史［M］. 济南：山东教育出版社，1996：234.
② 林治金. 中国小学语文教学史［M］. 济南：山东教育出版社，1996：255.
③ 林治金. 中国小学语文教学史［M］. 济南：山东教育出版社，1996：291－292.

1939 年国民政府教育部颁布的《师范学院分系必修及选修科目表施行要点》中，规定各系都要开设"分科教材及教法研究"课，于是语文教材研究和语文教法研究并列为师范院校中文系科的教学和研究的重要内容。

20 世纪 30—40 年代，一些供教师阅读的单一的小学国语教学法出版，使小学国语教材教法从综合的小学各科教材教法中独立出来。如 1948 年，潘仁等编著的《小学初级国语科教材和教法》。

（6）语文教材教法时期（1949 年—）

1949 年新中国建立后，中小学的"国语"和"国文"统一称为"语文"（小学语文课本直到 1957 年才将"国语"改称为"语文"），师范院校相应地开设了"小学语文教材教法"和"中学语文教材教法"课。直至 1984 年国家教委颁发、1990 年修订的《汉语言文学教育专业教学大纲》中，仍然采用"中学语文教材教法"的名称。这个名称直到 20 世纪 90 年代同"语文教学法""语文教学论"等名称长期并存，显示出对语文教材研究的重视。如袁微子主编、人民教育出版社出版的中等师范学校语文课本《小学语文教材教法》，1984 年 12 月第 1 版、1985 年 5 月第 1 次印刷，1989 年 2 月第 2 版、1994 年 2 月第 9 次印刷。

（7）语文教学法和语文教学论时期（1978 年—）

1978 年国家教育部委托 12 院校编写统一的高等师范院校中文系、科语文教学法教材。根据编写组的建议，定名为《中学语文教学法》，并于 1981 年召开的"全国师范院校专科专业会议"上得到了肯定。就小学语文教学法来说，较早的有周仁济 1981 年出版的供五省区中等师范和教师进修学校使用的《语文教学法》，高惠莹、麻凤鸣 1982 年出版的《小学语文教学法》等。这个时期所研究的"法"，其内涵已不再限于基本上属于操作技能的"教学方法"，而是指原理、原则、法则等，是在研究具体教材教法的基础上上升到教学理论的高度。进入 80 年代，就有《语文教学原理》《语文教学论》等著作问世，在深度和广度上都有新的拓展，大大提高了这门学科的科学性。

（8）语文教育学时期（1989 年—）

受世界教育科学重视学科教育研究发展趋势的影响，我国 1989 年在北京召开了第一次学科教育学研讨会，以后几乎年年召开，规模和内容也不断发展和深入。"语文教育学"相关著作也陆续出版。如 1992 年 9 月浙江教育出版社出版了戴宝云主编的《小学语文教育学》，同年 10 月华东师范大学出版社出版了周元主编的《小学语文教育学》。与"语文教学法"和"语文教学论"时期相比较，此时期研究的对象由侧重知识和能力的"教学"，转变为促进学生全面发展的"教育"；研究的内容由侧重具体理论和方法的"法"和"论"，转变为具有系统理论和完整结构的"学"。

（9）语文课程与教学论时期（1997年—）

课程论的基本任务是研究"教学什么"和"为什么教学"，教学论的基本任务是研究"教学是什么"和"怎么教学"，二者是目的与手段、目标与过程的关系，是不可分离的。1997年国务院学位办在确定教育类博士学位点和硕士学位点时，把各学科的课程论、教学论（或称学科教育学），都纳入到"课程与教学论"中，各学科的课程与教学论（语文、数学、英语等）都作为其中的一个研究方向。这种定名肯定了课程与教学统一的理论，也为各学科的课程、教学及教育研究类学科的定名提供了依据。至此"语文课程与教学论"的名称便确定了下来。对应于小学语文，这门课程则称为"小学语文课程与教学论"。

（10）新课程背景下的小学语文学与教时期（2001年—）

2001年我国开始了新一轮基础教育课程改革，新课改把学生及学习提到了一个新的高度，因而小学语文课程与教学论也更加注重和强调学生的学习，于是有的教材在名称上把"教""学"的顺序作了调换，改为"学与教"。如尚继武主编、山东教育出版社出版的高职高专初等教育专业系列教材《新课程背景下的小学语文学与教》（2008年8月第1版）。

2. 理解小学语文课程与教学论历史分期的几个关键点

理解把握"小学语文课程与教学论的历史演变"，应注意以下三点：

（1）小学语文课程与教学论是一门古老而又年轻的课程

语言是语文的重要组成部分。可以说，人类有了语言，就有了语文的开端，也就有了语文教学的开端——没有教和学，语言怎么传承下来呢？有了教和学，自然也就有了对怎么教学更有效的关注或研究，因此可以说，语文教学、语文课程与教学论源远流长。但是，古代并没有独立的语文课程与教学，当然也就没有独立的语文课程与教学论。我国古代虽然许多教育论著（如《论语》《礼记》《学记》《读书作文谱》等）中都包含着关于语文课程与教学的精湛论述，但常常与史学、伦理学等融为一体，并没有独立的语文课程与教学论研究。直到20世纪初，我国语文单独设科后，语文课程与教学论的研究才逐步发展起来。因此，小学语文课程与教学论这门学科真正成为一门独立的学科只有一个世纪的历史。因此可以说，小学语文课程与教学论是一门古老而又年轻的课程。

（2）该门课程的历史演变有几条重要线索

①由综合到独立：孕育于教育学—综合的各科教学法—独立的语文教学法。

②小学语文课程名称的变化：国文—国语—语文。

③学科名称与研究层次的变化：教授法—教学法—教材教法—教学法和教学论—教育学—课程与教学论—新课程背景下的语文学与教。

（3）学科阶段及名称变化不是绝对的

我们虽然把小学语文课程与教学论的学科发展过程分为了几个阶段，但这些分段都不是绝对的，只是以具有标志性的某个事件（主要是小学语文课程名称变化和小学语文课程与教学研究论著名称变化）为依据的。其实，当一个新的阶段开始后，仍有新的研究成果使用着前面阶段的名称。直至目前为止，本学科或课程的具体名称仍不尽相同，《小学语文教学法》或《语文课程与教学论》仍是其最基本的名称。

总之。小学语文课程与教学论这门课程，不同时期的名称不尽相同，其内容逐步丰富，研究层次逐步加深。

**（二）小学语文课程与教学论与其他学科的关系**

正如前面所说，小学语文课程与教学论这门课程曾有不同的名称——即使目前，其名称也并没有完全统一。但无论叫什么名称，它们的主要目的却是一致和明确的，那就是解决小学语文学科"教什么"和"怎么教"的问题。因此，它是最能体现小学语文教育专业（或方向）特色的一门课程，是小学语文教育专业（或方向）师范生必修的一门最重要的专业课。当然，这门课程与其他许多课程都有密切的联系，如教育学、心理学、语言学等，但与这些课程的区别也是明显的。在此特别说明一下"小学语文课程与教学论"与"小学语文教学设计"的关系。

作为一个学科，教学设计诞生于20世纪70年代，以加涅的《教学设计原理》（1974年第1版和1979年第2版）为标志。我国对教学设计的研究开始于20世纪80年代中期。此后高师院校教育技术专业或心理相关专业开设教学设计课程，进行教学设计课程开发，"教学设计"相关教材相继出现，如乌美娜主编的《教学设计》（高等教育出版社1994年10月出版）、皮连生主编的《教学设计》（高等教育出版社2000年6月出版）等。"教学设计"有不同的定义。作为一门学科，"教学设计是一门以学习理论、教学理论和教学技术的研究成果为依据，寻求解决教学问题、优化教学总体成效的应用学科"①。教学设计有两种取向（或层次）：哲学取向与科学取向。基于哲学理念和教育实践经验的为哲学取向，基于科学心理学和实证研究的为科学取向。"以科学心理学为基础的教学设计是科学取向教学论的延伸和具体化，两者难以有严格的界限"②。"教学设计这门学科为教师从接受型向研究型转变提供了便捷的途径"③。也就是说，教学论与教学设计两者虽然没有严格界限，但与教学论相比，教学设计更加注重教学的理论依据，更加注重"为什么这样教"的问题。与语文教学相对应的教学设计，也出现了一些研究成果，如周庆元著的《语文教学设计论》（广西教育出版社1993 年 8 月出版）、时金芳著的《语文教学设计》（社会科学文献出版社2001 年 9 月出版）。目前，以"小学语文教学设计"为书名的书籍已大量涌现，但"以科学心理学为基础"的"科学取向"小学语文教学论"延伸和具体化"的教材或专著却还不多，而更多的是具体课文的教学设计（或教案）汇集。

随着《教师教育课程标准（试行）》和《中小学和幼儿园教师资格考试标准（试行）》、资格证考试大纲的颁布实施，由于这些标准或大纲中规定了"教学设计""教学实施"等内容模块，因而师范教育中出现了《小学语文教学设计》《小学语文教学实施》等专门课程或教材。其实这些教材的内容基本上还是《小学语文课程与教学论》的内容。

## 四、小学语文课程与教学论的学习方法

不同时期小学语文课程与教学论教材的"绪论"大都提示其研究或学习的方法。例如：

有的从三个方面提示了小学语文教学法的学习方法：首先是对教育方针、小学教育目的、教学任务、教学大纲、教材的学习；其次是理论联系实际；最后是学好政治理论知识、语言学、文学、教育学、心理学等。④

---

① 盛群力，等. 教学设计［M］. 北京：高等教育出版社，2005；前言.
② 皮连生. 教学设计（第 2 版）［M］. 北京：高等教育出版社，2009；19.
③ 皮连生. 教学设计（第 2 版）［M］. 北京：高等教育出版社，2009；前言.
④ 薛焕武，李树棠，吴德涵，等. 小学语文教学法［M］. 北京：人民教育出版社，1958；1 –
2.

有的指出："学习这门课程的基本方法，就是理论和实际相结合。"①

有的认为，"理论联系实际"是"学习这门学科的基本方法"，"要创造民主的、和谐的学习氛围，形成良好的学风"，"要强调自学和刻苦钻研，要养成自己读书的习惯和积累资料的习惯，要善于发现问题，提出问题，解决问题"等。②

有的就"讲求学习方法"提出了两点：第一，切实做到理论联系实际；第二，要努力做到自学自练。③

有的指出："对该学科研究的基本方法就是理论与实践相结合的方法。它不仅对理论有很高的要求，而且还要综合运用理论分析解决语文教学中的实际问题。"④

不同时期的小学语文课程与教学论或教学法教材，对学好这门课的方法的提法与论述的深浅不同，但基本观点却是相同的，那就是既要学好有关理论，又要注重实践，注意理论与实践的结合。

如何很好地做到理论与实践结合、学好这门课程呢？应具体做好以下几点：

**（一）多读**

子曰："吾尝终日不食，终夜不寝，以思，无益，不如学也。"（《论语·卫灵公》）"我非生而知之者，好古，敏以求之者。"（《论语·述而》）王充说："不学自知，不问自晓，古今行事，未之有也。""故智能之士，不学不成，不问不知。"古人所谓的学，当然包含阅读。

阅读是获取知识最重要的途径与手段。有研究指出，人类获取知识80%靠阅读。小学语文课程与教学论是一门课程，本身就具有一套理论体系，主要是以陈述性知识的形态呈现的，要掌握它，当然需要阅读。小学语文课程与教学论是一门综合性很强的课程，它与语言学、教育学、心理学，与国家教育法规、小学语文课程教材等密切相关。因此，要学好小学语文课程与教学论这门课程，就要广泛、大量地阅读。不仅要阅读学校规定或教师指定的小学语文课程与教学论教材，还要对比阅读其他版本的教材、论著，要学好教育学、心理学、语言学，要学习国家的教育教学法规，

①　袁微子. 小学语文教材教法［M］. 北京：人民教育出版社，1984：5.

②　《小学语文教学研究》编写组. 小学语文教学研究［M］. 南京：江苏教育出版社，1993：4-6.

③　人民教育出版社小学语文室. 小学语文教学法［M］. 北京：人民教育出版社，1995：5.

④　魏薇. 小学语文教学法［M］. 济南：齐鲁书社，2002：5.

要学习、研究小学语文教材，要阅读教育教学报刊，了解课程与教学改革的最新动态等。

### （二）多看

根据科学家的判断，人的知识 90% 以上是通过视力来获得的。通过视力获得知识，当然不仅仅指阅读，更包括对事物的观察。科学家法拉第曾说过："没有观察就没有科学，科学发现诞生于仔细的观察之中。"研究教育教学、发现教育教学的规律当然需要观察教育教学现象。学习小学语文课程与教学论，理解理论知识、将知识转化为技能与能力，必须以生动直观的案例为基础和模拟对象。因此，要想学好小学语文课程与教学论，就要多观察教育现象，要认真参加教育见习活动，多观看教育教学视频，尽量获取与积累更多的教育教学的直观案例。

### （三）善思

子曰："众恶之，必察焉；从好之，必察焉。"（《论语·卫灵公》）"学而不思则罔，思而不学则殆。"（《论语·为政》）孔子反对盲从，注重独立思考，把思考放在与学习同等重要的位置。教育现象纷繁复杂，教育理论浩如烟海且不断变化。教育往往还受到政治的过度干扰与行政干预，被强行推广某种理论或经验。例如某些地区自上世纪 80 年代以来就先后学习推广过愉快教学、目标教学、发现教学、创造教育、异步教学、汨罗经验、洋思经验、杜郎口经验、生本教育等理论或经验。这些理论或经验当然都有它的可取之处，但也不可能是解决一切教育教学问题的万能良方，而在每一种理论或经验被推广的时候，都被捧到压倒一切的高度，忽视其他理论或经验，更忽视教师的个性、自主性与创造性，往往让教师无所适从，或成为墙头草，丧失主见。因此，要学好小学语文课程与教学论，必须学会思考与鉴别。掌握正确的思考与鉴别方法，简单说就是能做到：用全面的观点看问题；用联系的观点看问题；用发展的观点看问题；联系实际，借鉴创新。

### （四）多实践

孔子曰："学而时习之，不亦说乎？"（《论语·学而》）《学记》曰："故学然后知不足，教然后知困。知不足，然后能自反也；知困，然后能自强也。"这里的"时习""教然后知困""知困，然后能自强也"正是强调了教学实践的重要性。《孟子集注》中《尽心》篇注引尹氏曰："规矩，法度可告者也。巧，则在其人，虽大匠亦末如之何也已。盖下学可以言传，上达必由心悟。"其实教学理论的学习也是一样的道理，理论知识可以由老师告知，但要悟得理论知识的精髓，要能熟练运用理论知识解决实际问题，还要靠自己，重要的是要靠自己的实践。

师范生应如何实践呢？学校组织的教育实习当然是实践的重要机会和最真实的实践，要认真参加那样的实践活动。但师范生绝不能只等学校组织教育实习的时候才去实践，也绝不要认为实践只有教育实习那一种形式。除了临近毕业的教育实习外，师范生应主动创造机会进行实践锻炼。在小学语文课程与教学论学科的课堂上，就应该多问、多说，积极参与课程与教学问题的讨论，积极认真地参加备课、说课、讲课、评课等练习，这些练习正是顺利通向实场教育教学实践的桥梁。

**思考与实践：**

查阅几本不同时期小学语文课程与教学论方面的教材或论著，看一看它们的名称及内容模块的变化规律。

# 第一章
# 小学语文教师

　　小学语文教师是个什么样的角色？小学语文教师应该具备哪些方面的素质？小学语文教师的工作常规有哪些？小学语文教研活动与教育科研有哪些基本要求？这些问题是小学语文教师必须明确的问题。因此，小学语文课程与教学论学科不同时期的教材大都涉及这些方面的内容。例如，李纪生著、浙江人民出版社出版的《小学语文教学法讲话》（1954 年 8 月第 1 版，1956 年 1 月第 6 次印刷），在十四讲内容中就有三讲有关教学常规工作——"备课""作业"等项目的内容："语文课教学的课前准备工作"和"怎样编写语文课授课计划""语文课书面作业的内容与订正问题"。袁微子主编、人民教育出版社出版的《小学语文教材教法》（1984 年 12 月第 1 版），第八、九章分别讲小学语文教学的工作常规和在教学实践中提高教学水平的问题。魏薇主编、齐鲁书社出版的《小学语文教学法》（2002 年 6 月第 1 版）第九章"小学语文教师"，分三节阐述了"小学语文教师的素养""小学语文教师的备课和上课""小学语文教师的继续教育"等问题。江平主编、高等教育出版社出版的《小学语文课程与教学》（2004 年 8 月第 1 版），第九章"小学语文教师"分三节阐述了"小学语文教师的角色""小学语文教师的素养""小学语文教师的发展"等问题。尚继武主编、山东教育出版社出版的《新课程背景下的小学语文学与教》（2008 年 8 月第 1 版），第九章"小学语文教师专业素质及专业发展"分三节阐述了"小学语文教师课改新观念""小学语文教师专业素养""小学语文教师专业发展"等问题。当然，有的教材把"教研活动""教学评价""教育科研"等内容列出专题进行研究。

　　小学语文课程与教学论教材中包含这些内容是必要的。但从最近这些年的教材来看，也有将这些内容复杂化的倾向。

其实，这些内容的目的主要是让学生从宏观上了解一名合格的小学语文教师应该具备哪些素养（或条件），以及小学语文教师的工作常规和基本教研活动有哪些。因此，本章分三节简要讨论小学语文教师的基本素养、工作常规、教研活动与教育研究问题。从以上列举的教材来看，它们大都将这部分内容放在了教材的最后。但这些内容，主要是帮助学生明确教师的角色定位，或者说是自己努力的目标，因此，这部分内容还是放在学习具体的小学语文课程与教学内容之前为好。我们在这里把它作为第一章来讨论。

# 第一节 小学语文教师的素养

小学语文教师应该具备哪些方面的素养呢？不同时期，社会对小学语文教师素养的要求是不同的。对小学语文教师素养的要求体现在国家有关法规中，不同时期的小学语文课程与教学论教材对这个问题也大都有所论述。

## 一、国家有关法规对小学教师的要求

### （一）《中小学教师职业道德规范》

中华人民共和国教育部、中国教科文卫体工会全国委员会在广泛征求意见的基础上，对1997年国家教委和全国教育工会联合印发的《中小学教师职业道德规范》进行了修订，2008年9月1日印发了《中小学教师职业道德规范》（2008年修订）。其内容共有六个方面：爱国守法、爱岗敬业、关爱学生、教书育人、为人师表、终身学习。

### （二）《小学教师专业标准（试行）》

我国教育部于2012年2月10日印发了《小学教师专业标准（试行）》（以下简称《标准》）。《标准》指出："《专业标准》是国家对合格小学教师专业素质的基本要求，是小学教师实施教育教学活动的基本规范，是引领小学教师专业发展的基本准则，是小学教师培养、准入、培训、考核等工作的重要依据。"《标准》的第一部分提出了四条"基本理念"：师德为先、学生为本、能力为重、终身学习。第二部分为"基本内容"，按维度→领域→基本要求三个层次表述。最高的层次将职业标准分为专业理念与师德、专业知识、专业能力三个维度。其中"专业理念与师德"维度包含职业理解与认识、对小学生的态度与行为、教育教学的态度与行为、个人修养与行为四个领域；"专业知识"维度包含小学生发展知识、学科知识、教育教学知识、通识性知识四个领域；"专业能力"维度包含教育教学设计、组织与实施、激励与评价、沟通与合作、反思与发展五个领域。各个领域又都包含若干条基本要求，共60条。这个《标准》涵盖的内容比较全面，分类也比较合理，层次比较清晰。

**（三）新课程改革对教师角色与行为的要求**

1．教师角色

（1）从教师与学生的关系看，教师应该是学生学习的促进者；（2）从教学与研究的关系看，教师应该是教育教学的研究者；（3）从教学与课程的关系看，教师应该是课程的建设者和开发者；（4）从学校与社区的关系看，教师应该是社区型的开放的教师。[①]

2．教师教学行为的变化

（1）在对待师生关系上，强调尊重、欣赏；（2）在对待教学关系上，强调帮助、引导；（3）在对待自我上，强调反思；（4）在对待与其他教育者的关系上，强调合作。[②]

## 二、不同时期有关教材对小学语文教师素养提出的要求

不同时期有关教材对小学语文教师素养往往提出一些要求。例如：

袁微子主编的《小学语文教材教法》（1984年12月第1版），在第九章"在教学实践中提高教学水平"中，分四节论述了"走上小学语文教学岗位以后"要成为"优秀的人民教师"应努力的四个方面："要有革新精神""边实践边总结""掌握现代化教育手段""不断提高思想、文化、业务水平"。

《小学语文教学研究》编写组编的《小学语文教学研究》（1993年8月第1版）在"小学语文教师的修养"一章中，分四节论述了小学语文教师的"职业道德修养""知识修养""语言修养"和"教学能力修养"。

人民教育出版社小学语文室编著的《小学语文教学法》（1995年12月第1版），在第十一章"小学语文教师"中，分三节从三个方面提出了"走上工作岗位后""成为一个合格的乃至优秀的小学语文教师"的要求："忠诚人民的教育事业""积极参加继续教育""认真进行小学语文教学研究"。

---

① 朱慕菊. 走进新课程——与课程实施者对话［M］. 北京：北京师范大学出版社，2002：125－127.

② 朱慕菊. 走进新课程——与课程实施者对话［M］. 北京：北京师范大学出版社，2002：128－129.

　　魏薇主编的《小学语文教学法》（2002 年 6 月第 1 版），在第九章"小学语文教师"的"小学语文教师的素养"一节中认为："小学语文教师的素养包括思想政治素养、职业道德素养和专业技术素养等几个方面。"

　　江平主编的《小学语文课程与教学》（2004 年 8 月第 1 版），在"小学语文教师"一章的"小学语文教师的素质"中指出：小学语文教师的"综合素质包括思想道德素质、业务素质、心理素质等。其中，核心素质是教师的人格和职业道德。"

　　尚继武主编的《新课程背景下的小学语文学与教》（2008 年 8 月第 1 版），在第九章"小学语文教师专业素质及专业发展"的"小学语文教师专业素养"一节中，将教师专业素养概括为四项内容：专业知识、专业能力、专业态度和专业技能。

　　由上可见，各种教材对小学语文教师应该具备的素养的具体表述或分类不同，不同时期往往有不同的侧重点，且尽量体现出时代特色，但所含主要内容却大致相同，且都尽量涵盖更多的方面，体现出综合性。

## 三、对小学语文教师素养的归纳

　　小学语文教师应该具备的素养的内容是丰富的，结构是复杂的。对这方面研究的结果也是见仁见智、丰富多彩的。但是，综合有关研究的观点，从最高层次上分，可以把小学语文教师专业素养划分为三个方面。首先，如前面所列举的教材或文献中涉及的"革新精神""思想水平""职业道德修养""忠诚人民的教育事业""思想政治素养""职业道德素养""思想道德素质""心理素质""专业态度""专业理念与师德"等，这些是属于情感、态度、价值观等方面的素养，主要解决教师的工作方向、动力等问题，是师德的主要内容，可以概括为"师德"；其次，如"文化""知识修养""积极参加继续教育""专业知识"等，主要为了满足教学知识的需要，可以概括为"知识"；第三，如"边实践边总结""掌握现代化教育手段""不断提高业务水平""语言修养""教学能力修养""专业技术素养""业务素质""专业能力""专业技能"等，主要是能力、技能方面的素养，可以概括为"能力、技能"。当然，对这三个方面的专业素养还可以高度概括为三个字：德、知、能。

### （一）德

　　《学记》中说："能为师然后能为长，能为长然后能为君。故师也者，所以学为君也。是故择师不可以不慎也。"这里强调了教师的重要，强调了择师的重要，自然强调了"师德"的重要。《学记》中还说："凡学之道，严师为难，师严然后道尊，道尊然后民知敬学。"我们不能简单地把"严师"或"师严"的"严"理解为严厉，其实它更含有严谨、庄重、受人尊重的意思，更强调了教师自身修养对于学生学习态度的重要作用。2008 年，教育部等部门在重新修订和印发《中小学教师职业道德规范》的通知中曾指出："教师是人类灵魂的工程师，是青少年学生成长的引路人。教师的思想政治素质和职业道德水平直接关系到中小学德育工作状况和亿万青少年的健康成长，关系到国家的前途命运和民族的未来。"因此，"德"是教师素养的重要内容。对于强调"工具性与人文性统一"的语文课程的教师来说，其"德"就显得更为重要了。

如前所述，小学语文教师素养的"德"的内涵很丰富，其内部结构、分类也是较复杂的。它的结构与内容往往体现出很强的时代性。因此，我们还是特别关注一下较近的有关教材与成果。例如：

《小学语文教学研究》编写组编的《小学语文教学研究》在"小学语文教师的职业道德修养"中提出，"小学教师的师德比较显著地表现在一颗爱心上"，并从"对事业的热爱""对生活的热爱""对知识的热爱""对学生的热爱"四个方面进行了论述。① 江平主编的《小学语文课程与教学》认为：教师职业道德"包括热爱教育事业，热爱学生；积极向上，具有奉献精神；公正、诚恳，具有健康心态和团队精神"②。尚继武主编的《新课程背景下的小学语文学与教》认为："小学语文教师的专业情意包括专业理想、专业情操、专业性向以及专业自我等四个方面。"③ 其中，"专业理想"包括"为教育事业献身的精神""科学的儿童观""正确的语文教育观"等；"专业情操"包括"从业工作的光荣感和自豪感""职业认同的责任感和义务感"等；"专业性向"包括"健全的人格""优化自身的道德品质""合作的精神"等；"专业自我"如"自我效能感"等。④

---

① 《小学语文教学研究》编写组. 小学语文教学研究［M］. 南京：江苏教育出版社，1993：43 - 47.

② 江平. 小学语文课程与教学［M］. 北京：高等教育出版社，2004：385 - 386.

③ 尚继武. 新课程背景下的小学语文学与教［M］. 济南：山东教育出版社，2008：371 - 372.

④ 尚继武. 新课程背景下的小学语文学与教［M］. 济南：山东教育出版社，2008：372 - 374.

目前国家有关法规中有关"师德"内容的分类如：中华人民共和国教育部、中国教科文卫体工会全国委员会在 2008 年 9 月 1 日印发的《中小学教师职业道德规范》（2008 年修订），包含"爱国守法、爱岗敬业、关爱学生、教书育人、为人师表、终身学习"六方面内容；教育部于 2012 年 2 月 10 日印发的《小学教师专业标准（试行）》中的"专业理念与师德"维度，包含"职业理解与认识""对小学生的态度与行为""教育教学的态度与行为"与"个人修养与行为"四个领域。

《人民日报》2014 年 2 月 12 日 01 版公布了"社会主义核心价值观基本内容"："富强、民主、文明、和谐，自由、平等、公正、法治，爱国、敬业、诚信、友善。"这也是每一个小学语文教师所应具备的价值观。

小学语文教师应具有的"德"的内容与结构确实是十分丰富而复杂的。我们不可能穷尽其所有的内容，也不可能做出一种"唯一的""最好的"分类。从不同的角度看或用不同的标准分，其实可以有不同的种类。例如上述有关教材或法规中的分类就用了多种分类标准。除此之外，还可以按从普通到特殊的关系分为社会公德要求、中小学教师师德一般要求、小学语文教师特殊师德要求，或按品德的构成要素分为师德知识、师德情感、师德意志、师德行为等。

师德的内容无论多么复杂，爱国、爱岗、爱生永远是它最核心的内容。

**（二）知**

要给学生一杯水，自己需有一桶水。作为小学语文教师，自己应该具有比较广博的知识，这是毋庸置疑的。语文学科是一门综合性很强的学科，小学语文教师的知识面更应该宽广而扎实。

小学语文教师应该掌握的"广博"的知识包含哪些方面呢？《小学语文教学研究》编写组编的《小学语文教学研究》认为，"小学语文教师的知识应是由三个层面组成的"："第一是一般的科学文化知识""第二个层面是所教的语言文字知识和文学知识""第三个层面是教育理论知识"。[①] 魏薇主编的《小学语文教学法》认为："新世纪的小学语文教师其专业知识结构应当具有复合性，也就是说，小学语文教师的知识结构首先应当具有比较宽广的科学和人文素养，同时掌握当代重要的工具性学科的知识与技能（如

---

① 《小学语文教学研究》编写组. 小学语文教学研究［M］. 南京：江苏教育出版社，1993：48－50.

计算机、外语等）。在此基础上，应当熟练掌握汉语言文字、文学的专业知识。"① 尚继武主编的《新课程背景下的小学语文学与教》认为："小学语文教师要具备全面扎实的语文学科专业知识、反映儿童身心发展规律的教育学科专业知识、打破学科壁垒的广博的人文知识、适应科技社会需要的科学知识，以吸收各学科精华，形成以专业学科知识为核心，与其他学科知识关联整合、纵横交织的知识结构。"②

我国教育部于 2012 年 2 月 10 日印发的《小学教师专业标准（试行）》中，将"专业知识"维度，分为了"小学生发展知识""学科知识""教育教学知识""通识性知识"四个领域。

参考有关文献，可以将当前小学语文教师应该具备的"知识"素养概括为以下三个方面：

（1）通识知识。具有比较宽广的科学和人文素养，不求样样通，但要样样了解。应从宏观上了解学科分类及各门学科的基本知识。对于学科分类，可以参考《中华人民共和国学科分类与代码国家标准（GB/T13745 – 2009）》及《学位授予和人才培养学科目录》等。

（2）语文专业知识。掌握扎实的汉语言文字和文学专业知识，特别要掌握必要的古文字知识，背诵积累大量的中外名篇。当然首先要熟悉小学教材。语文教师要做有语文专业知识和文化底蕴的教师。有人指出，当前阅读教学有效性不高的原因有：教师文体意识不强，教师文本解读水平不高，教师整体把握教材能力不强，教师对学生思维发展关注不够。其中前三条原因都是与语文专业知识有关的。这也说明了小学语文教师掌握扎实的汉语言文字和文学专业知识的重要性。

（3）教育专业知识。小学语文教师要学好教育学、心理学、教育心理学、课程与教学论、教育史、教育科学研究、教育统计学等教育学科知识，养成阅读教育教学报刊、文献的习惯，了解教育现状，不断更新自己的教育知识。

### （三）能

从心理学的角度来分析，教学能力与教学技能是两个不同的概念。教学能力是教师完成教学任务的潜在的可能性，而教学技能是教师为完成一定的教学任务而采用的外部可见的行为方式。但在教学论的有关部分，这

---

① 魏薇. 小学语文教学法［M］. 济南：齐鲁书社，2002：219.
② 尚继武. 新课程背景下的小学语文学与教［M］. 济南：山东教育出版社，2008：367.

两个概念常常是不好区分也没有必要一定区分清楚的。例如魏薇主编的《小学语文教学法》在分析小学语文教师的教学技能时认为，"小学语文教学的技能具体来讲，包括以下几方面"："分析教材的能力""设计教学的能力""语言表达的能力""课堂应变的能力""教学反思和研究的能力"。①这里认为教学技能包括几种能力。尚继武主编的《新课程背景下的小学语文学与教》，是把教学能力与教学技能分开论述的，认为"小学语文教师的专业能力，包括从事教师这一职业的一般能力和从事小学语文教学的专门能力"。并认为其专门能力主要包括"教学活动设计能力""教学活动实施能力""教学过程组织与监控能力""教育评价能力"等。② 该教材将"小学语文教师的专业技能"分为"基本教学技能"和"高级教学技能"两类。其中的"高级教学技能"包括"教学设计技能""应用教学媒体技能""课堂教学技能""组织、指导学生课外活动的技能""教学研究技能"等。③其实也很难看出这里的教学能力与教学技能的明显区别是什么。

我国教育部于 2012 年 2 月 10 日印发的《小学教师专业标准（试行）》的"专业能力"维度，包含"教育教学设计""组织与实施""激励与评价""沟通与合作""反思与发展"五个领域，各个领域又都包含若干条基本要求。这里只在维度层次用了"能力"概念，各个层次都没提到"技能"概念。

由于"技能"是"外部可见"的，而能力是"潜在的可能性"，因而从训练的角度来说，技能比能力更好操作。因此，在训练中将教学能力与教学技能模糊地统称为技能也许更好一些。

我国原国家教委师范司于 1992 年制定了《高等师范学校学生的教师职业技能训练基本要求（试行稿）》（国家教委师范司［1992］39 号文件）。该文件指出："高等师范学校学生的教师职业基本技能训练系指讲普通话和口语表达、书写'三笔字'和书面表达、教学工作、班主任工作等方面的技能训练。"把教师职业基本技能归纳为四个主要方面，并分四章对上述四个方面的基本技能训练提出了基本要求。每个方面的基本要求中，实际也对这个方面的基本技能做了更细的分类。此后 1994 年原国家教委师范司下发的《高

---

① 魏薇. 小学语文教学法［M］. 济南：齐鲁书社，2002：219 - 223.

② 尚继武. 新课程背景下的小学语文学与教［M］. 济南：山东教育出版社，2008：369 - 371.

③ 尚继武. 新课程背景下的小学语文学与教［M］. 济南：山东教育出版社，2008：374 - 377.

等师范学校学生的教师职业技能训练大纲（试行）》（〔1994〕2号文件），以及许多有关研究成果，都是在此基础上确定教师职业技能项目及分类的。

参考有关研究成果，我们可以将师范生应该掌握的教学技能内容归纳为"基础技能""一般技能"和"学科特殊技能"三个大的层次、若干项目（见图1-1）。当然每个"项目"还是可以继续分下去的。

图1-1　教学技能分类

## 第二节　小学语文教学工作常规

　　袁微子主编的《小学语文教材教法》认为："小学语文教学工作常规，是指小学语文教学过程中，经常运用的、最基本的工作程序，大致包括备课、上课、作业、辅导、成绩考查等几项。"① 这里给出了小学语文教学工作常规的定义并指出了教学工作常规的内容。人民教育出版社小学语文室编著的《小学语文教学法》认为：小学语文教学工作常规"一般包括备课、上课、批改作业、辅导、考查和写教学笔记、听课评课等项目"②。这里把"写教学笔记、听课评课"也列入了小学语文教学工作常规。最近几年的许多小学语文课程与教学论教材，不再概括介绍"小学语文教学工作常规"，但并没有忽视小学语文教学整个工作程序中任何环节的"常规"问题，相反，对原来重视不够的一些环节更加重视，并作为与"上课"同等重要的并列模块来研究了。例如，魏薇主编的《小学语文教学法》（2002 年 6 月第 1 版），其第八章专门阐述小学语文教学评价问题；江平主编的《小学语文课程与教学》（2004 年 8 月第 1 版），将"小学语文课程与教学评价""小学语文教育研究"各作为一章来研究；尚继武主编的《新课程背景下的小学语文学与教》（2008 年 8 月第 1 版），把教学设计（即传统备课的相关工作）作为单独的一章来讲（当然"教学设计"早已发展成为一门独立的学科）。

　　关于"教学工作常规"，我们可以从两个方面来理解：一是指从总体上看，经常性的教学工作一般包含哪些项目，我们可以把这些工作叫"常规工作"；二是指这些常规工作一般都有哪些要求，我们可以把这些要求叫"工作常规"。

　　小学语文教师要做的工作有很多，但常规工作却可以概括为几项，当然不同时期被认为是常规工作的项目是有变化的。如前面的例子，有的概括为备课、上课、作业、辅导、成绩考查等几项，有的概括为备课、上课、批改作业、辅导、考查和写教学笔记、听课评课等项目。

　　综合已有成果，根据目前对小学语文教学工作的要求，我们可以把小学语文教学的"常规工作"概括为"5 + 3 + 1"共八项工作。其中的"5"

---

① 袁微子. 小学语文教材教法［M］. 北京：人民教育出版社，1984：247.
② 人民教育出版社小学语文室. 小学语文教学法［M］. 北京：人民教育出版社，1995：269.

是指五项最传统的教学常规工作，也叫"教学工作五环节"，即备课、上课、作业布置与检查、辅导、评价。"3"是指三项常规的教研活动，即听课、评课、说课。"1"是指一项较高要求的工作，即教育科研。

下面对备课、上课、作业布置与检查、辅导、评价几项常规工作的常规要求分别作一简要说明。

## 一、备课

备课也就是上课的准备工作。"台上一分钟，台下十年功。"广义的备课是一个漫长的知识累积与技能准备过程。这里所说的备课，主要是指针对具体教学任务、内容、对象所做的准备工作，或"为了支持有效的教学活动而预先对教学活动进行规划和组织，形成教学方案的过程"①。备课与教学设计有密切的联系。教学设计既包括教师日常教学活动中常规性的备课，也包括专门教学设计人员针对某一特定教学任务、对象、内容而做的专门教学设计（如教材开发、培训计划等）。教师的常规备课（或教学设计）的形式有个人备课与集体备课。从教学内容范围上分，备课（或教学设计）可以分为学年备课（或教学设计）、学期备课（或教学设计）、单元备课（或教学设计）、课题（课时）备课（或教学设计）等。备课或教学设计的结果可以用不同的形式呈现出来，如学期教学计划、课题教学设计（教案或课时授课计划）、课件等。

备课或教学设计作为一种实践活动早就存在，但上个世纪它已经发展成了一个新的研究领域，以加涅的《教学设计原理》（1974 年第一版和1979 年第二版）为标志，教学设计已成为一门学科。现代教学设计是系统论与科学心理学相结合的产物。它于 20 世纪 70 年代诞生于美国，然后向世界传播。

教学设计有两种取向（或层次）：哲学取向与科学取向。基于哲学理念和教育实践经验的为哲学取向，基于科学心理学和实证研究的为科学取向。"西方的教学设计理论研究，一定程度上相当于我国的教学论研究。"② "以科学心理学为基础的教学设计是科学取向教学论的延伸和具体化，两者难以有严格的界限。"③ 我们这里讨论教学设计，将会借鉴各种取向教学设计的一些观点。

---

① 张承芬. 教育心理学 [M]. 济南：山东教育出版社，2004：319 – 320.
② 盛群力，褚献华. 现代教学设计应用模式 [M]. 杭州：浙江教育出版社，2002：前言.
③ 皮连生. 教学设计（第 2 版）[M]. 北京：高等教育出版社，2009：19.

### （一）备课（或教学设计）的内容

备课（或教学设计）不仅仅指写教案，写教案仅仅是备课（或教学设计）的最后一个步骤（当然，用时下"磨课"的观点来看，写教案也不是一次就能成功的）。备课（或教学设计）的内容有哪些呢？我们先看一下我国不同时期有关教材中的有关内容：

李纪生著的《小学语文教学法讲话》，在"语文课教学的课前准备工作"一讲中，按备课的一般程序详细说明了备课应做的八项工作："研究教材，确定新教材在全书中的地位与要求""明确教学目的，贯彻教育与教养统一的要求""考虑授课的基本过程，确定分节教学重点及主要教学方法""搜集并创制直观教材""想好巩固与练习的材料""准备好复习、提问的内容，并预先确定向哪些儿童提问""预先想好要指定的家庭作业""编写授课计划"。① 这是半个多世纪前的备课内容。

袁微子主编的《小学语文教材教法》认为，"备课的具体内容，主要包括钻研教材，了解学生，选择教学方法，编写教学计划等四个方面"②。

人民教育出版社小学语文室编著的《小学语文教学法》，与袁微子主编的《小学语文教材教法》相比，增加了"确定教学要求"的内容。③

魏薇主编的《小学语文教学法》认为，"具体来讲，备课要做的工作是：研究课程标准、钻研教学内容、了解学生实际；确定教学目标、安排教学进度、选择教学方法、编写教学方案"④。与前一例教材相比，这里增加了"研究课程标准""安排教学进度"等内容。

尚继武主编的《新课程背景下的小学语文学与教》，在"小学语文教学活动设计"一节中详细说明了以下六项工作："教学目标的确定""安排教学内容""教学方法的选择与运用""设计教学媒体""设计教学过程""拟定教学方案"。⑤ 这里增加了"设计教学媒体"的内容。

由上述例子可以看出，不同时期小学语文教学法或小学语文课程与教学论教材所列备课工作的项目是不相同的，其涵盖面与概括的程度也不一样。

对于教学设计的过程与内容，国外研究人员提出了多种模型，最著名的系统化教学设计过程模型是迪克和凯瑞提出的。其模型包括九个环节和

① 李纪生. 小学语文教学法讲话［M］. 杭州：浙江人民出版社，1954：85－92.

② 袁微子. 小学语文教材教法［M］. 北京：人民教育出版社，1984：247.

③ 人民教育出版社小学语文室. 小学语文教学法［M］. 北京：人民教育出版社，1995：270.

④ 魏薇. 小学语文教学法［M］. 济南：齐鲁书社，2002：223－224.

⑤ 尚继武. 新课程背景下的小学语文学与教［M］. 济南：山东教育出版社，2008：100－114.

最后的信息反馈成分：确定教学目标、进行教学分析、分析学生与情境、陈述行为目标、编制标准参照测验、选择或开发教学策略、设计和选择教学材料、设计和进行形成性评价、修改教学、设计和进行总结性评价。① 这一模型对于我们的教学设计还是很有借鉴与指导意义的。

综合各种观点，我们可以把备课的主要内容概括为以下项目：研究教学大纲（课程标准）、研究教材、了解学生、确定教学目标、明确重点难点、选择教学方法、设计教学过程、设计练习与作业、设计板书、准备教具、形成书面的教学设计或教案（或课时授课计划）等。

**（二）教学设计的结构与格式**

备课（或教学设计）的结果要用一定的形式表达出来。表达出来的这个结果也有不同的名称。有关学期（或学年）、单元教学内容的备课（或教学设计）的结果一般叫学期（或学年）教学计划、单元教学计划，有关一个课题教学内容的备课（或教学设计）的结果过去叫教案（或课时授课计划），现在一般叫教学设计。这些"教学计划""教案"或"教学设计"没有固定的结构与格式，但一些主要项目不能缺少。以下例子供参考。

1. 学期（学年）教学计划

---

_____年级_____班第_____学期
**语文教学计划**

一、学生基本情况

（如：本班学生数，男女生比例，上学期及格率、优秀率，学生来源与背景等。）

二、教材分析

（本册共有几个单元，多少课文，多少次习作训练等。）

三、教育教学目标

（列出有关知识、技能、情感等各方面的主要目标。）

四、教学重点、难点

五、主要教学措施

（可包括怎样备课、上课、辅导、测验、竞赛等方面。）

五、教学进度与主要工作安排

（可以用表格列出每周的教学内容或主要工作。）

---

① 皮连生. 教学设计（第2版）［M］. 北京：高等教育出版社，2009：8－10.

2．单元教学计划

可参考学期教学计划的结构与格式写。

3．课题教学设计（或教案、课时授课计划）的一般格式

---

### 《　　　》教学设计（或《　　　》教案）

一、教材分析

（一般交代清课题的出处、教学内容、特点及地位。）

二、学情分析

（分析学生年龄特征与本班学生基础、特点等。）

三、教学目标

（一般列出知识、技能、情感三方面目标即可。）

四、教学重点、难点

五、教学方法

（说明采用的主要教学方法。）

六、教学准备

（教师准备与学生准备。）

七、教学时间

（×课时。）

八、教学过程

第一课时

（一）导入激趣

……

第二课时

……

九、板书设计

十、教后记（或教学反思）（教学以后写。）

---

在教学设计表达中要注意格式，还要特别注意标题、序号、标点等"符号标志"。

小学语文教学设计的基本内容与一般方法将在第三章专门介绍。

## 二、上课

上课也叫课堂教学，是整个教学过程的中心环节，是教学的基本组织形式。上好课是提高教学质量的关键。正因为上课的重要性，上课技能也

就成为师范生必须掌握的基本技能，上课也就成为评价教师、选拔教师的重要形式。作为训练或选拔、评价教师的形式，有时上课并没有学生，这样的上课也被叫做试讲或演课。

怎样的课是好课？这并没有放之四海而不变的标准。教学既是一门科学又是一门艺术。教学的科学性是指，教师只有遵循教学规律去教学，才可能取得理想的教学效果。但是，教学又是复杂的，教学效果往往受到许多方面因素的制约，运用教学规律正确处理各种问题不是一件容易的事，因此教学又是一门对教师要求很高的艺术。很显然，教学没有一成不变的模式，真正掌握教学的艺术并不容易；但是，课堂教学也一定有共同的基本规律与要求，掌握这些基本的规律与要求是十分必要的。不同时期人们往往对小学语文的课堂教学提出一些不同的"基本"要求。例如：

李纪生著的《小学语文教学法讲话》认为，首先必须重视学科知识的讲授，而且要将这些知识转化为儿童的技能与熟练技巧；其次是贯彻一般的教育任务；再次，课堂教学要有适当的教学方法和上课的技巧。此外，该书还提到了"教学语言、教态、展示图物方法、板书"以及"良好的学习纪律"等方面的要求。① 用现在的话说，这里涉及教学目标、教学方法、教学效果、教师素质等方面。

袁微子主编的《小学语文教材教法》，从"指导学生预习""指导学生锻炼基本功""讲解、提问和阅读指导""复习、巩固、提高"等方面提出了基本要求。②

魏薇主编的《小学语文教学法》则强调："上课也是极具创造性的劳动，因而切忌单调刻板、千篇一律。"③

考虑到课堂教学各方面的要素，我们可以把课堂教学的基本要求概括为目标明确、内容正确、结构合理、方法灵活、效果好、素质高六个方面。

**（一）目标明确**

《大学》认为："知止而后有定，定而后能静，静而后能安，安而后能虑，虑而后能得。""知止"即知道目标所在，这里强调了明确目标对于学习的作用。课堂教学的"目标明确"应表现在以下三个方面：

（1）指向明确。课堂上师生的每项活动都应该有明确的指向，要指向

---

① 李纪生. 小学语文教学法讲话 ［M］. 杭州：浙江人民出版社，1954：19 – 20.
② 袁微子. 小学语文教材教法 ［M］. 北京：人民教育出版社，1984：255 – 259.
③ 魏薇. 小学语文教学法 ［M］. 济南：齐鲁书社，2002：226.

教学的目标，而不是漫无目的、随意发挥。

（2）全面落实。要尽量使学生有多方面的收获。

（3）深度恰当。既不拔高也不降低教学要求。

有关教学目标的具体内容在后面有关章节有较详细的论述。

### （二）内容正确

这里的内容正确有两个含义：一是对教材理解正确、无误；二是能科学地、创造性地处理（取舍、补充）和运用教材。

### （三）结构合理

课堂教学结构合理的要求主要表现为以下三点：

（1）结构完整。不缺少必要的、基本的环节，如导入、新授、练习等。当然，不同课型、不同内容的教学其课堂结构也是有区别的。

（2）逻辑性强。各部分（教学环节、步骤等）之间，层次清晰，过渡自然。

（3）时间紧凑。教学过程各部分时间安排恰当。

不同类型知识的学习有不同的规律，因而教学过程不可能完全一样。教学过程总体上一般可包括如下六个环节：导入激趣、尝试感知、引导探索、练习运用、总结测验、拓展延伸。

有关课堂结构的内容，在后面有关章节中还要详细论述。

### （四）方法灵活

教学有法而无定法，能够灵活运用教学方法需要一定的实践锻炼。当然教学方法的选择与运用也有一些基本要求，有关理论将在以后的有关章节中详细阐述，在这里只谈一下"方法灵活"的基本表现。概括地说，"方法灵活"表现在：

（1）教师主导恰当。教师在整个教学过程中能充分发挥主导作用：一是善于启发，导出问题，引导思考；二是善于示范、讲解，抓住关键，突破难点；三是能够合理评价、鼓励，因势利导。

（2）学生主体充分。学生是课堂的真正主角，能积极主动地学习。

### （五）效果好

课堂教学"效果好"有两个层次的指标：

（1）气氛活。课堂气氛和谐融洽，多维互动活而不乱。

（2）质量高。学生学得好，目标达成度高。

### （六）素质高

教师在课堂上较好的素质表现对教学效果起着非常重要的作用。教师课堂上"素质高"主要表现在以下几个方面：

（1）教态大方。教态自然、大方，态度和蔼、亲切，感情真挚、健康。

（2）语言规范。普通话标准，表达准确、简洁、生动。

（3）板书精当。板书规范、简洁、有效、美观；教学媒体实用，运用熟练；能有效地利用自己的特长提高教学效果。

（4）知识面广。知识丰富，专业知识扎实。

（5）调控力强。富有智慧，思维敏捷、灵活，课堂驾驭能力强。

## 三、作业布置与检查

"时教必有正业，退息必有居学。"（《学记》）作业布置和检查，是使学生巩固所学知识和反馈教学效果、改进教学的重要手段，更是拓展学习效果、培养学生学习能力的重要手段。如何布置与检查作业，将在后面有关内容的教学设计中说明。

## 四、辅导

辅导是因材施教、实现"面向全体"要求的重要措施，是教学工作不可缺少的重要环节。辅导既可集体辅导，更应个别辅导，在此主要指个别辅导。当然，"个别辅导既是对后进生的具体措施，也是对优等生的具体措施，只是要求有所不同"[1]。有小学语文教材教法曾对个别辅导提出了以下几方面要求："首先要确定辅导对象""其次，确定辅导内容""再次，安排辅导的时间""最后，检查辅导效果"。[2]

结合目前课改有关精神，"辅导"的基本要求应该是：面向全体，因材施教；遵循规律，科学引导。

### （一）面向全体，因材施教

面向全体，是素质教育的基本要求；因材施教，才能真正实现面向全体。朱熹说过："圣贤施教各因其材，小以小成，大以大成，无弃人也。"（《孟子集注》卷十三《尽心·君子之所以教者五》）因材施教主要体现在"个别辅导"这一环节上。教师要承认学生的个体差异，除了对学生提出一般要求外，还要对不同水平的学生提出不同要求，并分别给以不同的指导，让各类学生都有进步。

---

① 袁微子. 小学语文教材教法［M］. 北京：人民教育出版社，1984：261.

② 袁微子. 小学语文教材教法［M］. 北京：人民教育出版社，1984：261－263.

当然，辅导要特别关注后进生，要把重点放在辅导后进生上，不要搞变相加班、集体补课，不要加重学生负担。辅导后进生，首先要相信学生是能够得到发展的。夸美纽斯认为，只要接受合理的教育，任何人的智力都是能够得到发展的。他特别反对借口"智力迟钝"而拒绝教育儿童。① 因此，我们切不可放弃任何一个"智力迟钝"或"后进"的学生。

**（二）遵循规律，科学引导**

辅导要遵循教育规律，应该特别注意三点：

1. 要注意调动学生的积极性

对后进生不应只采取重复讲解、重复练习或强迫学习这种"雪上加霜"的做法，而应以启发自觉、调动学习积极性、培养兴趣为主，给他们"雪中送炭"。特别要看到后进生的点滴进步，放大他们的优点，使他们树立信心。苏霍姆林斯基说过："不要靠补课，也不要靠没完没了的'拉一把'，而要靠阅读、阅读、再阅读，——正是这一点在'学习困难的'学生的脑力劳动中起着决定性的作用。"② 因此，要注意通过培养阅读兴趣来辅导后进生。

2. 要注意辅导时机与形式

（1）即时辅导。即在课堂听讲、练习等活动中，对特殊学生的特别关照，特别是对后进生的关注和及时指导与帮助。不要让后进生变成课堂上的局外人。

（2）课间辅导。即利用课间对极个别学生的辅导。这类辅导主要是对行为方面出现了较严重问题的学生进行的辅导，其他问题一般不能用这个时间进行辅导，以免影响学生休息。

（3）周结辅导。即利用学校统一规定的培优补差或兴趣组活动时间，对不同类型学生进行辅导。当然应控制集体辅导人数。

（4）家访辅导。即对学习困难或行为有问题的特殊学生跟踪到家中进行的辅导。这种辅导是非常必要的。"亲其师信其道"，家访能拉近学生与教师的距离，自然有利于学生的进步。当然，家访切不可告状，否则，不但达不到辅导目的，反而会使学生疏远教师，更加"后进"。

---

① 曹孚，滕大春，吴式颖，等. 外国古代教育史 [M]. 北京：人民教育出版社，1981：199.
② 瓦·阿·苏霍姆林斯基. 给教师的建议 [M]. 杜殿坤，编译. 北京：教育科学出版社，1984：52.

## 五、评价

评价是检查教学效果，了解教与学的情况，改进教学工作的重要环节。因此，不同时期的小学语文课程与教学论教材都很重视这个环节的工作。过去的小学语文课程与教学论相关教材中，这个环节有关内容一般放在"教学常规"部分介绍，如袁微子主编的《小学语文教材教法》（1984 年 12月第 1 版）、人民教育出版社小学语文室编著的《小学语文教学法》（1995年 12 月第 1 版）等。而随着人们对评价功能的更加重视，评价已被作为小学语文课程与教学论内容的一个独立模块来研究。

《义务教育语文课程标准（2011 年版）》提出了小学语文教学的"评价建议"，其第一段可以看作目前评价的总原则。

参考有关内容，我们可以把小学语文教学评价的原则归纳为如下几个要点：

### （一）坚持评价目的的发展性

评价的功能是多方面的，但评价的根本目的在于促进学生发展。评价的内容、方式、结果处理等，都要有利于促进学生的学，有利于改善教师的教，从而有效地促进学生的发展。特别注意不要根据考试成绩给学生排名次，也不能当众公布成绩，以免伤害相对后进者的自尊心，造成心理压力和负担；但阅卷要认真、及时，要给学生指出正误。要及时反馈评价结果，要指导学生改正错误，让评价发挥应有的作用。

### （二）注意评价内容的全面性

语文课程是一个整体，学生的发展应该全面，因此小学语文教学评价的内容既要关注字词句篇听说读写各项知识与能力，又要考虑过程方法及情感态度价值观的发展。当然，这是就评价的整体实施来说的，并不是要求每一次评价的内容都要涉及方方面面。

### （三）注重评价主体的多元性

评价主体不应只是教师，还应注意教师评价、学生自评、学生互评及家长评的结合，特别要加强学生自评与互评。多方参与评价，一方面可以更全面准确地了解和反映学生的学习情况，另一方面更有利于调动各方积极性，促进学生发展。

### （四）注意评价方式的多样性

要注意评价方式的多样性和灵活性，注意形成性评价与终结性评价、定量评价与定性评价的结合，重视与加强形成性评价与定性评价。要正确认识与对待考试：考试是评价的重要手段，但不是唯一手段，要正确地利用考试，而不能简单否定与取消考试。新课改所倡导的"成长记录"或"档案资料"方式也是很值得运用的评价手段。

## 第三节　小学语文教研活动与教育研究

听课、评课、说课等教研活动及课题研究，对于提高教师专业素质、促进教育教学质量的提高具有特殊的作用。小学语文教师掌握从事这些活动的基本知识与技能显然是十分必要的。许多小学语文课程与教学论教材含有相关的内容，有的甚至把它们各自作为独立的章节来论述，例如：人民教育出版社小学语文室编著的《小学语文教学法》（人民教育出版社 1995年 12 月第 1 版），在"小学语文教学工作常规"一章中含有"写教学笔记"与"听课和评课"两节，在"小学语文教师"一章中含有"认真进行小学语文教学研究"一节；江平主编的《小学语文课程与教学》（高等教育出版社 2004 年 8 月第 1 版），单独设有"小学语文教育研究"一章；刘诗伟主编的《语文新课程教学论》（南京大学出版社 2011 年 3 月第 1 版），在"阅读教学"一章中设有"语文说课"一节；刘华编著的《小学语文课程与教学导引》（江苏大学出版社 2015 年 2 月第 1 版），单独设有"小学语文教学研究"一章，在"小学语文教学实践"一章中设有"小学语文说课"一节。

本节只对小学语文说课、听课、评课与教育研究等内容作简要论述。

### 一、说课

我国的"说课"这一教研活动形式，最初是 1987 年由河南省新乡市红旗区教研室推出的，后来成为一种颇有影响的教学研究形式。它对于提高教师的专业素质，特别是提高教师的理论水平与教学设计能力具有重要的意义。目前，它也已经成为一种评价教师专业素质的重要手段，很多教师评优、教师录用考试都采用说课的方式。因此，小学语文教师及师范生必须掌握说课的基本知识与技能。

**（一）说课的概念**

1. 说课的定义

对于说课，没有统一定义。简单地说，说课就是教师口头讲述自己的教学设计并说明理论依据的过程。即：说课＝说教学设计＋说理论依据。

2．说课的类型

按说课的时机分，说课可分为课前说课与课后说课；按说课的目的分，说课可分为示范性说课、主题性说课、评比性说课等。

3．说课与备课、讲课、评课的关系

（1）说课与备课的关系

备课是说课的前提。说课是把备课的结果（教案或教学设计）向别人讲述、说明。

教案只写"教什么""怎样教"，而说课（稿）除此之外还要重点说明"为什么要这样教"。

（2）说课与讲课（上课）的关系

说课与讲课的不同主要表现在：

第一，对象不同。讲课的对象是学生，而说课的对象是同行、领导或专家、评委。

第二，目的不同。讲课的主要目的是使学生达成教学目标，而说课的目的是向同行等讲述、说明教学设计，说明要使学生达成什么样的目标、怎么达成及理论依据。

第三，内容不同。讲课是按照教学设计（或教案）中的"教学过程"进行教学，而说课说明的可以是教学设计（教案）的所有部分。

（3）说课与评课的关系

说课说的是教学设计情况，主要是上课前的活动。评课评的是上课情况，是上课后的活动。当然有时也可以讲课后说课，这就需要与评课（自评）相结合。

**（二）说课的内容**

说课就是说自己的教学设计并说明理论依据。这里所说的教学设计也就是我们通常所说的教案，因此说课的内容就是自己的教案内容加上相应的理论依据。

1．教案的内容

对于小学语文课来说，教学设计或教案一般包括如下部分：课题、教材分析（出处、内容、地位或特点）、学情分析、教学目标、教学重难点、教学方法、教学准备、教学时间、教学过程（或程序）、板书设计等。说课就可以说这些部分的具体内容及相应的依据。其中教学过程（或程序）是重点，有些项目（如学情分析、教学重难点、教学准备等）可以不说，有些部分或内容也不一定非说出理论依据不可。有的人说课时把教学目标与教学重难点都归到教材分析当中去，这也是可以的。

2．理论依据

在教学设计的内容中，应适当穿插上"设计意图"，最重要的是要有理论依据。这些依据主要来自：

（1）教育教学法规。如语文课程标准、各级教育行政部门出台的法规等。

（2）教育教学理论。如教育学、教学论、心理学等。

（3）教育教学经验。如名家观点实例、自己的经验、其他案例等。

**（三）说课的基本要求与表达技巧**

1．基本要求

说课活动的目的不同，其具体要求也不尽相同。但一般来说，说课应涉及说课者的教学设计质量、理论水平、表达水平三个方面。因此说课的基本要求应该是：设计合理，说理充分，表达清晰。

（1）设计合理。说课是在教学设计的基础上对自己的教学设计（教案）进行有理有据的解说。教学设计或教案写得好，这是说好课的基础或前提。教案的整体结构、各部分内容都应设计得科学合理，符合教学设计各方面的要求。

（2）说理充分。对教学设计各部分内容的解释说明应该有理有据，理由充分、合理。这些解释说明或分析的文字应该写在教学设计（说课稿）中。

（3）表达清晰。前两方面要求主要是说课设计或说课稿的要求，但说课不只看设计的文本，更重要的是看口头解说，或者有时只听说课者的口头解说。因此，能够清晰地表达显得特别重要。清晰表达应注意以下四个方面的具体要求：

①层次清晰。说课主要是口头表达，说课对象主要通过听觉来接收信息。因此说课者对教学设计的结构层次必须表达清楚，要特别注意使用不同的术语来表述教学设计内容的不同层次（如部分、课时、环节、步骤等不能乱用）；要注意恰当地使用顺序名词（如首先、其次、然后等）；要注意适当的过渡、照应。

②语言规范。语言规范、简洁、清晰、流畅，注意语速、语调、语气。

尽量脱稿表达。

③板书精当。说课有时可以使用课件，但一般要有板书。板书主要是体现说课思路、要点（包括上课的板书）。板书应做到工整、简洁、美观。

④教态自然。衣着得体，体态、表情自然大方。

2. 表达技巧

说课有不同的目的、不同的对象、不同的要求。说课者除了掌握说课的一般要求，还要善于根据实际灵活选取说课内容，调控说课进程，充分发挥自己的优势，追求更好的说课效果。特别要注意以下几点：

（1）由面到点。解说各个层次的内容一般都按先总后分的顺序说。先"总"地说明这个层次的内容包括几点，给人以整体印象，然后再说各个"分"点。当然，说完了各个方面，也可以再总结照应一下，这样会使人感到层次清晰，结构严谨。

（2）合理取舍。"总"的说明给人以完整印象，"分"则可以大胆取舍，适当省略部分内容或理论分析，以节省时间，突出重点。如说明了自己的教学设计包括哪些部分以后，可以只说"教学目标""教学方法""教学过程""板书设计"等部分，而其他部分可以省略；"教学过程"设计了多个课时的，可以只说一个课时；重点说的课时也可以省去一些环节；重点说的环节也可以省去一些教学步骤。

（3）述演结合。具有感染力的导语或总结语、精彩的教学细节或方法，既要说明怎么教，最好还要演一演。如果演得好，自然能给听课者留下好的印象。

（4）解说自然。解释教学设计的内容（依据或意图）可以放在被解释内容前面，也可以放在后面，但要水乳交融。放在前面一般用"因为（或为了）……所以我准备（或我将）……"的句式，放在后面一般用"这样可以……"的句式。说做法要注意时态，要用将来时。

如果说课后有答辩环节，答辩时要特别注意思路开阔、态度谦虚诚恳。

## 二、听课与评课

听课与评课不只是教学管理的手段，也是教师互相交流、学习，提高业务水平的重要途径。每一位小学语文教师及师范生都应掌握听课、评课的基本知识与技能。听课与评课的有关内容在不同时期的小学语文课程与教学论教材中一般都有涉及，在其他小学语文教学论著中也不难找到相关内容。本节主要谈一谈笔者自己对听课评课的认识。

**（一）听课**

1. 听课的类型

听课有不同的类型。根据听课的目的不同，可以分为观摩性听课、研讨性听课、检查性听课、指导性听课四种。教师与师范生的听课主要是观摩性听课与研讨性听课。

2. 听课的准备

为了保证听课取得理想的效果，应提前做好如下准备工作：

（1）明确听课目的。听课之前应明确为什么去听课。如果是被要求去听课，就要明确听课后需要完成什么样的任务；如果是主动听课，也要明确自己为什么要去听课，要对自己提出听课的任务。只有明确了听课的目的与任务，才有可能有效地关注课堂上的有关情况，抓住重点与特点。

（2）熟悉教学内容。听课之前应该了解听课的年级、课文内容、本单元其他内容、单元专题或训练重点、本课学习提示与课后练习等，要明确本课内容编写意图、教材特点、教学目标。还可以构想一个教学设计，以便与执教者的课进行对照。

（3）了解师生情况。要提前了解执教者的业务水平、教学特点、师生评价等，这有利于关注其特点，提高评课的准确性。听课前也可以了解一下学生的基础情况。

（4）做好物质准备。听课前需要准备好记录课堂信息的文具或设备，如听课记录本、笔、录音机、照相机等。

（5）提前进入场地。听课要征得讲课老师同意，提前进入教室，找好位置。听课位置既要有利于观察师生活动，又不能妨碍师生活动，一般以教室两侧或后面为宜。

3. 听课时的注意事项

听课时的主要任务是观察、思考与记录。听课过程中应注意以下两点：

（1）遵守课堂秩序。听课时要遵守课堂秩序，不要干扰教学活动，影响上课教师与学生的情绪。特别要注意的是：表情要自然；不要随便走动或发出声音；听课者之间不要交流或打手势；没有讲课教师与学生邀请，一般不要参与教学活动。

（2）做好听课记录。听课时要集中精力，认真观察师生的表现，善于思考，做好笔记，及时记录重要信息。

听课记录本上一般记录如下内容：基本信息、教学过程、随记（点评）、板书、总评等。各项内容在听课笔记本上的记录位置可如下图所示（图1-2）：

**图1-2 听课笔记本内容记录位置示意图**

"基本信息""教学过程"与"随记"在印制好的专用听课本上一般都已标示出记录位置，其在一页中的大体位置如上图右半部分（当然"教学过程"的记录有时不只需要一页）。而"板书"与"总评"的位置在印制好的专用听课本中一般不会标示出来，这两项内容可以记在前一页的背面（或第一页），如上图左半部分。这是因为，这两项的有些内容可能从课一开始就需要记录，而此时还不知道"教学过程"要记录几页，记在"教学过程"后面是不合适的。

听课记录各项内容的记录要求如下：

①基本信息。基本信息要尽量记录详细，包括时间、地点、讲课教师（姓名，甚至外貌特征等——这是听课后回忆这节课的细节的重要线索）、学生（学校、年级、人数等）、学科、课题（要写明共几课时，这是第几课时）、课型等。

②教学过程。教学过程中有关信息的记录应该尽量全面、具体。

记清教学环节与步骤。要注意用不同层级的序号标明环节、步骤、层次；尽量给各环节、步骤提炼出小标题（往往用这个环节或步骤的任务做小标题）。

详细记录师生活动情况。尽量详细记录师生的活动、语言、表情、板书等，当然要抓住要点。

记清时间。要注意记录各教学环节、步骤或活动对应的时间。

③随记或点评。听课时要注意眼、耳、手、脑并用，要注意边看边听边想，把点滴的想法、意见、问题随时记录下来，这是总评的基础。为了提高记录速度，可以使用不同的符号（如对号、错号、问号、直线、波浪

线等）表示记录内容。

④板书。尽量照原样描绘板书，这也是帮助听课者听课后回忆课堂情况的重要而直观的线索。

⑤总评。听课记录中除了随记或点评外，还应对所听的课进行总评。总评的内容并不都是等听完课以后才写的，许多内容是在听课过程中就应收集并且能够做出结论的。这样的内容要及时记在"总评"的位置，等听课结束后稍加整理就可以发言评课了。

### （二）评课①

评课，具有多种形式与功能。对于教师来说，评课是教师应该具备的一项基本功，也是教师提高自身教学水平的有效途径。怎样评课，这并不是一个新鲜话题。听课后，见仁见智，几乎每个人都能谈出自己的一些看法；有关"怎样评课"的文章也并不罕见。但如何评好课，对许多教师、特别是青年教师来说，却是一个看似简单而实际很茫然的问题。到底应该怎样评课？评课者最起码应该明确三个问题：从哪些方面去评价、依据什么标准去评价、按照什么样的思路去评价，也就是要明确评课的内容、标准与思路。这三个问题是评好课的最关键的问题。

1．评课的内容

评价一堂课，首先应该明确评价它的哪些方面（或项目），也就是要明确评课的内容。很显然，评课时可以评价的内容是多方面的，例如教学目标、课堂的结构、教学方法、教师的素质等。但是，评课不可能面面俱到，具体的评课中应该根据评课的目的与这节课的特点确定评价的内容。因此，课的可评价内容与应评价内容是两回事。那么，对于一节课，到底可以从哪些方面（或项目）去评价，应该从哪些方面（或项目）去评价呢？

（1）可评价内容。对于一节课，可以评价的方面（或项目）到底有哪些呢？这实际上是一个很复杂的分类问题。它的复杂性主要表现在以下三个方面：

①多视角。我们可以从不同的视角（或依据不同的标准）去确定评价内容，视角不同，所确定的评价内容的方面（或项目）也是不同的。例如可以从教育学的角度去确定，评价课的教学目标、教学内容、教学过程、教学原则、教学方法、教师素质等方面（或项目）；也可以从教育心理学的

---

① 江玉安. 评课的三个基本问题——评课的内容、标准与思路［J］. 课程·教材·教法，2007（3）：25–28.

角度去确定，评价课的动机的培养与激发、知识的学习、技能的形成、品德与个性的形成等方面（或项目）；还可以从课程标准的角度去确定，从课程的性质与地位、课程的基本理念、课程目标、实施建议等方面（或项目）去评价。

②多层次。评价的内容往往又是多层次的，即某一项评价内容往往又包含着若干项较低层次的内容。例如，"教学过程"包含课堂结构的完整性、教学环节之间的逻辑性等；"教学方法"包括教师教的方法与学生学的方法等；"教师素质"包含教师的知识面、各项基本技能等；"知识的学习"包括知识的理解、知识的迁移与运用等；语文课程的"基本理念"包括教育目标方面（全面提高学生的语文素养）、学科特点方面（正确把握语文教育的特点）、学习方式方面（积极倡导自主、合作、探究的学习方式）、课程内容方面（努力建设开放而有活力的语文课程）等。同样，某个较低层次的项目，可能还包含着若干更低层次的小项目。

③交叉性。即使按照上述同一"视角"所列出的同一层次的评价项目，它们之间往往也是很难绝对清楚地区分开的，往往也有一些交叉和联系。例如教育学视角中的"教学目标""教学方法"与"教学效果"，"教学原则"与"教学方法"；语文课程标准视角中的"课程理念"与"教学建议"等。评价某一"教学方法"，往往要涉及"教学目标"与"教学效果"；课堂中的同一现象，往往既可以依据"教学原则"去评价，又可以依据"教学方法"去评价；有些现象既可以依据"课程理念"去评价，又可以依据"教学建议"去评价。

由此可见，确定一节课的"可评价内容"是很复杂的，是没有什么统一的标准或依据的。一般来说，可以从以下几个大的方面去考虑：教学目标、教学内容、教学过程、教学方法、教学效果、教师素质等。当然每一个这样的项目中，都还可能包含着若干个较低层次的项目，如"教学目标"包括目标的广度和深度，"教学内容"包括对教学内容的理解与对教材的处理等，"教学过程"包括课堂结构的完整性、教学进程的逻辑性与时间分配等。

（2）应评价内容。评课，有时可能需要对一节课作出比较全面的评价，评价课的方方面面；有时可能只需要评价课的几个方面，甚至只需要评价课的某一个方面。如前面所述，对于一节课，"可评价内容"是多方面、多层次的，但评课不可能面面俱到，也没有必要面面俱到。在众多"可评价内容"中，到底哪些是"应评价内容"呢？这主要应根据评价的目的确定。评价的目的不同，评课的具体内容或侧重点是不同的。例如，如果是录用年轻的新教师，评他的课就应该重点评价他的素质；如果是观摩学习一种新的教学方法，就应该重点评价这个教师的教学方法及学生的学习效果等；一般的评课，教学目标、教学过程、教学方法、教学效果几项都是应该考虑评价的。

2. 评课的依据与标准

明确了评课的内容，还仅仅是明确了要对课堂的哪些方面进行评价。而要评价这些方面，还需要明确评价这些方面的依据与标准，用这些依据和标准与课堂的有关情况相比较，从而作出判断，分析原因或意义，提出建议。

（1）评课的依据。评价课的优劣，最终还是要看课堂的方方面面是否符合教育教学规律、是否符合教育目的。而教育教学规律、教育目的等往往体现在有关教育教学理论、法规以及实践经验当中，因此，评课要以有关教育教学理论、法规以及实践经验为依据。主要依据包括以下几个方面：

①教学法规。如课程标准中的课程理念、教学目标、教学建议等，这是体现学科特色的标准。

②教育教学理论。如教育学中的教学原则、教育心理学中有关学习的理论等。

③名家观点、实践经验与课例等。

（2）评课的标准。通常所说的课堂评价标准，主要是指根据教育教学理论或法规等制定的课堂各方面的具体要求或标准，通常用表格的形式表现，对应地列在相关评价内容的后面。

3. 评课的思路——"2×2"模式

评课就是要对照评课标准对课堂各方面情况作出评价，也就是将评课标准与课堂实际情况相对照或比较，从而作出判断。比较判断从何处下手，先评哪一项、后评哪一项，各项又应按怎样的顺序去评，其操作步骤或思路不同，效果显然是不一样的。思路不清，路子不对，要么会漏掉项目，要么会因不必要的"试误"而费时费力走弯路。那么，到底应该按照怎样的顺序去评价呢？总观人们评课的各种思路，笔者认为比较合理的不外乎四种情况，可称其为"2×2"模式。其中的第一个"2"，是指评课的两条主要线索，即评课内容先后顺序（如：目标→内容→过程→方法→效果→

素质）或教学过程（如：导入→新授→练习→总结→作业）；另一个"2"，是指每一条主要线索之下又可以采用两种评课方法，即优缺点分散随机评价或优缺点归类集中评价。

（1）以评课内容为主要线索，优缺点分散随机评价。这种思路即按照评价内容的本来排列顺序，逐项评价，逐项用评价标准"辐射"——对照检查课堂有关情况，从而判断课堂在这个方面是否有问题，并指出应该如何改进等。

（2）以评课内容为主要线索，优缺点分别集中评价。这种思路即按照各项评价内容顺序，先评价做得好的方面，再评价有问题的方面。

（3）以课的进程为主要线索，优缺点分散随机评价。这种思路即按照教学进程，从前往后，逐环节、逐步骤地进行评价，逐环节、逐步骤地将课堂情况向评课标准"辐射"——与各项评价标准相对照，看是否符合标准，指出应当如何改进等。

（4）以课的进程为主要线索，优缺点分别集中评价。这种思路即按照教学进程，从前往后，先评价做得好的环节或步骤，再评价有问题的环节或步骤。

这四种模式，各有优点与局限性。具体评课时，要根据听课对象与场合灵活选用。当然也可以综合运用其中的几种思路模式。

4. 评课的具体方法与技巧

在听课的过程中就要把听到看到的情况与标准对照，在记好"点评"的同时，思考这属于标准中哪个方面的问题，可以在"总评栏"内记下这些初步的印象。整节课听完以后，略作整理就可以公开评课了。听完课后，最好先听讲课教师自评，在此基础上进一步修改自己的评课意见。要特别注意以下几点：

（1）真诚友善。既要实事求是，又要注意对象，与人为善。

（2）动态全面。要动态地、全面地评价教师，不能以偏概全。

（3）抓住重点。要抓住实质和重点，不要避实就虚。

（4）有理有据。要能透过现象析本质，要有高度、有依据。

（5）建议可行。对问题不仅要指出不足，还要提出具体可行的意见或建议。

## 三、小学语文教育研究

教育研究在教育改革发展中发挥着日益重要的作用，开展教育教学研究也是提高教师素质的重要途径。因此，小学语文教师了解教育研究的有关知识、掌握小学语文教育研究的基本技能是十分必要的。学习有关小学教育科研的知识可以阅读专门的教育科学研究方法论著，更应从小学语文课程与教学论的有关内容中了解掌握小学语文教育研究的特殊规律与要求。20 世纪 80 年代以来的小学语文教学法或小学语文课程与教学论教材中，大多含有小学语文教育研究的内容。例如，袁微子主编的《小学语文教材教法》提出了"要有革新精神"和"边实践边总结"的要求并分节展开了论述。① 人民教育出版社小学语文室编著的《小学语文教学法》提出了"要善于总结，善于吸收"与"勇于探索，勇于创新"的要求。② 魏薇主编的《小学语文教学法》提出了"要善于总结，善于吸收"与"要勇于实践，锐意改革"的要求。③ 江平主编的《小学语文课程与教学》在"小学语文教育研究"一章中，对"小学语文课程研究""小学语文教学研究""小学语文课程与教学的综合性改革与实验"分三节进行了较详细的阐述与介绍。④

学习该部分内容应重点关注如下问题：小学语文教育研究的类型与特点、小学语文教育研究的一般过程、小学语文教育研究课题的选择与方案制订、小学语文教育研究方法（获取资料的方法）、小学语文教育研究成果的表述与转化。

### （一）小学语文教育研究的类型与定位

#### 1. 语文教育研究的类型

语文教育研究的分类是很复杂的。用不同的标准或从不同的角度会作出不同的分类；用同一标准，不同研究者（或在不同的资料中）所划分的具体类型或名称也可能不完全相同。研究类型的划分是相对的，很多情况下，同一研究中可能含有按同一标准划分的不同种类研究的成分，各种类型可能会相互交叉。我们了解教育研究的分类，更主要地是为了准确把握小学语文教育研究的定位或特点。而把握其特点主要应该从目的、层次、方法等几方面来考虑。因此有必要从这几个方面或角度对教育研究的重要类型作一简要梳理。

（1）按研究的目的分：基础研究与应用研究。

---

① 袁微子. 小学语文教材教法 ［M］. 北京：人民教育出版社，1984：268 – 275.

② 人民教育出版社小学语文室. 小学语文教学法 ［M］. 北京：人民教育出版社，1995：318 – 321.

③ 魏薇. 小学语文教学法 ［M］. 济南：齐鲁书社，2002：223.

④ 江平. 小学语文课程与教学 ［M］. 北京：高等教育出版社，2004：338 – 372.

（2）按研究的深度与层次分：描述性研究、因果性研究、迁移性研究、理论性研究。

（3）按研究的方法分：思辨研究与实证研究；定性研究与定量研究；行动研究与实验研究。

2. 小学语文教育研究的定位

科学定位小学语文教育研究，正确认识小学语文教育研究的地位、特点，才能更好地进行小学语文教育研究。关于小学语文教育研究或中小学教育研究的定位，不乏相关的研究或观点。对小学语文教育研究的定位可以结合教育研究的分类及小学语文教学工作的特点来理解。

（1）从研究目的任务来看，小学语文教育研究应以应用研究为主。

（2）从研究的深度与层次来看，小学语文教育研究以描述性研究为主。

（3）从研究方式方法来看，小学语文教育研究应以行动研究为主。

（4）从研究内容范围来看，小学语文教育研究应该立足校本、立足课堂，重点研究与提高语文教学效率，重点研究和解决促进学生发展最直接、最迫切的问题。

**（二）小学语文教育研究的一般过程**

不同的研究内容、不同的研究方法，其研究的过程与具体步骤是不一样的。但无论研究什么内容、采用什么具体方法，一次完整的研究过程一般要经历如下三个基本步骤：

1. 确定课题，制订方案

2. 实施方案，收集资料

3. 分析总结，表述成果

**（三）小学语文教育研究课题的选择与方案制订**

1. 课题的来源

（1）自主选题——学习与教育实践中的困惑、疑问、发现。

（2）申报课题——参考各级教育科研管理部门制定的"教育科研规划课题指南"。

2. 选题的基本要求

（1）必须有价值；（2）要有创新性；（3）要具体明确；（4）要有可行性

3. 课题的论证、申报与计划

如果是申报各级规划课题，研究者在课题选定以后，要对课题进行论证，写出论证报告（或课题申报书），形成研究方案等，获得相关部门或专家的同意或认可、支持。相关部门对这些材料的内容项目、格式等往往有具体的规定和要求。不同研究项目的具体规定和要求可能不一样，但一般会包含以下主要内容：课题名称；选题的背景、目的、意义；研究的内容与创新点；研究的策略、步骤、方法；研究成果的形式；研究的条件等。

**（四）小学语文教育研究方法**

教育研究的方法是一个很复杂的概念。教育研究方法是分层次的，教育研究方法的分类也是很复杂的。语文教育研究中常用的研究方法有：观察法、调查法、实验法、经验总结法、文献法、历史法、个案研究法、行动研究法等。

**（五）小学语文教育研究成果的表述与转化**

1. 研究成果的主要表述形式

小学语文教育研究的成果表述形式多种多样，我们可以将其分为如下几类：

（1）教学教研应用文。如教学计划、教学总结、教学设计、说课稿、课堂教学实录与点评等。这一类成果的撰写应是每一位教师必须掌握的基本功。

（2）描述与思辨性研究成果。如教育叙事、教育随笔、教育案例、教学反思。这一类成果的撰写相对较简单，但对于教师总结经验、学会反思、提高认识、提高理论水平与研究能力，却具有重要的作用。每个新教师都可以把撰写这一类成果（文章）作为教育研究的入门，每个教师都应养成经常撰写这一类成果（文章）的习惯。

（3）学术或理论性科研成果。如学术（学位）论文、研究报告（调查报告、实验报告）、教育专著等。这一类成果的撰写与前两类成果的撰写相比，难度更大一些，往往需要更高的理论水平与科研能力。

（4）实用性文本或非文本形式的成果。如教材或教参、教育科研成品（音像制品、模型、标本、软件等）。这一类成果具有一定的知识与技术含量，具有一定的实用价值，往往也凝聚着研究者艰辛的劳动。

2. 成果表述应注意的一般问题

（1）形式规范；（2）观点鲜明；（3）材料翔实；（4）逻辑严谨；（5）文字简洁。

3. 成果鉴定与发表

各种规划课题的成果都要经过有关部门组织的鉴定。成果鉴定都会有相关的要求，研究人员应该按要求准备有关材料，提出鉴定申请。

教育研究成果发表或公布的途径或形式有会议交流、报刊发表、出版专著、参加评奖等。

**思考与实践：**

1. 小学语文教师应该具备哪些方面的素质？

2. 小学语文教师的常规工作有哪些？每项常规工作各有哪些基本要求？

3. 到小学见习一周，了解小学语文教师的日常教学工作与教研活动情况。

# 第二章
# 小学语文课程与教材

在"绪论"部分已经提到，小学语文课程与教学论是一门古老而年轻的学科，即使成为一门独立的学科以后，其研究内容与名称也是在不断变化的。1997年国务院学位办在确定教育类博士学位点和硕士学位点时，把各学科的课程论、教学论（或称学科教育学），都纳入到"课程与教学论"中，各学科的课程与教学论（语文、数学、英语等）都作为其中的一个研究方向。这种定名肯定了课程与教学统一的理论，也为各学科的课程、教学及教育研究类学科的定名提供了依据。至此"语文课程与教学论"的名称才确定了下来。相应地，"小学语文课程与教学论"这个名称也才正式确定下来（当然至今名称并未统一），"课程论"当然也就成了这个学科的重要组成部分。

课程论的基本任务是研究"教学什么"和"为什么教学"，教学论的基本任务是研究"教学是什么"和"怎么教学"，二者是目的与手段、目标与过程的关系，是不可分离的。因此，"小学语文课程与教学论"这门学科，即使在叫这个名字以前，也是一般都含有"课程论"的内容的，只是那时是从教学的角度来谈的。例如：

李纪生著、浙江人民出版社出版的《小学语文教学法讲话》（1954年8月第1版，1956年1月第6次印刷）就有"小学语文教学的目的和要求"一讲，这实际上是讲小学语文课程的目标。

薛焕武、李树棠等编，人民教育出版社出版的《小学语文教学法》（1958年7月第1版），其绪论中就有"小学语文教学的任务""小学语文教学的内容"等内容，这实际上是小学语文课程的目标、内容等。

袁微子主编、人民教育出版社出版的《小学语文教材教法》（1984年12月第1版）中，含有"小学语文教学的指导思想""小学语文教学的任务""小学语文教学要重视基本功训练"等内容，这实际上是小学语文课程的理念、目标等。

魏薇主编、齐鲁书社出版的《小学语文教学法》（2002 年 6 月第 1 版），虽然仍用"小学语文教学法"的名字，但其中有关"课程论"的内容已经明确地从"课程"的角度来讲了，其"小学语文课程"一章，分三节阐述了"课程与小学语文课程""小学语文课程的性质""小学语文课程的任务"三个问题；把"小学语文课程标准与小学语文教材"单独作为一章进行了阐述。

江平主编、高等教育出版社出版的《小学语文课程与教学》（2004 年 8 月第 1 版），"课程论"部分含"小学语文课程"上、下两章，讲了"小学语文课程设置""小学语文课程性质""小学语文课程理念与课程目标""小学语文课程教材""小学语文课程资源"等问题。

尚继武主编、山东教育出版社出版的《新课程背景下的小学语文学与教》（2008 年 8 月第 1 版），"课程论"部分含"小学语文课程"与"小学语文教材"两章，分别讲了"小学语文课程""小学语文课程改革""小学语文课程标准""小学语文教材概说""几种小学语文教材简介""小学语文教材与课程开发"等问题。

综合各种教材、特别是目前小学语文课程与教学论教材的情况，参考有关研究成果，可以把小学语文课程与教学论中"小学语文课程"部分的内容归纳为以下几个问题：小学语文课程的概念，小学语文课程的性质、理念、目标与内容，小学语文课程的载体，小学语文课程的实施与课程改革，小学语文教材。下面分五节对这些问题进行探讨。

# 第一节　小学语文课程的概念

近些年的小学语文课程与教学论教材大都含有对"小学语文课程"概念的阐述。例如魏薇主编、齐鲁书社出版的《小学语文教学法》（2002 年 6 月第 1 版），在"课程与小学语文课程"一节中先介绍"课程"情况再论述"小学语文课程"。其中对"小学语文课程"先介绍了我国小学语文课程的发展，又从新的"课程标准"审视小学语文课程。江平主编、高等教育出版社出版的《小学语文课程与教学》（2004 年 8 月第 1 版），在"小学语文课程设置"一节中谈了三个问题："课程及小学语文课程的结构""小学语文课程的设置及演变""国外小学语文课程设置的概况"。下面主要讨论什么是课程、什么是小学语文课程和小学语文课程的历史演变三个问题。

## 一、什么是课程

研究小学语文课程，需要先了解什么是课程。课程的概念是不断发展变化的。目前给课程下一个统一定义也是很困难的。

"课程"意识与实践在我国古代学校教育中早已有之，如古代的"礼乐射御书数"六艺，《诗》《书》《礼》《乐》《易》《春秋》六经，以及《学记》中的"一年视离经辨志，三年视敬业乐群，五年视博习亲师，七年视论学取友，谓之小成；九年知类通达，强立而不反，谓之大成"等，就反映了古代的课程门类与目标进程等。

但我国"课程"一词的出现，则始于唐宋年间。"课程"一词最早出现于唐朝。孔颖达在《五经正义》中的"维护课程，必君子监之，乃依法制"是"课程"一词在汉语文献中的最早显露。但其涵义十分宽泛，远远超出学校教育的范围。宋朝的朱熹在《朱子全书·论学》中频频提及"课程"，其"课程"主要指"功课及进程"，这与今天日常语言中的"课程"的意义已极为相近。① 后来我国把各级学校的教学科目、教学顺序、教学时数的规定，叫做某级学校的课程。现代汉语词典对"课程"的解释是："学校教学的科目和进程。"②

在西方，英国著名哲学家、教育家斯宾塞在 1859 年发表的一篇著名文章《什么知识最有价值》中最早提出"curriculum"（课程）一词，意指"教学内容的系统组织"。西方最常见的课程定义是"学习的进程"（course of study）。③ 人们对课程的认识是不断发展变化的，如从进步主义课程理论到学问中心课程理论，从学问中心课程理论到人本主义课程理论，从人本主义课程理论到"恢复基础"运动，再到各种课程理论的融合与并存，课程的涵义在不断变化。

美国新教育百科辞典对"课程"的解释是："所谓'课程'系指在学校

---

① 张华. 课程与教学论 [M]. 上海：上海教育出版社，2000：66.
② 中国社会科学院语言研究所词典编辑室. 现代汉语词典（第5版）. 北京：商务印书馆，2005：776.
③ 张华. 课程与教学论 [M]. 上海：上海教育出版社，2000：66.

的教师指导之下出现的学习者学习活动的总体。"

李秉德主编的《教学论》定义的课程是：课程就是课堂教学、课外学习以及自学活动的内容纲要和目标体系，是教学和学生各种学习活动的总体规划及其过程。①

我国教育部 2001 年颁布的《基础教育课程改革纲要（试行）》，提出了基础教育课程改革六个方面的具体目标，即课程的目标、结构、内容、实施、评价、管理等。这里所指的课程，已是一个含义很广的概念了。

课程研究的最新成果强调的是包含教育目标、教育内容、教育活动、教育评价等方面的广义的课程，是指为了实现学校培养目标而规定的教学科目、结构及其进程，是为学生发展而创设的学校环境的全部内容。它包含着学科课程、活动课程及隐性课程，包含着有关的教育目标、结构、内容、实施、评价、管理等丰富的内容。狭义的课程指某一教学科目，如小学语文课程、小学数学课程等。

## 二、什么是小学语文课程

如上所述，课程是一个复杂的概念，相应地，小学语文课程也是一个复杂的概念。因而，给小学语文课程下一个定义也不是一件容易的事情。不同教材对课程的定义情况并不相同。例如：

有的教材没有给小学语文课程下定义，只是提到了它在小学课程中的地位，"它既是小学课程的有机组成部分，又是相对独立的整体"，是"处于基础地位"的一门"核心课程"，是"花费时间最长、课时最多的课程之一"。②

有的引用了有关专家对小学语文课程的如下定义："小学语文课程是对小学语文教学的目标、内容、活动方式和方法的规划和设计，也就是小学语文课程方案、小学语文课程标准和小学语文教材中预定的教学内容、教学目标和教学活动。"③

我们可以结合着小学语文课程的任务、地位等对小学语文课程作如下描述：小学语文课程是一门学习语言文字运用的课程，是学好其他课程、全面提高学生素养的最重要的课程。它由国家整体设计，其目标、内容等

① 李秉德. 教学论 [M]. 北京：人民教育出版社，1991：159.
② 魏薇. 小学语文教学法 [M]. 济南：齐鲁书社，2002：13.
③ 江平. 小学语文课程与教学 [M]. 北京：高等教育出版社，2004：3.

体现在课程方案、课程标准、教材等不同层次的载体中，其目标主要通过一系列的教学活动来实现。

### 三、小学语文课程的历史演变

语言文字是人类最重要的交际工具和信息载体，是人类文化的重要组成部分。语文课程是一门学习语言文字运用的课程，因而是人类各民族都不可忽视的课程。但"世界各国由于社会制度、历史文化背景和经济发展水平的不同，在语文课程设置和语文教育思想上也存在着较大的差异"①。下面重点介绍我国（主要是大陆地区）小学语文课程的历史演变情况。

近些年的小学语文课程与教学论教材大多对小学语文课程的历史演变进行必要的介绍。例如，魏薇主编、齐鲁书社出版的《小学语文教学法》（2002 年 6 月第 1 版），在"我国小学语文课程的发展"中介绍了清末小学始设国文科、五四以后改"国文"为"国语"、新中国成立之初改"国语"为"语文"的情况，以及新中国成立后半个世纪大体经历的几个阶段。江平主编、高等教育出版社出版的《小学语文课程与教学》（2004 年 8 月第 1 版），在"小学语文课程的设置及演变"中分别介绍了我国大陆小学语文课程设置的演变与我国港澳台地区小学语文课程的设置，将"我国大陆小学语文课程设置的演变"分"国文"时期、"国语"时期、"语文"时期、"新语文"时期四个时期进行了介绍。

我国有漫长的儿童识字写字、语句训练与习作八股文的历史，但古代没有专门的语文课程，其"语文"教学的内容与史学、伦理学常融为一体，主要是儒家经典。自 1902 年起，语文开始从与其他学科融为一体的状态中分化出来，并进一步发展成为一门独立的学科，且名称经过了一系列的变化。根据其存在状态、名称变化及理念的重大转变等，我们可以将我国小学语文课程的历史演变过程分为如下阶段：

**（一）未独立设科时期（语言产生—1902 年）**

语言是语文课程的重要内容，语言听说需要学习才能掌握。因此，人类有了语言也就有了最初的语文课程的内容与教学。随着文字的形成，读写等语文内容与教学也就出现了。当然，在漫长的古代历史中，语言文字、听说读写并不是作为一门独立的学科或课程来进行教学的。

---

① 江平. 小学语文课程与教学 [M]. 北京：高等教育出版社，2004：12.

### （二）"国文"时期（1902—1920 年）

1902 年，清政府颁布了《钦定学堂章程》（"壬寅学制"），规定除设"读经"科外，蒙学堂设"字课"和"习字"科，寻常小学堂设"作文"和"习字"科，高等小学堂设"读古文词""作文"和"习字"科。而这些科目在学科性质和地位上接近于后来的语文科，因此，一般认为，这是"政府独立设置语文科"的开始。① 当然，这时的语文还是以分科（字课、习字、作文、读古文词等）形式出现的。

1904 年，清政府又颁布《奏定学堂章程》（"癸卯学制"），初等小学堂设"读经讲经"与"中国文字"科，高等小学堂设"读经讲经"与"中国文学"科。识字、写字、读书、作文合为一科（"中国文字"或"中国文学"），朝着近代语文课程的建立前进了一大步。

1907 年，清政府颁布《奏定女子小学堂章程》，规定的教授科目中只有国文科，而无读经科。从此，"国文"科的名称见于法令。1912 年的《普通教育暂行课程之标准》将清末以来的"中国文字"和"中国文学"改称为"国文"，表明了小学语文学科的确立。

这个时期，语文与经学、史学、伦理学等分离，成为了一门独立的课程，这是具有重大意义的。

### （三）"国语"时期（1920—1950 年）

"五四"运动推动了国语运动与新文学运动。在全国文化教育界的呼吁下，1920 年，北洋政府教育部颁布国民学校令，将"国文"科改为"国语"科，将国文改为语体文，即白话文。"国语"这个名称在我国大陆地区一直沿用到新中国成立初期。

这个时期，"课程标准日趋完善，小学语文教材建设进入了有章可循的时期，小学语文教学也走上了以口语型书面语言为重点的语文教育道路。这一切都标志着具有我国汉语特色的小学语文课程理论体系的建立"②。

### （四）"语文"时期（1950—2001 年）

"语文"一名，始用于 1949 年华北人民政府教科书编审委员会选用中小学课本之时，但"语文"作为一门学科的名称，最早见于课程法规文件，当数 1950 年的《小学语文课程暂行标准（草案）》。叶圣陶以为："语就是

---

① 林治金. 中国小学语文教学史［M］. 济南：山东教育出版社，1996：217－218.
② 江平. 小学语文课程与教学［M］. 北京：高等教育出版社，2004：6.

口头语言，文就是书面语言。把口头语言和书面语言连在一起说，就叫语文。"① 1950 年的《小学语文课程暂行标准（草案）》对"语文"的解释是："所谓语文，应是以北京音系为标准的普通话和照普通话写出的语体文。"②

"'语文'课的命名，标志着科学意义上的小学语文学科的正式确立，它体现了听说读写综合训练与发展的语文教学思想，是对传统语文教学重文轻语的纠正，是对国语教学的完善和发展。"③

其实，对于"语文"的内涵至今仍有不同的解释，有"语言文字"说，有"语言文章"说，有"语言文学"说。江平主编的《小学语文课程与教学》对此做了详细的解释并认为："语"指语言与言语；"文"分别指文字、文章与文学。言语训练的重点是：小学阶段为言语与文字；初中和高中阶段分别为言语与文章、言语与文学。④

自新中国成立至 2001 年的半个世纪中，我国大陆的语文课程在曲折中逐步发展和完善。新中国成立初期学习苏联，突出语言知识和思想教育，1956 年曾学习苏联教学模式将汉语与文学分开教学；20 世纪 50 年代末，"教育大革命"的风暴使小学语文走上了政治化的道路，继而引发了文道关系的讨论；20 世纪 60 年代初继续进行"文道之争"的讨论，并且重提"双基"，注重培养学生的读写能力；"文革"10 年，语文课程突出了思想政治教育功能；20 世纪 70 年代末至 80 年代，改革开放也促进了语文课程的发展，小学语文课程朝着加强双基、培养能力、发展智力的方向前进；20 世纪 90 年代以后，经过"工具性"与"人文性"的争论，对小学语文课程性质有了科学的把握，着眼于学生的全面发展，标志着小学语文课程的成熟与完善，也标志着我们小学语文课程与教学即将进入一个新的阶段。

**（五）"新语文"时期（2001 年—）**

世纪之交，我国中小学教育一度成为社会关注的焦点。在国内外教育改革的呼声与压力之下，我国开始了第八轮基础教育课程改革。2001 年，教育部颁布了各学科课程标准，《全日制义务教育语文课程标准（实验稿）》便是其中之一。新的课程标准在小学语文课程的性质、理念、目标、内容、

---

① 林治金. 中国小学语文教学史［M］. 济南：山东教育出版社，1996：416.
② 课程教材研究所. 20 世纪中国中小学课程标准·教学大纲汇编·语文卷［M］. 北京：人民教育出版社，2001：65.
③ 林治金. 中国小学语文教学史［M］. 济南：山东教育出版社，1996：417.
④ 江平. 小学语文课程与教学［M］. 北京：高等教育出版社，2004：22.

教学实施与评价等方面，与以往的教学大纲或课程标准相比较都有新的变化与发展。"随着教育部《全日制义务教育语文课程标准（实验稿）》的颁布，体现'三个面向精神'和'三个代表'重要思想、适应新世纪的'新语文'已登临语文教育的舞台。"① 这次改革已进行十多年，尽管也暴露出了一些问题，但它是新中国成立以来小学语文课程的一次根本性变革，其意义之重大、影响之深远是毋庸置疑的。

## 第二节　小学语文课程的性质、理念、目标与内容

### 一、小学语文课程的性质与基本理念

#### （一）小学语文课程的性质

1. 小学语文学科性质概念的提出与变化

"学科性质，是指一门学科有别于其他学科的特点。"② 对小学语文课程的性质，曾有不同的看法。正像有教材所指出的："小学语文学科的性质和任务，是自新中国建立以后直至今天许多人仍在争论和研究的问题。"③ "人们争论的焦点在于语文教学和思想政治教育的关系，关键在于如何理解语文教学承担的思想政治教育任务。"④ 人们对小学语文课程性质的不同看法或变化，也体现在不同时期的课程标准或教学大纲中。例如：

1955 年《小学语文教学大纲草案（初稿）》指出："小学语文科是以社会主义思想教育儿童的强有力的工具。" "小学语文科是各科教学的基础。"⑤ 这里第一次用"工具""基础"这样的词语表述小学语文学科的地位或特点。

1963 年《全日制小学语文教学大纲（草案）》指出："语文是学好各门

---

① 江平. 小学语文课程与教学 ［M］. 北京：高等教育出版社，2004：8.

② 江平. 小学语文课程与教学 ［M］. 北京：高等教育出版社，2004：26.

③ 《小学语文教学研究》编写组. 小学语文教学研究 ［M］. 南京：江苏教育出版社，1993：1.

④ 《小学语文教学研究》编写组. 小学语文教学研究 ［M］. 南京：江苏教育出版社，1993：6.

⑤ 课程教材研究所. 20 世纪中国小学课程标准·教学大纲汇编·语文卷 ［M］. 北京：人民教育出版社，2001：81.

知识和从事各种工作的基本工具。""一般不要把语文课讲成文学课或者政治课。""在语文教学中，教学生理解文章的思想内容和掌握文章的语言文字，是不可分割的。"① 这里明确提出了思想内容和语言文字不可分割的关系。

1978 年《全日制十年制学校小学语文教学大纲（试行草案）》指出："语文这门学科，它的重要特点是思想政治教育和语文知识教学的辩证统一。"② 这里第一次在教学大纲里提出了语文学科的特点。

1980 年《全日制十年制学校小学语文教学大纲（试行草案）》指出："语文这门学科，它的重要特点是思想教育和语文教学的辩证统一。"③ 这里把"思想政治"和"语文知识"改成了"思想"和"语文"，淡化了"政治"与语文的"知识"。

1986 年《全日制小学语文教学大纲》指出："小学语文是基础教育中的一门重要学科，不仅具有工具性，而且有很强的思想性"。④ 这里第一次明确提出了小学语文的"工具性"与"思想性"。

1988 年的《九年义务教育全日制小学语文教学大纲（初审稿）》指出："小学语文是义务教育中的一门重要学科，不仅具有工具性，而且有很强的思想性。"⑤ 这里只是将"基础"教育改成了"义务"教育，对"工具性"与"思想性"的表述并没有变化。

1992 年的《九年义务教育全日制小学语文教学大纲（试用稿）》指出："小学语文是义务教育中的一门重要的基础学科，不仅具有工具性，而且有很强的思想性。"⑥ 这里只是将"重要学科"，加上了"的基础"三个字，变成了"重要的基础学科"。

2000 年的《九年义务教育全日制小学语文教学大纲（试用修订版）》

---

① 课程教材研究所. 20 世纪中国小学课程标准·教学大纲汇编·语文卷 [M]. 北京：人民教育出版社，2001：153 – 154.

② 课程教材研究所. 20 世纪中国小学课程标准·教学大纲汇编·语文卷 [M]. 北京：人民教育出版社，2001：176.

③ 课程教材研究所. 20 世纪中国小学课程标准·教学大纲汇编·语文卷 [M]. 北京：人民教育出版社，2001：185.

④ 课程教材研究所. 20 世纪中国小学课程标准·教学大纲汇编·语文卷 [M]. 北京：人民教育出版社，2001：194.

⑤ 课程教材研究所. 20 世纪中国小学课程标准·教学大纲汇编·语文卷 [M]. 北京：人民教育出版社，2001：209.

⑥ 课程教材研究所. 20 世纪中国小学课程标准·教学大纲汇编·语文卷 [M]. 北京：人民教育出版社，2001：232.

指出："语文是最重要的交际工具，是人类文化的重要组成部分"，"小学语文是义务教育阶段的一门基础学科"。① 这里只是强调了课程的作用与地位，提出了"交际工具""人类文化"的概念，而没再明确表述它的性质。

2001 年《全日制义务教育语文教课程标准（实验稿）》明确指出了语文的"课程性质"："语文是最重要的交际工具，是人类文化的重要组成部分。工具性与人文性的统一，是语文课程的基本特点。"这里第一次提出了"工具性与人文性的统一"，不仅指出了"工具性"与"人文性"，而且指出了两者之间"统一"的关系。

2011 年中华人民共和国教育部颁布的《义务教育语文课程标准（2011年版）》对语文的"课程性质"表述为："语文课程是一门学习语言文字运用的综合性、实践性课程。义务教育阶段的语文课程，应使学生初步学会运用祖国语言文字进行交流沟通，吸收古今中外优秀文化，提高思想文化修养，促进自身精神成长。工具性与人文性的统一，是语文课程的基本特点。"与"实验稿"相比，这里又提出了"综合性"与"实践性"，不再局限于强调"工具性"与"人文性"的关系，显然更符合语文课程的本质特点。

2. 小学语文课程性质的含义

理解小学语文课程的性质应把握几个关键词：基础性、综合性、实践性、工具性、人文性、工具性与人文性的统一。

（1）基础性。《义务教育语文课程标准（2011 年版）》的前言中提到："语文课程致力于培养学生的语言文字运用能力，提升学生的综合素养，为学好其他课程打下基础；为学生形成正确的世界观、人生观、价值观，形成良好个性和健全人格打下基础；为学生的全面发展和终身发展打下基础。"小学语文学习是学习者学习各科知识的基础，是学习做人的基础，是将来工作的基础。小学语文学习是一个人一生发展基础的基础，必须扎扎实实打好这个基础。

（2）综合性。语文课程综合性指语文课程的目标、内容不是单一的、孤立的，而是综合的、丰富的、相互联系的，语文课程的实施也必须体现其综合性。《义务教育语文课程标准（2011 年版）》在课程的基本理念中指出："语文学习应注重听说读写的相互联系，注重语文与生活的结合，注重

---

① 课程教材研究所. 20 世纪中国小学课程标准·教学大纲汇编·语文卷［M］. 北京：人民教育出版社，2001：255.

知识与能力、过程与方法、情感态度与价值观的整体发展。综合性学习既符合语文教育的传统，又具有现代社会的学习特征，有利于学生在感兴趣的自主活动中全面提高语文素养，有利于培养学生主动探究、团结合作、勇于创新的精神，应该积极提倡。"

（3）实践性。《义务教育语文课程标准（2011 年版）》在课程的基本理念中指出："语文课程是实践性课程，应着重培养学生的语文实践能力，而培养这种能力的主要途径也应是语文实践。语文课程是学生学习运用祖国语言文字的课程，学习资源和实践机会无处不在，无时不有。因而，应该让学生多读多写，日积月累，在大量的语文实践中体会、把握运用语文的规律。"

（4）工具性。《义务教育语文课程标准（2011 年版）》一开始就指出："语言文字是人类最重要的交际工具和信息载体，是人类文化的重要组成部分。语言文字的运用，包括生活、工作和学习中的听说读写活动以及文学活动，存在于人类生活的各个领域。"有教材指出："小学语文的工具性表现为：一是小学生进行思维的工具（这从内部言语说）；二是交流思想的工具（这从外部言语说）；三是小学生学习科学文化的工具；四是将来从事工作的工具。"[1]

（5）人文性。"人文性"指作为文化载体的语言文字蕴含着并表现了我们民族的思想文化与人文精神，我们的语言文字本身就是祖国优秀文化的组成部分；表现为"小学语文课程使小学生在语言学习与发展的同时，接受了百科文化知识，接受了中华文化的熏陶"，"小学生学习与运用汉语言文字，就潜移默化地接受着汉民族独特的心理特征、思维方式和文化精神的影响与制约。"[2]

（6）工具性与人文性的统一。工具性是语文学科的"本质属性"，人文性是语文学科的"特有属性"，两者是不可分割的。"在小学语文教学中，应把语言文字的工具训练和人文教育结合起来。忽视人文精神，只在语言文字形式上兜圈子，语言文字就失去了灵魂和生命；脱离语言文字的运用，空谈人文性，人文教育也无法落实语文的基础性。"[3]

当然，认识到"工具性与人文性的统一"也未必就是真正认识了语文

---

[1]　江平. 小学语文课程与教学［M］. 北京：高等教育出版社，2004：27.
[2]　江平. 小学语文课程与教学［M］. 北京：高等教育出版社，2004：28.
[3]　江平. 小学语文课程与教学［M］. 北京：高等教育出版社，2004：30.

的本质。正像有专家所说：20 世纪 80 年代以后，语文界也在破解现代语文教育衰败之谜，如找到了"工具论"，以为这就是病因，为了补其不足，开出的药方是"工具性与人文性的统一"。可是"统一"了十几年，疗效不佳，语文教育不但没有起死回生，反而雪上加霜，原因就在于"工具论"并非本体论，误将"功能论"作为"本体论"，没找准靶子。① 王荣生教授认为："语文科性质"问题，一直卡着我国语文教育的脖子；众说纷纭，造成了语文教育研究很难呈累进状成长，很大程度上也导致了语文课程与教学实践的无所适从。种种探求习惯于脱离历史语境在两极的框架里语义推导，而陷入剪不断理还乱的窘境。我们过去习惯于用几个字的"性质"那种混合浓缩物，来讨论语文课程与教学的问题，结果既区分不出层面也辨认不清状况，"'语文科性质应该是什么'的探险热，应该'暂告一个段落'；语文课程与教学的研究应该建筑在'一切为了学生的发展'的基础上，转向实证方案的具体研制。"②

**（二）小学语文课程的基本理念**

1. 理念的含义

"理念"是一个较新的概念。哲学史上曾有"理念"说，但在现代汉语词典工具书中"理念"一词却出现得较晚。上海辞书出版社 2000 年 1 月版的《辞海》上有"理念"词条，但注释只说：见"观念"。商务印书馆出版的《现代汉语词典》2002 年的增订版才有"理念"词条，解释为：①信念。②思想；观念。

2001 年的语文课程标准提出了四条基本理念：全面提高学生的语文素养；正确把握语文教育的特点；积极倡导自主、合作、探究的学习方式；努力建设开放而有活力的语文课程。但是有人认为："'理念'一词晦涩费解、含义深奥，缺乏明确性；普通话是全民的交际工具，'理念'难以被普遍接受，缺乏普遍性；已有'观念'一词，而且深入人心，新造'理念'无必要性。滥用'理念'已经违背了词汇规范的三大原则：明确性、普遍性、必要性。""滥用'理念'实际上反映着一种社会文化心理：漠视汉语言文字规范，心态浮躁，媚雅，装雅，重形式轻内质。"③ 这里当然说得严

---

① 张心科，潘新和. 颠覆·超越·互通——潘新和教授访谈录［J］. 语文教学通讯·高中，2016（2）：5.

② 王荣生. 语文科课程论基础（第二版）［M］. 上海：上海教育出版社，2005：410–411.

③ 江涛. "理念"的滥用［J］. 中学语文，2001（5）：62.

重了一些，不过作为课程标准，第一次引进这个词，且列出了那么几条像是课程特点，又像是指导思想或教学总原则的东西，且与"教学建议"有许多重复的内容，实在一时让人难以真正把握"理念"这个词的含义。

其实这里的"课程的基本理念"，与课程的"性质"有联系，与"教学建议"及过去的"教学原则"的内容基本是一致的。但设计者的意图显然是想设计出一个既能体现语文课程性质与特点，又能指导课程目标设计、内容选择、教学实施与评价的总原则。

值得注意的是，明确提出"课程的基本理念"概念并设计这一层高于教材编写、教学与评价"原则"或"建议"的内容，在我国课程标准（或教学大纲）的设计中是一个创举，也是很有意义的。但是，很多所谓的"新理念"的具体内容，其实也并不是新近才提出的。例如新课程标准要求"应该重视语文的熏陶感染作用"，其实较早期的小学语文教学法有关教材就有这样的观点，如李纪生著的《小学语文教学法讲话》（1954 年 8 月第 1版，1956 年 1 月第 6 次印刷）中讲到课堂教学的一般要求时就讲到，要"贯彻一般的教育任务"，并且强调"学科知识的讲授与教育任务的完成，是统一实现的，教师要注意这统一的要求"①。

2. 语文课程基本理念的内涵

语文课程标准所提出的四条基本理念是各有所侧重的：第一条为目标方面的，第二条为教学方面的，第三条为学习方面的，第四条为内容方面的。

（1）全面提高学生的语文素养

这条理念有两个要点：一是全体，即面向全体学生；二是全面，即面向每个学生全面的基本素养。

全面提高"语文素养"包括："激发和培育学生热爱祖国语文的思想感情，引导学生丰富语言积累，培养语感，发展思维，初步掌握学习语文的基本方法，养成良好的学习习惯，具有适应实际生活需要的识字写字能力、阅读能力、写作能力、口语交际能力，正确运用祖国语言文字。""通过优秀文化的熏陶感染，促进学生和谐发展，使他们提高思想道德修养和审美情趣，逐步形成良好的个性和健全的人格。"这些内容涉及对祖国语言文字的态度、语言积累、语感、语文能力、语文学习方法与习惯、文化修养、

---

① 李纪生. 小学语文教学法讲话 [M]. 杭州：浙江人民出版社，1954：20.

智力、思想品德、审美、个性与人格等。因此，"《语文课程标准》中的'语文素养'，相对以往所提的'双基'——语文基础知识与语文基本技能来说，其内涵更加丰富与厚实"①。

（2）正确把握语文教育的特点

该条理念提示了应该注意的三个方面的语文教育特点：人文性、实践性、汉语特性。

①要重视人文内涵的影响。"首先应重视熏陶感染与价值取向，其次要尊重多元反应与独特体验。"② 刘勰《文心雕龙》中的"缀文者情动而辞发，观文者披文以入情"，以及新中国成立后强调"文道结合""因文悟道，因道学文"等，都是对语文熏陶感染与价值取向的重视。"仁者见之谓之仁，智者见之谓之智。"（《周易·系辞上》）"有一千个读者就有一千个哈姆雷特"，即是强调对学生多元反应与独特体验的尊重。

体现多元但也不能走向极端。一是重视情感熏陶、价值取向，但不能简单说教与政治化（如阅读教学中机械地归纳课文中心思想、阅读或作文教学中追求正面人物的高大上等）；二是尊重独特体验，但不能偏离目标无限发挥或突破下限（如认为邱少云太傻、黄继光不可能用身体堵枪眼等）。

②要重视语文的实践性。"学而时习之，不亦说乎。"（《论语·学而》）"博学之，审问之，慎思之，明辨之，笃行之。"（《中庸》）学习的实践性自古备受重视。对于具有工具性的语文，当然更应注重实践。

重视语文的实践性，在教学的理解环节就要注意联系生活实际，帮助学生理解体验课文内容；在课堂练习环节中就要注重听说读写等实践练习；课外应该鼓励学生在生活中学语文、用语文。

③要关注汉语言文字的特点，重视语感与整体把握。汉语的特点主要是音乐性、丰富性和意合性；汉字有表意性、对应性和平面型等特点。③ 汉语语法有规律，但是每条规律都有许多例外，可以说汉语语法系统缺乏严整的规则；此外，汉字记录汉语没有分词连写的规则，词与词之间看不出界限，因此阅读时往往掌握不好停顿，有时对语句的理解也会受到影响。④我们应关注这些特点对学生识字写字、阅读、写作、口语交际和思维发展

---

① 江平. 小学语文课程与教学［M］. 北京：高等教育出版社，2004：32.

② 江平. 小学语文课程与教学［M］. 北京：高等教育出版社，2004：35.

③ 江平. 小学语文课程与教学［M］. 北京：高等教育出版社，2004：36、37.

④ 巢宗祺，雷实，路志平. 语文课程标准（实验稿）解读［M］. 武汉：湖北教育出版社，2002：38、39.

等方面的影响，尤其要重视培养良好的语感和整体把握的能力。

（3）积极倡导自主、合作、探究的学习方式

本条理念提出了积极倡导的学习方式：自主、合作、探究学习与综合性学习。目前学术界对学习方式的解释并不完全一样，"大多数学者认为学习方式指学生在完成学习任务过程时基本的行为和认知的取向。学习方式不是指具体的学习策略和方法，而是学生在自主性、探究性和合作性方面的基本特征。"① 在这些"新"的学习方式中，"自主"是基础，倡导这些学习方式的目的在于克服教师中心、学生被动接受的学习方式，让学生变被动为主动，以全面提高学生语文素养，培养学生主动探究、团结合作、勇于创新的精神。

（4）努力建设开放而有活力的语文课程

该条理念的内容有两个要点：一是要拓宽语文学习和运用的领域，二是不断自我调节和更新发展。"教材无非是个例子。"（叶圣陶语）"只要是白纸上写有黑字的东西，当做文字来阅读来玩味的时候，什么都是国文科的材料。"（夏丏尊语）"语文的外延与生活的外延相等。"（美国学者语）因而，语文课程绝不限于课本、限于课堂。教师要引领学生由"文本课程"走向"生活课程"，走向"体验课程""实践课程"。

## 二、小学语文课程的内容与目标

### （一）主要内容

2001 年实验稿语文课程标准第二部分的标题是"课程目标"，2011 年版语文课程标准第二部分内容的标题改为"课程目标与内容"。但这里的"内容"指什么并不明确，似乎就是指目标的条目，或目标本身。

我们这里所说的课程主要内容，指学生通过语文课程而学习的主要内容。学生通过语文课程要学习的内容当然是很丰富的，当然可以用不同的标准将其分类。2001 年实验稿与 2011 年版语文课程标准的"课程目标"或"课程目标与内容"都分四个"方面"，即"识字与写字"、"阅读"、"写作"（第一学段为"写话"，第二、第三学段为"习作"）、"口语交际"，另外还提出了"综合性学习"的要求，有人把这五个"方面"或"要求"叫做语文课程的五大领域。其实这也是语文课程标准对语文课程内容的一种

---

① 钟启泉，崔允漷，等. 基础教育课程改革纲要（试行）解读［M］. 上海：华东师范大学出版社，2001：247.

总体上的分类，我们可以把它叫做语文课程内容的五大领域或五大模块；或者说语文课程的内容包括识字与写字、阅读、写话与习作、口语交际、综合性学习等五大模块或领域。当然，"字、词、句、篇，听、说、读、写"也是对语文课程主要内容（知识能力）的一种概括与总体分类形式，

**（二）课程目标**

课程目标是预期的学生课程学习的结果。我国的课程目标是由国家（有关部门代表国家）制定的，体现在课程标准或教学大纲中。理解课程目标应该明确课程目标的两个维度：广度与深度（这里的"维度"不是 2001 年实验稿课程标准中开始出现的"知识和能力、过程和方法、情感态度和价值观三个维度"）。

1. 目标的广度（或项目）

（1）目标分类的不同观点

小学语文课程的目标指向是"全面提高学生的语文素养"，那么学生的语文素养包括哪些方面呢？只有明确素养的分类，才好去具体落实素养的培养工作。对目标进行分类是很复杂的工作。很多学者提出了不同的分类方法。例如：

我国著名心理学家潘菽教授主编的《教育心理学》把学习结果分为四类：知识的学习，技能和熟练的学习，心智的、以思维为主的能力的学习，道德品质和行为习惯的学习。[1]

"当前国际上公认的教育学目标分类框架是布卢姆等人于 20 世纪五六十年代提出的目标分类框架，被称为教育目标分类学。"[2] 布卢姆将教学目标分为三个领域：认知领域、心因动作技能领域、情感领域。动作技能前面加上"心因"二字表示动作技能是学习的结果，非天生而会的动作。

加涅将学习结果分为五种类型：言语信息（能用言语表达的知识）、智慧技能（亦称智力技能、心智技能，是运用符号做事的能力，主要是运用概念和规则做事的能力）、认知策略（含元认知，是运用规则或程序调控自己的认知活动过程的能力）、动作技能（用规则或程序支配自己的肌肉协调的能力）、态度（个人对人、对事、对周围世界持有的一种持久性与一致性的倾向，由认知成分、情感成分和行动成分三者构成）。[3] 这五种学习也可

---

① 潘菽. 教育心理学［M］. 北京：人民教育出版社，1983：53.

② 皮连生. 教学设计（第 2 版）［M］. 北京：高等教育出版社，2009：74.

③ 皮连生. 教学设计（第 2 版）［M］. 北京：高等教育出版社，2009：41 - 42.

以分为三个领域：认知领域、动作领域、情感领域。因此加涅与布卢姆的分类大框架是完全一致的，只是名称不同。

"把人类的学习结果分为认知、情感和动作技能三个领域几乎成了一切学习心理学家和教育心理学家的共识。由于学校教学目标也就是预期的学生学习结果，因此这一学习结果分类对教师确定教学目标也有直接的指导意义。"①

"德、智、体、美、劳"是我国教育学关于教育功能的最一般的概括。但"把教育目标归结为'德、智、体、美、劳'只是习惯的和常识性的说法，不宜作为教学设计的教学目标分类的框架。而且体育目标中有部分目标不是学习的结果，而是'养育'的结果"②。

我国 2001 年实验稿语文课程标准提出："课程目标根据知识和能力、过程和方法、情感态度和价值观三个维度设计。"不过，只是在"课程标准的设计思路"中提出课程目标根据这三个维度设计（2011 版的课程标准已将"维度"一词改为"方面"），并没有指出这三个"维度"各自的涵义，而总目标及阶段目标也都没有按着这三个维度清晰地分开来表述，"三个方面相互渗透，融为一体"。既然无法截然分开，那么这样的分类就是无法操作的，也就是不科学的。

（2）对"三维目标"问题的思考

"三维目标"的提法，最大的问题是把"过程与方法"作为与"知识与技能""情感态度与价值观"并列的目标。

有学者指出："当前我国教师采用的一些目标分类框架在理论上是不能成立的。如'三维目标''把学习与学习过程'作为教学目标，不仅混淆学习结果与学习过程的区别，而且混淆了学习过程与学习方法（或学习策略）的区别。"例如，"以自由快速的阅读方法，整体感知内容，运用小说三要素梳理情节；在读中品味语言，在读中质疑、探究"。这里"涉及教学过程，未涉及学习结果"③。教师出现这样的教学目标分类问题，当然与课程标准中提出的"三维目标"有关。

重视"过程与方法"是没有问题的，问题在于把它看作与"知识与能力（技能）""情感态度与价值观"并列的另外一类目标。这可从以下四个

①　张承芬. 教育心理学［M］. 济南：山东教育出版社，2004：46.
②　皮连生. 教学设计（第 2 版）［M］. 北京：高等教育出版社，2009：75.
③　皮连生. 教学设计（第 2 版）［M］. 北京：高等教育出版社，2009：87－88.

方面来理解：

①课程论中的"过程与方法"是与"概念原理"相对的，而不是与知识相对的，他们同属于学科知识。

学术中心课程（即结构课程）的观点认为，学科结构包括两个基本涵义：一是由一门学科特定的一般概念、一般原理所构成的体系；二是一门学科特定的探究方法与探究态度。学科结构是这两个基本涵义的统一。施瓦布、费尼克斯等人把这两种涵义分别称为"学科的实质结构"与"学科的句法结构"。① 如果从过程与结果的维度看待学科知识，可以将学科知识分为两类：第一类为"过程方法的知识"，即关于一门学科的探究过程与探究方法的知识；第二类为"概念原理的知识"，即一门学科经由探究过程而获致的基本结论——概念原理的体系。② 课程的选择不能把概念原理的知识与过程方法的知识人为地割裂开来。美国著名课程论专家阿普尔把排除了过程、排除了事件和冲突的课程称为"非事件"的课程。③ 既然"学科特定的探究方法与探究态度"（"学科的句法结构"）或"过程与方法的知识"是每个学科结构或学科知识不可缺少的部分，掌握这样的内容自然也就是每个学科（或课程）学习不可缺少的目标。值得注意的是，这些观点中的"过程与方法"虽然与"概念、原理"是相对着提出来的，虽然它们分别侧重于"过程与结果"，但它们仍然同属于"学科知识"；并没有把"概念、原理"作为知识，而把"过程与方法"作为与"知识"相对的另一类东西。

②"学习或掌握××方法"属于目标是无疑的，但它属于知识与能力（或技能）目标，而不是与"知识与能力"并列的另外一类目标。

如果所运用的方法是这个学科或教学内容特有的学习方法，是这一课要重点学习运用的，如"学习以自由快速的阅读方法，整体感知内容""学习运用小说三要素梳理情节""学习在读中品味语言，在读中质疑、探究""联系上下文理解""观察（或讨论），然后把观察（或讨论）的内容写下来"等，也可以看作教学目标，即在理解课文内容或习作的过程中，学习或学会运用这些方法，但学习或学会运用这些方法，属于知识或技能（能力）目标而不是与"知识与技能（能力）"并列的另外一类目标（过程与方法目标）。

---

① 张华. 课程与教学论［M］. 上海：上海教育出版社，2000：17.
② 张华. 课程与教学论［M］. 上海：上海教育出版社，2000：198.
③ 张华. 课程与教学论［M］. 上海：上海教育出版社，2000：199.

知道或理解方法的要领，这属于知识（陈述性知识）目标；掌握方法要领，能够运用方法，这属于技能（能力）目标。

③"运用××方法学习"这显然属于"教学方法"中的"学法"而不是教学目标。

如果是教学设计，这方面内容应该在教学设计的"教学方法"部分总说明，在"教学过程"部分具体落实，而不应写在教学设计的"教学目标"中。

④所谓"过程与方法目标"的"行为动词"，指向的仍然是知识、技能（能力）或情感，它不是另外一类目标。

教育部基础教育司组织编写的《走进新课程——与课程实施者对话》一书中列举了"过程与方法"目标的"常用行为动词"："经历、感受、参加、参与、尝试、寻找、讨论、交流、合作、分享、参观、访问、考察、接触、体验"等。该书列举的语文课程的"过程与方法"目标的行为动词有："感受、尝试、体会、参加、发表意见、提出问题、讨论、积累、体验、策划、交流、制订计划、收藏、分享、合作、探讨、沟通、组织"等。① 不难看出，这些动词或学生活动都是有对象或目的的，它们指向的仍然是知识、技能（能力）或情感——新课改所最看重的是情感。

《课程改革发展 第二辑 课程改革4》把教学目标分为结果性目标与体验性目标两类。其中结果性目标包括知识与技能目标。其中体验性目标分为三级水平：经历（感受）水平、反应（认同）水平、领悟（内化）水平。所谓经历（感受）水平，"包括独立从事或合作参与相关活动，建立感性认识等"，这一级水平的行为动词与教育部基础教育司组织编写的《走进新课程——与课程实施者对话》一书中列举的"过程与方法"目标的"常用行为动词"是完全一致的，② 也就是说，所谓"过程与方法"目标也就是体验性目标中第一级水平的目标。如果把这里所谓的"体验性目标"与教育目标分类学中的"情感领域的目标"相比较，不难看出它们所指的是同一类目标。克拉斯沃尔、布卢姆和马西亚等1964年出版的《教育目标分类学，第二分册：情感领域》，将情感教育目标分为"接受、反应、价值判

---

① 朱慕菊. 走进新课程——与课程实施者对话［M］. 北京：北京师范大学出版社，2002：60.

② 朱昌宝. 课程改革发展第二辑课程改革4［M］. 北京：中央民族大学出版社，2002：135 –136.

断、组织、价值观念或价值复合体的个性化"等五个层次。上述"体验性目标"与"情感领域目标"尽管所分层次不一样，但它们却是同一类目标。它们的最高层次不是一步达到的，每一课的学习、每一课中有关的学习活动，都不可能一次就使情感目标达到最高层次，但它们却是指向最高层次的，它们仍属于情感目标，而不能把它们称为与情感目标并列的另外一类所谓的"过程目标"。

课程目标不是一步达到的，目标有大有小，有远有近，大目标、总目标或远期目标是由小目标或分目标、近期目标、中期目标等逐步汇聚而成的。如课程总目标是由课时教学目标、学段课程目标逐步达成的。但小目标、近期目标等是与大目标或远期目标、总目标等相对的，是根据其达成的顺序、层次等不同划分的，它们都涉及或者指向知识、能力、情感等方面，而不是与知识、能力、情感等并列的另外一类目标。

总之，掌握"过程与方法"的知识是每个学科（或课程）学习不可缺少的目标；知识、能力、情感目标的达成都要经历一定的过程。我们当然应该重视学生的学习与体验过程，重视有关方法的学习及采用正确的方法进行学习，且把它们看作课程或教学目标。但这些内容仍然属于知识、技能（能力）或情感目标（当然有的已属于课程实施或教学过程、教学方法中的内容），而不是并列于知识、技能（能力）或情感目标的另一类所谓"过程与方法目标"。把"过程与方法"与"知识与技能"和"情感态度与价值观"作为并列的一类目标是不科学的。知识、技能（能力）、情感目标足以涵盖"过程与方法目标"的内容。

2. 目标的深度（或层次）

课程目标不是一步达到的。设置课程目标当然要考虑目标的远近与深度（层次）。课程标准中的总目标、学段目标，以及每篇课文（课题）的教学目标，可以看作语文课程或教学的远期目标、中期目标和近期目标。

语文课程的总目标与学段目标一般由国家（代表国家的有关部门）制定，体现在语文课程标准或教学大纲中，每一课题的具体目标一般体现在教材（的课后要求）中或由教师确定。

2001 年颁布的《全日制义务教育语文课程标准（实验稿）》，总目标共10 条，分段目标每个学段均对识字与写字、阅读、写话或习作、口语交际、综合性学习五个方面提出了较具体的目标。

# 第三节　小学语文课程的载体

前面曾谈到，小学语文课程是一个复杂的概念。小学语文课程有关内容绝不仅仅指小学生要学习的语文内容。有关小学语文课程的内容体现在不同层次的载体中。当然，不同的载体，其作用也是不同的。

## 一、国家课程方案

国家课程方案是最高层次的课程的载体，属于国家的法规。它由国家（代表国家的部门）制定，对各级学校所开设的课程进行宏观设计，规划各门课程的目标、在所有课程结构中的地位、课时比重等。课程方案也被称为课程标准总纲。不同学科课程的设计往往被放在同一个文件中，小学语文课程是其中的一部分。当然这些内容有时也体现在下一个层次的载体"课程标准"中。课程方案是制定各科课程标准的依据，也是学校开设与安排课程的依据。教师对国家课程方案的精神也应该有所了解。

我国宋代，课程方案已开始萌芽。如宋朝《京兆府小学规》规定："教授每日讲说经书三两纸，授诸生所诵经书、文句、音义，题所学字样，出所课诗赋题目，撰所对诗句，择所记故事。诸生学课分三等……"① 清末以来，不同时期国家都要颁布相关的课程方案，对小学课程作出宏观设计。我国的课程方案在不同时期有不同的名称。例如，1902 年（光绪二十八年）清政府颁布的课程方案叫《钦定学堂章程》，1952 年 3 月我国颁布的课程方案叫《小学暂行规程（草案）》，1953 年 8 月我国颁布的"课程方案"叫《1953 年小学（四二制）教学计划（草案）》，2001 年我国颁布的"课程方案"叫《义务教育课程设置实验方案》。

语文（或相当于语文的）课程一直是我国课程方案中占有重要地位的一门课程。表 2 - 1 是清末以来几个课程方案（或课程标准）中有关小学语文课时数或比重的统计表。从中可以看到，语文课时所占的比重最大时超过 50%，最低也没有低于 20%。

---

① 林治金. 中国小学语文教学史［M］. 济南：山东教育出版社，1996：101.

表 2 - 1　清末以来课程方案（或课程标准）中小学语文课时数或比重统计表

| 课程方案或课程标准 | 一 | 二 | 三 | 四 | 五 | 六 | 合计 |
|---|---|---|---|---|---|---|---|
| 1902 年（光绪二十八年）《钦定学堂章程》 | 23 (31.9%) | 24 (33.3%) | 24 (33.3%) | 24 (33.4%) | 22 (30.7%) | 22 (30.7%) | |
| 1950 年《小学语文课程暂行标准（草案）》 | 13 | 14 | 14 | 10 | 10 | | 2318 |
| 1952 年 3 月《小学暂行规程（草案）》 | 14 | 14 | 14 | 10 | 10 | | 2356 (47.3%) |
| 1953 年 8 月《1953 年小学（四二制）教学计划（草案）》 | 14 | 14 | 14 | 14 | 10 | 10 | 2888 (48.7%) |
| 1955 年 9 月《1955 年小学教学计划》 | 12 | 12 | 12 | 12 | 9 | 9 | 2244 (44.6%) |
| 1956 年 10 月《小学语文教学大纲（草案）》 | 12 | 12 | 12 | 12 | 9 | 9 | 2244 |
| 1963 年 7 月《全日制中小学教学计划（草案）》 | 15 (54%) | 15 (54%) | 16 (53%) | 16 (53%) | 12 (38%) | 12 (38%) | 3176 (48%) |
| 1978 年 1 月《全日制十年制中小学教学计划（试行草案）》 | 13 (50.0%) | 13 (50.0%) | 11 (42.3%) | 8 (30.8%) | 8 (30.8%) | | 2014 (40.8%) |
| 1981 年《全日制五年制小学教学计划（修订草案）》 | 11 (45.8%) | 12 (48.0%) | 11 (42.3%) | 9 (33.3%) | 9 (33.3%) | | 1872 (40.3%) |
| 1984 年《全日制六年制城市小学教学计划（草案）》 | 10 | 10 | 10 | 9 | 9 | 9 | 1938 |
| 1984 年《全日制六年制农村小学教学计划（草案）》 | 11 | 11 | 11 | 10 | 9 | 9 | 2074 |
| 1992 年《九年义务教育全日制小学语文课程计划》"五·四"学制 | 11 (44.0%) | 11 (42.3%) | 9 (32.1%) | 9 (32.1%) | 9 (32.1%) | | 1666 (36.3%) |
| 1992 年《九年义务教育全日制小学语文课程计划》"六·三"学制 | 10 (43.5%) | 10 (41.7%) | 9 (37.5%) | 8 (32%) | 7 (28%) | 7 (28%) | 1734 (34.9%) |
| 2001 年 11 月 19 日《义务教育课程设置实验方案》 | 5.2~5.72 (20%~22%) | 5.2~5.72 (20%~22%) | 6.0~6.6 (20%~22%) | 6.0~6.6 (20%~22%) | 6.0~6.6 (20%~22%) | 6.0~6.6 (20%~22%) | |

表中数据来源:林治金. 中国小学语文教学史 [M]. 济南:山东教育出版社,1996:221、222、419、423、457、533、539、572;教育部法制办公室. 中华人民共和国教育法律法规规章汇编上 [M]. 上海:华东师范大学出版社,2010:298.

## 二、小学语文教学大纲或课程标准

教学大纲或课程标准，是非常重要的课程载体。教育学、课程与教学论或国家有关法规中一般都有对其地位、作用、内容框架等的描述。如教育部 2001 年印发的《基础教育课程改革纲要（试行）》指出："国家课程标准是教材编写、教学、评估和考试命题的依据，是国家管理和评价课程的基础。应体现国家对不同阶段的学生在知识与技能、过程与方法、情感态度与价值观等方面的基本要求，规定各门课程的性质、目标、内容框架，提出教学和评价建议。"

"课程标准"是国家（代表国家的教育部门）制定的某门课程的实施标准，一般规定某门课程的目标、内容与实施建议等。各科课程标准也被称为狭义的课程标准。课程标准具有法规的地位，它是教材编写的依据，也是教师教学、有关部门对课程教学进行评价的依据。教师必须准确把握课程标准。

不同时期的课程标准曾有不同的名称。例如，1902 年的《钦定小学堂章程》、1912 年的《小学校教则及课程表》、1923 年的《新学制课程标准纲要小学国语课程纲要》、1929 年的《小学课程暂行标准小学国语》、1936 年的《小学国语课程标准》、1950 年的《小学语文课程暂行标准（草案）》、1955 年的《小学语文教学大纲草案（初稿）》、2001 年的《全日制义务教育语文课程标准（实验稿）》、2011 年的《义务教育语文课程标准（2001 年版）》等。

课程标准的体例与内容是不断变化的。从表 2 - 2 "新中国成立以来语文课程标准（教学大纲）演变"即可看出其大体的变化情况。

表 2 - 2　新中国成立以来语文课程标准（教学大纲）演变

| 名称 | 结构 | 特色与优点 | 不足 |
|---|---|---|---|
| 1950 年 8 月《小学语文课程暂行标准（草案）》 | 第一　目标<br>第二　教材大纲<br>第三　教学要点 | 将初、高小六年改为五年一贯，小学"国语"改为"语文"；注意思想教育；重视写字教学与说话训练。 | 没有规定各段识字量与年级识字要求；作文要求过高。 |
| 1956 年 10 月《小学语文教学大纲（草案）》 | 说明<br>准备课<br>识字教学<br>阅读教学<br>汉语教学<br>作文教学<br>写字教学<br>教学大纲 | 受苏联模式影响，汉语、文学分科教学；重视发展语言，注重文学因素的教学；明确提出听说读写四种能力。 | 汉语教学要求过高；写字教学地位开始削弱。 |

（续表）

| 名称 | 结构 | 特色与优点 | 不足 |
|---|---|---|---|
| 1963 年 5 月《全日制小学语文教学大纲（草案)》 | 一、语文的重要性和语文教学的目的<br>二、教学要求<br>三、教学内容<br>四、选材标准<br>五、教学内容的安排<br>六、教学中应注意的几点<br>七、各年级的教学要求和教学内容 | 摆脱苏联模式影响，尝试探索"中国化"；第一次明确指明了语文学科的工具性质；重视语文基础知识和基本技能训练；重视阅读与写作，强调多读多练；重视朗读与背诵。 | 未提出听话与说话能力，削弱了口语训练；规定识字量为 3500 个，要求过高。 |
| 1978 年 2 月《全日制十年制学校小学语文教学大纲（试行草案)》 | （前言）<br>一、教学目的和要求<br>二、教材编排原则和方法<br>三、识字、写字教学<br>四、阅读教学<br>五、作文教学<br>六、基础训练<br>七、大力改进小学语文教学<br>八、各年级的具体教学要求 | 强调思想教育和语文教学的辩证统一；重视语文能力培养并形成体系；对识字教学提出两种不同要求；把阅读课文分三类；第一次提出"基础训练"概念。 | 阅读和作文教学要求高；教学内容忽视听话与说话。 |
| 1986 年 12 月《全日制小学语文教学大纲》 | （前言）<br>一、教学目的和要求<br>二、识字、写字教学<br>三、阅读教学<br>四、作文教学<br>五、基础训练<br>六、教材编排原则和方法<br>七、努力改进小学语文教学<br>八、各年级的具体教学要求 | 第一次科学揭示、完整表述小学语文学科的性质；第一次反映出语文课程与教学之功能；第一次完整表达小学语文教学目的；扩大了汉语拼音的功能；适当降低了作文教学要求。 | 教学目的中涉及"听话"与"说话"，但教学内容没列出。 |
| 1992 年 6 月《九年义务教育全日制小学语文教学大纲（试用)》 | 一、前言<br>二、教学目的和教学要求<br>三、教学内容和教学提示<br>四、课外活动<br>五、教学中应该注意的几个主要问题<br>六、各年级的具体教学要求 | 着眼于素质教育；明确提出教学内容划分为语言文字训练和思想教育两方面；重视课外活动；适当降低识字量与作文要求。 | 识字量 2500 个，偏低。 |

（续表）

| 名称 | 结构 | 特色与优点 | 不足 |
|---|---|---|---|
| 2000 年 3 月《九年义务教育全日制小学语文教学大纲（试用修订版）》 | （前言）<br>一、教学目的<br>二、教学内容和要求<br>三、教学中应该注意的几个问题<br>四、教学评估<br>五、教学设备<br>附录：古诗词背诵推荐篇目 | 明确小学语文学科性质为"工具性""文化性""基础性"；注重培养学生的创新精神与言语实践能力；第一次明确表述重视语感；重视言语积累，第一次规定背诵篇数、课外阅读量，推荐背诵篇目；降低汉语拼音教学要求，识字体现认写分开、多认少写、加强写字，改变作文提法为写话、习作等，将听话、说话改为口语交际；以语文实践活动取代课外活动。 | 与 2001 年课程标准仍有很大差距。 |
| 2001 年 6 月《全日制义务教育语文课程标准（实验稿）》 | 第一部分 前言<br>一、课程性质与地位<br>二、课程的基本理念<br>三、课程标准的设计思路<br>第二部分 课程目标<br>一、总目标<br>二、阶段目标<br>第三部分 实施建议<br>一、教材编写建议<br>二、课程资源的开发与利用<br>三、教学建议<br>四、评价建议<br>附录：<br>一、关于优秀诗文背诵推荐篇目的建议<br>二、关于课外读物的建议<br>三、语法修辞知识要点 | 九年一贯整体设计；明确使用"课程性质"概念，并提出了"工具性与人文性的统一"；提出了低于"课程性质"而高于"目标"与"建议"的概念"课程的基本理念"，并提出了涉及目标、教学、学习与内容的四条"理念"；提出了"三个维度"的概念与目标设计要求；把"综合性学习"作为一个"领域"；"实施建议"更全面、科学；突出主体，注重实践 | "理念""维度"等概念的引入生硬，难以理解与把握；目标分类不科学，特别是提出"过程和方法"目标，但不具体，过分强调整体性与"相互渗透"，影响目标的落实；低年级识字量要求偏高，写字教学重视不够；对教师主导作用和语文本体目标有所忽视和弱化。 |

　　说明：表中1950—2000 年几个课程标准（教学大纲）的"特色与优点"及"不足"，根据江平主编、高等教育出版社 2004 年 8 月出版的《小学语文课程与教学》46-49 页相关内容整理。

　　我国 2001 年颁布的课程标准，当时曾得到充分认可与高度评价。如仅从名称上来看，以"课程标准"代替"教学大纲"，"不仅仅是一个简单的词语置换，至少应包括以下三方面的理解和考虑"：课程价值趋向从精英教育转向大众教育；课程目标着眼于学生素质的全面提高；从只关注教师教学转向关注课程实施过程。① 2001 年颁布的各科课程标准有以下主要特点：努力将素质教育的理念切实体现在课程标准的各个部分；突破学科中心；改善学习方式；体现评价促进学生发展的教育功能，评价建议有更强的可操作性；为课程的实施提供了广阔的空间。②《语文课程标准》与现行大纲比较有以下突破：在课程性质方面，摆脱长期以来关于语文学科性质的争论，正面论述语文的学科性质和地位，指出语文课程应致力于学生语文素养的形成与发展。语文课程的多重功能和奠基作用，决定了它在九年义务教育阶段的重要地位。在课程理念方面，致力于课程内容的革新，强调课程的现代性和创新性，强调从本课程的特点出发实施语文教育；致力于教学方式的革新，大力倡导自主、合作、探究的学习方式；重视语文课程的综合性，突出跨领域的综合性学习。在课程目标方面，根据"知识与能力""过程与方法""情感态度与价值观"三个维度设计课程目标。总目标和各阶段目标不只是"知识、能力"的达成度。三个维度的要求具体地、有层次地体现在各个阶段目标中。在内容框架（以小学为例）方面，单独提出综合性学习的要求，重视语文课程的综合性，重视语文和其他课程的联系。③

　　2001 年颁布的课程标准尽管当时评价很高，但实施不久即暴露出了许多问题，许多学者与教师指出了其存在的一些严重问题。如"未能把语文课程是什么，即语文课程区别于其他课程的本质属性揭示出来"；"提出了'语文素养'的概念，却又缺乏科学的界定，使本来悬而未决的'语文教什么'的问题更加含混不清"；"对课程目标与教学目标未能进行区分，导致一线教师用'三维课程目标'取代语文教学目标"；"内容目标退出语文课程标准产生了一个新问题"，"势必会造成轻视知识的错误导向"等。④ 经过十年的实践检验，国家对 2001 年颁布的《全日制义务教育语文课程标准（实验稿）》进行了修订并于 2011 年重新颁布。

---

①　朱慕菊. 走进新课程——与课程实施者对话［M］. 北京：北京师范大学出版社，2002：52.

②　朱慕菊. 走进新课程——与课程实施者对话［M］. 北京：北京师范大学出版社，2002：61 - 64.

③　朱慕菊. 走进新课程——与课程实施者对话［M］. 北京：北京师范大学出版社，2002：66 - 67.

④　靳健. 我国小学、初中语文课程标准的百年变迁［J］. 甘肃联合大学学报（社会科学版），2008（1）：109 - 110.

2011 年版语文课程标准的内容包括"前言""课程目标与内容""实施建议"三部分及五个附录。"前言"部分阐述了"课程性质""课程基本理念"与"课程设计思路"三项内容;"课程目标与内容"列出了"总体目标与内容"以及"学段目标与内容";"实施建议"提出了"教学建议""评价建议""教材编写建议"与"课程资源开发与利用的建议";五个附录分别是"关于优秀诗文背诵推荐篇目的建议""关于课外读物的建议""语法修辞知识要点""识字、写字教学基本字表""义务教育语文课程常用字表"等。

课程标准不断变化、完善是很正常的。子曰:"为命:裨谌草创之,世叔讨论之,行人子羽修饰之,东里子产润色之。"(《论语·宪问》)孔子说:郑国政府要作一道辞令,裨谌起草,世叔来讨论,行人子羽来修饰,东里子产加以润色。孔子在这里是告诉弟子,郑国多贤才和贤才对国家的重要。当然,这也表达出了集思广益或为文反复修改、精益求精的重要性。课程标准的修改完善,有赖于专家,更有赖于教学第一线的教师。作为教师,对于课程标准既要认真执行,又不要过于迷信、以为它是完美无缺的,而应该在实践中学习它、检验它,以主人翁的姿态向课程标准的制订者提出有价值的修改建议,促使课程标准不断完善。

### 三、小学语文教材与课程资源

小学语文教材是小学语文课程内容的重要载体,是进行小学语文教学、实现语文教学目标的主要凭借。教材,顾名思义,就是指教学的材料。传统的教材包括教科书(俗称"课本")、教师教学参考书、挂图、生字卡片等。教材一般由专家编写。2001 年新课改开始时国家推出了人民教育出版社、江苏教育出版社与北京师范大学出版社出版的三个版本的小学语文教科书。此后又出现了多个版本的教科书。2017 年秋季入学的小学一年级起,统一使用教育部组织编写的语文教科书。

小学语文课程资源即小学生要学习的语文课程内容及来源。很显然,小学语文课程内容是很丰富的,其来源也是多渠道的,其内容绝不仅限于传统的教材、特别是教科书的内容。正像 2001 年版《全日制义务教育语文课程标准(实验稿)》所指出的:"语文课程资源包括课堂教学资源和课外学习资源,例如:教科书、教学挂图、工具书、其他图书、报刊,电影、电视、广播、网络,报告会、演讲会、辩论会、研讨会、戏剧表演,图书馆、博物馆、纪念馆、展览馆、布告栏、报廊、各种标牌广告，等等。"自然风光、文物古迹、风俗民情，国内外的重要事件，以及日常生活话题等也都可以成为语文课程的资源。因此，"语文教师应高度重视课程资源的开发与利用，创造性地开展各类活动，增强学生在各种场合学语文、用语文的意识，多方面提高学生的语文能力"。

关于小学语文教材的更多内容将在本章第五节论述。

## 第四节　小学语文课程的实施与课程改革

小学语文课程与其他课程一样，是国家为实现小学培养目标而设置的一门课程。"顶层设计"的课程必须通过一定的实施途径才能落实到学生身上，实现它的目标；"顶层设计"者一般也要对课程的实施提出一些建议；课程内容显然也是应该不断变革的。因此，研究小学语文课程，必然涉及小学语文课程的实施途径、实施建议与课程改革问题。

### 一、小学语文课程的实施途径

从国家"顶层设计"的课程到学生掌握的课程，中间显然要经过许多环节，但只有直接与学生发生联系的环节才对学生真正起作用。我们这里所说的小学语文课程实施途径就是指这个环节的不同形式，或学生学习小学语文课程的途径。如前面曾提到过的，小学语文课程资源是十分丰富的，可以说无时不有、无处不有，因而小学生学习语文的机会是无时不有、无处不有的，因而学习语文的途径是宽广的。为了便于理解与研究，我们可以按照学生活动的形式把它分为三条途径，即课堂教学、实践活动、日常生活。

课堂教学是小学生学习语文的最重要的途径，通过这条途径，学生能够得到有计划、有系统、高效、规范的语文学习；学校与教师组织的各种课内外活动也是学生学习语文的重要途径，它可以把语文学习与实践结合起来，使学生感受到语文学习的意义与价值，提高学习效率；日常生活是学生学习语文最广阔的途径，学生学会利用这条途径学习语文则会终生受用不尽。

### 二、小学语文课程的实施建议

课程标准或教学大纲往往提出一些课程实施的建议。例如 1902 年清政府颁布的《钦定蒙学堂章程》即提出了"教授""温习""考验"等方面的建议："凡教授儿童，须尽其循循善诱之法，不宜操切而害其身体，尤须晓以知耻之义，夏楚之事断不宜施。""凡教授之法，以讲解为最要，诵读次之，至背诵则择紧要处试验，若遍责背诵，必伤脑力，所当切戒。""凡儿童每一时教授中，宜略匀出时刻，督令温习前一日或数日所授之业；至一月间应令通体温习一次，以免遗忘。""凡考验蒙童之法，皆取其平日曾经讲授之字课等项，随举问之，使之口答或笔答；第三四年学过句法之后，可以纯用笔答。以上考问，须常日或间日一用之，以提醒童孩之知识。"①这些建议今天看来都是很有借鉴意义的。

我国颁布的《义务教育语文课程标准（2011 年版）》第三部分是"实施建议"，详细提出了以下四个方面建议：教学建议、评价建议、教材编写建议、课程资源开发与利用的建议。其中的"教学建议"除了四条总建议外，还具体提出了每项内容的教学建议。这些建议也是教学应该遵循的基本原则。

### 三、小学语文课程改革

课程改革其实是一个永恒的话题。即使非现代意义的课程——古代的教学科目与内容也是不断变革的，每次大的变革，都可以看作是一次课程改革。近代以来课程改革更加频繁。我国自洋务运动至新中国成立以前的课程改革就有六次：洋务派主张的"新教育"、1904 年清政府颁布《奏定学堂章程》、1912—1923 年南京临时政府等颁布"壬子癸丑学制"、1923 年民国政府公布"新学制体系"、1927 年之后民国政府强化国民党的党化教育政策、中共新民主主义革命期间在革命根据地实行的学校课程等。

新中国成立以来，我国也已进行了八次基础教育课程改革。这八次改革分别是：1949—1952 年教育部颁布了《中学暂行教学计划（草案）》《中学教学计划（草案）》与新中国成立以来第一份五年一贯制小学的《小学教学计划》；1953—1957 年国家共颁布了五个教学计划，大幅削减了教学时数，首次在教学计划中设置劳动技术教育课，注意了学生动手能力的培养；1958—1965 年"大跃进"引发了"教育大革命"，大量缩短学制，精简课程，增加劳动，注重思想教育；1966—1976 年"文革"十年，学校课程与

---

① 课程教材研究所. 20 世纪中国中小学课程标准·教学大纲汇编·语文卷 [M]. 北京：人民教育出版社，2001：3.

教学经历了一段特殊时期；1977—1985 年"文革"结束，颁布《全日制十年制中小学教学计划试行草案》，统一规定全日制中小学学制十年；1986—1991 年，《义务教育法》出台，国家教委公布了义务教育教学计划初稿，适当增加了基础学科的教学时数，在教学计划中给课外活动留出固定的足够的空间；1992—2000 年，国家教委第一次将以往的"教学计划"改为"课程计划"，第一次将活动与学科并列为两类课程。后来又将"课程管理"作为课程计划中的一部分独立出来，我国教育界掀起了国家课程、地方课程、校本课程以及活动课程、研究性学习课程研究的热潮。2001 年开始的新一轮课程改革，是我国新中国成立以来的第八轮基础教育课程改革。

这次课改得到了教师的广泛认可，例如 2003 年 3 月至 8 月教育部基础教育司等对新课程各科课程标准实施状况组织的大规模调查研究显示，96.88% 的教师认为课程标准"很好或较好"地体现了纲要的精神，96% 的教师表示"非常认同"和"比较认同"课程标准规定的学科性质和基本理念，93.8% 的教师认为课程标准从三个维度来阐述课程目标是合理的，81% 的老师认为课程标准所规定的基本理念"完全能实现"或"经过努力能实现"。①

但是，教育现象是复杂的，随着课改的深入进行，课改的设计、特别是 2001 年版实验稿课程标准也逐渐暴露出了一些问题。例如上述所提到的教育部基础教育司等的调查，发现了如下几方面的问题："基本理念"和"总目标"部分的表述语言尚存在公式化和形式化的倾向；"内容标准"中部分课程内容的选择和组织有待进一步合理化和精致化，部分学科的部分内容还存在"难"和"繁"的现象；"实施建议"部分特别是其中的"评价建议"的可操作性和针对性尚待加强；部分术语、概念比较晦涩，不易为教师理解，且容易产生歧义；"科学""历史与社会""艺术"等综合学科的可行性尚待提高。②

可喜的是，课程标准的有关问题已被专家及广大教师所关注，顶层设计者已对课程标准进行了修订并于 2011 年重新颁布实施。2011 年修订版语文课程标准体现出了"改过纠偏，求真求实"的精神，特别是教学"具体建议"，对正确处理本体目标与一般目标、学生主体与教师主导、合作学习与个人钻研等关系的有关建议，对于指导课程改革顺利健康发展必将起到

---

① 杨九俊. 中国基础教育课程改革推进研究 [M]. 南京：江苏教育出版社，2012：80 - 81.
② 杨九俊. 中国基础教育课程改革推进研究 [M]. 南京：江苏教育出版社，2012：83 - 84.

积极作用。① 但是，正如前面所说，课改是一个永恒的话题。课程与教育教学中的问题不可能通过一次改革就能完全解决，而且改革在解决一些旧的问题的同时往往也会产生一些新的问题，2011 年修订版课程标准一定也还有需要不断修改完善的地方。我们应该领会修订版课程标准的精神，但不能把它当做新的教条。改过纠偏，求真求实，这才是对待课改、对待课程标准的正确态度。

## 第五节　小学语文教材

　　小学语文教材是小学语文课程内容的重要载体，是课程方案和课程标准的具体化，是进行小学语文教学、实现语文教学目标的主要凭借。小学语文课程与教学论教材大多对小学语文教材列专章或专节进行论述。例如：

　　袁微子主编、人民教育出版社出版的《小学语文教材教法》（1984 年 12 月第 1 版）的"小学语文教材"一章有两节内容："小学语文教材的基本特点""小学语文教材的编排"。《小学语文教学研究》编写组编、江苏教育出版社出版的《小学语文教学研究》（1993 年 8 月第 1 版）的"小学语文教材"一章，分三节研究了"小学语文教材的选编原则""小学语文教材的编排体系""几种小学语文教材的编写特点"。人民教育出版社小学语文室编著、人民教育出版社出版的《小学语文教学法》（1995 年 12 月第 1 版）的"小学语文教材"一章有三节内容："小学语文教材的作用""小学语文教材的基本特点""使用小学语文教材应注意的问题"。魏薇主编、齐鲁书社出版的《小学语文教学法》（2002 年 6 月第 1 版）的"小学语文教材"一节有三项内容："我国古代的小学语文教材""国文、国语时期的小学语文教材""建国以来的小学语文教材"。江平主编、高等教育出版社出版的《小学语文课程与教学》（2004 年 8 月第 1 版）有关"教材"内容，分"小学语文课程教材"和"小学语文课程资源"两节，分别介绍了"小学语文课程教材的发展""国外小学语文课程教材的特点""小学语文课程教材的编写原则""小学语文课程教材的使用""小学语文课程资源的概念框架""小学语文课程资源开发利用的基本策略""小学语文课堂教学资源的开发与利

---

① 江玉安. 改过纠偏 求真求实——谈〈义务教育语文课程标准（2011 年版）〉"教学建议"中涉及的几个关系 [J]. 课程·教材·教法，2012（11）：22 – 25.

用""小学语文课外学习资源"等内容。

本节先从小学语文教材的内容与编排体系、小学语文教材的选编原则两个方面对小学语文教材的有关知识作一说明，然后介绍不同时期的教材。

## 一、小学语文教材的内容与编排体系

### （一）教材内容

小学语文教材是因小学语文教学的需要而产生，随着教学内容的发展而发展的。

识字教学自古即是小学教育的基本内容。《汉书·艺文志》说："古者八岁入小学，故周官保氏掌养国子，教之六书，谓象形、象事、象意、象声、转注、假借，造字之本也。"可见，识字教材应该是古代小学最基本的教材。当然，自古蒙学教学的内容就不仅仅是识字，"一年视离经辨志，三年视敬业乐群，五年视博习亲师，七年视论学取友，谓之小成。九年知类通达，强立而不反，谓之大成。"（《礼记·学记》）从中即可看出教学内容的多样性。

我国古代的语文教育主要是结合"读经教育"进行的。经过宋代朱熹、元代程端礼等教育家的研究，语文学习的教材内容以及先后程序基本确定下来：先读"三、百、千"主要进行启蒙识字，再读"四书"，然后读"五经"。

语文教育的目标是全面的，内容是丰富的，但语文教材内容的主体是课文。"现代语文教材主要是由教材编写者自己撰写文章，或者是从文学作品中或报刊上选编，因而形成了文选型的教材编写格局，并延续近百年，成为我国中小学语文教材编写的惯例。"①

### （二）文体分类与课文种类

文学作品与文章的分类是复杂的。它们有不同的层级，同一层级的分类由于标准不同往往又可分为不同的类别，每一类往往又有不同的称谓。尽管这样，目前较高层级的几级分类情况还是较一致的。大致如下：

文字读物分为文学作品与实用文章两类。文学作品分为诗歌、小说、戏剧、散文四类。实用文章分为普通文章、应用文两类，或私人性质的、大众性质的两类，或者文本、超文本两类等。

---

① 吴忠豪. 对语文教材主题单元组织的审视 [J]. 小学语文教学（会刊），2011（7）：4.

　　"在中小学语文教学中，往往把所教的课文归入某个类，希望'转个为类'——即通过一篇文章的教学，学会读写一类文章，以培养学生可迁移的文章读写能力。""尽管这些亚文类并非基于同一个标准。"① 例如1932年的《小学课程标准国语》在附件一"各种文体说明"中将读书教材分为普通文、实用文、诗歌、剧本四类；其中的普通文分为记叙文、说明文、议论文；记叙文又分生活故事、自然故事、历史故事、童话、传说、寓言、笑话、日记、游记等。② 1941年的《小学国语科课程标准》在附件（一）"读书教材文体的分类和支配"中，把文体分为普通文、实用文、韵文、剧本。③ 1955年的《小学语文教学大纲草案（初稿）》在"阅读课"部分提出："阅读课本的课文分为两类：一类是文学作品，一类是科学知识的文章。文学作品包括童话、寓言、故事、谜语、谚语、歌谣、诗、小说、剧本和文艺性散文。"④

　　显然这里"转个为类"的"类"与文学理论及文章学中文学作品与文章的类别是两回事，但在"转个为类"的时候尽量考虑文学作品与文章的分类情况也是十分必要的。

**（三）小学语文教材的编排体系**

　　这里所说的小学语文教材，主要指教科书或课本。教材内容如何编排，体现着不同的语文教育观，也直接影响着教育教学的效果。小学语文课本的编写体系有不同的分类。有人认为大致可以分为三类：以阅读为基础的；以作文为中心的；读写结合，严格设"法"布"点"的。⑤ 有人把教材体系分为三类：知识系统型、文选系统型和训练系统型。⑥ 这都是从总体上、从阅读与作文的关系或以什么为主线上来分的。教材的具体组织，往往还要分成一个一个的单元，以便于一步步落实教学目标。"语文教材以单元的

---

①　王荣生，宋冬生. 语文学科知识与教学能力［M］. 北京：高等教育出版社，2011：27.

②　课程教材研究所. 20世纪中国中小学课程标准·教学大纲汇编·语文卷［M］. 北京：人民教育出版社，2001：24 – 25.

③　课程教材研究所. 20世纪中国中小学课程标准·教学大纲汇编·语文卷［M］. 北京：人民教育出版社，2001：49 – 50.

④　课程教材研究所. 20世纪中国中小学课程标准·教学大纲汇编·语文卷［M］. 北京：人民教育出版社，2001：85.

⑤　巢宗祺，雷实，路志平. 语文课程标准（实验稿）解读［M］. 武汉：湖北教育出版社，2002：87.

⑥　巢宗祺，雷实，路志平. 语文课程标准（实验稿）解读［M］. 武汉：湖北教育出版社，2002：88.

形式编排，是从 20 世纪二三十年代就开始的。"① 组织单元，应该考虑单元材料之间的内在联系。近一个世纪以来的教材编写，"有以能力训练组元的，有以文章题材组元的，有以文章主题组元的，有以写作项目组元的，还有以方法指导组元的、以知识系统组元的等等"②。目前的小学语文教材（教科书）大多是以主题（文本内容）来组织单元的。

叶圣陶认为教材以文本内容主题组织单元"这种办法，一方面侵犯了公民科的范围，一方面失去了国文科的立场，我们未敢赞同"。因此"叶老等编的《国文百八课》，以文章读写为线索组成了语文基础知识和语文基本能力序列，创制了一种尽可能体现语文教学科学程序的教材编辑体例"。"上世纪 50 年代'汉语''文学'分科教学，当时教材编写指向语法和文学知识教学体系上。上世纪 80 年代以后，中小学语文课程提出发展智力、培养能力，强调读写基本功训练，以阅读与写作能力为主题编制语文教材。进入 21 世纪以后，《语文课程标准》提出了提高学生'语文素养'的理念，强调'人文性和工具性结合'的课程性质，因此各地区语文教材大多转变为以文本内容所体现的人文思想倾向确定单元主题，形成主题单元的教材编写结构。"③

新课改以来许多版本的小学语文教材编写得还是不错的。例如在识字写字教学方面的字分两类、识写分开，每个单元的读（阅读）说（口语交际）写（习作）训练有机结合等，这些方面的设计都是比较科学的。但不可否认的是，以文本内容为主题组织单元，但主题的选择与编排却存在着很大的随意性、无序性。有研究者选取当时比较有影响的人教版、北师大版和上教版三套教材的三年级上下册中 48 个单元主题进行了分析，认为，"各套教材所选择的单元主题及其编排顺序并不反映语文课程情感、态度、价值观的教育的内在规律，更不体现学生掌握语文知识、提升语文能力的教学程序。"指明"主题单元教材最显著的优点就是能够最大限度地实现语文课程人文教化功能"；"另一个明显优点是能够围绕主题营造激发儿童兴趣的学习情境，有利于结合主题情境设计多样化的语文实践活动，使语文教学能够向课外延伸，向学生的生活、学校的活动、其他课程和社会延伸，有利于在实践中提高学生的语文实践能力。"但也指出了其负面影响："很

① 魏薇. 对主题单元整体教学实施的思考［J］. 小学语文教学（会刊），2011（7）：11.

② 魏薇. 对主题单元整体教学实施的思考［J］. 小学语文教学（会刊），2011（7）：11.

③ 吴忠豪. 对语文教材主题单元组织的审视［J］. 小学语文教学（会刊），2011（7）：4.

容易无限制地放大语文课程人文教化任务，将'课文内容'作为语文教学的主要目标，使得语文课程本身应该承担的语文知识教学、语文方法学习、语文能力培养等本体任务边缘化。"① 有专家曾尖锐地指出："现在语文教育最大的问题用一个词概括就是'假'，用一句话形容就是违背语文教学规律的教学、教材、教师和评价在大行其道，教材危机表现为强化话题，却忽视知识传授；强化学生活动，缺技术训练。一定要树立正确的语文观，才能编辑出好的教材。"②

## 二、小学语文教材的选编原则

小学语文教材到底应选择什么材料、如何组织，这是关系到语文教育目标能否落实的关键问题。特别是以什么为中心来组织单元，这确实是一个很难处理、很难兼顾的问题。不过，对于教材编写，教育学、教育心理学、学科课程与教学论等都会有所关注，课程标准或教学大纲也会有所提示。例如，王道俊、王汉澜主编的《教育学》提出了三条"教材编写的基本原则"：在内容上要做到科学性、思想性、效用性统一；在教材的编排上，要做到知识的内在逻辑与教学法要求的统一；教科书的编排形式要有利于学生的学习。③ 张承芬主编的《教育心理学》对选择教学内容的主要范围、教学内容设计的心理学要求、教学内容设计的基本方法等都有所论述。④

《小学语文教学研究》编写组编的《小学语文教学研究》提出了教材编写的两条原则：要体现《大纲》的精神，落实其规定的教学目的要求；要根据学生的年龄特征和生活实际，使他们需要学习、喜欢学习、能够学习。⑤ 江平主编的《小学语文课程与教学》提出了三条原则：时代性与开放性原则；科学性与规范性原则；目标性与实践性原则。⑥

课程标准是教材编写的重要依据，因此课程标准或类似法规中一般也

---

① 吴忠豪. 对语文教材主题单元组织的审视 ［J］. 小学语文教学（会刊），2011（7）：5－6.
② 桂杰. 歌曲《天路》入选小学教材——"脱胎换骨"修《语文》［N］. 中国青年报，2014－06－15（3）.
③ 王道俊，王汉澜. 教育学 ［M］. 北京：人民教育出版社，1999：169－170.
④ 张承芬. 教育心理学 ［M］. 济南：山东教育出版社，2004：337－349.
⑤ 《小学语文教学研究》编写组. 小学语文教学研究 ［M］. 南京：江苏教育出版社，1993：22－28.
⑥ 江平. 小学语文课程与教学 ［M］. 北京：高等教育出版社，2004：74－75.

会对教材编写提出一些具体建议。例如，清光绪二十九年（1904）《奏定初等小学堂章程》即有"教材"选取规定，如"初等小学堂读古诗歌，须择古歌谣及古人五言绝句之理正词婉、能感发人者；惟只可读三四五言，句法万不可长，每首字数尤不可多"，"但万不可读律诗"。① 1912 年 11 月《小学校教则及课程表》中规定："读本文章，宜取平易切用可为模范者，其材料就修身、历史、地理、理科及其他生活必需事项择其富有趣味者用之。""女子所用读本宜加入家事要项。"②

1950 年 8 月《小学语文课程暂行标准（草案）》在"教学要点"部分提出了六点"教材编选要点"，其中详细提出了语文课本和写话教材编写应注意的各点。③ 1963 年 5 月《全日制小学语文教学大纲（草案）》单独列出了"选材标准"和"教学内容的安排"两项内容。1978 年 2 月《全日制十年制学校小学语文教学大纲（试行草案）》单独列出了"教材编排原则和方法"一项内容，提出了具体的编排原则与编排方法。④ 2001 年《全日制义务教育语文课程标准（实验稿）》提出了教材编写的 9 条建议。

有关教材编写的建议不外乎两个方面，一是教材内容选择，二是教材编排结构与形式。

在内容选择上，一要考虑教学目标需要，二要考虑学生可接受性。在编排体系与形式上，一要尽量体现内容的系统性，二要充分考虑方便学生学习。我国传统的教材编排常采用直线式与圆周式（螺旋式）两种。布鲁纳的"螺旋式"组织方式与奥苏伯尔"渐进分化"与"综合贯通"式组织方式，能够从心理学原理上指导我们对小学语文教材编排体系的理解与研究。⑤

教材编写当然主要由专门人员进行，但作为一般教师，必须理解教材编写意图，以便更好地使用教材。

其实，广义的教材并不限于教科书，小学语文教学内容既显性地存在

① 课程教材研究所. 20 世纪中国中小学课程标准·教学大纲汇编·语文卷 [M]. 北京：人民教育出版社，2001：6 – 7.
② 课程教材研究所. 20 世纪中国中小学课程标准·教学大纲汇编·语文卷 [M]. 北京：人民教育出版社，2001：11.
③ 课程教材研究所. 20 世纪中国中小学课程标准·教学大纲汇编·语文卷 [M]. 北京：人民教育出版社，2001：65 – 67.
④ 课程教材研究所. 20 世纪中国中小学课程标准·教学大纲汇编·语文卷 [M]. 北京：人民教育出版社，2001：177.
⑤ 张承芬. 教育心理学 [M]. 济南：山东教育出版社，2004：342 – 347.

于教科书等媒体中，也隐性地存在于学生周围的无限的时空里。因此，教师还要善于发现与开发利用这些课程资源。新课程标准对课程资源的开发与利用也提出了一些具体建议，那些建议是小学语文教师必须领会并掌握的。例如《义务教育语文课程标准（2011 年版）》中"课程资源开发与利用的建议"共有四条，第一条列举了课内外各种语文学习资源，第二、三条是对学校在课程开发方面的建议，第四条是专门对教师提出的建议："语文教师应高度重视课程资源的开发与利用，创造性地开展各类活动，增强学生在各种场合学语文、用语文的意识，通过多种途径提高学生的语文素养。"

### 三、不同时期教材介绍

#### （一）我国古代的小学语文教材

如前面所述，我国古代的语文教育主要是结合"读经教育"进行的。宋代以后，语文学习的教材内容以及先后程序基本确定下来：先读"三、百、千"主要进行启蒙识字，再读"四书"，然后读"五经"。这一内容与程序一直延续到清末。

《三字经》相传为南宋王应麟所撰。清王相训诂本《三字经》共 1122 字，实际单字 510 个。《三字经》内容丰富，包括教育和学习的重要性、"礼仪"要求、用数字概括的有关常识、读书方法与经书常识、历史知识、勤学范例等六个部分。《三字经》采用韵语形式，易于诵记，言简意赅，通俗易懂，教育性强，识字量大，因此能够流传几个朝代数百年之久，几乎家喻户晓，这在中国教材史和世界教材史上都是罕见的。

《百家姓》的作者尚不可考。因首字为"赵"，是宋朝的"国姓"，所以学者认为《百家姓》可能成书于宋代。后来流行的增补本《百家姓》全书 568 字，508 个姓。该书字"句"之间虽然没有意义联系，但采用了四言韵语，读来顺口，并且认识以后会给人际关系带来极大方便，因而被蒙学广为采用，成为必读之书，以致家喻户晓。

《千字文》，南朝周兴嗣所撰。周兴嗣（？—521）南朝梁陈郡项（今河南沈丘）人，字思纂。相传，梁武帝萧衍命周兴嗣从拓取王羲之一千字不重者编为四言韵语而成。它不是简单的单字堆积，而是条理分明，通顺可诵，咏物咏事的韵文，其内容涉及自然、社会、历史、教育、伦理等多方面的知识。所选千字，大都是常用字，生僻字不多，便于识读，所以隋唐以来，《千字文》大为流行，背诵《千字文》被视为识字教育的捷径。因流传甚广，以致文书编卷，都采用"天地玄黄"等来代替数字序号。

"四书"指《论语》《孟子》《大学》《中庸》。《论语》和《孟子》分别记录了孔子、孟子及其弟子的言论。《大学》《中庸》是《礼记》中的两篇。北宋程颢、程颐认为，《大学》是由孔子的学生整理的孔子关于"初学入德之门"的讲解；《中庸》是"孔门传授心法"之书，是孔子的孙子子思"笔之子书，以授孟子"的。这两部书与《论语》《孟子》一样也是儒家最重要的文献。到了南宋，朱熹把《论语》《孟子》《大学》《中庸》编在一起，因它们分别出自孔子、孟子、曾参、子思，所以将其命名为"四子书"，简称为"四书"。

"五经"指《诗经》《尚书》《礼记》《周易》《春秋》。"五经"原与《乐经》并称为"六经"，据传因秦时焚书，《乐经》散佚，汉初时仅存五经。相传"五经"都经过孔子编辑或修改。汉武帝时设立五经博士，"五经"逐步成为儒家经典，也就成为全国通用的必读教材。

古代较有影响的蒙学读物还有《急就篇》《千家诗》等。其中的《千家诗》与《三字经》《百家姓》《千字文》被合称为"三百千千"。

**（二）国文时期的小学语文教材**

中国小学堂国文教科书的编写，始于清末癸卯学制的颁行。"此时教科书实行'一章程多版本'制，教科书审查实行国定制和审定制，对后世的教材建设和教材审查都有借鉴意义。"① 中国第一套小学国文教科书是上海商务印书馆出版的《最新国文教科书》，由高凤谦、蒋维乔等编辑，日本人长尾、加藤等协助，1904—1906 年出版。该套教材在内容上以儿童生活为本位，题材涉及政治、经济、史地、理科等；在编排体系上，以识字为主，由易到难，由识字到读句再到读文；在形式上全书配有精美的图画。

民国初年，国文教科书实行审定制。此期间出版了多种小学国文教科书。仅 1912 年就有中华书局编印、陆费逵编《新中华新制初小国文教科书》十二册，商务印书馆编印、庄俞编初级小学用《共和国新国文教科书》春秋季各八册，庄俞、樊炳清编《共和国新国文教科书》春秋季各六册等。② "民国初期小学国文教材的改革，反映了中国资产阶级在教育方面的

① 林治金. 中国小学语文教学史［M］. 济南：山东教育出版社，1996：233.
② 林治金. 中国小学语文教学史［M］. 济南：山东教育出版社，1996：247.

要求，在反对封建教育的斗争中起了积极作用。"①

### （三）国语时期的小学语文教材

1. 1920—1927 年的国语教材②

1920 年 1 月，北洋政府教育部通令各国民学校，教科书一律用语体文编写，"国文"改"国语"。这时的小学教科书继续实行"审定制"（"一纲多本"）。从 1919 年到 1927 年经审查的国语教科书有 21 套。其中 1923 年国语课程纲要刊布以前教材编排原则与内容没有明确规定，各地书坊各自为政。1923 年国语课程纲要刊布以后其教材特点为：在内容上，反帝反封建和热爱祖国的内容增加；在形式上，用白话文编写，打破了以前以识字为主的编排方法，增强了课文的文学性和趣味性。不足是：不适当地强调儿童文学化；受"儿童本位"和"兴趣主义"的影响，不适当地强调趣味性；过分"西化"，忽视民族特点。当然，这一时期还有传统的私塾和平民学校，"三、百、千"和"四书""五经"在私塾里还在继续使用，而平民学校则使用《老少通千字课》等识字教材。

2. 1927—1937 年间的国语教材

1927 年到 1937 年的小学国语读本，可分为两大类：一类是国民政府国语读本，一类是苏区政府国语读本。③

（1）国民政府小学国语教材④

30 年代，国民政府小学国语教科书编审制度"审定制"和"国定制"并存。这一时期小学国语版本很多，如沈百英、沈秉廉编，商务印书馆出版的《复兴国语教科书》，叶圣陶编、开明书店印行的《开明国语课本》，吴研因编、世界书局出版的《国语新读本》等。这一时期小学国语读本的共同特点是"以儿童为本位，以儿童文学为主体"。其中《开明国语课本》是影响最大的一套教材，分为"小学初级学生用"和"小学高级学生用"，先后于 1932 年、1934 年出版，由叶圣陶编写，丰子恺书画。

（2）苏区政府小学国语教材⑤

苏维埃政府明确宣布苏区小学禁止使用基督教及国民党文化书籍，禁

---

①　林治金. 中国小学语文教学史［M］. 济南：山东教育出版社，1996：250.

②　林治金. 中国小学语文教学史［M］. 济南：山东教育出版社，1996：269 – 274；魏薇. 小学语文教学法［M］. 济南：齐鲁书社，2002：53 – 54.

③　林治金. 中国小学语文教学史［M］. 济南：山东教育出版社，1996：306.

④　林治金. 中国小学语文教学史［M］. 济南：山东教育出版社，1996：307 – 309.

⑤　林治金. 中国小学语文教学史［M］. 济南：山东教育出版社，1996：310 – 316.

止使用"四书""五经"等作教材，要求各地小学使用苏区政府组织编写的教材。1932 年 6 月 13 日中华苏维埃共和国临时中央政府决定，在中央教育人民委员部内设立编审委员会，负责组织编写苏区通用教材及审查地方苏区的自编教材。1933 年下半年列宁小学通用国语教材《共产儿童读本》先后出版，1934 年重编出版第二部列宁小学国语通用教材《国语教科书》。通用教材出版后，中央苏区及与中央苏区邻近的苏区小学都使用中央教育人民委员部编写的国语读本，其他与中央苏区相隔较远的苏区仍采用各苏区自编的国语读本。苏区小学国语读本的特点是：密切联系土地革命战争的实际；密切联系生产劳动和苏区群众生活的实际；注意儿童特点，形式多样，通俗生动，有文有图。

3. 1937—1949 年间的国语教材

抗日战争和解放战争时期的小学国语课本，也大致分为两类，一类是国民政府编审的小学国语课本，一类是抗日根据地和解放区编审的小学国语课本。此外，还有私塾和边远地区村学使用的国语教材。①

（1）国民政府小学国语课本②

这一时期国民政府小学国语课本仍为"一标准，多课本"制。基本沿用抗日战争前各书局编印的课本，但失去了原有的特点，删除了童话、物话的课文，而代之以"本位文化""固有道德""三民主义"及"党化教育"的内容。初级小学国语常识两科混合教学，《小学国语常识课本》采用综合性的大单元混合编制法，以常识为经，国语配合编组，体例上为单元制；国语教材主要用儿童文学的形式来表现，行文为语体。课本为精读的读本，有的另编国语科补充读物。说话教学是小学国语教学的一项重要内容，但没有统一编写的教材，一般结合读书教学来安排教材。

（2）边区政府小学国语课本③

根据地和解放区的小学国语教材建设实行编审分开或编审合一的审定制。陕甘宁边区抗日战争期间先后编辑出版了三部初级小学国语课本，解放战争时期编写了两部小学国语课本。晋察冀边区从 1938 到 1948 年间，先后编印出版了七部小学国语课本。根据地和解放区编写的小学国语课本有以下特点：第一，密切联系抗日战争与解放战争的实际；第二，密切联系

---

①　林治金. 中国小学语文教学史［M］. 济南：山东教育出版社，1996：349.

②　林治金. 中国小学语文教学史［M］. 济南：山东教育出版社，1996：349 – 352.

③　林治金. 中国小学语文教学史［M］. 济南：山东教育出版社，1996：352 – 359.

生产劳动和边区群众生活实际；第三，密切联系儿童的知识经验与生活实际。但是，根据地和解放区的小学国语课本也有一些问题，如内容过于偏重政治，有的内容脱离边区农村实际，不够儿童化等。

**（四）新中国成立至 20 世纪末的小学语文教材**

新中国成立后的 50 年，随着我国政治、经济及教育理论的变化发展，小学语文教材也经历了一系列变化。新中国成立后到上世纪 80 年代末，小学语文教材基本处于"一纲一本"的状态。上世纪 90 年代起，出现了"一纲多本"的繁荣局面。

1. 1949—1956 年间的小学语文课本

新中国成立初期，我国采取"先借用，后修订"的办法解决教材问题。1951 年人民教育出版社出版了全国第一套中小学通用的小学语文教材《国语》（华北版）。此时在全国比较流行的小学语文课本还有由上海临时课本编审委员会编写的《国语》（华东版）。① 这一时期修订的国语课本，要求彻底摒弃国民政府"国定本"教科书中一切反动的东西，充实新民主主义的内容。为了适应当时形势的需要，各地自行补充一些地方教材。从 1952 年开始，全国各地陆续使用由人民教育出版社修订的小学"四二制"教材，这套教材在促进"语""文"统一、全国教材统一、语文教学统一等方面起到了重要作用。1952 年我国曾试编五年一贯制小学语文课本，但由于 1953 年暂缓推行五年一贯制，教材只编到三册就终止。②

2. 1956—1958 年间的小学语文课本

1956 年，人民教育出版社出版了我国第二套全国通用教材，也是第一套完全自编的小学语文教材。这套教材的主要特点是：识字教学采用大集中安排、在语言环境中教学的办法来编辑教材；以阅读教材为主体，有目的地选编课文，综合安排语文基本功训练的内容；阅读教材重视社会主义思想教育和道德情操的陶冶，体现了语文学科的思想性。这套教材是小学语文实行汉语文学教学改革的凭借，它促进了小学语文教学向科学化迈进了一大步。③ 但这套教材只使用了两年——1958 年"大跃进"之后，在"教育大革命"的影响下，有关部门停止了这套教材的使用。

---

① 魏薇. 小学语文教学法［M］. 济南：齐鲁书社，2002：56.
② 林治金. 中国小学语文教学史［M］. 济南：山东教育出版社，1996：431 - 432.
③ 林治金. 中国小学语文教学史［M］. 济南：山东教育出版社，1996：461 - 465.

3．1958—1966 年的小学语文课本

"教育大跃进"时的语文教材"强调突出政治、紧跟形势，语文课本成了政治课本"。不过，1958 年秋季使用的小学语文课本"第一册编入了汉语拼音，从此，汉语拼音正式成为小学语文的教学内容"①。

1961 年秋季，人民教育出版社编辑出版的《全日制十年制学校小学课本语文》开始在全国少数试行十年学制的小学一年级试用。这是人教版第三套全国通用的中小学教材。这套教材吸收了传统语文教育的经验，总结了新中国成立以来正反两方面的经验，并提出"一、二年级的语文教学应以识字教学为重点，采取集中识字的办法，加速阅读教学的进程"②。

1963 年秋季，人民教育出版社编辑出版的《全日制十二年制学校小学课本语文》在全国使用。这是人教版第四套全国通用的中小学教材。该套教材在全面考虑重视语文"双基"训练和思想教育的前提下，按循序渐进的原则安排了拼音、识字、写字、阅读、作文等五个方面的教学内容。但使用不久一些地方即反映"内容深，分量重，教学困难"，因而作了修订。③

4．1966—1976 年间的小学语文教材

1966 年 6 月，教育部提出关于教材处理意见的报告。中共中央对此报告的批示指出："小学不论高小或初小都要学习毛主席著作，初小各年级学习毛主席语录，高小可以学习'老三篇'，以及其他适合于小学生思想政治水平和语文程度的一些文章。"1968 年起，出现了"政文合一"的教材。这些教材多为学校自选自编。至 1976 年，全国各地都自编小学语文教材。1970—1976 年间的小学语文教材，不论是"小学政文课本"，还是"小学语文""语文课本"，都是突出"无产阶级政治"。④

5．1976—2000 年的小学语文教材

（1）1976—1985 年间的小学语文教材

这期间，小学语文教材出现了"一纲多本"的局面。除了五年制和六年制全国通用基本教材外，还有多部地方性教材和教学改革实验教材。

1978 年 2 月，人民教育出版社编写的《全日制十年制学校小学课本语

①　江平. 小学语文课程与教学［M］. 北京：高等教育出版社，2004：63.
②　林治金. 中国小学语文教学史［M］. 济南：山东教育出版社，1996：482.
③　林治金. 中国小学语文教学史［M］. 济南：山东教育出版社，1996：483 – 485.
④　林治金. 中国小学语文教学史［M］. 济南：山东教育出版社，1996：504 – 505.

文（试用本）》开始陆续出版发行，全国通用，至 1981 年 2 月全部出齐。这是"文革"后的第一套、也是新中国第五套全国通用的小学语文教材。这套教材的课文类型有：汉语拼音、看图拼音识字、看图学词学句、归类识字、看图学文、讲读课文、阅读课文、独立阅读课文、习作例文、读写例话、基础训练等。这套教材采用多种形式编排识字教材，博采众家之长，既有归类集中识字，也有随课文分散识字；编排三类课文，生字分两类要求；创造了"习作例文"与"读写例话"，结合"基础训练"，安排了系统的读写训练项目。

1981 年后中小学学制恢复为十二年制。1982 秋，人民教育出版社在十年制通用小学语文课本的基础上编写出全日制五年制小学语文课本，以正式本形式供全国使用。这是人教版第六套全国通用的小学教材。另外还编有《写字》教材，与语文课本配套使用。"这套教材总体上内容偏深，后进行了多次修订，降低了难度。"①

1980 年 12 月，中共中央、国务院发出《关于普及小学教育若干问题的决定》后，上海、浙江、北京、天津等省率先试行小学六年制，并联合组织编写了语文课本。该套课本借鉴人民教育出版社编写的五年制小学课本语文，选用了其中的 70% 左右的课文，坚持"文"和"道"的统一，以"加强基础，培养能力，发展智力"为指导原则，正确处理"编、教、学"的关系。②

为了适应五年制小学与六年制小学并存的教学需要，人民教育出版社编写了《六年制小学课本语文（试用本）》，第一、三册于 1984 年秋季始用，至 1986 年春季 12 册全部编齐出版。这套教材是在五年制的基础之上编写的，其编写思路与框架设计是基本一致的，只是做了局部调整。③

这期间，除了全国通用语文教材和四省市语文教材外，还有江苏、湖南等省市的自编教材，北京景山学校的实验教材，辽宁省黑山县北关学校与中央教育科学研究所编的集中识字实验教材，黑龙江省小学语文"注音识字，提前读写"实验教材等。"从各家教材来看，用语文基础知识和语文基本功为主线分组编选型的编排体系已经理论化，教材建设向科学化又迈

---

① 魏薇. 小学语文教学法［M］. 济南：齐鲁书社，2002：59.
② 林治金. 中国小学语文教学史［M］. 济南：山东教育出版社，1996：543.
③ 林治金. 中国小学语文教学史［M］. 济南：山东教育出版社，1996：544.

进了一大步。"①

（2）1985—2000 年间的小学语文教材

1985 年 5 月《中共中央关于教育体制改革的决定》的公布，1986 年 4 月《中华人民共和国义务教育法（草案）》的颁行，标志着我国教育事业的发展又进入了一个新的时期。国家开始编订相关教学计划与教学大纲，进行九年义务教育课程改革。依据"一纲多本，编审分开"的精神，鼓励各地方、各单位及个人编写教材，甚至出现"一个计划多本大纲"的局面。

1987 年秋，人民教育出版社根据 1986 年 12 月正式颁布的《全日制小学语文教学大纲》，对中小学教材进行全面修订、改编后开始陆续出版。这是人教版第七套全国通用的中小学教材。

1988 年初，国家教委依据《中华人民共和国义务教育法》制定颁布了《九年义务教育小学语文教学大纲（初审稿）》；1990 年秋季，人民教育出版社据此编写的九年义务教育实验教材出版。这是人教版第八套全国通用的中小学教材。

1992 年 8 月，国家教委正式公布了《九年义务教育全日制小学语文教学大纲（试用)》。1993 年秋，人民教育出版社按照新大纲重新编写九年义务教育小学教科书，开始供应全国。这是人教版第九套全国通用的中小学教材，前后共使用了十几年。这套教材突出素质教育特点，低年级着眼于发展学生语言，中高年级系统安排读写训练项目，取消独立阅读课文而单设配套的自读课本，从低年级到高年级有计划地安排听说话训练并与读写训练结合。

除了人教版义务教育五年制和六年制小学语文外，依据国家义务教育教学大纲编写的小学课本还有：北师大版义务教育五年制小学语文、内地版义务教育六年制小学语文、沿海版义务教育六年制小学语文等。依据地方义务教育教学大纲编写的小学课本语文有：上海版义务教育五年制小学语文、浙江版义务教育五年制和六年制小学语文等。各地进行小学语文课程和教材改革实验自编的实验教材有：辽宁教育学院组织编写的全日制小学实验课本、黑龙江省"注音识字，提前读写"实验课本、中央教科所与辽宁省黑山县北关实验学校等编写的小学新实验课本、丁有宽小学读写结

---

① 林治金. 中国小学语文教学史［M］. 济南：山东教育出版社，1996：545.

合实验教材等。

**（五）2001 年以来的小学语文教材**

2001 年 1 月，教育部基础教育司发布《关于启动国家基础教育课程改革实验工作的通知》，全国的基础教育开始实行"课程改革"。依据教育部颁布的全日制义务教育课程计划和各学科课程标准（实验稿），人民教育出版社、北京师范大学出版社、江苏教育出版社各编辑出版了"义务教育课程标准实验教科书"，经全国中小学教材审查委员会初审通过，并于 2001 年秋季开始使用，由一年级开始，逐年推开。

人教版"义务教育课程标准实验教科书"是人教社编辑出版的第十套教材。这套教材，自一年级下册开始以专题组织单元，每个单元一般都由单元学习提示、课文、"语文园地"几部分构成；一年级上册教材把学拼音、认识字与读韵文结合起来，识字教材采用多认少写、认写分开的方法编排；每个单元的单元学习提示与"语文园地"的设计，都有利于引导学生自主学习与实践。

北师大版的"义务教育课程标准实验教科书"也采用"主题单元"编排方式，每个单元一般有 2～3 篇课文和一个"语文天地"构成；汉语拼音教学放在了第一学期第五至第八单元，先学习部分代表汉字文化的象形字和常用字，再学拼音，以汉字带学拼音；识字教材编写认读书写分流，认读得多，书写得少。

苏教版的"义务教育课程标准实验教科书"采用统一的编写体例，由"培养良好的学习习惯""识字""课文""单元练习"组成；识字教材按照"识写分流、多识少写""识写结合、描仿入体"的策略安排；中年级"习作"与"例文"相联系，由扶到放，有利于促进读写结合。

此后各地使用的小学语文教材除了人教版、苏教版、北师大版外，还有湘教版、鄂教版、鲁教版等多套教材。

随着课程改革的推进，教材也接受着实践的检验，"义务教育课程标准实验教科书"也在不断地进行着修改和调整。

根据教育部的要求，从 2017 年 9 月入学的一年级起，统一使用教育部组织编写、人民教育出版社出版的《义务教育教科书·语文》。该教材有一些新的特点，如一年级把拼音学习推后个把月，先认一些汉字，再学拼音；对优秀的传统文化格外重视，这方面选文的比重大大增加，小学一年级开始就有古诗，整个小学 6 个年级 12 册共选有古诗文 132 篇，平均每个年级 20 篇左右，占课文总数的 30% 左右，比原有人教版增加很多，增幅达 80% 左右。

**思考与实践：**

 1. 我国的小学语文课程大体经历了怎样的演变过程？

 2. 小学语文课程的载体有哪些？

 3. 查阅不同时期的小学语文教学大纲或课程标准，看看它们都有哪些内容模块。

 4. 2011 年版语文课程标准与 2001 年的实验稿语文课程标准相比，有哪些变化？

 5. 如何理解新课改出现的"三维目标"？

 6. 了解一下新课改以来使用的小学语文教科书的主要版本及特点。

 7. 谈一谈你对教材"一纲多本"与"一纲一本"的看法。

# 第三章
# 小学语文教学设计的基本理论与一般方法

　　小学语文教学论，是小学语文课程与教学论的重要组成部分。这一部分内容分为两个层次：小学语文教学的一般（或基本）理论与小学语文各类内容的教学实施。本章主要介绍第一个层次的内容。

　　"传统"的教学法或课程与教学论中这个层次的内容一般涉及教学规律、教学原则、教学过程、教学模式、教学方法等。例如，有的介绍或论述小学语文教学规律、小学语文教学模式、小学语文教学方法、小学语文教学策略等问题；① 有的介绍小学语文教育的基本原则、小学语文课堂教学结构等内容。② "规律"往往居于较高的理论层次，是制定教学原则、选择教学方法与策略的根本依据；"原则"是根据"规律"制定的教学应该遵循的基本要求；"模式"包含着较丰富的内容，但通常都提示某种可操作的程序（过程）或课堂的结构；"方法""策略"，则往往指具体的教学行为方式。这些内容显然是指导教学实践、特别是教学设计活动的重要依据。但是，这些内容如何与教学设计活动（备课）结合，以指导有效备课或具体指导教学设计过程，却似乎一直没有很好地解决，总让人感到理论与实践是两张皮，中间还有一定距离。

　　作为一门学科的教学设计——科学取向的教学设计，注重教学理论与教学设计活动结合，按照教学设计的内容与过程介绍有关教学理论，或者说用有关教学理论来指导教学设计，使得理论更有了实际意义，实践更具备科学性；但"科学取向"的教学设计，也有单纯强调或迷信现代学习与教学理论，即以"科学心理学"为基础的学习与教学理论，而忽视或排斥"哲学取向"的教学论与经验的倾向。

---

① 江平. 小学语文课程与教学［M］. 北京：高等教育出版社，2004.
② 戴宝云. 小学语文教育学［M］. 杭州：浙江教育出版社，1992.

近些年的小学语文课程与教学论教材已经关注到了教学设计问题，如尚继武主编的《新课程背景下的小学语文学与教》（2008 年 8 月第 1 版）就有"小学语文教学设计"一章，江平主编的《小学语文课程与教学》在2010 年第 2 版中也增加了"小学语文教学设计"一章。

本章内容将先介绍现代教学设计的基本理论，再按教学设计的基本程序，即以教学设计活动为线索，将我国传统教学论中的教学规律、教学原则、教学过程、教学模式、教学方法等内容与现代教学设计的有关理论结合起来，论述各项教学设计工作的一般方法。各项教学设计内容的论述，将既借鉴"科学取向"的观点，也借鉴"哲学取向"的经验。

考虑到教学设计的内容、教案或课时授课计划的结构及各部分内容的篇幅等，本章在介绍教学设计基本理论之后将分以下五节进行论述：教材分析与学情分析，教学目标与重难点的确定，教学方法的选择与教学原则，教学过程的设计，练习、作业与教具、板书设计。

# 第一节　小学语文教学设计基本理论

## 一、教学设计的概念

目前教学设计已是使用频率较高的一个概念，但其含义是不同的：

（1）教学设计作为准备教学的实践活动或过程，即备课。教学设计作为一种实践活动早就存在。备课活动即可看做教学设计活动。

（2）教学设计有时也指教案。很显然，教学设计是一个过程，但是教学设计有时也指这个过程最后形成的方案，即俗称的"教案"或"课时授课计划"等。

（3）教学设计是一门学科。上个世纪，教学设计活动已经发展成了一个新的研究领域，成为一门学科。它于 20 世纪 70 年代诞生于美国，以加涅的《教学设计原理》（1974 年第 1 版和 1979 年第 2 版）为标志。现代教学设计是系统论与科学心理学相结合的产物。教学设计研究的内容远远超出备课的内容。"西方的教学设计理论研究，一定程度上相当于我国的教学论研究。"[①]

---

① 盛群力，褚献华. 现代教学设计应用模式［M］. 杭州：浙江教育出版社，2002：前言.

教学设计可分为哲学取向的教学设计和科学取向的教学设计。"以科学心理学为基础的教学设计是科学取向教学论的延伸和具体化，两者难以有严格的界限。"① 但与"传统"的教学法或课程与教学论相比，教学设计研究的许多内容更符合教学设计活动（备课）的实际需要。如有的小学语文教学设计相关内容包含了教学目标的确定、安排教学内容、教学方法的选择与运用、设计教学媒体、设计教学过程、拟定教学方案等"小学语文教学活动设计"。② 而有的普通或一般的"教学设计"教材则论述了学习内容分析、学习者分析、学习目标的阐明、教学策略的制定、教学媒体的选择和运用、教学设计成果的评价等内容。③ 这些内容，正是传统的备课所涉及的主要工作。

目前对教学设计的界定，无论内涵还是外延都有很大的差别。有人认为"教学设计是一个广义的概念，包含着教学系统开发（ISD）过程的所有阶段"④。有人将教学设计定义为："将学习与教学的原理转化为教学材料、活动、信息资源和评价的规划这一系统的、反思性的过程。"⑤ 有的将教学设计定义为："教学设计是根据教学对象和教学目标，确定合适的教学起点与终点，将教学诸要素有序、优化地安排，形成教学方案的过程。"⑥ 有的认为在各种界定中蕴含着两个基本内涵："教学设计是理论和实践之间的桥梁，注重实践性"；"教学设计是系统计划或规划教学的过程，强调系统思维"。⑦

## 二、教学设计的理论基础与理论流派

作为一门学科，教学设计以系统理论、传播理论、学习理论、教学理论等为理论基础。

---

① 皮连生. 教学设计（第2版）[M]. 北京：高等教育出版社，2009：19.
② 尚继武. 新课程背景下的小学语文学与教 [M]. 济南：山东教育出版社，2008：100 – 114.
③ 乌美娜. 教学设计 [M]. 北京：高等教育出版社，1994.
④ 迪克，等. 系统化教学设计（第6版）[M]. 庞国维，等，译. 上海：华东师范大学出版社，2007：4.
⑤ 史密斯，雷根. 教学设计（第3版）[M]. 庞国维，等，译. 上海：华东师范大学出版社，2008：4.
⑥ 高潇怡. 2015最新版国家教师资格证考试专用教材教育教学知识与能力（小学）[M]. 武汉：华中师范大学出版社，2012：201.
⑦ 江平. 小学语文课程与教学（第2版）[M]. 北京：高等教育出版社，2010：287.

根据教学设计所依据的主要学习理论的不同，人们把教学设计也分成了不同流派。有人把教学设计的不同流派也称为不同模式。例如：

张华著《课程与教学论》将教学设计分为三类模式：认知取向的教学设计模式、行为取向的教学设计模式、人格取向的教学设计模式。①

江平主编的《小学语文课程与教学》（第2版）介绍了三大流派：行为取向的教学设计流派、认知取向的教学设计流派、人格取向的教学设计流派。②

### 三、小学语文教学设计的基本原则

教学设计的基本原则是教学设计理论的一项重要内容，但在不同的论著中这些原则的条目与内容并不完全相同。例如，有的将小学教学设计的基本原则归纳为系统性原则、程序性原则、可行性原则、反馈性原则；③ 有的将小学语文教学设计的基本原则归纳为主体性原则、整体性原则、综合性原则、实践性原则、情感性原则、科学性原则等几条。④

教学论中的教学原则以及不同时期教学大纲或课程标准中提出的教学建议，实际也是教学设计的原则。2001年的《全日制义务教育语文课程标准（实验稿）》提出了四条课程的基本理论，这些基本理念以及工具性与人文性统一的语文学科性质的要求，实际也是语文教学设计的最高原则。

### 四、小学语文教学设计的内容

教学设计的内容是很广泛的。不同的论著对教学设计内容的归纳并不完全相同。例如：

有的把小学教学设计的基本内容归纳为三大部分、八个基本要素：⑤（1）教学目标设计。①教学对象分析（知识技能基础，认知心理特点及认知发展水平，社会背景）；②教学内容分析（特点、地位、作用，范围与深度，重点与难点，智力与情感因素）；③教学目标的制定。（2）教学策略设

---

① 张华. 课程与教学论. 上海：上海教育出版社，2000. 121.
② 江平. 小学语文课程与教学（第2版）[M]. 北京：高等教育出版社，2010：289－290.
③ 高潇怡. 2015最新版国家教师资格证考试专用教材教育教学知识与能力（小学）[M]. 武汉：华中师范大学出版社，2012：201.
④ 江平. 小学语文课程与教学（第2版）[M]. 北京：高等教育出版社，2010：291－294.
⑤ 高潇怡. 2015最新版国家教师资格证考试专用教材教育教学知识与能力（小学）[M]. 武汉：华中师范大学出版社，2012：202－203.

计。①运用教学策略（低起点、复习、训练为主线）；②教学方法的选择；③教学媒体的组合运用。（3）教学评价的设计。①形成性评价设计；②总结性评价设计。

有的将小学语文教学设计的内容归纳为四部分：① ①小学语文教学目标的设计；②小学语文教学内容的设计；③小学语文教学过程的设计；④小学语文教学策略的设计。

参考现代教学设计理论、传统的教学论中有关备课的内容及教学设计（备课）活动的实际，我们可以把小学语文教学设计的基本内容归纳为以下项目：

研究教学大纲（课程标准）、研究教材（明确教材内容、地位、特点）、了解学生、确定教学目标、明确重点难点、选择教学方法、设计教学过程、设计练习与作业、设计板书、准备教具、形成书面的教学设计或教案（或课时授课计划）等。

教案中一般需要写出的内容包括以下九项：教材分析、学情分析、教学目标、教学重难点、教学方法、教学准备、教学时间、教学过程、板书设计。有的教学设计把教学目标、教学重难点两项内容归到教材分析中了。

## 第二节　教材分析与学情分析

研究课程标准（教学大纲）与教材、分析学生基本情况是恰当确定教学目标、合理选择教学方法的重要前提。

### 一、教材分析

进行教材分析应该理解"教材分析"与教学设计理论中"任务分析""教学内容设计"等的关系。

皮连生主编的《教学设计》认为，在广义的教学设计中，任务分析的主要目的是解决教什么的问题，过于繁琐，难以被学校教师接受；中小学教什么的问题一般是明确的，任务分析的主要目的是引导教师应用学习分类理论指导教学策略的选择与开发，解决如何教的问题。② 江平主编的《小

---

①　江平. 小学语文课程与教学（第2版）[M]. 北京：高等教育出版社，2010：299 – 325.

②　皮连生. 教学设计（第2版）[M]. 北京：高等教育出版社，2009：133 – 134.

学语文课程与教学》认为，教材内容不等于教学内容，小学语文教学内容的设计应重点关注设计的过程与设计的角度，其中设计的过程要"从有效解读教材到科学处理教材"。"有效解读教材应确立教师、学生、文本、编者四方对话的新理念，在正确把握学情、正确理解教材编排意图的前提下，对教材进行准确的分析与定位。"教材内容的科学处理包括教材内容的心理化、简约化、问题化、操作化、结构化、灵动化。① 这两种观点中的"任务分析"与"教学内容设计"，其实已涉及教学方法的选择与教学过程的设计问题。

我国的教学论一般认为，教材分析也就是在课程标准指导下，研究教材，了解教材内容，明确教材的地位与特点，以便恰当确定教学目标，合理运用教材。我们这里所说的教材分析就是这个意思。

教材分析应主要做好三项工作：研究课程标准（或教学大纲）、研究教材、在教案中表述"教材分析"。

**（一）研究课程标准（或教学大纲）**

教材分析首先应认真学习课程标准（或教学大纲），特别要理解掌握"课程基本理念"与"教学建议"，准确把握相关学段目标。这是分析教材、确定具体教学目标、选择教学方法的重要依据。

**（二）研究教材**

教材分析最重要的是研究教材。要熟悉整套教材编写体系与内容，熟悉单元教学提示，明确单元主题，准确把握所教学的内容在整套教材中的地位；熟读教材，把握教材内容、中心与写作特点等；研究课后练习与单元训练相关内容，明确它们的设计意图。这是准确确定教学目标、合理选择教学方法的重要前提。

研究教材还要考虑教材有没有问题、分量是否合适，是否需要补充其他内容等。

**（三）"教材分析"的表述**

教材分析的结果，应在教学设计（或教案）中表述出来。当然没有必要把研究的所有内容都写出来，一般交代清课题的出处、内容、特点及地位即可。例如阅读课"教材分析"可按下面的模式表述：

《＿＿＿＿》是＿＿＿＿版义务教育课程标准实验教科书小学语文＿＿＿＿年

① 江平. 小学语文课程与教学（第2版）[M]. 北京：高等教育出版社，2010：302 – 306.

级第＿＿＿＿册第＿＿＿＿单元中的第＿＿＿＿篇课文。本单元以"＿＿＿＿"为主题。课文主要写了＿＿＿＿＿＿（主要内容），表达了＿＿＿＿感情（或说明了＿＿＿＿道理，赞扬了＿＿＿＿品质等）。本文的写作特点是＿＿＿＿，很好地体现了单元训练重点，有利于对学生进行＿＿＿＿教育和＿＿＿＿训练。

## 二、学情分析

准确地进行学情分析，恰当确定教学的起点，对教学的成功至关重要。正像奥苏伯尔在他的《教育心理学》中所说："假如让我把全部教育心理学仅仅归结为一条原理的话，那么，我将一言以蔽之曰：影响学习的唯一最重要的因素，就是学习者已经知道了什么。要探明这一点，并应据此进行教学。"

学情分析也就是"学习者分析"。"学习者分析的目的是了解学习者的学习准备情况及其学习风格，为学习内容的选择和组织、学习目标的阐明、教学活动的设计、教学方法与媒体的选用等教学外因条件适合于学习者的内因条件提供依据，从而使教学真正促进学习者智力和能力的发展。"①

学情分析包括了解学习一般规律、学生年龄特征、家庭与环境条件、学习基础等。

### （一）了解学习一般规律与学生年龄特征

"学不躐等""不陵节而施""因材施教"，考虑学生年龄特征、遵循学生学习规律自古就是教学的重要原则。小学语文教学设计需要了解的学习规律与学生年龄特征的内容主要包括：小学生学习的特点、学习的一般过程、小学生认知活动的一般特点、影响学习的因素、小学生语文能力的形成和发展等。这些内容，一般在教育心理学与语文学习心理学中都会有论述。

### （二）了解学生家庭条件、生活环境与学习基础

年龄特征只是这个年龄段或这个年级学生的一般特征，而每个班学生的具体情况是不一样的。学生的家庭条件、生活环境、特殊身体条件与经历等都会影响其学习；学习基础更是进一步学习的起点与确定新的教学内容、目标、方法的重要依据。对于新任课班级，应该通过家访、问卷等多种方式对这些情况进行了解；每次上课前，也应尽量了解学生的学习基础

---

① 乌美娜. 教学设计［M］. 北京：高等教育出版社，1994：108.

与愿望。

学情分析要注意倾听学生心声。学习基础的了解可以采用以下三种方法：一是培养学生课前预习将个性化习得或疑问在书上批注的习惯，教师可随时捕捉；二是设计"学情提问单"，系统整理学生的问题，建立学情库；三是每篇课文学习拿出 5 ~ 8 分钟交流初始阅读认知和质疑问难。①

**（三）"学情分析"的表述**

学情分析的结果可以在教学设计（或教案）中表述出来。一般应分三个层次来表述：（1）一般的年龄特征；（2）本班学生特有的情况；（3）简单建议。例如，可按如下模式来写：

_____年级的学生注意_____；思维_____；兴趣_____；语言_____。本班学生_____。因此，_____。

如果教学设计中要求写出学情分析，则要特别注意有针对性地提出简单建议。例如，"教学对象的阅读能力较差，可以考虑多使用视听资料；如果教学对象是少数民族或持不同宗教信仰者，那么在选择教学内容时首先应注意尊重他们的文化、习俗等；如果教学对象中不同人对所学课题的学习准备差异很大，具备的有关实际经验也不同，则可以在教学内容的呈示中使用录像、电影等手段先为学习者提供一种共同的经验基础，便于以后的讨论和自学。或者可以考虑采用个别化教学方式。"② 分析学情的目的正是为了"量力而行""因材施教"，如果不提出建议，学情分析也就失去了意义。

学情分析的表述要简明扼要，其中的"建议"也不用过于具体，不能代替"教学目标"及"教学方法"等相关内容的表述或与它们重复。课堂上即时了解的学情，也是不可能先写到教案中再去采取措施的。

## 第三节　教学目标与教学重难点的确定

本节所谈的教学目标，主要指具体课题或课时的教学目标。确定教学目标必须以课程标准、教学内容与学生基础为依据。也就是要在前面的教

---

① 薛晓光. 依据学情提高课堂教学的有效性. 国培计划（2013）小学语文高端研修远程培训配套专题视频资料.

② 乌美娜. 教学设计［M］. 北京：高等教育出版社，1994：109.

材分析与学情分析的基础之上进行。

教学目标是教师根据课程标准、教学内容和学生实际而提出的学生应达到的目标或教师应完成的教学任务。"方向比努力更重要。"教学目标是学生努力的方向，对学生的学习具有导向、指导、评价、激励等作用。有人把课时目标的价值归纳为以下三个方面："课时目标是提高学生语文素养的阶梯""课时目标是衡量教师教学效益的尺度""课时目标是判断学生学力水平的标准"。① 课程目标正是主要通过一课课的教学目标来实现的。一堂课或一篇课文的教学目标是多方面的，但不是同等重要或具有相同难易程度的，教学中必须突出重点、抓住关键、突破难点。因此，恰当确定课时教学目标、明确教学的重难点，是教学设计中非常重要的工作。

## 一、教学目标的确定

教学目标的确定涉及教学目标的确定依据与步骤、教学目标的分类与层次、教学目标的陈述与表述等问题。这些问题在普通教学论中都会有论述，下面只重点说明如下几个问题：注意目标的广度（项目）、注意目标的深度（层次）、注意目标陈述的要素、目标表述中注意的其他问题。

### （一）注意教学目标的广度（项目）

"全面提高学生的语文素养"是语文课程的基本理念之一。《义务教育语文课程标准（2011 年版）》在教学建议中提出："教师应努力改进课堂教学，整体考虑知识与能力、过程与方法、情感态度与价值观的综合，注重听说读写之间的有机联系，加强教学内容的整合，统筹安排教学活动，促进学生语文素养的整体提高。"因此，教学设计应根据教材与学生特点，尽量全面地设计教学目标。根据课程标准所提到的目标分类，"全面的"的教学目标应包含"知识和能力""过程和方法""情感态度和价值观"三个方面。但这样的分类，操作起来有些难度。这在前面的课程目标部分已经论述过。

有人认为，在实际的教案设计中，教学目标的设计有两种，一种是交融式目标，另一种是分解式目标。所谓分解式目标是指按照"知识与技能""过程与方法""情感态度与价值观"三个维度进行设计，每个维度根据实际情况罗列若干小标题。这种方式，思路清晰、具体明确、便于操作。交

---

① 刘天华. 小学语文阅读教学课时目标的"写实"与"落实"[J]. 小学语文，2007（2）：35.

融式目标就是在叙写时不出现"知识与技能""过程与方法""情感态度与价值观"这几个词语，但它的每一点目标都把二维或三维的目标交融在一起，优点是叙写方便，但实际操作难度较分解式目标较大。① 事实上，按照"知识与技能""过程与方法""情感态度与价值观"三个维度进行所谓"分解式目标"设计，并不比"交融式目标"设计的难度小，正如前面已说明过的，"三维"目标的分类是不科学和不好操作的。当然，如果从"应试"的角度讲，假如考试（如教师资格证考试）一定要求按"三维目标"写，那就只能按照"三维"去"割裂"与勉强拼凑目标了。

知识、能力（技能）与情感已经能够涵盖教学目标的各个方面了。因此在分析和设计教学目标时，往往按知识、能力（技能）、情感三个方面来表述。但这三个方面的标题不一定要写出来。多数情况下，只要按照这个大体顺序（暗含分类框架），列出具体目标就行。当然，有些目标未必要在教学设计（或教案）中写出来，如结合教学进行思维训练促进智力发展、进行良好学习习惯培养等，这是每一课都应涉及的目标，就没有必要写出来。而有关知识与能力目标，有时却需要分解得细一些，这就可能写成几条，而不只一条。例如一篇课文的阅读教学，识字、朗读、理解内容、学习其中的读写方法等方面的目标，就应该分别具体列出来。

**（二）注意教学目标的深度（层次）**

确定教学目标除了考虑广度（即要全面），还要考虑教学目标的深度（即层次），也就是目标要符合学年段的要求，更要符合本班学生实际。当然，教材都是专家根据课程标准编写的，每篇课文一般都会设计一些课后练习，这些练习往往已体现了课文的主要教学目标，已考虑到了课程标准对年级的要求。例如每篇课文要学习的字，要求认识与会写的往往在课后用不同的形式呈现出来，如作"我会认""我会写"的提示或分别放在单格或田字格内等。然而，教材是不可能、也没有必要把一篇课文的教学目标全部设计出来的，更不可能考虑到每个班级学生的具体情况，因此，教师还应考虑本班学生实际，设计恰当的教学目标。

在确定各类知识目标的深度时，可参考安德森等对布卢姆目标分类学修订后的两维目标分类学表列出的六个"认知过程维度"：记忆、理解、运

---

① 周海银. 教育教学知识与能力（小学）（第 5 版）［M］. 北京：中国经济出版社，2014：234.

用、分析、评价、创造。如表 3 - 1：①

表 3 - 1　两维目标分类表

| 知识维度（类型） | 认知过程维度 | | | | | |
|---|---|---|---|---|---|---|
| | 记忆 | 理解 | 运用 | 分析 | 评价 | 创造 |
| 事实性知识 | | | | | | |
| 概念性知识 | | | | | | |
| 程序性知识 | | | | | | |
| 元认知知识（反省认知知识） | | | | | | |

我国第八轮基础教育课程改革中，确定了课程标准中的学习水平与行为动词。其学习水平如下：②

1. 结果性目标的学习水平

（1）知识

一是了解水平。包括再认或回忆知识；识别、辨认事实或证据；举出例子；描述对象的基本特征等。

二是理解水平。包括把握内在逻辑联系；与已有知识建立联系；进行解释、推断、区分、扩展；提供证据；收集、整理信息等。

三是应用水平。包括在新的情景中使用抽象的概念、原则；进行总结、推广；建立不同情景下的合理联系等。

（2）技能

一是模仿水平。包括在原型示范和具体指导下完成操作；对所提供的对象进行模拟、修改等。

二是独立操作水平。包括独立完成操作；进行调整与改进；尝试与已有技能建立联系等。

三是迁移水平。包括在新的情景下运用已有的技能，理解同一技能在不同情景中的适用性等。

2. 体验性目标的学习水平

一是经历（感受）水平。包括独立从事或合作参与相关活动，建

---

① 安德森，等. 学习、教学和评估的分类学——布卢姆教育目标分类学修订版（简缩本）[M]. 皮连生，译. 上海：华东师范大学出版社，2008：25.

② 朱昌宝. 课程改革发展第二辑课程改革4 [M]. 北京：中央民族大学出版社，2002：135 - 136.

立感性认识等。

二是反应（认同）水平。包括在经历的基础上表达感受、态度和价值判断，作出相应的反应等。

三是领悟（内化）水平。包括具有相对稳定的态度，表现出持续的行为，具有个性化的价值观念等。

这里的"结果性目标"包括"知识目标"与"技能目标"，"体验性目标"即"情感目标"。

### （三）注意目标表述的要素

每条教学目标的明确表述应包含一些必要的元素。美国著名学者马杰提出了"行为""条件""标准"三要素的基本模式。"行为"即学生达到目标的外在表现，通常以行为动词表述（如认读、写出、说明等），如"认读"生字；"条件"即在什么情况下出现行为，如认读"单独出现"的生字；"标准"即用来评价学习结果的标准，如"准确、迅速"地认读生字。也有人提出教学目标表述的四要素或五要素。如有人指出："在教学中常用ABCD法，即主体（Audience）、表现（Behavior）、条件（Condition）、程度（Degree）四个要素来确定课堂教学目标，我们在制定阅读课时教学目标时也可以借鉴。"① 这里的"表现""程度"也就是"行为"与"标准"，因此只是多出来了一项"主体"，即目标预期行为的主体。教学目标的行为"主体"是学生而不是教师，这是毫无疑问的；既然每条目标的行为主体都是学生，而在目标表述时省去"主体"也不会影响目标的明确性，且形式更简洁，因此马杰的"行为""条件""标准"目标三要素的基本模式在教育界被不少人接受。

对于教学目标的文字表述，目前人们大多认同必须运用学生外显的、具体明确的行为方式，如"能填写、默写、说出、列举、辨认、识别、认读、复述、理解、体会；会比较、指明、判断、解释、评价、使用、背诵"等。

我国第八轮基础教育课程改革中，确定了课程标准中的学习水平与行为动词。例如，教育部基础教育司组织编写的《走进新课程——与课程实

---

① 刘天华. 小学语文阅读教学课时目标的"写实"与"落实"［J］. 小学语文，2007（2）：36.

施者对话》中列出了如下语文课程目标的行为动词：①

1. 知识

一是了解水平：会写、读准、认识、学习、学会、把握、了解、写下、熟记等。

二是理解水平：理解、展示、扩展、使用、分析、区分、判断、获得、表现、扩大、拓展等。

三是应用水平：评价、掌握、运用、懂得、联系上下文等。

2. 技能

讲述、表达、阅读、复述、诵读、写出、倾听、观察、朗读、揣摩、想象、转述、选择、扩写、续写、改写、发现、借助、捕捉、提取、收集、修改等。

3. 过程与方法

感受、尝试、体会、参加、发表意见、提出问题、讨论、积累、体验、策划、交流、制订计划、收藏、分享、合作、探讨、沟通、组织等。

4. 情感态度与价值观

一是反应水平：喜欢、有……的愿望、体会、乐于、敢于、抵制、有兴趣、欣赏、感受、愿意、体味、尊重、理解（别人）、抵制、辨别（是非）、品味、关心等。

二是领悟水平：养成、领悟等。

以上所列举的行为动词显然有些繁琐，归类也未必合适。其实，我们在使用的过程中，只要把握尽量使目标可落实、具有可操作性就可以了，未必一定要选择上述对应类别、对应层次中对应的词语。

值得注意的是，尽管用具体明确的行为方式来表述教学目标有许多优点，也为多数人所乐于采用，但仍然有一些学者对此提出了批评。主张"既要考虑可见性和可测量性等优点，运用行为方式来表述，又要充分留有余地，在某些学科领域或某些高层次目标的表述上采用较灵活的、隐性的处理方式。"② 事实上，有时教学目标也没有必要过于具体。例如阅读教学

<hr>

① 朱慕菊. 走进新课程——与课程实施者对话 [M]. 北京：北京师范大学出版社，2002：60-61.
② 吴立岗，夏惠贤. 与教育部小学教育本科课程方案配套系列教材·现代教学论基础 [M]. 南宁：广西教育出版社，2001：294.

中的识字与理解课文内容的目标，没有必要具体写出在什么情况下会认读什么生字，以及能说出课文内容等，教师一般是能够明白"认识××字"及"理解课文内容"的具体表现的。当然，"应尽量避免未经心理学界定的动词陈述目标"①。

小学语文各项内容的教学目标如何确定，将在后面有关章节中介绍。

**（四）教学设计中"教学目标"表述应注意的其他问题**

（1）注意教学目标的名称。教学设计中"教学目标"标题可以写成"学习目标"，但不要写成"教学目的"。

（2）注意教学目标的条目分类与排序。无特殊要求时，不用写出目标类别（如知识目标、能力目标、情感目标，或知识与能力目标、过程与方法目标、情感态度价值观目标等），直接罗列目标即可；但要按知识、能力、情感这样的大体顺序排列。

（3）注意目标的主次。教学目标是多方面的，但是教案中没有必要全部写出来，只写出本体目标（本学科或本课特有的目标）即可，不用写出一般目标（如一般认识能力发展目标）。

（4）注意教学目标的主体。教学目标应是学习目标，其主语是学生，而不应是教师。不宜以"使学生……""教育学生……""培养学生……"这样的语句。

（5）注意目标用语的规范。"应尽量避免未经心理学界定的动词陈述目标。"但也要考虑学科特点及传统，如语文中的"理解"内容，"体会"感情，虽然并不"外显"，但还是用它们作为目标中的动词。

## 二、教学重点、难点的确定

确定教学目标以后，还要根据课程标准（教学大纲）、教材特点及学生实际，明确教学重难点，以便采取更有效的措施，突出重点，突破难点。

教学重点，一般要根据课程标准的阶段目标及教学建议来确定。例如"识字、写字是阅读和写作的基础，是第一学段的教学重点"。读写能力训练显然是中高年级的重点。难点则要根据课文内容与学生基础来确定。一般来说，有些字的书写对低年级学生来说是难点，阅读教学中对一些含义深刻的句子及远离学生生活的内容的理解往往是教学难点。

---

① 皮连生. 教学设计（第2版）[M]. 北京：高等教育出版社，2009：89.

### 三、教学目标的呈现

教学目标在教学过程中的呈现时机与方式等，是影响教学效果的重要因素。对于如何呈现教学目标，已有一些研究成果。例如，梅尔顿提出了有关"前置目标"与"后置目标"不同作用的观点，[①] 我国教学工作者总结出的目标呈现与目标有效性之间关系的一些规律等。[②] 结合这些观点，应重点注意以下几点：

（1）低年级教学目标不宜集中呈现。一次呈现多条目标或要求，对低年级的学生来说，他们是难以兼顾和全面落实的。如读课文划出生字词、自主识字、找出课文不懂的问题、熟读课文等，这些问题对一年级的学生来说，一次提出来就不如提一项落实一项的效果好。

（2）高年级以自学为主的课的目标最好"前置"。目标前置，指出明确的要求与方向，学生才能更加自觉地去自学。

（3）情感目标不宜"前置"。情感应是通过对学习材料的认真学习而自然产生的真实感受。情感目标前置，提前告诉或要求学生产生什么情感，失去了必要的神秘感，且给学生一种被迫接受教育的意味，容易产生抵触情绪，当然不利于目标的达成。

（4）目标的呈现要自然。即使"前置目标"也不宜"开门见山"地直接呈现给学生，而应先创设一定情境，让目标变成学生学习的需要，这样再自然地导出目标。还应注意呈现的目标是学习目标，而不是教学的目标，不宜以"使学生……""教育学生……""培养学生……"这样的语句。如果让学生知道这是教师的教学目的，反而会使学生产生"被迫学习"的感觉，影响其积极性，自然也降低了目标的作用。

（5）教学内容结束时要注意回扣目标。这样可以使教学目标更加清晰，得到进一步强化。因此，每堂课都应作好课堂小结，通过课堂小结回扣整堂课的教学目标。

---

① 张承芬. 教育心理学［M］. 济南：山东教育出版社，2004：336.
② 张承芬. 教育心理学［M］. 济南：山东教育出版社，2004：336－337.

# 第四节　教学方法的选择与教学原则

《孟子集注》中《告子》篇注曰："事必有法，然后可成。师舍是则无以教，弟子舍是则无以学。"教学方法设计是教学设计中的一项重要内容。但从教学设计的结果——教案或课时授课计划的现状来看，很多教学设计中的"教学方法"是没有实际意义的。要真正设计好教学方法，就应该理解教学设计中的教学方法与教学论中教学方法的关系，真正理解教学方法的概念，理解教学方法与教学原则的关系。

## 一、小学语文教学方法

### （一）教学方法的概念

教学方法没有统一的定义，如《中国大百科全书·教育》对教学方法的解释是："为了完成一定的教学任务，师生在共同活动中采用的手段。"[①]有的教育学教材中定义为："教学方法是为完成教学任务而采用的办法。它包括教师教的方法和学生学的方法，是教师引导学生掌握知识技能、获得身心发展而共同活动的方法。"[②]有人认为："教学方法就是人们在教学活动中由现实的条件实现教学目的所采用的所有中介的总和。"[③]

教学方法、教法、学法、教学策略、教学模式、教学方式、学习方式等，尽管不难找到对它们的定义，但它们各自的定义往往"五花八门"，它们之间又很难分得清楚。

例如，一般认为，从理论向实践转化的阶段或顺序看，是从教学理论到教学模式，再到教学策略，再到教学方法，再到教学实践。教学模式规定教学策略、教学方法，属于较高层次。但是，有时教学方法也包含教学模式与教学策略。把教学模式、教学策略看作更高层次或宏观的、广义的教学方法。

---

[①] 中国大百科全书总编辑委员会. 中国大百科全书·教育. 北京：中国大百科全书出版社，2002：151.

[②] 王道俊，王汉澜. 教育学 ［M］. 北京：人民教育出版社，1999：242.

[③] 孙宏安. 简论教学方法的定义、分类和选择 ［J］. 教育科学，1994（4）：22.

有人认为："学习方式较之于学习方法是更为上位的东西，二者类似战略与战术的关系：学习方式相对稳定，学习方法相对灵活，学习方式不仅包括相对的学习方法及其关系，而且涉及学习习惯、学习意识、学习态度、学习品质等心理因素和心灵力量。"① 显然，这里把"方式"看成了"方法"的"上位"概念。但也有人认为："教学方式是构成教学方法的细节，是教师和学生进行的个别智力活动或操作活动。""教学方法是一连串的有目的的活动，它能独立完成某项教学任务。而教学方式只能运用于方法，并为完成教学方法所要完成的教学任务服务，它本身不能独立完成一项教学任务。"② 很显然，这里把"方法"看作了"方式"的"上位概念"。

我们在教学设计（教案）的九大项内容中，只列出了"教学方法"一项，而没有列教学策略、教学模式、教学方式、学习方式等项目，很显然，这里的"教学方法"包含了教法、学法、教学策略、教学模式、教学方式、学习方式等方面的内容。

**（二）教学方法的分类**

教学有法而无定法；教学方法有广义、狭义之分，有层次高低之别；标准、视角不同，分类结果也是不一样的。因此，对教学方法进行定义与分类是项很复杂的事情。"按不同的分类标准就会得出不同的分类来，差不多每种教学理论都能提出自己的一套分类标准并给出一种分类。"③

教学方法的分类依据多种多样。如吴立岗、夏惠贤主编的《现代教学论基础》谈到的分类依据有："信息的来源和感知信息的特点""掌握教学内容时学生认识活动的独立性和创造性""掌握教学内容时学生思维形式的特点""教授方法同相应的学习方法相结合的特点""某教学阶段所要实现的基本教学任务""教师对学生学习活动的管理"等。④ 该书还介绍并肯定了巴班斯基根据活动的过程——引起、调整、控制三个因素对教学方法的分类（如下表 3 – 1），以为其分类方法是"以马克思主义哲学为指导的系统论、信息论、控制论以及活动心理学理论，作为研究教学方法的理论基础"的、"是比较科学、比较完整的"。⑤

---

① 朱慕菊. 走进新课程——与课程实施者对话 [M]. 北京：北京师范大学出版社，2002：130.
② 王道俊，王汉澜. 教育学 [M]. 北京：人民教育出版社，1999：242、243.
③ 孙宏安. 简论教学方法的定义、分类和选择 [J]. 教育科学，1994（4）：23.
④ 吴立岗，夏惠贤. 现代教学论基础. 南宁：广西教育出版社，2001：313 – 314.
⑤ 吴立岗，夏惠贤. 现代教学论基础. 南宁：广西教育出版社，2001：315 – 317.

表 3 – 1  巴班斯基对教学方法的分类

| 组织和进行学习认知活动的方法 | | | |
|---|---|---|---|
| 口述法、直观法和实践法（传递和感知知识信息方面） | 归纳法和演绎法（逻辑方面） | 复现法和问题探索法（思维方面） | 独立学习法和教师指导下的学习方法（学习管理方面） |
| 激发和形成学习动机的方法 | | | |
| 激发和形成学习兴趣的方法 | | 激发和形成学习义务感和责任感的方法 | |
| 教学中检查和自我检查的方法 | | | |
| 口头检查和自我检查法 | 书面检查和自我检查法 | | 实验实践检查和自我检查法 |

皮连生主编的《教学设计》提到了教学方法的三种分类方法：根据接受教育的人数分、根据教学目标类型分、根据学习过程的阶段分。[①]

从有关教学方法分类研究结果可以看出，教学方法有不同的分类标准。在众多的分类方法中，按照教学方法所解决问题或适用范围的大小来"分层"，是一种特别重要的分类方法。它可以帮助我们从宏观到微观、从一般到特殊理清各种方法之间的关系。当然这种分类所理解的"层次"也是不一样的。例如以下几种分类：

有人将教学方法（由教学条件到教学目的的所有中介）分为三个层次：第一个层次，指实现教学目的的总的方法，它们包括实现教学目的的所有环节，实际上这一层次的方法就是一种完整的教学体系，这类方法包括系统教学、问题教学、设计教学、发现教学、程序教学、范例教学、指导教学等。第二个层次，指在某一教学体系下的带有整体性指导意义的教学方法，例如启发式教学方法、注入式教学方法、理论和实践相结合的方法、循序渐进的方法、模拟方法等，这类方法也被称为教学原则。第三个层次，指课堂教学的具体方法，例如讲授法、讲读法、谈话法、演示法、练习法、讨论法、阅读指导法、自觉辅导法等。[②]

《小学语文教学研究》编写组编写的《小学语文教学研究》认为，小学语文教学的众多方法，大体上可以分成三个层次：第一个层次的教学方法

---

① 皮连生. 教学设计（第2版）[M]. 北京：高等教育出版社，2009：176 – 177.
② 孙宏安. 简论教学方法的定义、分类和选择 [J]. 教育科学，1994（4）：22.

是从语文教学的总体上设计教学的方法，属于"整体的教学思路"的范畴。第二个层次的教学方法是针对某一项教学内容设计教学的方法，如识字教学的各种方法、阅读教学的各种方法、作文教学的各种方法等，属于"专项的教学思路"的范畴。以上两个层次的教学方法，一般与倡导者的语文教学思想有密切的联系，较多地从语文教学的宏观上（或从语文教学的整体，或从某一项教学内容的整体）来研究和设计教学，往往与教学内容的编排体系和重点有关，而较少论及微观的、具体的教学步骤和方式方法。第三个层次的教学方法一般是针对某一类（或篇）课文或某一种训练而设计的方法，主要研究教学的具体步骤、方法和手段，属于"教学措施和手段"的范畴，如引读法、图表教学法等。①

　　江平主编的《小学语文课程与教学》认为，小学语文教学方法可以分成多种类型，同一类型小学语文教学方法可以分成几个层次，可以把小学语文教学方法分成宏观的、中观的、微观的三个层次。例如"情境教学实验时，阅读教学中的图画再现情境的方法"这一句就包含了小学语文教学方法的宏观、中观和微观三个层次；微观层次的教学方法是基本的教学方法，朗读法、背诵法、自学法、练习法、讲读法、谈话法等是常用的基本方法。②

　　国外有人根据问题的呈现方式、问题的复杂程度和问题的来源，提出了五个不同层次的教学方法：接受（reception）、运用（application）、扩展（extension）、创见（generation）和质疑（challenge）。③

　　综合有关分类方法，我们在教学设计中选择与设计教学方法时，可以按照从宏观到微观、从一般到特殊等大体顺序，考虑以下几个层次或方面的教学方法：

　　1. **宏观层次——教学思想、教学理论、教学原则等**

　　如启发式教学、系统论、控制论、信息论、建构主义教学理论、人本主义教育理论等理论或思想；

　　科学性和思想性统一、启发性、因材施教、理论联系实际、直观性、

---

　　① 《小学语文教学研究》编写组. 小学语文教学研究［M］. 南京：江苏教育出版社，1993：97.

　　② 江平. 小学语文课程与教学［M］. 北京：高等教育出版社，2004：141.

　　③ Brad Hokanson，Simon Hooper. 面向教学设计的教学方法新分类［J］. 王耐，盛群力，编译. 远程教育杂志（海外），2005（2）：26 - 28.

循序渐进、量力性、巩固性等教学原则；

新课改倡导的自主学习、合作学习、探究式学习等学习方式。

2. 中观层次——普适的教学模式

如程序教学、掌握教学、范例教学、指导教学、问题解决教学、发现教学、情境教学等。另外还有一些新的经验，如杜郎口经验、洋思教学经验、生本教育模式、翻转式课堂教学模式等。

3. 微观层次——普适的基本的教学方法

（1）教育学中的一般教学方法。教育学或普通教学论中提到的教学方法一般就是这个层次的教学方法。例如，王道俊、王汉澜主编的《教育学》列举的我国中小学常用的教学方法是讲授法、谈话法、读书指导法、练习法、演示法、实验法、实习作业法、讨论法、研究法。① 教育学或普通教学论中提到的主要教学方法都是差不多的，只是方法的名称及分类的视角略有不同罢了。

很多所谓教学方法的分类，其实就是对这个层次的教学方法的分类。例如：

徐家良主编《小学语文教育学》的分类：（1）语言的方法。①讲授法（讲述、讲解、讲读）；②谈话法（约束型、自主型）。（2）直观的方法。①演示法（示范板书、示范朗读、示范表演、形象演示）；②参观法。（3）实习的方法。①练习法；②作业法。②

张华的《课程与教学论》，参阅日本佐藤正夫的《教学论原理》，把纷繁复杂的教学方法归结为三种基本类型，即提示型教学方法（主要包括示范、呈示、展示、口述四种形式）、共同解决问题型教学方法（包括教学对话和课堂讨论两种基本形式）、自主型教学方法。③

（2）针对一般课堂中某些环节或特殊任务需要掌握的方法或教学技能。如导入、提问、讲解、结课、组织课堂、情境创设、兴趣培养、激发动机、处理突发事件、板书等方法或技能等。

这一个层次的教学方法，将在后面"教学过程"中介绍。

4. 各门学科特有的教学方法

学科特有教学方法也有不同层次，如教学思想层面、模式层面、基本

---

① 王道俊，王汉澜. 教育学［M］. 北京：人民教育出版社，1999：244 – 256.

② 徐家良. 小学语文教育学［M］. 北京：高等教育出版社，1997：191 – 201

③ 张华. 课程与教学论［M］. 上海：上海教育出版社，2000：212 – 226.

方法层面、特有具体方法层面等。

例如,《小学语文教学研究》编写组编写的《小学语文教学研究》认为,语文教学方法从总体上,即从观点和实质上分析（亦即从最高层次上分）,大致可以归为以下两种:一是"整体综合的教学方法",实质上是通过"整体感知、反复读思、不断积累、消化融合"以达到"领悟规律、豁然贯通"的目的。二是"分步序列的教学方法",实质上是按照语言文字本身构成和发展的规律,按照语文能力的结构,设计一套科学的序列,指导学生分项分层分步地培养一种种具体的能力,以打好一个个基础,循序渐进地提高他们的语文水平。[①] 该书对第二个层次的教学方法,是通过以后有关各项内容教学的"各种类型"来介绍的,如阅读教学的类型和教学方法有:落实"双基"型、利用情境型、发展思维型、强调自学型。[②] 该书认为,教育学的教学论中讲过的一般常用的教学方法讲授法、谈话法、讨论法、参观法、演示法、实验法、练习法、自学指导法等,也是小学语文教学的具体方法。[③] 这即为第三个层次。这里把语文教学方法划分为了总体观点和实质层、各项内容的教学类型层与具体教学方法层三个层次。

其实,小学语文教学的具体方法也是有更细的许多层次与种类的,其具体教学方法也可以说是无穷多的。这是因为大任务中含着小任务,每一项任务往往又可采取多种方法去完成。例如识字、写字、阅读、作文等不同内容都有其特殊的教学方法,例如查字典、解词、解句、解句群、分段、分层次、归纳段意、归纳主要内容、概括中心、朗读、默读、背诵、质疑问难、做读书笔记、复习、独立解题、审题、立意、选材、组材、列写作提纲、自我修改等;这些方法既是识字、写字、阅读、作文有关方面内容的教学方法,而其本身往往又有一些更具体、更特殊的学习方法,例如指导理解词语就有联系上下文、查词典、联系生活实际等许多不同的方法,指导学生修改作文可能要用到自改、互改、示范评改等不同的方法。

小学语文分（专）项内容的特殊教学方法,将在后面各章中介绍。

---

① 《小学语文教学研究》编写组. 小学语文教学研究 [M]. 南京:江苏教育出版社,1993:98－101.

② 《小学语文教学研究》编写组. 小学语文教学研究 [M]. 南京:江苏教育出版社,1993:186－198.

③ 《小学语文教学研究》编写组. 小学语文教学研究 [M]. 南京:江苏教育出版社,1993:113.

### （三）教学方法的选择与优化

1. 教学方法的选择

《学记》中说："君子知至学之难易，而知其美恶，然后能博喻；能博喻然后能为师。"这段话的意思是，君子了解求学的深浅次第，各人品性材质的不同，然后因材施教，采取多种教学方法；能做到这一点，才能做老师。这段话说明了了解学生、因材施教的重要，当然也涉及教学方法的选择、优化问题。

对如何选择教学方法，在教育学及教学论论著中不难找到有关观点。如：王道俊、王汉澜主编的《教育学》认为，一般来说，教学方法和手段的选择主要依据如下几个方面：（1）教学目的和任务；（2）教学过程规律和教学原则；（3）本门学科的具体内容及其教学法特点；（4）学生的可接受水平，包括生理、心理、认知等；（5）教师本身的条件，包括业务水平、实际经验、个性特点；（6）学校与地方可能提供的条件，包括社会条件、自然环境、物资设备等；（7）教学的时限，包括规定的课时与可利用的时间；（8）预计可能取得的真实效果等。"教学是一种创造性活动，选择与运用教学方法和手段要根据各方面的实际情况统一考虑。万能的方法是没有的，只依赖于一两种方法进行教学无疑是有缺陷的。"[1]

章荣庆、吕福松主编的《教育学》认为，一般地说，教学方法和手段的选择主要依据如下几个方面：（1）依据具体的教学目的和任务；（2）依据具体的教学内容；（3）依据学生的年龄特征、实际知识水平；（4）依据教师自身的教学素质。[2]

《小学语文教学研究》编写组编写的《小学语文教学研究》认为，教学方法的改革创新必须符合以下四条：第一，符合语文本身的性质和特点；第二，符合小学语文教学的目的要求；第三，符合小学生语文能力形成和发展的规律；第四，符合小学语文的教学规律。[3]

江平主编的《小学语文课程与教学》认为，小学语文教学方法的选择，要体现语文学科的性质和特点，要适应教材内容与教学目标的需要，要适

---

① 王道俊，王汉澜. 教育学 [M]. 北京：人民教育出版社，1999：244.
② 章荣庆，吕福松. 教育学 [M]. 武汉：武汉大学出版社，2003：314－315.
③ 《小学语文教学研究》编写组. 小学语文教学研究 [M]. 南京：江苏教育出版社，1993：95－96.

合学生身心特点和素质发展，要考虑教师的水平与特长。①

有人认为，在选择教学方法时，应具有以下明显的倾向性：注重于发展学生的智能；充分调动学生的学习积极性同时充分发挥教师的主导作用；加强学生学习方法的指导；重视学生的情绪生活。②

从上述各种观点不难看出，选择教学方法应考虑的因素是多方面的，其主要方面包括教学目标、教学内容、学生实际、教师情况、教学条件等。

2．教学方法的优化

教学方法的优化即教学方法的优化组合问题，是与教学方法的选择问题密切联系的。教学方法的优化组合问题可以看做是"教学方法及其选择、运用问题的深化研究"③。

在任何教学过程中，教师"不可能始终只用一种方法，而是根据一定的教学指导思想与习惯的经验模式，将若干种方法组合起来运用，即运用教学方法组合"④。"教学方法组合的实质，就是在完成复杂的教学任务时，如何使选择的教学方法结合得最合理。如果组合的教学方法能够成为完成某项任务或某一类任务最有效的组合方式，那么，这种组合方式也就是优化的组合方式。"⑤这里所说的优化的教学方法组合，也就是一般所说的优秀的教学模式。

对于教学方法究竟如何优化，已有许多研究成果可供参考。比如有的认为，语文教学方法的优化至少应包括这样四项内容：一是提高教学方法改革的自觉性，二是加强教学方法研究的科学性，三是注意教学方法运用的灵活性，四是提倡教学方法的多样化。有的则提出了教学方法是否优化的四条标准：一看时间效应，即运用这种教学方法，时间上是否经济；二看质量效应，即运用这种教学方法，质量上是否能够保证；三看心理效应，即运用这种教学方法，是否符合学生心理发展过程；四看社会效应，即运用这种教学方法，社会效果是否好。有的则认为，语文教学方法的优化，对于语文教师来说，应当努力做到：科学选用，巧妙组合，刻意出新，自

---

① 江平. 小学语文课程与教学 [M]. 北京：高等教育出版社，2004：144 – 145.
② 孙宏安. 简论教学方法的定义、分类和选择 [J]. 教育科学，1994 (4)：24.
③ 唐文中. 高等学校教学方法 [M]. 哈尔滨：黑龙江教育出版社，1994：35.
④ 王道俊，王汉澜. 教育学 [M]. 北京：人民教育出版社，1999：256.
⑤ 唐文中. 高等学校教学方法 [M]. 哈尔滨：黑龙江教育出版社，1994：34.

成体系。① 有的认为，教学方法的优化，应把握以下几方面的内容：①教学方法的灵活、多样性；②教学方法的动态、形象性；③教学方法的改革、创新性。②

从上面所列举的教学方法选择及优化的有关资料来看，教学方法的选择与优化有许多注意事项，但并没有一个统一的标准。其实最重要的应该注意三点：一是科学性，二是时代性，三是有效性。

（1）科学性。教学方法的选择与组合要符合学生身心发展规律，符合教学规律。教学原则一般是教学论专家根据教学规律提出的教师在教学过程中应该遵循的基本要求，因此教学方法的选择与组合应特别注意教学原则的要求。这也是本书把教学原则放在教学设计的"教学方法"设计部分的原因。

（2）时代性。教学方法的选择与组合要体现时代特征。不同时期，人们往往对教学提出不同的特殊要求，青睐不同的教学方法。例如目前的课程改革就特别注重学生的自主、合作、探究式学习，特别强调教学与信息技术的整合等。如果是参加某种教学比赛，那就更应该注意体现时代性与活动的特殊要求了。

（3）有效性。教学方法的选择与组合应追求教学的最大效益。教学方法直接影响教学效果，教学方法当然应该灵活多样且新颖，但教学方法是为教学目标服务的，不能为方法而方法，不能过度追求"时髦"与教学方法的多样性。最大限度调动学生积极性、促进学生有效学习的方法才是有效的方法。

**（四）教学设计（教案）中"教学方法"的表述**

（1）教学方法不要只写方法的名称，而要适当说明一下意图（理念）。因此本部分的标题也可用"教学方法与设计理念"。

（2）只写主要教学方法即可。这里的主要教学方法指主要采用的教学模式、特别突出的教学原则与特殊教学方法等。例如目前各项教学内容都经常采用的方法有：

①情境教学法。情境教学法可以激发学习兴趣，加深体验与理解，提高学习效率。

① 童一秋. 语文大辞海语文教育卷 [M]. 哈尔滨：黑龙江人民出版社，2002：209－210.
② 张乐天. 教育学（新编本）[M]. 北京：高等教育出版社，2007：246－247.

②自主、合作的学习方式。自主、合作的学习方式有利于培养自主、合作的意识与自学能力（自主识字、独立阅读、自能作文等能力）。

③发现法或探究式学习。这样的学习方式有利于培养创新意识。

④实践或训练指导法。重视指导实践练习（写字、朗读、观察、表达等），有利于培养能力与习惯（培养书写习惯；加深理解与体验，培养语感；培养交际能力；培养观察与表达能力）。

## 二、小学语文教学基本原则

人们对教学原则的定义不尽相同，但定义的要点基本一致，即认为教学原则是教学应该遵循的基本要求。

小学语文教学原则在不同的时期、不同的教材和论著或不同的场合中有不同的称谓和不尽相同的内容。例如：

李纪生著的《小学语文教学法讲话》简略地介绍了"一般的教育学著作中所提出的教学基本原则"，这五个基本教学原则是：直观原则、学生的自觉性和积极性原则、教学的系统性原则、可接受性原则、巩固性原则。指出："还能列出若干的教学原则"，"把教育性（思想性）原则，提为教学的基本原则，对目前在教学中不注意思想教育的情况来说，仍有其一定的意义"①。由此也可看出，教学原则是根据需要而提出的。

袁微子主编的《小学语文教材教法》归纳论述了完成小学语文教学任务要着重处理好的四个关系：学习语文和认识事物的关系；语文教学和思想教育的关系；传授知识和培养能力的关系；教与学的关系。② 这里的处理好四个"关系"实际就是四条原则。

戴宝云主编的《小学语文教育学》中列出了四条小学语文教育的基本原则：语言文字训练与思想教育的辩证统一；语言学习与发展智力的辩证统一；口头语言学习与书面语言学习的辩证统一；语言教育中"模仿"与"创造"的辩证统一。③

《小学语文教学研究》编写组编写的《小学语文教学研究》认为，教学原则是在教学工作中必须遵守的基本要求。"教学原则来源于教学实践，是

---

① 李纪生. 小学语文教学法讲话［M］. 杭州：浙江人民出版社，1954：11.
② 袁微子. 小学语文教材教法［M］. 北京：人民教育出版社，1984：16 – 21.
③ 戴宝云. 小学语文教育学［M］. 杭州：浙江教育出版社，1992：47 – 57.

教学的客观规律的反映。"① 小学语文的教学规律"是通过小学语文的教学原则来体现的"。② 教育学所阐述的一些原则"小学语文教学自然也应当遵守",但"小学语文教学还有它自身的原则"。按照"社会主义的教育目的""小学语文学科的性质和任务""语文教学的客观规律""语文教学实践的科学总结"四条依据,得出了五条小学语文教学原则:语文训练和思想教育相结合;语文训练和发展认识能力相结合;获取语文知识和培养语文能力相结合;教学的整体性和训练的阶段性相结合;加强语感训练和讲授语文基础知识相结合。③

董蓓菲主编的《小学语文课程与教学论》提出了五条"教学原则":语言文字训练与思想教育统一的原则;语文知识学习与培养能力、发展智力相结合的原则;课内与课外相结合的原则;教学的积极性原则;教学最优化原则。④

江平主编的《小学语文课程与教学》没有提小学语文教学的"基本原则",但论述了五条"小学语文教学规律":语文学习与生活密切相关、学习语文就是学习文化、语言教学与思维训练同步、语言的积累有助于语感的培养、语言的学习离不开言语的实践。⑤ 如果把这五条"规律"简单一变,也就成为五条小学语文教学的原则了:要注意语文学习与生活的联系;要注意学习语文与学习文化的统一;要注意语言教学与思维训练的同步;要注意语言积累与语感的培养;要注意在言语实践中学习语言。

各个时期的教学大纲(或课程标准)都会对教学提出一些建议(甚至理念),其实这些建议(或理念)就是各个时期官方提出的教学原则。《全日制义务教育语文课程标准(实验稿)》及 2011 年的修订稿中所提出的"课程基本理念"与"教学建议",实际上就是语文教学应该遵循的最基本的原则。如《义务教育语文课程标准(2011 年版)》中的四条"课程基本理念"是:"全面提高学生的语文素养""正确把握语文教育的特点""积

---

① 《小学语文教学研究》编写组. 小学语文教学研究 [M]. 南京:江苏教育出版社,1993:13.

② 《小学语文教学研究》编写组. 小学语文教学研究 [M]. 南京:江苏教育出版社,1993:96.

③ 《小学语文教学研究》编写组. 小学语文教学研究 [M]. 南京:江苏教育出版社,1993:14-21.

④ 董蓓菲. 小学语文课程与教学论 [M]. 杭州:浙江教育出版社,2003:80-95.

⑤ 江平. 小学语文课程与教学 [M]. 北京:高等教育出版社,2004:114-127.

极倡导自主、合作、探究的学习方式""努力建设开放而有活力的语文课程"。《义务教育语文课程标准（2011 年版）》提出的四条总的教学建议是："充分发挥师生双方在教学中的主动性和创造性""教学中努力体现语文的实践性和综合性""重视情感、态度、价值观的正确导向""重视培养学生的创新精神和实践能力"。

各种教学理论观点当然是制定教学原则的重要依据。例如建构主义学习观关于学习条件具有如下共同观点：强调复杂的学习环境和真实的学习任务，强调社会协商和相互作用，强调用多种方式表征与呈现教学内容，强调学生理解并意识到知识建构过程和以学生为中心的教学等。这些观点在新课改的理念中得到了充分体现。

不同时期的教学原则不尽相同，这一方面原因当然是由于理论的不断发展与人们认识水平的不断提高，另一方面原因则是由于不同时期社会与教育发展对教学往往提出一些特殊的要求。正是由于第二个方面的原因，使得教学原则往往具有明显的时代特征。而体现时代特征的教学原则往往也是各种竞赛性教学活动中应该特别关注的原则。我国 2001 年开始的基础教育课程改革，提出（或整理出）了一系列"新课程观"，这些所谓的"新课程观"其实正是具有新课改时代特色的一些教学原则。

参考已有"原则"，结合目前课改实际，我们可以归纳出以下几条目前小学语文教学的"基本原则"。这几条教学原则涉及教学目标确定、内容处理、途径安排与方法选择等各个方面：

**（一）促进学生全面素养的提高——目标确定**

新课改形势下应特别注意以下三点：

（1）学习语文与学习做人相统一。注意语文教学中的思想教育与人文熏陶。

（2）学习语文与发展智力相统一。教学要促进学生智力的发展。

（3）注意培养学习兴趣与自学能力。这是语文教学的终极目标。

**（二）听说读写能力综合训练——内容处理**

在教材中，汉语拼音、识字、写字、阅读、口语交际等方面的内容都不是孤立安排的，而是有计划地安排在一个有机的整体里。当然，就一节课的教学内容来说，教材内容也许看上去是单一的，但教学中仍应注意结合相关内容尽可能地进行听说读写多方面的训练。

## （三）课内与课外相结合——途径安排

要注意开放课堂，拓展学习途径，引导学生在广阔的生活空间里学习语文。

## （四）倡导自主、合作、探究的学习方式——方法选择

自主、合作、探究是新课改倡导的学习方式。语文课程标准把积极倡导自主、合作、探究的学习方式作为语文课程的一条基本理念，倡导自主、合作、探究的学习方式当然就应该是语文教学的一条基本原则。

# 第五节　教学过程的设计

合理地安排教学步骤，保证各项教学目标的顺利达成，这是备课或教学设计的最重要的内容。

## 一、教学过程概述

教学过程（或程序、进程）一直是教育学、教学论研究的一项重要内容。"物有本末，事有终始。知所先后，则近道矣。"《大学》的这段话即强调了了解事物发展顺序的重要性。夸美纽斯认为："学校改良的基础应当是一切事物里面的恰切的秩序""秩序是把一切事物教给一切人们的教学艺术的主导原则"。① "教学是混乱的，学习也就是混乱的。"② 因此，合理安排教学过程，是课堂教学的重要要求。

教学基本过程问题在古今中外都备受重视。例如我国古代的《中庸》中就有"博学之，审问之，慎思之，明辨之，笃行之"的思想；德国教育学家赫尔巴特提出了"明了—联想—系统—方法"四步教学程序，其弟子在此基础上改进成了"预备—提示—联合—总结—应用"的"五段教学法"；美国实用主义教育家杜威提出了"情境—问题—假设—推理—检验"五步教学程序；苏联教育学家凯洛夫提出了"组织教学—复习旧课—讲授新课—巩固新课—布置作业"综合课"五环节"教学模式，等等。各种各

---

① 曹孚，滕大春，吴式颖，等. 外国古代教育史 [M]. 北京：人民教育出版社，1981：201.
② 曹孚，滕大春，吴式颖，等. 外国古代教育史 [M]. 北京：人民教育出版社，1981：213.

样的教学模式中，教学基本过程都是其最核心、最实用的部分。

教学过程是一个内涵丰富的概念。它既可指一个知识点的教学过程、某一课时或某一课题的教学过程，也可指一学期、一学年，甚至几年、几十年的教学过程，如古代的"一年视离经辨志，三年视敬业乐群，五年视博习亲师，七年视论学取友，谓之小成；九年知类通达，强立而不反，谓之大成"（《学记》）。则反映了从"小学"到"大学"的一个大的教学过程。

我们这里讨论的教学过程，主要指课堂教学过程。对语文教学来说，主要指的是小学语文某课题（如某篇课文，或某次习作等）教学的一般进程或程序。也有人习惯把它称作"教学模式"。其实，20 世纪 80 年代开始，"教学模式"的研究成为教学论的一个热点，它所涉及的内容已不仅仅是教学的动态的"程序"问题，它已涉及教学论的方方面面，有人称它为"小型教学论"。"教学模式"往往包含六个方面的内容：教学思想或教学理论、教学目标、教学程序、师生作用、教学策略、教学评价等。当然，其中的"教学程序"往往是最被教师们所看重的。因为它往往给教师提供一个具有可操作性的完成教学目标的具体步骤和过程，"套用"这样的模式，往往可以教学许多类似的内容，使备课与教学变得"有章可循"，是备课与教学的一条捷径。

语文是中小学最重要的一门学科，普通教育学或教学论中研究的教学过程当然大都适用于小学语文教学。语文学科与其他学科相比毕竟有其自身的特点，语文学科的不同内容（如识字写字、阅读、习作、口语交际等）在教学上也显然有其自身的特点。因此，教学模式（教学过程）也是有其不同的适用范围或层次的。本节介绍的"教学过程"，主要是指适用于整个语文学科各项内容的一般过程，基本都是普通教育学或教学论层次的教学过程。而分项内容的特殊教学过程，将分别在识字写字、阅读、习作、口语交际、综合性学习等教学部分研究。

教学基本过程的模式形形色色，但大体可分三类：

**（一）以教为主的认知类**

这类教学模式，以教师的教为主，主要教学目的是促进知识技能的掌握。这类模式如：

1. 《中庸》中的学习过程

"博学之，审问之，慎思之，明辨之，笃行之。"

2. 赫尔巴特的四个"形式阶段"与"五段教学法"

四个"形式阶段"：明了、联合、系统、方法。①

经其弟子席勒、赖因等改进，成为著名的"五段教学法"：预备、提示、联系、总结、应用。②

3. 凯洛夫的"六环节"教学过程或"五环节"综合课模式

"六环节"教学过程：知觉具体事物；理解事物的特点、关系或联系；形成概念；巩固知识；形成技能、技巧；实践运用。③

"五环节"综合课教学模式：组织教学，复习旧课，讲授新课，巩固新课，布置作业。我国在 50 年代的中小学中，一般都是按照这五个环节进行教学的。④

4. 加涅教学过程的 9 个教学事件

加涅根据学习的信息加工过程模型，将课堂教学的一般过程归纳成 9 个"外部事件"：引起注意，激发动机；呈现学习目标；回忆先决条件或相关知识；呈现新的内容；为学习者提供指导；提供练习；提供反馈；测量行为表现；提供保持与"迁移"。加涅认为，"不管怎样，现已证实这些事件或其组合能支持所有学习者的学习过程。"⑤

5. 王道俊、王汉澜主编《教育学》学生掌握知识的基本阶段

引起求知欲；感知教材；理解教材；巩固知识；运用知识；检查知识、技能和技巧。⑥

6. 罗森赛恩的指导教学

复习和检查过去的学习；呈现新材料；提供有指导的练习；提供反馈和纠正；提供独立学习；每月或每周的复习。⑦

---

① 王道俊，王汉澜. 教育学 [M]. 北京：人民教育出版社，1999：184.

② 王道俊，王汉澜. 教育学 [M]. 北京：人民教育出版社，1999：185.

③ 王道俊，王汉澜. 教育学 [M]. 北京：人民教育出版社，1999：186.

④ 吴立岗，夏惠贤. 现代教学论基础 [M]. 南宁：广西教育出版社，2001. 183.

⑤ 加涅，等. 教学设计原理（第 5 版）[M]. 王小明，等，译. 上海：华东师范大学出版社，2007：28.

⑥ 王道俊，王汉澜. 教育学 [M]. 北京：人民教育出版社，1999：197 – 205.

⑦ 张承芬. 教育心理学 [M]. 济南：山东教育出版社，2004：355 – 357.

7. 皮连生主编《教学设计》提出的"广义知识教学的一般过程模型"
（"六步三阶段两分支"的学与教的过程模型）（如图 3 – 1）①

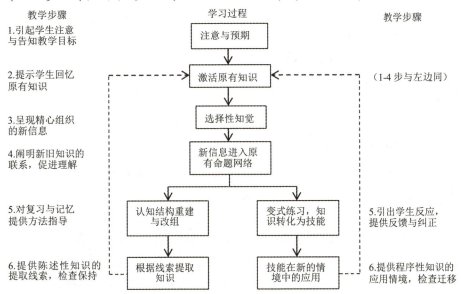

**图 3 – 1　广义知识教学的一般过程模型**

但该书作者指出，"这一教学过程模型比较难以解释语文知识与技能的学习，因为语文作为母语，掌握语文技能在先，对语文技能的理解在后。所以在母语学习中，其学习的顺序是程序性知识先于陈述性知识。语文学习是通过单篇课文进行的，其学习任务具有综合性，即陈述性知识、程序性知识和策略性知识在同一篇课文都可以学习到"。② 笔者以为，其"程序性知识先于陈述性知识"的说法不完全正确。其所说的陈述性知识只是描述语文技能的系统的知识，而这里所说的"先学的"语文技能虽然不是在系统的陈述性知识指导下，但也一定是在一定榜样或经验基础上习得的，而这榜样或经验正是技能的陈述性知识阶段。当然，一篇课文学习中要习得的知识是很复杂的，小至认识一个字，大至学习篇的表达方法或某项阅读技能。但无论怎样复杂，这些学习基本超不出陈述性知识、程序性知识学习的形式。因此，此模型也是能够解释语文学习的。

**（二）以学为主的问题解决类**

这类教学模式，以学生的学或做为主，主要教学目的是培养学生的智

---

① 皮连生. 教学设计（第 2 版）[M]. 北京：高等教育出版社，2009：51.

② 皮连生. 教学设计（第 2 版）[M]. 北京：高等教育出版社，2009：52.

慧技能。这类模式如：

1. 杜威的"问题解决教学"

五个步骤或阶段：问题的感觉；问题的界定；问题解决的假设；对问题及其解决方法的逻辑推理；通过行动检验假设。①

2. 布鲁纳"发现教学法"

发现教学法的实施步骤：提出并定义问题；形成假设；收集数据；分析数据并形成结论。②

3. 皮连生主编《教学设计》提出的"问题解决教学的一般过程模型"

问题解决教学事件：引起学生注意与告知教学目标；提示学生回忆先决知识技能；呈现精心设计的样例，促进理解；引出学生反应，提供反馈与纠正；提供应用情境，检查迁移。③

4. 罗杰斯非指导性教学

三个阶段：阐明辅助情境；提出问题；提供资源，共同讨论。④

5. 研究性学习策略之———以问题为基础的学习

学习过程：在任何准备或学习还没发生之前，学习者在学习过程中首先就遇到问题；与现实世界所处情形一样，将问题情境呈现给学习者；学生对问题进行相应的分析和解决；在解决问题的过程中，所需的学习领域被识别，并被作为个别学习的指导；学习中所获得的技能和知识被重新应用于问题，以评价学习的有效性和加强学习；总结问题解决过程中发生的学习和探究。⑤

6. 研究性学习策略之———以项目为基础的学习⑥

项目分为三类：构造或工程类项目；实验、研究或测量类项目；资料查询类项目。

一般在教师指导下由学生合作完成。五个基本环节：提出项目设计要解决的问题；制订项目设计计划；按计划实施项目设计；形成和交流项目设计成果；反思评价。

---

① 张华. 课程与教学论［M］. 上海：上海教育出版社，2000：55.
② 张承芬. 教育心理学［M］. 济南：山东教育出版社，2004：357.
③ 皮连生. 教学设计（第2版）［M］. 北京：高等教育出版社，2009：269.
④ 吴立岗，夏惠贤. 现代教学论基础［M］. 南宁：广西教育出版社，2001：213.
⑤ 皮连生. 教学设计（第2版）［M］. 北京：高等教育出版社，2009：274–275.
⑥ 皮连生. 教学设计（第2版）［M］. 北京：高等教育出版社，2009：275.

**（三）以学生为主体、以教师为主导的综合类**

这类教学模式，注意结合学科或教学内容特点，体现学生学习的主体地位，发挥教师的主导作用，注重学生的能力培养。这类模式及教学程序例如：

1．卢仲衡"自学辅导教学模式"

领读；预习；拟定阅读提纲和思考提纲；总结。

2．上海育才中学"八字"教学模式

读读；议议；练练；讲讲。

3．魏书生的"自学六步教学模式"

定向；自学；讨论；答疑；自测；自结。

4．湖北大学黎世法六因素（课型）单元教学模式

自学；启发；复习；作业；改错；小结。

5．愉快教学模式

状态；诱因；深化；激励；发散。

6．语感教学模式

感知阶段——读通课文；领悟阶段——读懂课文；积累阶段——读熟课文；运用阶段——读好课文。

7．情境教学

阅读教学：感知；理解；深化。

作文教学：观察情境；激发情趣，开拓思路；范文引路，做写结合。

8．江苏邱学华的尝试教学模式

出示尝试题；自学课本；尝试练习；讨论；讲解。

9．上海青浦顾泠沅"尝试回授——反馈调节"教学模式

启发诱导，创设问题情境；探究知识的尝试；归结结论，纳入知识系统；变式练习的尝试；回授尝试效果，组织质疑和讲解；单元教学结果的回授调节。

10．洋思中学教学模式

先学后教，当堂训练。

**（四）近些年出现的突出学生自主、合作、探究学习的教学模式**

1．杜郎口中学课堂教学模式（"三三六"自主学习的高效课堂模式）

自主学习三特点：立体式、大容量、快节奏；自主学习三模块：预习、展示、反馈；课堂展示六环节：预习交流、明确目标、分组合作、展现提

升、穿插巩固、达标测评。

2. 华南师大郭思乐教授提出的"生本教育"模式

"小三步"：课前预习；课堂小组讨论；课堂班级交流。

"大三步"：学会学习；享受学习；收获学习。

3. 翻转课堂式教学模式

课程开发；课前学习；课堂内化；评价反馈；研讨总结。

## 二、课堂教学一般过程

综合各家观点，特别是结合新课改的有关理念，可以把以某个特定课题为教学单位的课堂教学的过程（或课堂结构）概括为以下一般模式：导入激趣—尝试学习—引导探究—练习运用—总结测验—作业延伸。

该模式共有六个基本环节。下面对各个环节的主要任务或意图作一说明。

### （一）导入激趣

这一环节的任务或意图是：创设情境，集中注意，导出课题，激发兴趣。

为学生创设一个良好的学习情境，使学习有一个良好的开端，自古就备受重视。如《学记》中说："大学始教，皮弁祭菜，示敬道也；《宵雅》肄三，官其始也。入学鼓箧，孙其业也。夏、楚二物，收其威也。"（大意为：大学开学时，士子穿着礼服，以祭菜祭祀先圣先师，表示尊敬道术。学习《诗经·小雅》中《鹿鸣》《四牡》《皇皇者华》三篇，是要以为官之道去引导学生；先击鼓召集，随后打开书箱，是要他们对学业恭顺；苦茶和荆条用以警戒学生，整顿威仪。）可见古人早已意识到了创设情境、集中注意、激发兴趣在教学开端的重要性。

夸美纽斯也特别看重教学中引起学生注意与兴趣的重要性。他认为："教学艺术的光亮是注意，有了注意，学习的人才能保持他的心理，不跑野马，才能了解放在眼前的一切事物。"[①] "作为一个教师，必须懂得在传授知识之前一定要使学生渴于求知，要引导他们自觉自愿地学习，不可以在学习问题上实行强制。"[②]

现代教育理论也无不重视学生注意与兴趣的特点与作用，其教学模式

① 曹孚，滕大春，吴式颖，等. 外国古代教育史［M］. 北京：人民教育出版社，1981：211.
② 曹孚，滕大春，吴式颖，等. 外国古代教育史［M］. 北京：人民教育出版社，1981：212.

也大多以引起注意与激发兴趣为首要任务或开始环节。

导入激趣的方法很多，如谈话法、复习法、谜语法、游戏法、故事法、小品法、问题法、情境法、实验法、放音乐、展示实物或图画、展示预习收获等等。

导入新课应简单而有启发性。导入切忌追求新奇而远离课题，如能让学生回忆有关情景、经历或体验，或说一说自己知道的有关知识就能导入的，就没有必须用其他方法。又如，通过几个简单而富有启发性的问题——看到题目你想到了什么？猜一猜这一课会讲什么？你想知道什么？——即可激活学生已有的相关知识，引起学生思考，也就没有必须再用其他"新奇"的方法了。当然，一篇课文的导入也不一定只用一种方式，不一定非要限定一个时间，为了达到导入的目的，时间和方式都可以灵活一些，但一堂课的导入方式不宜过多，时间一般控制在三四分钟之内。

### （二）尝试学习

这一环节的任务或意图是：充分体现学生主体地位，感知材料，发现问题，尝试学习，培养自学能力。

素质教育认为："成长无法替代，发展必须主动。"无论布鲁纳的发现法、黎世法的异步教学，还是"先学后教，当堂训练"的洋思教学经验，以及杜郎口教学模式、翻转式课堂教学模式等，都注重学生的自学和发现，都是从学生的自学开始的。从整体感知和自学开始，是尊重和体现学生主体地位的重要体现，是培养学生自学能力的有效手段。因此，课堂上教师应充分尊重并体现学生的主体地位，给学生尝试学习的机会，让学生先尝试自学，初步感知学习材料，在此基础上再引导学生深入学习。

### （三）引导探究

这一环节的任务或意图是：发挥教师主导作用，为学生提供帮助，使学生系统理解学习内容。

充分尊重和体现学生的主体地位，不等于教师完全撒手不管、放任自流。"不愤不启，不悱不发。""愤""悱"之时，教师应该发挥好主导作用给学生以"启""发"引导。当然，要学习的东西不能由教师直接教给学生，而应该创设情境和条件，引导学生自己入情入境地去体验、理解、感悟与发现。

教师要特别注意鼓励质疑和创新。要引导学生发现学习，要鼓励学生求异创新。《素质教育观念学习提要》中提到："教学应当注重学生自己的思维过程，而不能仅仅提供前人的思维结果。这就要求教师善于创设开放的教学情境，营造积极的思维状态和宽松的思维氛围，肯定学生的'标新立异'、'异想天开'，努力保护学生的好奇心、求知欲和想象力，进而激发学生的创新热情，形成学生的创新意识，培养学生的创新精神，训练学生的思维能力。"①落实这些要求，应把握三个要点：一是要给学生思考的时间，要给学生质疑和发表自己不同看法的机会；如果教师提出问题，则应让学生先看书或思考一会儿，然后再作答。二是要允许并鼓励学生质疑，要引导学生大胆想象，鼓励学生"与众不同""标新立异""异想天开"。如《黄河象》《小马过河》《乌鸦喝水》《邮票齿孔的故事》等课的教学，可以鼓励学生就课文内容大胆想象可能存在的其他情况。当然，"尊重学生在学习过程中的独特体验"，不应忘记"重视语文的熏陶感染作用，注意教学内容的价值取向"，不能胡思乱想。三是既要抓住重点，又要发散开去。理解课文，当然要对中心问题或情感进行重点理解或体验，但又不能局限于对中心问题或情感的理解或体验，要发散开去，引导学生有自己的"兴奋点"，要鼓励学生品评质疑，谈出自己的感受、联想、发现等。如对某个问题（内容）的看法、由这个问题或内容你想到了什么、你认为哪个地方写得好（字、词、句、标点、篇章结构等）、哪个地方不大合适等。这样，才能引导学生有所发现，在自己的发现中体验到成功，体验到学习的乐趣。

**（四）练习运用**

这一环节的任务或意图是：巩固知识，训练技能。理解不是知识学习过程的终点，理解了的知识还需要巩固；程序性知识的掌握则更不可忽视练习的作用，因此，练习运用是学习的重要环节。

语言学家认为，理解的语汇只是消极语汇，只有记住并能运用的语汇才是积极语汇。夸美纽斯认为："要让学生从书写去学书写，从谈话去学谈话，从唱歌去学唱歌，从推理去学推理。"②因此，语文教学、特别是阅读教学，不能仅仅满足于学生对课文内容或表达形式的理解、感悟，而应该促使学生把优美的课文或词、句、段，转化为"积极语汇"，转化成自己的语言，把学到的读写方法转化为读写能力。

积累语言的重要方法是复述、背诵或表演等；把学到的读写方法转化

---

① 中华人民共和国教育部《素质教育观念学习提要》编写组. 素质教育观念学习提要［M］. 北京：生活·读书·新知三联书店，2001：13.

② 曹孚，滕大春，吴式颖，等. 外国古代教育史［M］. 北京：人民教育出版社，1981：215.

为读写能力的途径只能是读写实践。

### （五）总结测验

这一环节的任务或意图是：检验学习结果，升华认识。下课前回顾、梳理整堂课的学习内容，提炼升华，加深印象，是不可忽视的教学环节。

课堂总结有许多方法，如答疑法、提问法、归纳法、比较法、悬念法、练习法、游戏法、回应法、拓展法等。选择结课的方法应注意目的性、启发性、简洁性、艺术性等。结课方法与应该注意的要点有很多，但最重要的是要尊重学生的主体地位，尽量先让学生自己回顾、总结或质疑，然后教师适当归纳、强调。

### （六）作业延伸

这一环节的任务或意图是：拓展学习空间，培养能力。每堂课都应注意通过适当的课外作业，引导学生将课内所学运用到课外，课内外结合，巩固并扩大学习成果。

## 三、问题解决的学习与教学过程

新课程提出了"综合性学习"的要求，问题解决的能力成为备受关注的能力。培养问题解决的能力，与某一特定课题（知识）的教学显然有很大的区别。问题解决能力是不同于概念、规则的一种学习结果，"问题解决作为学习结果是综合运用先前习得的陈述性知识、概念、规则和认知策略解决从未遇到过的问题的能力，远比单个概念或规则的应用要复杂。""解决问题必须几乎同时考虑领域中的一些原理和操作程序，仔细选择能够用于解决问题的概念和原理，并安排运用它们解决问题的顺序。"[①]

前面在"以学为主的问题解决类（培养智慧技能）"中所列举的例子，可供我们作为问题解决学习教学过程的参考。这样的教学，一般应引导学生掌握学习的如下几个环节：发现问题—提出假设—尝试解决—得出结论。其中"提出假设"是很关键的一个环节。之所以关键，是因为"选择能够用于解决问题的概念和原理"，不像学习单个概念和原理的运用那么单纯和方向明确；根据问题选择概念和原理，犹如大海捞针，是比较困难的事情。保证"选择能够用于解决问题的概念和原理"的前提和关键，是进行单个概念和原理的教学时，注意加强变式练习。

---

① 皮连生. 教学设计（第2版）[M]. 北京：高等教育出版社，2009：264.

### 四、"教学过程"的表述

"教学过程"是教学设计（教案）中最核心的部分。这一部分内容的表述没有统一的模式与要求，如可以用文字式，也可以用表格式；可以写详案，也可以写简案。但无论采用什么形式，都应该注意以下几点：

（1）注意标题的写法。这一部分的标题一般采用"教学过程"，当然也可以用"教学流程""教学程序"。

（2）注意写哪些内容。要写教学的任务、步骤、方法、问题与教师的谈话、板书内容等，不能只写教学内容。

（3）注意与教学实录的区别。教案不用写出学生可能回答的内容（如果写则应写在括号内）；不能写成以下课堂实录的形式：

师：……

生：……

师：……

生：……

（4）尽量标明每个步骤的任务。每个环节、大步骤、小步骤等都要尽量用任务归纳出标题；在标题（任务）下面再写出方法（做法）或说的话、问的问题。不要没有标题，而直接写做法或教师对学生说的话与问题。

（5）注意分段写。不同的环节、大步骤、小步骤、问题最好都要分段。

（6）正确使用序号显示层次。环节、大步骤、小步骤等要用合适的不同层级的序号标出，如"（一）""1.""（1）""①"等；尽量不要用"首先""其次"等汉字表示。

## 第六节　练习、作业与教具、板书设计

### 一、练习与作业的设计

课内练习与课外作业是巩固知识、训练技能的重要手段，是教学过程的重要组成部分，因此也是备课的重要内容。

过去的语文教学法教材中大都谈到作业布置与批改问题。如李纪生著的《小学语文教学法讲话》，对布置家庭作业提出了六点应注意的问题：符合本节教学的要求；适应儿童独立作业的能力；注意作业的质量；适当减少笔头工作；作业要富于思考性应用性；要在课堂上先做演示。① 袁微子主编的《小学语文教材教法》在教学常规的"作业"一节中提出了以下四条：第一，布置作业要理解编者的意图，明确作业题的训练要求和训练重点；第二，布置作业要控制数量，讲求质量。第三，布置作业要强调字迹工整，行款整洁；第四，作业批改要有利于学生巩固知识，形成技能，培养能力。② 这些要求，对于今天的作业布置与批改工作仍然是适用的。综合有关观点，我们可以把课内练习与课外作业设计和检查的要求归纳为以下三点：

**（一）精心设计，分类要求**

练习与作业设计不可草率应付，应该精心设计。要明确练习与作业的设计目的，练习与作业要有利于巩固知识、训练技能；练习与作业形式要多样，注意在变式练习中培养学生的能力；练习与作业要分层设计，注意因材施教，当然要鼓励有条件的学生做高一级难度的作业；布置作业时，要求应明确，教师对书写类作业应做出必要的示范。

练习与作业内容要紧扣教学目标，还要考虑考试的现实要求。北京市特级教师张光璎认为，教学与考试应有机整合。她指导教师们进行了教学与考试的有机整合课题的实效性研究，出题前深钻教材，咬文嚼字，设计的小练习体现字词句段篇方面的重难点，使之真正为教学和考试搭设一座桥梁，把每一节课的知识和能力训练落在实处，把错误消灭在最短的时间里。这一探索，受益的不只是学生，教师也在此过程中提高了语文素养和教学能力，减轻了师生考前负担，真正实现了对学生的减负增效。③

**（二）课内抓实，课外放开**

爱因斯坦说过："最重要的教育方法总是鼓励学生去实际行动。"杨振宁认为："那些懂得怎样动手的人恰恰是中国最最需要的人才。"苏霍姆林斯基说过："儿童的智慧在他的手指尖上。"④ 名人的观点告诉我们，要十分

---

① 李纪生. 小学语文教学法讲话 ［M］. 杭州：浙江人民出版社，1954：72 – 73
② 袁微子. 小学语文教材教法 ［M］. 北京：人民教育出版社，1984：259 – 261.
③ 张光璎. 习作教学理论与实践. 国培计划（2013）小学语文高端研修远程培训配套专题视频资料.
④ 瓦·阿·苏霍姆林斯基. 给教师的建议 ［M］. 杜殿坤，编译. 北京：教育科学出版社，1984：79.

重视学生的动手实践能力。书写类练习应尽量放在课内，课外书面作业量不能超过国家规定——事实上把大量书面作业放在课外，确实得不偿失，不但难以保证质量，而且容易使学生养成书写潦草的不良习惯——课外作业应以动脑、动手、学以致用、接触和观察自然与社会的活动类作业为主。例如，找一找广告、标牌中的错别字；找一找自己生活的周围有没有不方便的地方，想一想应该怎样解决，把自己的想法写下来，并试着解决；上网收集喜欢的一个人物的资料，并装订成画册；饲养一只小动物或种植一棵植物，注意观察它的生长过程或习性，记好它的生长日记，等等。当然作为语文作业，更应该鼓励学生多阅读课外读物。

### （三）认真检查，严格要求

对课内练习或课外作业，都要采取一定方式检查，及时讲评，督促改错，严格要求，注意培养学生一丝不苟的学习态度。检查批改不一定由教师包办代替，示范批改、让学生自查自改、相互批改、作业展评等也是很好的检查作业的方法。

## 二、板书设计与教具、课件制作

板书是教师在黑板（目前很多已用白板）上运用文字、符号、图表等向学生传播信息的教学行为方式（当然板书也可指板书的内容）。教具是指在教学过程中用来帮助教学的实物、模型、图表以及器具等。课件是根据教学需要而设计和制作的借助多媒体而呈现的软件。

板书、教具、课件等是教学的辅助手段，运用得好，有助于教学目标的达成；但是，运用不好也许事与愿违。因此，板书、教具、课件等都要精心设计。相关内容在有关教学技能的论著中不难找到。例如，王荣生、宋冬生主编的《语文学科知识与教学能力》一书，对板书的功能、板书的内容、板书的表现形式、板书的时机、课件的种类、课件的内容、电子交互白板等就做了较全面的介绍。①

板书有多种类型，如提纲式、词语式、表格式、线索式、关系图式、图文式等。板书具有如下重要作用：集中注意力，激发兴趣；梳理思路，启发思维，帮助理解；突出重点难点，概括要点，帮助记忆；书写示范；等等。但随着信息技术在教学中的普及，板书似乎已被多媒体取代了。其

---

① 王荣生，宋冬生. 语文学科知识与教学能力［M］. 北京：高等教育出版社，2011：307 - 317.

实板书具有多媒体无法替代的作用，它在灵活性、稳定性、书写示范性等方面有时比多媒体更具有优势。

板书设计应注意以下几点：

（1）重点突出。体现教学重点或教材主要内容、课文思路及知识结构的内容要放在主要位置，一般放在黑板中间，即为主板书；而主板书之外的内容或偶尔出现、提醒注意的一些字词或问题，一般写在黑板两侧或下边，即为副板书。

（2）时机恰当。板书一般在提醒学生注意、思考或回答问题的基础上自然地进行，要随着学生的思路板书；板书过早或延迟，或者板书时挡着学生视线、不提醒学生注意等，都会失去板书的意义。

（3）简洁直观。板书有多种形式，但无论采用哪种形式，都不可过于烦琐，要尽量简洁而直观地反映教学内容的要点及其相互关系。

（4）规范美观。小学语文板书，特别是汉字的书写，对学生起着重要的示范作用，因此教师必须规范地书写每一个字。板书布局也要尽量协调、美观，尽量给学生以美的熏陶。

（5）注重实效。板书是一门艺术，但更要注重实效。正像有教材主张的那样，"板书要力避华而不实、花样翻新"①。

课件的设计、教具的选择与制作也要考虑实际，以简单而实用为标准，不宜过分追求新与奇。

**思考与实践：**

1. 如何理解"教学设计"这一概念？

2. 教学设计（教案）一般包括哪些部分？每一部分的设计与表述应注意哪些问题？

---

① 人民教育出版社小学语文室. 小学语文教学法［M］. 北京：人民教育出版社，1995：283.

# 第四章
# 识字与写字教学

"识字、写字是阅读和写作的基础，是第一学段的教学重点，也是贯串整个义务教育阶段的重要教学内容。"（《义务教育语文课程标准（2011年版)》）识字与写字教学也包括汉语拼音教学的内容。对于识字与写字教学，不同时期的小学语文教学法或小学语文课程与教学论教材的具体章节及名称不尽相同。例如：

薛焕武、李树棠等编，人民教育出版社出版的《小学语文教学法》（1958年7月第1版），识字教学与写字教学是分开来作为两章（第一章和第二章）论述的。其中识字教学一章分五节讲了识字教学的意义和要则、准备课的教学、拼音字母课的教学、识字教学的方法、低年级以识字为重点的阅读课；写字教学一章分四节分别讲写字教学的意义、任务和要求，写字教学的要则，写字的教学方法，写字课的课堂教学。

《小学语文教学研究》编写组编、江苏教育出版社出版的《小学语文教学研究》（1993年8月第1版），"小学识字教学"一章分五节讲了以下四方面内容：识字教学的几个理论问题、识字能力的结构和培养、识字教学的几种类型、识字教学的课堂结构、汉语拼音教学和写字教学的几个问题。

江平主编、高等教育出版社出版的《小学语文课程与教学》（2004年8月第1版），"识字与写字教学"一节讲了以下四个问题：识字、写字教学的意义，识字、写字的教学目标与内容，识字写字教学的关注点，识字、写字教学方法。

参考有关教材，本书本章内容分以下四节来论述：识字与写字教学概述，识字写字教学的目标，汉语拼音教学，识字写字教学的原则、过程与方法。

# 第一节　识字与写字教学概述

## 一、识字与识字能力

### （一）小学生认识文字的心理过程

了解识字的心理过程或识字的本质才能更好地指导学生识字。以下是一些论著中有关识字的心理过程或识字的本质的观点：

汉字是音、形、义三个因素构成的方块图形符号。儿童掌握它既要认识字形本身的结构关系，又要建立它与音、义之间的统一联系，因此识字的过程不仅要感知字形，而且要进行复杂的思维活动。识字必然引起儿童认识结构的某些变化与改组。① 识字就意味着音、形、义三个基本因素之间统一联系的形成。当感知字的任一因素时，能准确地再现其他两个因素，即见形而知音、义，或闻音而知义、形，或表义而知形、音。识字既要求准确而完整的知觉，牢固的记忆，又需要精密的分析、综合，它是个复杂的知觉、记忆、思维的过程。②

人们的一般知觉发展是从物到字词，有一个以文字符号为代表的"命名"过程，而识字过程的知觉则是从字词到物的次序，先知觉字形，然后赋予字形以客观内容，同时读出声音。儿童在建立字词—物的联系过程中，也就逐步地以字词为中介，间接地认识客观世界。③ 汉字是音、义、形三个因素构成的方块图形。儿童掌握它，不仅要分别认记音、义、形这三个因素本身，特别是字形本身的结构关系，同时还要建立音、义、形三者之间的统一联系。所以识字的过程也是复杂的思维活动的分析综合过程，必然引起儿童心理结构的某些变化与改组。④

文字是一种抽象的符号。认识文字的过程，实质上就是把这些抽象符号的形体和它们代表的事物与人们口语中表达的声音联系起来的过程。⑤ 可

---

① 潘菽. 教育心理学 ［M］. 北京：人民教育出版社，1983：231.
② 潘菽. 教育心理学 ［M］. 北京：人民教育出版社，1983：237.
③ 朱作仁. 语文教学心理学 ［M］. 哈尔滨：黑龙江人民出版社，1984：198.
④ 朱作仁. 语文教学心理学 ［M］. 哈尔滨：黑龙江人民出版社，1984：199.
⑤ 《小学语文教学研究》编写组. 小学语文教学研究 ［M］. 南京：江苏教育出版社，1993：76－77.

以用下图（图4-1）来说明认识文字的过程：①

| 语音语义构成的口头语言<br>脑中积累的表象和概念 | → | 观察抽象的文字 | + | 联系拼音或口语读出字音<br>联系表象进行想象 | → |

| 辨析字形 | + | 观察图画或实物读词读句 | → | 抽象概括 | 形成概念<br>认识文字 |

**图4-1　认识文字过程**

儿童识字的心理可以分为三个阶段：一是将未经解释的视觉信息登记在视觉处理系统（感知字形）；二是将登记的视觉信息编码使其代表某些信息（分析字形）；三是把编码的信息与对该字特定的记忆表征相连接，发掘表音、表义的线索（声旁、形旁等），从"心理词典"中提取相对应的义项，从而建立音、形、义的联系。②

从上述观点我们可归纳出以下要点：

（1）识字是一个复杂的知觉、记忆、思维的过程。

（2）识字要掌握字的音、形、义三个因素。既要认识字形本身的结构关系，又要理解它的意思、掌握它的发音，形、义、音三个因素不可或缺。

（3）识字过程就是建立字的音、形、义的联系的过程。识字就意味着音、形、义三个基本因素之间统一联系的形成。

值得注意的是，就单个字的认识过程而言，不同的字可能有不同的开端与重点。例如对儿童生活经验中已有的口头语言，可由口语直接引出生字，重点观察、分析、记忆字形；对于不熟悉或较抽象的字，则宜先在字义上下工夫；对于与方言发音有区别的字，则应先在字音上下工夫。

**（二）小学生识字能力的形成过程**

小学识字教学的目的不是仅仅让学生认识（记住）学过的字，而是通过识字，培养学生的识字能力。

怎样才能形成识字能力？《小学语文教学研究》编写组编写的《小学语文教学研究》提到，他们必须具备两个条件：一是记住一定数量的字；二是学会分析和比较。如果他们能将要学的生字与自己储存的熟字联系起来，加以分析和比较，找出它们的异同，就可以把生字分解成几个部分，而把注意力集中于两点：一是生字中没有学过的部分；二是几个熟知部分（部

---

① 《小学语文教学研究》编写组. 小学语文教学研究［M］. 南京：江苏教育出版社，1993：77.

② 江平. 小学语文课程与教学［M］. 北京：高等教育出版社，2004：174.

件）的新的组合形式。能这样做，识字的难度就将大大降低，识字的进程就将大大缩短。在小学生学会用分析比较法辨识新字之后，如果他们能对学过的字进行综合概括，加以归类，他们就能逐步掌握构字的规律。学生加强了分析比较和综合概括的能力，就能自觉领悟构字规律，形成自己识字的能力。① 识字能力形成的过程可以用下图（图4-2）说明:②

記住一定数量的字 → 学习新字与熟字分析比较 → 部分自己识字 →

綜合概括认识的字 → 領会构字规律 → 形成识字能力

**图4-2 识字能力形成的过程**

识字能力的结构可概括为：掌握汉字构造规律、掌握识字工具、掌握识字方法、形成识字习惯、发展思维能力。③

以上对识字能力形成的过程的说明能给我们三点启示:

（1）识字能力需要在一定识字量的基础上形成;

（2）形成识字能力需要掌握汉字构字的规律，掌握识字工具与方法;

（3）识字能力形成的很重要的标志是形成识字的习惯。

另外还应注意的一点是，识字能力是在识字的过程中，在主动识字的实践中逐步形成的。

总之，识字能力需要在识字的过程中形成，需要在认识一定数量的字的基础上，掌握汉字构字的规律，掌握识字工具与方法。一旦能够主动、正确地运用这些规律、工具与方法去识字，也就标志着学生识字能力的形成。

## 二、识字教学的意义

识字是阅读、写作的基础，识字教学的意义当然是重大的。识字教学的意义在小学语文课程与教学论教材或语文教学大纲中不难找到相关论述。

在清末1904年的《奏定初等小学堂章程》中，对"中国文字"科的教学要义表述为:"其要义在使识日用常见之字，解日用浅近之文理，以为听

① 《小学语文教学研究》编写组. 小学语文教学研究［M］. 南京：江苏教育出版社，1993:78.

② 《小学语文教学研究》编写组. 小学语文教学研究［M］. 南京：江苏教育出版社，1993:79.

③ 《小学语文教学研究》编写组. 小学语文教学研究［M］. 南京：江苏教育出版社，1993:139.

讲能领悟、读书能自解之助，并当使之以俗语叙事，及日用简短书信，以开他日自己作文之先路，供谋生应世之要需。"① 这里谈到了"中国文字"科识字、听、读、写等方面的基本要求及目的，虽然没有直接谈识字教学的意义，但将识字排在了最前面，显然肯定了识字对听、读、写甚至"谋生"的重要作用。

1954 年，在教育部副部长兼人民教育出版社社长叶圣陶主持下讨论通过并公布了《改进小学语文教学的初步意见》，该意见中提到："识字是阅读的基础。初级小学一、二年级的语文教学应该以识字为重点。在这段期间集中教会儿童认识必要数量的常用汉字。有了这个基础，阅读、汉语、叙述和作文的教学才有凭借，才有可能。"② 这里明确提出了识字在语文各项能力中的基础地位和作用。

人民教育出版社 1958 出版的师范学校课本《小学语文教学法》提到：识字教学"是小学语文科教学内容的一个组成部分"，"是提高儿童书面语言能力的前提，是发展儿童语言的必要手段"，是"为阅读和作文等教学打基础"，"是提高小学语文教学质量的关键之一"。写字教学"还有巩固识字的作用，给作文和完成各种书面作业创造条件"。此外，"对于培养儿童认真工作的劳动态度，对于培养热爱祖国文字和审美的观念，对于培养爱护工具（文具）、养成爱护身体的卫生习惯等都有好处"③。这里对识字、写字教学意义的论述，涉及识字、写字教学在语文学科教学内容中的地位，对发展语言的作用，对阅读、写作的作用，对提高语文教学质量，对德、美、体各方面发展的作用等方面。

现行的《义务教育语文课程标准（2011 年版）》认为："识字、写字是阅读和写作的基础，是第一学段的教学重点，也是贯串整个义务教育阶段的重要教学内容。""练字的过程也是学生性情、态度、审美趣味养成的过程。"这里不仅明确指出了识字、写字对于阅读、写作的作用，在整个义务教育中的地位，还指出了它对人的情趣、态度等方面的作用。

江平主编的《小学语文课程与教学》从以下几方面对识字、写字教学

---

① 课程教材研究所. 20 世纪中国中小学课程标准·教学大纲汇编·语文卷［M］. 北京：人民教育出版社，2001：5－6.

② 课程教材研究所. 20 世纪中国中小学课程标准·教学大纲汇编·语文卷［M］. 北京：人民教育出版社，2001：74.

③ 薛焕武，李树棠，吴德涵，等. 小学语文教学法［M］. 北京：人民教育出版社，1958：7、8、39.

的意义进行了论述：识字、写字是培养语文素养的前提和保障；识字、写字是培养智能的重要途径；识字、写字教学有助于提高学生的文化品位和审美情趣。①

综合有关观点，对于识字、写字教学的意义可以从以下几个方面来把握：

（1）从识字、写字在小学语文教学内容中的地位来看，它是语文教学内容的重要组成部分，是低年级语文教学的重点。

（2）从识字、写字在整个义务教育阶段教学内容的地位来看，它是贯串整个义务教育阶段的重要教学内容。

（3）从识字、写字教学工作与语文教学及整个教育教学工作质量的关系来看，它是提高语文教学及整个教育教学工作质量的关键之一。

（4）从识字、写字能力与语文其他能力的关系看，它是阅读和写作的基础，对听、说能力也有积极的促进作用，是培养语文综合素养的前提和保障。

（5）从识字、写字与智力发展的关系来看，它能培养人的观察、记忆、思维、想象、注意等能力，促进智力的全面发展。

（6）从识字、写字与人的情意以至身体素质等发展关系来看，它对于培养儿童热爱祖国文字的情感，提高文化品位和审美情趣，培养细致的学习态度、良好的卫生习惯等都具有积极的作用。

## 三、识字教学的历史回顾

### （一）我国古代的识字教学

在刻画符号和萌芽文字形成和使用、流传的过程之中，自然存在着有关的教育活动，即早期的"文字"教育。② 因此，识字教学应该与文字具有同样悠久的历史。自从小学产生的第一天起，识字教学就是小学教育的基本内容。

1. 识字教学方法

我国最早的文字产生于氏族公社末期，到了夏代，有了新的发展。山东曾发掘出土过夏代的历史文物，在莒县和邹平都曾出土过刻有图形文字的陶片。当然还没有夏代如何进行文字教学的可靠证据。

---

① 江平. 小学语文课程与教学 ［M］. 北京：高等教育出版社，2004：171 - 172.
② 林治金. 中国小学语文教学史 ［M］. 济南：山东教育出版社，1996：11.

有观点认为，商代的学校开始出现了单独的文字读写教育，甲骨中发现了不少练字的骨片，选用笔画简单而经常使用的干支文字做练习，习字经历了示范、摹写、练习的过程。①

林治金主编的《中国小学语文教学史》认为：夏商两代识字教学，可考史料殊乏。而西周，则有"书"教的记载。所谓"书"教，包括识字教学的认字教学和写字教学，并以写字教学为重点内容。西周识字教学以汉字构成的六书分类施教。中国按照汉字结构分类集中识字的传统教法，发端于西周；六书教学方法的大盛，则在小学发达的东汉至魏晋时期。从西周开始出现的"六书"书学理论，支撑着中国两千多年的小学识字教学，并继续发挥着它的作用。②

秦代和西汉《仓颉》《急就篇》等篇，编排特点之一是，将意义相同、相近、相关、相类的字编排在一起，主要解决汉字形、音、义问题，使汉字的认识与汉语词的掌握融为一体。编排的另一特点是，多采用三言四言七言韵文形式，这样，读起来朗朗上口，有利于学童诵读和记忆。③ 但这些识字课本编排，还看不出能体现汉字书写训练的规律，是用来进行识字教学的认读训练读本；而书写训练，则似乎另有一套办法。④

此后，先识字后读书，识字、读书分开；认字、写字分开；分类集中识字，死记硬背，辅以字形分析；写字由易到难，先慢后快等，基本代表了我国古代一般的识字与学习书面语言的步骤与方法。

例如宋元时期，在继承前人的基础上采取了读书前集中识字的做法。识字教学要求不高，学童只要认识字的模样，能念能背就行。⑤ 识字教学的基本方式和方法有：蒙师口授，学生诵记，通过读书认字，结合伦理道德与知识教育扩充识字量。⑥ 写字进度不要求与识字进度一致。此期写字教学已形成了一定的程序和方法，重视起步基本功训练，做到先慢后快。在程序上，要求先写大字，后写小字；先写方字格，后写无格字。在方法上，

① 王松泉，王柏勋，王静义. 中国语文教育史简编［M］. 北京：社会科学文献出版社，2002：17.

② 林治金. 中国小学语文教学史［M］. 济南：山东教育出版社，1996：16 - 17.

③ 林治金. 中国小学语文教学史［M］. 济南：山东教育出版社，1996：50.

④ 林治金. 中国小学语文教学史［M］. 济南：山东教育出版社，1996：50 - 51.

⑤ 林治金. 中国小学语文教学史［M］. 济南：山东教育出版社，1996：113.

⑥ 林治金. 中国小学语文教学史［M］. 济南：山东教育出版社，1996：114.

根据学童写字水平的不同，先后采用把腕、描红、描影，直至临帖等方法。①

2. 识字教材

（1）最早的识字教材

商代以前是否已有识字读本，无史料可考。关于我国最早的识字教材，说法不一。例如有《小学语文教学法》认为，"传说，我国最早的字书是《尔雅》，大概是周朝史官教学童的字书"。② 其实《尔雅》是第一部按照词义内容和事物含义分类编纂的上古汉语词典，是我国第一部百科性质的辞书。该书作者与成书年代不确定，一直是学者争论不休的话题。有研究者把争论的观点归纳为以下几种：周公作于西周说；孔子或孔子门人作于春秋末期战国初期说；齐鲁儒生作于战国末年说；秦汉儒生成书说；历时增补说。③《尔雅》收集了比较丰富的古代汉语词汇，全书收词语4300多个。它不仅是辞书之祖，还是中国古代的典籍《十三经》的一种。显然，这样的资料作为蒙学的识字教材是过于高深的。

林治金主编的《中国小学语文教学史》认为："夏商两代，蒙学读本，无史料可考，唯西周有蒙童读本记载，即《史籀篇》。"④ 班固在《汉书·艺文志》中说《史籀篇》是西周时史官"教学童书也"，是"周宣王太史作"，其书体为大篆。许慎《说文解字序》也说："宣王太史籀著大篆十五篇。"《说文解字》第十五篇也曾提到："及宣王太史籀著大篆十五篇，与古文或异。"周宣王于公元前827—公元前781年在位，为西周较晚期。因此，"有史料记载的我国最早的识字读本是西周的《史籀篇》"这个说法是可靠的。《史籀篇》约在东汉初期佚失。

当然对于《史籀篇》的作者与成书时间也有不同观点，近现代有学者提出"史籀"不是人名，《史籀篇》成书也不在周宣王时代。

《现代汉语词典》对"籀"字的解释有两条，一是"读书；讽诵"，二是"指籀文"。而对"籀文"的解释是"古代一种字体，就是大篆"⑤。

---

① 林治金. 中国小学语文教学史［M］. 济南：山东教育出版社，1996：114–115.

② 魏薇. 小学语文教学法［M］. 济南：齐鲁书社，2002：51–52.

③ 邹德文，李永芳注释. 尔雅［M］. 郑州：中州古籍出版社，2013：4–5.

④ 林治金. 中国小学语文教学史［M］. 济南：山东教育出版社，1996：15.

⑤ 国社会科学院语言研究所词典编辑室. 现代汉语词典（第5版）. 北京：商务印书馆，2005：1775.

（2）秦汉时期的识字教材

秦代蒙学识字读本有丞相李斯编的《仓颉篇》，中车府令赵高编的《爱历篇》，太史令胡毋敬编的《博学篇》。它们都学习史籀大篆的笔画，有的字稍微简省或者修改，就是所谓的小篆。

汉代，有人将《仓颉》《爱历》《博学》三篇合并为《仓颉篇》，曾广为流传，至宋代亡佚。汉元帝（前48—前33年）时黄门令史游所作的《急就篇》，是至今尚存的最早的字书。《急就篇》的内容包括姓名、衣着、农艺、饮食、器用、音乐、生理、兵器、飞禽、走兽、医药、人事等应用字，全文押韵，有七言、三言、四言，全书共有2144个字（其中有一部分是后人补写的）。《急就篇》成书后很快取代了《仓颉篇》，成为识字教学的主要教材，其对后世蒙学课本有很大的影响，其"分别部居"的编排甚至是后世部首编排法的渊源。

（3）识字教材"三、百、千"

在我国漫长的封建社会里，流传最广、影响最大的蒙学识字读本主要有三本，即《三字经》《百家姓》和《千字文》。人们习惯地称这三种识字课本为"三、百、千"。仅读"三、百、千"即可认识1496个汉字。

后来又出现了《日用杂字》《幼学琼林》等。我国古代的识字教材十分丰富。

有资料曾概括古代识字教学的五条经验，其实正是古代识字教材的特点：集中识字，为读写打基础；韵文化，便于朗读和记诵；正确处理"文"与"道"的关系；联系日常生活；激发儿童的兴趣。[①]

**（二）现当代识字教学三大流派**

清末以来，先识字后读书，集中识字，这一传统的方法受到了质疑与挑战。

"到了清末，新学兴起，注意到儿童语言发展的特点，识字和阅读相结合，逐渐把识字任务分散到各年级去完成。但是教材的编写，仍以识字为先"。[②]

"民国初年流行的商务印书馆印行的《共和国新国文》，一开始就以词、

---

① 王文彦，蔡明. 语文课程与教学论（第2版）[M]. 北京：高等教育出版社，2006：23 - 24.

② 《小学语文教学研究》编写组. 小学语文教学研究 [M]. 南京：江苏教育出版社，1993：120.

句的形式出现，内容好懂，语言浅易，每课生字只有几个，是采取随课文分散识字的办法教学。以后几十年的小学语文课本，基本上都采取分散识字的方法。"①

随着教学改革的不断发展，出现了"集中识字和分散识字""先识字后读书和边读书边识字"等争论，形成了诸多识字教学的所谓流派。我国上世纪 50 年代至七八十年代创造了 30 多种较有影响的识字教学方法。

影响最大的识字教学流派主要有三个，即集中识字、随课文分散识字、"注音识字，提前读写"。三个识字流派，各有优点，也各有其局限性。

1. 集中识字

如前所述，集中识字是我国古代直至清末习用的识字教学方法。20 世纪 50 年代、特别是 80 年代以来这一方法得到了很好的继承与发展。例如志愿军的文化教员祁建华，以注音符号为识字工具，用同音归类的方法集中教学；辽宁黑山县北关实验学校，利用汉语拼音也采取同音归类的方法，集中教学分散练习，又创造了形声字归类和基本字带字等多种集中识字的方法；中央教科所的研究人员与北京景山学校也进行了集中识字实验。这些实践或研究都取得了很好的效果。

这个流派最有代表性的是锦州市教育学院和黑山北关实验学校的"集中识字、大量阅读、分步习作"教学体系。当然，这一体系所涉及的已不仅仅是识字问题。1991 年 7 月由郭林、张田若编著，教育科学出版社出版的《集中识字教学的理论与实践》一书，"是 30 余年来集中识字教学改革的总结，从某种意义上说，是一部实验教学体系的教材教法著作"②。

"集中识字的主要做法是先集中归类教识一批生字，为阅读做准备，然后教一批课文，在阅读中巩固所识的字。教材是按教一批生字读一批课文，再教一批生字再读一批课文的方式编排的。"③ 其突出特点是，先识字后读书，集中教分散练。

集中识字的形式多样，例如有看图归类识字、基本字带字、以词带字、形声字归类、会意字归类、同音字归类、形近字归类、反义词归类等。集中识字虽然形式多样，但其"集中"或"归类"的依据不外乎汉字的音、

---

① 《小学语文教学研究》编写组. 小学语文教学研究［M］. 南京：江苏教育出版社，1993：116 – 117.

② 林治金. 中国小学语文教学史［M］. 济南：山东教育出版社，1996：591.

③ 《小学语文教学研究》编写组. 小学语文教学研究［M］. 南京：江苏教育出版社，1993：117.

形、义的某一或几方面的特点，这样便于学生掌握汉字本身的规律和识记方法，有利于识字能力的形成。

集中识字虽然有突出的优点，但缺点也是明显的，它往往脱离语言环境孤立识字，影响识记效果，也容易使学生感到枯燥乏味。

2. 随课文分散识字

在阅读中识字，注意在语言环境中识字，分散识字的难度，早已被人们认识到。例如 1932 年的《小学课程标准国语》在读书的"教学要点"中就提到："文字教学用整段故事入手，不用单字单句入手（学过整段故事以后，从故事里认识句子，再从句子里认识词和单字），后来用完整成段或成篇的文章。"① 1954 年《改进小学语文教学的初步意见》中提到："要改革识字教学的方法，不再强求同时'四会'，不再离开了词来讲字，不再冗繁地对'词义''字源'作多余的讲解，不再对所有的'词'和'字'作公式化的练习。这就可以减少儿童不必要的负担，识字的数量和速度也就可以增加了。""识字教学和写字教学各按自己的规律进行，并且互相联系配合，但是并不识一个就写一个，以免左牵右绊，前进不得，减低教学效果。"② 作为一个识字教学的流派，"随课文分散识字"形成于 60 年代初。

1958 年，南京师范学院附属小学的斯霞，针对分散识字的不足进行改革，"通过增编课文，增加识字量和识字密度，采用随课文分散识字的方式进行识字教学，取得了很好的成绩"③。例如 1958 年开始的实验班，在一年级识了 1008 个字，二年级识了 1000 个字，三年级识了 1378 个字。三年共识字 3386 个，基本上完成了 3500 个常用汉字的教学任务，掌握得也比较牢固。儿童的阅读能力和写作能力也得到了相应的提高。到二年级终了时，他们一般已能独立阅读中篇的通俗小说，一般能写几百字的短文。④

斯霞将随课文识字或分散识字两者合起来称"随课文分散识字"。随课文分散识字的突出特点是"字不离词，词不离句，句不离文"。生字新词的

① 课程教材研究所. 20 世纪中国中小学课程标准·教学大纲汇编·语文卷 [M]. 北京：人民教育出版社，2001：28.

② 课程教材研究所. 20 世纪中国中小学课程标准·教学大纲汇编·语文卷 [M]. 北京：人民教育出版社，2001：74、75.

③ 《小学语文教学研究》编写组. 小学语文教学研究 [M]. 南京：江苏教育出版社，1993：119.

④ 南京师范学院附属小学，南京师范学院教育系. 斯霞教育经验选编 [C]. 北京：人民教育出版社，1978：12.

出现和讲解都在具体的语言环境中进行，识字做到音、形、义密切结合，有助于记忆，也基本合乎识字与书面语言学习互相促进的规律。

当然，随课文分散识字也应注意，"在随课文分散识字的过程中，仍然是要灵活地运用汉字的各种规律的。""随课文分散识字不但可以用归纳法归类识字，也可以用演绎法，要求学生能够举一反三，触类旁通。"① 否则，如果汉字规律未得到充分重视，就会影响识字效益。

3. "注音识字，提前读写"

20 世纪 60 年代的教育工作者已提出了借助拼音"边读书，边识字"的主张。黎锦熙主张儿童入学先学习汉语拼音，接着就阅读注音读物，"渐碰渐熟，越碰越熟"。② 1964 年，吕叔湘建议试验"在小学低年级把汉语的学习和汉字的学习暂时分两条线进行"的办法，明确指出：一年级第一学期借助汉语拼音进行阅读和造句，写话等语言训练；第二学期开始识字，"读归读，识归识"。③

"注音识字，提前读写"作为小学语文识字教学的一个流派，1982 年发源于黑龙江省（黑龙江省教育学院提出）的一项小学语文教学整体改革实验。黑龙江省教育学院的同志从专家的设想中受到启发，在中国文字改革委员会和全国高等院校文字改革学会指导下，从 1982 年秋季起，在黑龙江省两县一市三所小学的六个一年级班进行了"注音识字，提前读写"的试验。这项实验的基本设想是：以学好汉语拼音和发挥其多功能的作用为前提，以发展语言，寓识汉字于学汉语之中为原则，在儿童入学不久、不识汉字或识字不多的情况下，采取阅读和写作同时提前起步、密切结合、互相促进的做法，以达到发展儿童语言，培养读写能力，发展儿童智力的目的。力争用三年时间，基本完成部颁《小学语文教学大纲》规定的识字、阅读和写作的教学任务。④ 该实验取得了很好的效果，在全国引起极大反响，各省市一般都设点进行实验。国家教委对该项实验十分重视，1992 年

---

① 南京师范学院附属小学，南京师范学院教育系. 斯霞教育经验选编［C］. 北京：人民教育出版社，1978：19.

② 《小学语文教学研究》编写组. 小学语文教学研究［M］. 南京：江苏教育出版社，1993：120.

③ 《小学语文教学研究》编写组. 小学语文教学研究［M］. 南京：江苏教育出版社，1993：120 - 121.

④ 李楠. "注音识字，提前读写"实验报告——小学语文教学改革的成功经验［C］. 北京：中国社会科学出版社，1985：95 - 96.

向全国推广该项实验和已取得的经验。① 到 1998 年底，全国的"注·提"实验班学生已达到 300 多万。

这一流派的特点之一是，借助拼音，提前阅读，在大量阅读中迂回识字，变传统的音、形、义一步到位的识字要求为音、形、义和识记、书写、应用，分步完成，分散了难点，解决了识字与阅读写作的矛盾。但其突出的局限性是，忽视汉字识记规律，缺乏对汉字的深入加工，对字形的认知和再现模糊，也会制约书面语言的进一步发展。

### 四、目前识字教材的特点

新课改以来的教材，一般说来，都不是采用单一的识字模式。如人教社版实验教材，就是采取了众家之长来落实识字任务的。既有专门的识字课及"语文园地"中的各种归类识字训练，又更有大量的随阅读课文识字，还注意了拼音帮助识字，识写分开，减轻负担，以提前大量阅读。其特点可归纳为以下三点：

（1）把拼音当做重要的识字工具。

（2）既有识字课及"语文园地"中的各种归类识字，又有大量的随课文分散识字。

（3）生字分两类，识写分开。

## 第二节　识字写字教学的目标

### 一、识字教学目标的广度（项目）

2001 年《全日制义务教育语文课程标准（实验稿）》虽提到课程目标分"三个维度"，但各项内容的目标都没有明确按那三个"维度"进行分类。事实上如前面曾谈到的，课程或教学目标是不能按照这三个"维度"进行分类的。

识字教学目标一般涉及以下方面（或项目）：

（1）认识或学会一定数量的字。一般分两个层次：一是认识或会认，

---

① 林治金. 中国小学语文教学史［M］. 济南：山东教育出版社，1996：589.

即会读字音并大体了解字义；二是学会，即全面掌握字的音、形、义，做到会读、会讲、会写、会用。

（2）了解相关汉字知识、规律，掌握识字、写字的方法，培养独立识字、写字的能力。

（3）喜欢汉字，培养识字写字的兴趣与良好习惯。

（4）结合识字进行听说等语文能力训练。

（5）发展智力。

## 二、识字教学目标的深度（层次）与重难点

### （一）目标的远近

识字教学应注意课时目标、学段目标、义务教育总目标等课程目标的不同层次，以做到胸有全局、循序渐进。作为教师还应该具有一定的语言文字法规意识，要明确课程标准中规定的识字目标与"现代汉语常用字""现代汉语通用字"之间的关系。

1988 年 1 月 26 日，国家语言文字工作委员会和国家教育委员会联合下发通知，发布了《现代汉语常用字表》。《现代汉语常用字表》分常用字（2500 字）和次常用字（1000 字）两个部分。这个字表是为了适应语文教学及其他方面的需要而特别制订的。拟订本常用字表的选字原则有以下四条：1. 根据汉字的使用频率，选取使用频率高的字；2. 在使用频率相同的情况下，选取学科分布广、使用度高的字；3. 根据汉字的构字能力和构词能力，选取构字能力和构词能力强的字；4. 根据汉字的实际使用（语义功能）情况斟酌取舍。《现代汉语常用字表》属于国家的语言文字法规，既然这个法规"是为了适应语文教学及其他方面的需要而特别制订的"，语文课程标准制订、教材编写、语文教学等，就都应该以此为识字的重要依据。

1965 年 1 月，中华人民共和国文化部和中国文字改革委员会曾联合发布《印刷通用汉字字形表》（收 6196 字），但随着社会的发展此表已不能适应实际使用的需要。1988 年 3 月 25 日，国家语言文字工作委员会与中华人民共和国新闻出版署联合下发通知，发布了《现代汉语通用字表》（收 7000字）。《现代汉语通用字表》是在《印刷通用汉字字形表》的基础上制订的，包括了《现代汉语常用字表》中的 3500 字。《现代汉语通用字表》依据《印刷通用汉字字形表》确定的字形标准，规定了汉字的字形结构、笔画数和笔顺（但笔顺是隐性的，易出现不同理解）。1997 年 4 月 7 日，国家语言

文字工作委员会与中华人民共和国新闻出版署联合发布的《现代汉语通用字笔顺规范》，就是在《现代汉语通用字表》的基础上形成的。《现代汉语通用字表》遵循了以下选取通用字的原则：1. 根据汉字的使用频率，选取使用频率较高的字；2. 在使用频率相同的情况下，选取学科分布广、使用度较高的字；3. 根据汉字的构词能力，选取构词能力较强的字；4. 根据汉字的实际使用情况斟酌取舍。

为了便于教材编写与教学中选择识字内容，不同时期的教学大纲或课程标准一般都会规定不同学段的识字量，有的还公布应该学习的基本字、常用字等。例如，1935 年国民政府教育部曾公布《小学初级暂用字汇》，包括 2711 个字。① 新中国成立以来，1950 年 8 月的《小学语文课程暂行标准（草案）》在"教学大纲"部分的"阅读方面"，明确规定了不同学年要学习的语汇中常用字的具体个数：第一学年五百个，第二学年一千个，第三学年一千六百个，第四学年二千二百个，第五学年三千个。② 1963 年 5 月的《全日制小学语文教学大纲（草案）》规定："使学生认识三千五百个常用汉字"，"三千五百个常用汉字，应该在一二年级教学生掌握半数左右，其余半数的教学在以后四年中陆续完成。"③ 1978 年我国教育部制定的《全日制十年制小学语文教学大纲（试行草案）》规定：要"学会常用汉字 3000 个左右""前三年学会 2500 个左右"。④ 1986 年国家教委公布的《全日制小学语文教学大纲》规定："认识常用汉字三千个左右，要求掌握二千五百个左右"。⑤ 1988 年国家教委颁发的《九年制义务教育全日制小学语文教学大纲（初审稿）》规定：在小学阶段要使学生"学会常用汉字 2500 个左右"。⑥ 2000 年的《九年义务教育全日制小学语文教学大纲（试用修订版）》规定：

---

① 《小学语文教学研究》编写组. 小学语文教学研究 [M]. 南京：江苏教育出版社，1993：128.

② 课程教材研究所. 20 世纪中国中小学课程标准·教学大纲汇编·语文卷 [M]. 北京：人民教育出版社，2001：62.

③ 课程教材研究所. 20 世纪中国中小学课程标准·教学大纲汇编·语文卷 [M]. 北京：人民教育出版社，2001：154.

④ 课程教材研究所. 20 世纪中国中小学课程标准·教学大纲汇编·语文卷 [M]. 北京：人民教育出版社，2001：177.

⑤ 课程教材研究所. 20 世纪中国中小学课程标准·教学大纲汇编·语文卷 [M]. 北京：人民教育出版社，2001：194.

⑥ 课程教材研究所. 20 世纪中国中小学课程标准·教学大纲汇编·语文卷 [M]. 北京：人民教育出版社，2001：209.

"认识常用汉字 3000 个左右。学会其中 2500 个左右"。① 2001 年的《全日制义务教育语文课程标准（实验稿）》规定：义务教育阶段"认识 3500 个左右常用汉字"，第一学段"认识常用汉字 1600～1800 个，其中 800～1000个会写"等。2011 年《义务教育语文课程标准（2011 年版）》规定："认识3500 个左右常用汉字"，第一学段"认识常用汉字 1600 个左右，其中 800个左右会写"等，适当降低了要求，在附录中列出了"识字、写字教学基本字表"300 字与"义务教育语文课程常用字表"3500 字，其中"字表一"的 2500 字可作为第三学段识字、写字教学评价的依据。

从以上资料可以看出，无论作为国家语言文字法规的《现代汉语常用字表》，还是不同时期的教学大纲或课程标准，其规定的常用字或小学生识字量虽不尽相同，但一般在 2500～3500 字之间。因此，正像有资料所说的，"综合以上分析，把小学生应掌握的识字量的下限定为 2500 个，基本上是科学的"②。

小学阶段应保证学生掌握 2500 个常用字。"判定是否常用字的标准"大致有三条：一是社会生活中经常使用的；二是在文字材料中出现的次数多，即频率高；三是构词能力强。③ 所谓的"常用字"是会随着社会发展而变化的。教师应根据实际需要，适当补充或选取识字教学内容，特别要注意鼓励学生在生活中识字。

每个学段的识字量及具体识哪些字也是值得研究的问题。"历史上曾有过按年级平均分配识字量的教材，但在实践中发现，这样分配存在不少问题。"一年级"识字量宜少些"；二年级"是识字的最佳期，安排的识字量宜多些"；三年级"安排的识字量开始下降"；四年级起，"安排的识字量可大幅度减少"。④ 研究每个学段最适合或必要掌握的字是一个更加复杂的问题。

### （二）目标的深浅

所谓目标的深浅，是指不同学段或不同时期所学的字要求掌握到什么

---

① 课程教材研究所. 20 世纪中国中小学课程标准·教学大纲汇编·语文卷［M］. 北京：人民教育出版社，2001：256.

② 《小学语文教学研究》编写组. 小学语文教学研究［M］. 南京：江苏教育出版社，1993：128.

③ 《小学语文教学研究》编写组. 小学语文教学研究［M］. 南京：江苏教育出版社，1993：127.

④ 《小学语文教学研究》编写组. 小学语文教学研究［M］. 南京：江苏教育出版社，1993：129.

程度。对于这个问题，人们长期以来认为应该达到"四会"，即会读、会讲、会写、会用，这个提法自老解放区总结出来，经过 1952 年东北地区所编小学国语课本的再次肯定，逐步为全国小语界所采用。[①] 但"四会"不可能同时达到。目前教材一般把生字分成两类：一部分只要求（或暂时只要求）"会读、会讲"，即"二类字"；另一部分要求"四会"，即"一类字"。两类字在教材中往往都有不同的标注或提示。如苏教版义务教育课程标准实验教科书语文，各课的生字分为两组：第一组要求学生能识会写，排印在田字格内；第二组只要求学生认识，排在两条绿线内。

教材中两类字的区分已考虑到了学习的必要性与可接受性（即难度），因此教学中一般不要把二类字当一类字要求，也不要把一类字当二类字来教。当然，所谓一、二类字的划分只是就一般情况而定的，未必完全适合每个学生的情况，教师也是可以进行"变通"教学的。

**（三）目标的轻重与难易**

如本节第一个问题所述，识字教学目标涉及五个基本方面。这五个方面的地位是不一样的，在教学中应考虑这五个方面目标的主次轻重。这五个方面中，前三个方面的目标是主要目标，或可称为识字教学的本体目标，在写教案时应该具体写出来；而第一个方面的目标又是最基本的，是重中之重，后四个方面的目标是在完成第一个方面目标的过程中"自然渗透"而逐步达成的。因此，教学中必须首先扎扎实实落实第一个方面的目标，"认识"或"学会"相关的字。

教学过程中在落实两类字的教学要求时，某些字由于其本身特点或学生实际情况不同，教学可能相对困难，如与方言有差别的字的字音、某些结构特殊的字的字形、比较抽象的字的字义等，教学起来就格外困难。这就是识字教学的难点，教学中必须充分考虑到这些难点，采取必要的措施突破难点。

## 三、目前课程标准（2011 年版）中的识字目标

### （一）总目标

学会汉语拼音。能说普通话。认识 3500 个左右常用汉字。能正确工整

---

① 《小学语文教学研究》编写组. 小学语文教学研究 [M]. 南京：江苏教育出版社，1993：129.

地书写汉字，并有一定的速度。

**（二）学段目标**

每个学段的识字目标见《义务教育语文课程标准（2011 年版）》。为便于把握各学段目标之间的联系与层次性，现将 2011 年版语文课程标准中的识字目标列表整理如下（表 4 - 1）：

表 4 - 1　各学段识字教学目标

| 项目 | 第一学段 | 第二学段 | 第三学段 |
|---|---|---|---|
| 兴趣、态度、习惯 | 喜欢学习汉字，有主动识字、写字的愿望。 | 对学习汉字有浓厚的兴趣，养成主动识字的习惯。 | |
| 汉语拼音 | 学会汉语拼音。能读准声母、韵母、声调和整体认读音节。能准确地拼读音节，正确书写声母、韵母和音节。认识大写字母，熟记《汉语拼音字母表》。 | | |
| 识字量 | 认识常用汉字 1600 个左右，其中 800 个左右会写。 | 累计认识常用汉字 2500 个左右，其中 1600 个左右会写。 | 累计认识常用汉字 3000 个左右，其中 2500 个左右会写。 |
| 识字能力 | 学习独立识字。能借助汉语拼音认读汉字，学会用音序检字法和部首检字法查字典。 | 有初步的独立识字能力。会运用音序检字法和部首检字法查字典、词典。 | 有较强的独立识字能力。 |
| 写字 | 掌握汉字的基本笔画和常用的偏旁部首，能按笔顺规则用硬笔写字，注意间架结构。初步感受汉字的形体美。努力养成良好的写字习惯，写字姿势正确，书写规范、端正、整洁。 | 能使用硬笔熟练地书写正楷字，做到规范、端正、整洁。用毛笔临摹正楷字帖。写字姿势正确，有良好的书写习惯。 | 硬笔书写楷书，行款整齐，力求美观，有一定的速度。能用毛笔书写楷书，在书写中体会汉字的优美。写字姿势正确，有良好的书写习惯。 |

# 第三节　汉语拼音教学

汉语拼音是帮助识字和学习普通话的有效工具。课程标准虽然将汉语拼音与识字写字归到一个模块，但汉语拼音的学习有自身的特点与规律，因此本书把汉语拼音教学单独列为一节进行讨论。

## 一、汉语拼音教学内容与教学目标

### （一）汉语拼音教学内容

正像 1958 年师范学校课本《小学语文教学法》所认为的："汉语拼音方案（草案）的内容很多，根据一年级儿童的能力，不必一下子全部教给他们，可以教最基本的内容，比较次要的内容可以以后再教。"① 尽管汉语拼音方案的内容很复杂，但小学生应该掌握的必要的汉语拼音内容却比较简单。目前小学汉语拼音教学的主要内容为：

（1）声母（23）、韵母（24）、整体认读音节（16）。

（2）调号、音节拼读。

### （二）汉语拼音教学目标

1. 不同时期拼音教学目标比较

不同时期对拼音教学的目标要求是不一样的。例如：

1956 年的《小学语文教学大纲（草案）》规定："字音的教学必须依靠拼音字母。识字教学开始就教拼音字母，教儿童掌握拼音字母的读法、拼音和声调。识字教学中运用拼音字母来注音和正音，让儿童遇见生字就能够读出来，而且读得正确。""认识字母，能够正确发音，能够临写。""初步学会拼音。""认识四声符号，初步掌握四声的读法。""认识轻声符号，初步掌握轻声的读法。"②

1963 年 5 月的《全日制小学语文语文教学大纲（草案）》首次提出："学会汉语拼音，作为识字的辅助工具"。③

---

① 薛焕武，李树棠，吴德涵，等. 小学语文教学法［M］. 北京：人民教育出版社，1958：20 - 21.

② 课程教材研究所. 20 世纪中国中小学课程标准·教学大纲汇编·语文卷［M］. 北京：人民教育出版社，2001：119、140.

③ 课程教材研究所. 20 世纪中国中小学课程标准·教学大纲汇编·语文卷［M］. 北京：人民教育出版社，2001：154.

1978 年我国教育部制定的《全日制十年制小学语文教学大纲（试行草案)》规定：要"学会汉语拼音，以帮助识字和学习普通话"。一年级"学会汉语拼音的声母韵母、声调、拼音和整体认读的音节。要求默写声母和韵母，抄写音节"。二年级"学会汉语拼音字母表，会按顺序背诵、默写字母，认识大写字"①。首次提出帮助"学习普通话"的要求。

1986 年国家教委公布的《全日制小学语文教学大纲》规定："学会汉语拼音，能准确、熟练的拼读音节（有条件的可以逐步做到直呼音节），以帮助识字、阅读和学习普通话。"② 首次提出"直呼音节"、帮助"阅读"的要求。

1988 年国家教委颁发的《九年制义务教育全日制小学语文教学大纲（初审稿)》规定："教学生学会汉语拼音，帮助识字、阅读和学习普通话"，"小学一年级教学汉语拼音，使学生能够准确、熟练地拼读音节。有条件的可以逐步做到直呼音节。在写话的时候，还可以利用汉语拼音代替不会写的汉字。"③ 首次提出写话时"用汉语拼音代替不会写的汉字"的要求。

1992 年《九年义务教育全日制小学语文教学大纲》规定："在小学阶段，要使学生学会汉语拼音的声母、韵母、声调和整体认读音节；能够准确、熟练地拼读音节，有条件的可以逐步做到直呼音节；能默写声母、韵母和抄写音节；低年级学生在写话的时候，可以用音节代替没学过的汉字；认识大写字母和隔音符号，能背诵《汉语拼音字母表》"④。这里的"低年级学生在写话的时候，可以用音节代替没学过的汉字"的提法和前一句"抄写音节"的要求不一致，要求过高，因此 1994 年《九年义务教育全日制小学语文教学大纲（试用)》的调整意见，删去了"低年级学生在写话的时候，可以用音节代替没学过的汉字"的提法。⑤

2000 年的《九年义务教育全日制小学语文教学大纲（试用修订版)》

---

① 课程教材研究所. 20 世纪中国中小学课程标准·教学大纲汇编·语文卷［M］. 北京：人民教育出版社，2001：177、182、183.

② 课程教材研究所. 20 世纪中国中小学课程标准·教学大纲汇编·语文卷［M］. 北京：人民教育出版社，2001：194.

③ 课程教材研究所. 20 世纪中国中小学课程标准·教学大纲汇编·语文卷［M］. 北京：人民教育出版社，2001：209、210.

④ 课程教材研究所. 20 世纪中国中小学课程标准·教学大纲汇编·语文卷［M］. 北京：人民教育出版社，2001：233.

⑤ 课程教材研究所. 20 世纪中国中小学课程标准·教学大纲汇编·语文卷［M］. 北京：人民教育出版社，2001：253、254.

规定："学会汉语拼音的声母、韵母、声调和整体认读音节，能够准确拼读音节，正确书写声母、韵母和音节，认识大写字母，熟记《汉语拼音字母表》"，"低年级能读准声母、韵母、声调和整体认读音节。能准确地拼读音节，正确书写声母、韵母和音节。认识大写字母，熟记《汉语拼音字母表》。"① 这里也没有再提"有条件的可以逐步做到直呼音节"的要求。此后 2001 年的《全日制义务教育语文课程标准（实验稿）》与 2011 年的《义务教育语文课程标准（2011 年版）》对拼音教学目标的规定都没有什么实际变化，都是"学会汉语拼音。能读准声母、韵母、声调和整体认读音节。能准确地拼读音节，正确书写声母、韵母和音节。认识大写字母，熟记《汉语拼音字母表》"。

比较各个时期教学大纲或课程标准中有关拼音教学的要求可以看出，1986、1988、1992 年三个大纲的要求越来越高，且达到了高峰。这三个大纲与现行课程标准相比，较高的要求是"有条件的可以逐步做到直呼音节。在写话的时候，还可以利用汉语拼音代替不会写的汉字"。当时的大纲提出这样高的要求显然也是有一定依据的。1983 年，黑龙江省教育厅实验领导小组制定的《"注音识字，提前读写"小学语文教学改革方案（试行草案）》规定："熟练地掌握汉语拼音。能高效率地用它识字、阅读、写作和学习普通话。""教学汉语拼音要以音节为中心，采取先综合，后分析的方法，尽快地培养起直呼音节的能力和拼写音节的能力。"② 该实验就曾取得很好的效果。

有观点认为，拼音教学要取得好的效益，应以直呼音节为目标。但是，达到直呼的途径只有加强拼读能力的培养。③ 过去，人们习惯于"呼必有三"的教学方法（b—a—ba）。这种"三呼法"，本身并无问题，而是指导思想有问题。教练"三呼"，而不要求直呼音节，结果，学生"三呼"成为习惯，看到音节，只能临时现拼，读读停停。这样的拼读，费时费事，又

① 课程教材研究所. 20 世纪中国中小学课程标准·教学大纲汇编·语文卷［M］. 北京：人民教育出版社，2001：255、256.

② 李楠. "注音识字，提前读写"实验报告——小学语文教学改革的成功经验［C］. 北京：中国社会科学出版社，1985：209、211.

③ 《小学语文教学研究》编写组. 小学语文教学研究［M］. 南京：江苏教育出版社，1993：147.

不能有效地帮助识字。当然"三呼法仍是在拼读训练时可采取的一种方法"①。

当然不一样的目标要求源于对拼音作用的不同认识，源自于不同的拼音教学指导思想。现行语文课程标准（2011 年版）没有提"直呼音节"和"用汉语拼音代替不会写的汉字"的要求，只是考虑到了教学难度的问题，并不表明这些要求是没有必要的或不可能达到的。

2. 现行语文课程标准（2011 年版）中拼音教学目标的分类

现行语文课程标准（2011 年版）中拼音教学目标主要涉及知识与技能目标。"能读准声母、韵母、声调和整体认读音节""认识大写字母，熟记《汉语拼音字母表》"主要属于知识目标；"能准确地拼读音节，正确书写声母、韵母和音节"主要属于技能目标。

很显然，现行语文课程标准（2011 年版）中拼音教学目标并没有明确提出情感方面的目标，但这并不是说拼音教学就没有或不用考虑情感目标。"全面提高学生的语文素养"的课程基本理念当然也适合拼音教学，良好学习兴趣、态度及学习习惯的培养等当然也是拼音教学的目标。

## 二、汉语拼音教学的原则

在不同时期教学大纲或小学语文教学法、小学语文课程与教学论教材中，不难找到汉语拼音教学的建议或原则。例如：

早在 1936 年的《小学国语课程标准》中，就有"国音注音符号"的教学要点："国音注音符号，在可能范围内，应比汉字先教。""从用注音符号写成的完整的语句入手，等语句熟习了而且读得多了，再分析辨认各个符号的音和形；不得开始就教各个符号的形和音"；"辨音时，不必过于注意四声，但开齐合撮的口腔，必须注意"；"应领导儿童多练习，多写"；"应用符号编座位号次和笔记簿号码……"；"教学时应多用教具。"②

1956 年的《小学语文教学大纲（草案）》提出："语音教学应该跟词汇教学（包括识字教学）、语法教学结合起来进行。"③ 1992 年《九年义务教

---

① 《小学语文教学研究》编写组. 小学语文教学研究［M］. 南京：江苏教育出版社，1993：147.

② 课程教材研究所. 20 世纪中国中小学课程标准·教学大纲汇编·语文卷［M］. 北京：人民教育出版社，2001：36.

③ 课程教材研究所. 20 世纪中国中小学课程标准·教学大纲汇编·语文卷［M］. 北京：人民教育出版社，2001：140.

育全日制小学语文教学大纲》提出："教学汉语拼音，要以声母、韵母和拼音方法为重点。要重视教给学生拼读音节的方法，逐步培养拼读音节的能力；进行直呼音节教学的，一般可以由熟练拼读逐步达到直呼。音节教学要分步进行。在汉语拼音教学阶段，要着重进行常用音节的训练。在整个小学阶段，都要重视复习巩固汉语拼音，发挥汉语拼音的作用。"① 2011 年版语文课程标准有如下建议："汉语拼音教学要尽可能有趣味性，宜多采用活动和游戏的形式，应与学说普通话、识字教学相结合，注意汉语拼音在现实语言生活中的运用。"

1984 年袁微子主编的《小学语文教材教法》提出了汉语拼音教学中应注意的如下问题：第一，突出教学重点和难点；第二，方言地区的汉语拼音教学，要根据方言语音的特点确定教学重点和难点；第三，拼音教学要扎实，训练要严格；第四，利用插图帮助学生掌握发音、拼读要领，记忆字母；第五，采用多种形式教学，调动学生学习的积极性；第六，不断复习巩固、发挥汉语拼音多功能作用。②

2002 年魏薇主编的《小学语文教学法》在"汉语拼音教学的要求"中曾提到如下内容：在教学汉语拼音时，重点要放在读准声母、韵母、声调和拼读音节上，特别要重视培养学生独立地准确地拼读音节的能力。方言地区，要注意纠正发音。要让学生在识字过程中逐步了解本地区的语音和普通话语音的对应规律，自觉地用普通话的语音纠正发音，读准字音。此外，要注意防止两种倾向：第一，教学要求过高，超越汉语拼音的工具职能，把拼音字母与"拼音文字"混为一谈；第二，没有充分发挥拼音这一识字的辅助工具，把"棍"丢得太早。③

参考有关观点，我们可以提出汉语拼音教学的以下几条基本原则：

（1）注意借助情境、语境、口语经验。小学低年级学生的思维以具体形象思维为主，因此，教学中应注意借助情境、语境、口语经验等，把学习内容放到熟悉的环境里，给抽象的字母赋予熟悉的意义，使抽象的拼音与熟悉的事物建立联系，帮助学生记忆字母的字形与发音，掌握拼读规则等。如借助大夫给小姑娘看病的图片，说明"ɑ"就像那个扎小辫的小姑

① 课程教材研究所. 20 世纪中国中小学课程标准·教学大纲汇编·语文卷 ［M］. 北京：人民教育出版社，2001：233.

② 袁微子. 小学语文教材教法 ［M］. 北京：人民教育出版社，1984：39 - 41.

③ 魏薇. 小学语文教学法 ［M］. 济南：齐鲁书社，2002：107.

娘，其发音就是大夫让小姑娘喊的"啊"。这就是借助了学生经验，把抽象的字母的形与音跟经验或熟悉的事物建立了联系，赋予了字母一定的"义"，符合儿童心理特点，有助于激发兴趣，有助于记忆掌握。

（2）注意激发兴趣。根据低年级学生特点，要注意多采用游戏、比赛、谜语、歌诀、新颖的呈现方式（动画、卡片、魔方等）、表扬鼓励等，激发学生兴趣。

（3）注意与学说普通话、识字教学相结合。拼音是抽象的，但把它与识字、学说普通话等结合起来，学生就会体会到成就感，就会体会到它的价值，也就激发了学习兴趣；同时，学用结合，在学说普通话与识字的过程中，拼音知识能力也就得到了巩固和提高。

### 三、汉语拼音教学的步骤与方法

#### （一）教学步骤

拼音字母教学与音节拼读教学不能割裂和孤立进行，拼音教学的步骤或课堂教学的结构，一般都含着字母教学与音节拼读教学两个主体部分；当然作为完整课堂教学结构，首尾环节也是不可缺少的。以下是两本教材中的汉语拼音课堂教学步骤。

薛焕武、李树棠等编的师范学校课本《小学语文教学法》提出了拼音字母课教学的六个步骤：（1）谈话；（2）分音；（3）认读字母；（4）练习拼音、四声；（5）巩固练习；（6）布置作业。其中第一步"谈话"，即"根据课本上的主题画进行谈话。主题画表示的意思不外是一个故事，一种学习或者游戏的活动，或是一种学校的常规。""在谈话中可以提出一句话来，这句话要能够概括那幅画的中心意思，还要包含这一课新学的那一字母的音。"① 这里的谈话，其目的就是创设语境，导出字母。

江平主编的《小学语文课程与教学》介绍了孟晓东《新课程教学设计（语文）》中的汉语拼音教学过程：（1）创设情境，引入声母；（2）联系语境，教学发音；（3）想象练说，记忆字形；（4）看清位置，指导书写；（5）游戏演练，拼读音节；（6）图文结合，带调拼读；（7）设计练习，巩固音节。②

---

① 薛焕武，李树棠，吴德涵，等. 小学语文教学法 [M]. 北京：人民教育出版社，1958：24.

② 江平. 小学语文课程与教学 [M]. 北京：高等教育出版社，2004：176.

尽管拼音字母教学与音节拼读教学不能割裂和孤立进行，但它们毕竟是两项相对独立、各具特点的内容。为了更有效地突出它们各自的特点，综合有关观点，我们可以把汉语拼音教学过程归纳为如下两大段：

1. *字母教学*

（1）导入激趣。①创设情境；②导入字母。

（2）尝试学习。①观察想象；②检查了解。

（3）指导学习。①教学发音；②记忆字形；③指导书写。

（4）练习巩固。

（5）总结测验。

（6）作业延伸。

2. *音节教学*

（1）导入激趣。

（2）尝试拼读。

（3）教学拼读。①平调拼读；②带调拼读。

（4）练习巩固。

（5）总结测验。

（6）作业延伸。

**（二）教学方法**

从小学语文教学法或小学语文课程与教学论教材中不难找到拼音教学的方法。例如：

薛焕武、李树棠等编的《小学语文教学法》从以下七个方面介绍了拼音字母教学的方法：拼音字母教学采取语音的分析综合法、教儿童分音的方法、教儿童发音的方法、教儿童拼音的方法、教儿童初步掌握四声和轻声的方法、教儿童书写的方法、练习巩固的方法。① 所谓语音的分析综合法，就是从语言中进行语音的分析综合。分析法是从一句话里把一个一个的词分开来，再把词里的一个一个的音节分开来，最后把音节里的一个一个的音分开来，标记这一个一个的音的符号就是字母。例如，从"妈妈做饭"这句话里，可以分成"妈妈""做""饭"三个词，从"妈妈"这个词里分出"妈"这个音节，再从"妈"这个音节里分析出"m""ɑ"（ㄇ、ㄚ）两个音来。综合法就是把音拼成音节，把音节连成单词。如把"m"

---

① 薛焕武，李树棠，吴德涵，等. 小学语文教学法 [M]. 北京：人民教育出版社，1958：21－23.

"a"（冂、丫）综合成"妈"这一音节，再把这一音节重叠，综合成"妈妈"一词。分析综合法就是分析和综合过程的联合运用。用这种方法来教拼音字母，便能使儿童发音、拼音的技能建立在理解的基础上，能做到从语言中来，仍回到语言中去，不是凭空地、抽象地来教儿童学字母的发音和拼音。① 字母与音节的关系当然是密不可分的，但对于刚入学的小学生来说，这样"分析"与"综合"，特别是从音节里"分析"出"音"（实际是音素，特别是声母的本音），其实有不小的难度。事实上，对于字母（特别是声母）的教学，用呼读音进行教学更容易被学生接受。

袁微子主编的《小学语文教材教法》，没有把拼音教学的方法单独列出章节来论述，但在"采用多种形式教学，调动学生学习的积极性"中提到了如下教学方法：编顺口溜、儿歌，制作教具，组织游戏、表演等。②

魏薇主编的《小学语文教学法》介绍了如下的方法：①演示法；②比较法；③活动法；④歌诀法。③

江平主编的《小学语文课程与教学》介绍了如下方法：借助情境、语境教学声母、韵母；借助口语经验，指导学生拼读音节（拼读音节的两拼法与三拼法，拼读音节定调方法）；激发学习兴趣，提高拼音教学效率（音像、游戏、鼓励）。④

参考有关教材及其他资料，对汉语拼音教学的方法做如下归纳：

1. 字母（声母、韵母）发音的教学方法

（1）借助情境法。汉语拼音字母是抽象的符号，但我们可以把它的发音与生活中熟悉的事物的发音相联系，用熟悉的事物的有关发音来帮助记忆掌握字母的发音。如教学"a"的发音，可以借助大夫给小姑娘看病的图片，说明"a"的发音就是大夫让小姑娘喊的"啊"；教学"b"，可以将"b"的字形与广播（带天线的收音机）比较，说明"b"就读广播的"播"（b 的呼读音）。

（2）示范发音法。对于某些特殊的字母或韵母的发音，说明发音口型、部位或方法是必要的，但教师的示范发音更重要。例如教学"ai"的发音，

---

① 薛焕武，李树棠，吴德涵，等. 小学语文教学法 [M]. 北京：人民教育出版社，1958：21.

② 袁微子. 小学语文教材教法 [M]. 北京：人民教育出版社，1984：40 – 41.

③ 魏薇. 小学语文教学法 [M]. 济南：齐鲁书社，2002：107 – 109.

④ 江平. 小学语文课程与教学 [M]. 北京：高等教育出版社，2004：176 – 178.

只是分析说明口型、气流怎么变化，可能会让学生感到更加难读；但让学生看教师的口形，听教师的发音，并多模仿几遍可能就掌握了。

（3）分解音节法。对于一些单独发音有困难的字母，可以采用分析音节的方法，将含有该字母（音素）的音节慢读，以至分析出该字母的读音。如，"r" "o" 是比较难读的音，通过慢读 "人 ren" "波 bo"，就能使学生意识到 "r" 是 "人 ren" 的发音的开始部分，"o" 是 "波 bo" 的发音的后半部分，也就能发准 "r" "o" 的音了。

（4）近音比较法。发音相近的声母或韵母，如果放在一起进行比较，有助于发现它们的区别，正确掌握它们的读音。如 "zh、ch、sh" 与 "z、c、s" 的发音比较，"o" 与 "ao、uo" 比较等。

（5）儿歌强化法。儿童喜欢儿歌（顺口溜），利用儿歌是帮助儿童记忆并区别字母发音的有效方法。如 "b，b，广播的 bo，每天晚上听广播。" "d，d，de de 响的 de，马蹄声响 de de de。" "p，p，泼水的 po，脏水不要随地泼。" "q，q，气球的 qi，手拿气球庆十一。" 人们编这样的儿歌正是为了强化字母的读音。

**2. 记忆字母字形的教学方法**

（1）形象联想法。把字母字形与发音相似且形状相似的事物相比较。如借助大夫给小姑娘看病让小姑娘喊 "啊" 的图片，让学生联想到字母 "a" 就像那个扎小辫张着嘴巴喊 "啊" 的小姑娘；教学 "b" 时让学生看小朋友听广播（收音机）的图画，说明 "b" 就像收音机（广播）的样子；教学 "d" 时让学生看骏马奔驰留下马蹄印的图画，说明 "d" 就像骏马 de de de 地跑过后留下的蹄印的形状。

（2）字母比较法。把容易混淆的字母放到一起进行比较。如 "b、p、d、q" 之间的字形比较。

（3）儿歌强化法。把容易混淆的字母编成儿歌帮助学生区别记忆。如 "一个门洞 nnn，两个门洞 mmm；上面伞柄 fff，下面伞柄 ttt；有背椅子 hhh，无背椅子 nnn。"

**3. 四声的教学方法**

（1）示范法。教师示范，学生模仿。

（2）四声连唱法。每一个音节（或韵母）按顺序唱出其四声，形成习惯，就能区分四声了。如 ā á ǎ à。

（3）图示助读法。借助不同走向的箭头或行进的小汽车帮助学生读准四声。如：

（4）儿歌助记法。借助儿歌帮助学生掌握四声读法的要领。如："一声高平二声扬，三声拐弯四声降。"

4．拼读音节的教学方法

（1）示范法。拼读音节要重视示范作用。

（2）儿歌助记法。

两拼法："前音轻短后音重，两音相连猛一碰。"

三拼连读法："声轻介快韵母响，三音连读很顺当。""声母较短韵母重，介母一滑猛一碰。"

拼读音节定调方法：音节数调法；音节定调法；韵母定调法。

5．标注调号的教学方法

儿歌助记法："a 母出现头上落，没有 a 母找 o、e，i、u 并列标在后，如此标调没有错。"

6．练习与激发兴趣的方法

（1）音像展示。如借助多媒体，生动展示学习内容，吸引学生。有时只是为了使学习内容的呈现形式活泼、醒目，引起学生的无意注意，如将字母用鲜艳的颜色与其他内容区分开来，通过动画效果让字母带着声音、蹦跳着出来等。当然多媒体也不能滥用，不能喧宾夺主，不能使学生感到眼花缭乱。

（2）游戏表演。如让学生戴上声母或韵母头饰找朋友，拼成音节等。

（3）比赛鼓励。如看谁学得快、学得好；对于表现好的学生及时表扬等。


# 第四节　识字写字教学的原则、过程与方法

## 一、识字写字教学的基本原则

我国上世纪前半叶的语文课程标准中有关写字的内容较多，但有关识字教学的建议少一些，下半世纪的语文教学大纲或课程标准以及语文教学

法或教学论教材中一般都有识字教学的建议或基本原则。例如：

1950 年我国《小学语文课程暂行标准（草案）》中提到如下要求：生字新语汇和难句的教学，应在课文内容完全了解之后提出，多用具体事物或动作或举例来讲解明白。避免用抽象含糊的定义解释。也不必过费时间，琐细讲解。但读音特别困难的生字以及不易理解的字句，必须特别注意，使儿童读得清楚、讲得明白。第一学年初教生字，不可硬教学写；要先认识了，到能写时再学写。从第二学年起，可分析文字的偏旁、结构，就已识的字汇中，区别类似字的不同点。第四、五学年并可指点字的构成形体（象形、指事、形声……），以使儿童易于接受、辨别、记忆，减少错误。生字、新语汇的认识记忆，必须用分布练习的方法，逐日定时练习。例如多多举行视写、听写和默写，或多用卡片练习的方法反复练习。①

1954 年 7 月至 9 月，我国在时任教育部副部长兼人民教育出版社社长叶圣陶的主持下讨论通过了《改进小学语文教学的初步意见》，并于 10 月公布。识字是该《意见》中的一项重要内容。此后的教学大纲或课程标准中都把识字作为一项重要内容来论述。2011 年版语文课程标准也对识字教学提出了一些建议。

薛焕武、李树棠等编的《小学语文教学法》提出了六条"识字教学的要则"：识字教学要按照一定的步骤进行；识字教学包括在阅读教学里头，要凭借阅读教材，通过词汇教学来进行；识字教学要根据汉字特点，把音、形、义三方面结合起来进行；识字教学要适应儿童特征；识字教学要贯彻文字改革的精神。②

袁微子主编的《小学语文教材教法》，从"识字教学的特点""识字教学中应注意的问题""低年级识字教学要注意的问题"等不同侧面或层次论述了识字教学的原则。其中论述的"识字教学的特点"包括：按照汉字本身的特点，加强音、形、义的结合；按照学习语文的特点，加强字、词、句的联系，把学和用结合起来；按照认识事物的特点，加强识字与认识客观事物的联系。③"识字教学中应注意的问题"包括：要指导学生掌握识字工具；要及时教给学生识字方法，培养识字能力。④"低年级识字教学要注

---

① 课程教材研究所. 20 世纪中国中小学课程标准·教学大纲汇编·语文卷［M］. 北京：人民教育出版社，2001：69.

② 薛焕武，李树棠，吴德涵，等. 小学语文教学法［M］. 北京：人民教育出版社，1958：8－11.

③ 袁微子. 小学语文教材教法［M］. 北京：人民教育出版社，1984：44－48.

④ 袁微子. 小学语文教材教法［M］. 北京：人民教育出版社，1984：48－49.

意的问题"包括：将汉语拼音的学习尽快与识字结合起来；注意分析字形，使学生逐渐掌握汉字的特点；充分运用图画和学生已有经验帮助识字；"两类"生字要分步教；要重视生字的复习巩固。①

《小学语文教学研究》编写组编写的《小学语文教学研究》，在识字教学一章的"识字教学的几个理论问题"一节中，对识字教学中人们争论的几个问题作了分析说明。这几个问题是：集中识字和分散识字；先识字后读书和边读书边识字；有师指导和无师自通；识字的量和质。② 该书对"如何具体地培养识字能力"问题进行了以下几方面的论述：使学生掌握汉字的基本构造规律；指导学生掌握识字工具；教给识字方法，发展思维能力，培养良好的识字习惯；坚持在语言环境中识字。③ 这四个标题，实际上就是识字教学的四条基本原则。该书对"关于写字教学的科学性"归纳了五点：写字教学既要按照写字规律和汉字结构的特点，又要注意与语文课本的联系；要注意小学生的生理特点；要注意小学生的心理特点；要注意学生的认识规律；要重视能力的培养。④ 这实际上也是写字教学的原则。

江平主编的《小学语文课程与教学》提到了三条"识字写字教学的关注点"：音、形、义结合；字理与心理结合；现代教育技术与传统蒙学经验结合。⑤ 这里的"关注点"实际上就是教学原则。

参考有关资料，可以归纳出识字写字教学的如下基本原则：

（1）低年级要多认少写。多认，是为了尽早进入阅读；少写，是为了不加重学生负担，也是为了多认，进而尽早地阅读。小学低年级的生字分为"会认"与"会写"两类，正是这一原则的体现。

（2）要在熟识的语言环境中识字。只有在熟识的语言环境中识字，才能准确地理解字义，读准字音，做到音、形、义的有机结合，在头脑中建立起三者之间的稳定联系。"字不离词，词不离句，句不离段"，联系上下文识字等，正是在熟识的语言环境中识字的体现。

---

① 袁微子. 小学语文教材教法［M］. 北京：人民教育出版社，1984：49－52.

② 《小学语文教学研究》编写组. 小学语文教学研究［M］. 南京：江苏教育出版社，1993：116－134.

③ 《小学语文教学研究》编写组. 小学语文教学研究［M］. 南京：江苏教育出版社，1993：134－138.

④ 《小学语文教学研究》编写组. 小学语文教学研究［M］. 南京：江苏教育出版社，1993：149－152.

⑤ 江平. 小学语文课程与教学［M］. 北京：高等教育出版社，2004：173－176.

（3）要注意利用汉字特点，关注音、形、义之间的联系。汉字是音、形、义的统一体，每个汉字的音、形、义之间往往具有密切的联系。汉字的基本构造规律——"六书"，集中揭示了汉字的特点。"教学生掌握汉字的基本构造规律，就可以教一个学一串，大大减少识字的分量，大大增快识字的速度，进而提高识字能力。"① 因此尽早而适当地让学生了解汉字特点，运用造字规律进行识字是十分必要的。

（4）要注意利用多种方法调动学生的积极性，鼓励学生独立识字。要适应儿童知觉、思维、注意、记忆等方面的特点，利用多种方式提高识字效率。"儿童主要是从具体形象中来认识客观事物的"，"必须利用直观原则，尽可能用实物、图画给儿童观察或做实验、用动作演示"。"儿童对于一个活动集中注意的时间较短，所以课堂教学工作必须多样化，读、讲、写等活动应选择最恰当的时机灵活地错综地进行。""儿童识字记忆得较快，但也容易忘记。因此对儿童已学过的字词要尽量反复出现，多做练习，让儿童多观察，多比较"。②

信息技术为识字教学创造了有利的条件，教学中要充分利用信息技术，创设情境，化静为动，变抽象为具体，利用无意注意，激发兴趣，提高学习效率。

（5）要重视书写指导，培养书写习惯。写好汉字与养成良好的书写习惯，无疑是十分重要的。但目前的教学实践中，书写指导与书写习惯的培养却没有得到很好的落实，识字写字教学需要很好地落实这条原则。

## 二、识字写字教学的过程

识字的途径是多种多样的，但通过语文课识字无疑是小学生最主要的识字途径。"综观国标各版本小学语文教材，识字教学内容的编排主要有两种形式：一是'识字课文'识字，二是随课文识字。"③ 这两种识字形式的教学过程显然是有区别的。

### （一）看图与集中识字

看图学词学句识字或集中识字，是低年级重要的识字形式。这类识字

---

① 《小学语文教学研究》编写组. 小学语文教学研究 [M]. 南京：江苏教育出版社，1993：134.

② 薛焕武，李树棠，吴德涵，等. 小学语文教学法 [M]. 北京：人民教育出版社，1958：10－11.

③ 江平. 小学语文课程与教学 [M]. 北京：高等教育出版社，2004：179.

教学的过程不难找到一些范例。例如：

《小学语文教学研究》编写组编写的《小学语文教学研究》认为，小学识字教学课堂结构的基本模式有以下三个主要步骤：提出生字—生字的音、形、义教学—复习巩固。① 其中，生字的音、形、义教学，就每个生字而言，都必须：（1）先正确认读拼音和正音；（2）次解义，联系学生实际、教材内容（图画、语句），理解生字的具体含义；（3）再析形，分析笔画、笔顺和间架结构，一般采用书空、板书等形式；（4）后综合，建立音、形、义的统一联系，使学生做到见形能读音、释义；闻音能写形、释义；据义能写形、读音，一般采用组词、说话、造句等形式。② 认为"近年来"出现的一些有利于形成学生独立识字能力的新的课堂结构，一般都包括几个基本活动：（1）学生独立自主识字；（2）当场交流自学结果；（3）巩固练习；（4）检查总结自学情况。③

江平主编的《小学语文课程与教学》认为，"识字课文"识字教学的一般步骤包括：复习检查，教学生字，巩固练习，布置作业等。其中教学生字这一步骤，一般情况下安排看情境图、听说、拼音、识字和诵读五个教学环节。④

参考各种观点，这类识字课的教学过程可以按以下步骤进行：

1. 激趣导入

通过看图、游戏、谈话等，创设含有要学习的生字的语境或情境，自然地导出生字。这样导入既可激发学习兴趣，又可解决字义问题，为学习生字打下良好基础。可分两步进行：（1）创设语境；（2）导出生字。

2. 尝试自学

不要低估学生的基础，要给学生尝试自学与合作互助学习的机会，培养自主与合作学习的意识，培养自学能力与自信心。可分两步进行：（1）自学；（2）检查。

---

① 《小学语文教学研究》编写组. 小学语文教学研究［M］. 南京：江苏教育出版社，1993：144.

② 《小学语文教学研究》编写组. 小学语文教学研究［M］. 南京：江苏教育出版社，1993：144 – 145.

③ 《小学语文教学研究》编写组. 小学语文教学研究［M］. 南京：江苏教育出版社，1993：145.

④ 江平. 小学语文课程与教学［M］. 北京：高等教育出版社，2004：179.

**3. 指导认读**

对字音、字形中的重点难点进行指导，要注意联系学生实际（如方言情况）、教材内容、汉字特点进行教学。总体上可分以下两步进行，但要注意音、形、义的结合：（1）指导读音；（2）分析字形。

**4. 诵读强化**

要通过多种形式诵读，使学生熟记（识记）生字。

**5. 指导书写**

对于"一类"或要求"会写"的字，要指导学生书写。

**6. 总结测验**

要对当堂课所学内容作简要回顾、检验，巩固与提升学习效果。

**7. 作业延伸**

布置适当的课外延伸作业，引导学生在生活中识字与运用。

### （二）随课文识字

随课文识字是小学生识字的主要形式。阅读教学，要把识字当做一项重要的目标，在教学过程中科学合理地落实识字目标。

薛焕武、李树棠等编的《小学语文教学法》对一篇课文中"生字生词的提出"——即学习时机提出了比较科学的建议：生字生词除了课文简短、生字生词不多的情况以外，一般宜分散进行。在讲读前准备谈话中一般要提出包含生字的生词和妨碍儿童理解课文内容的那些词；如课文长，生字生词较多，也可分一部分在读后谈话中提出来。有些生字生词根据上下文就能理解，有些生字生词离开课文不容易解释，有些生字生词对阐述课文中心思想有密切关系，这些生字生词都可在讲读过程中相机提出。有一些虚词，在讲读前、讲读时都可不特别提出来。在讲读后可以提出用这些词来练习说话、造句。还有一些关于描述人物性格的如"狡猾""英勇不屈"等词，这类词可以在理解全文的基础上进一步让学生掌握。① 该教材还说明了"低年级以识字为主的阅读课"的课堂教学的一般步骤：准备谈话；初读课文；讲读课文；指导朗读、复述；总结谈话。②

魏薇主编的《小学语文教学法》认为，一课书的识字教学一般有三种方式：一是边读课文边识字；二是先识字后读课文；三是两者结合，就是把一部分字先提出来学，在讲读课文的过程中再学另一部分字。一篇课文

---

① 薛焕武，李树棠，吴德涵，等. 小学语文教学法［M］. 北京：人民教育出版社，1958：29－30.
② 薛焕武，李树棠，吴德涵，等. 小学语文教学法［M］. 北京：人民教育出版社，1958：34－35.

的生字不多，字词的意思又宜于结合语句来理解，就可以边识字边读书。一般说来，第一种识字方式运用较多。这种方式在初读课文时侧重解决字音、联系字义、字形；讲读课文时侧重理解字义，巩固字音，复现字形；讲读课文后侧重识记、书写生字，巩固字音字义。这样，不仅分散了识字的难点，将掌握字的音、形、义分步进行，而且不会中断理解课文的思路。第二种方式常用于一篇课文生字较多，课文又长的情况。这时，就可以先集中学习生字，再读课文。常识性的课文，生字多含在科学术语之中，一般也宜于先学生字，初步理解科学术语，再讲读课文。而第三种方式则常用于如后情况：如果一篇课文中生字词较多，这些字词在讲读课文之前集中学习并不影响对词义的理解，就可以先学；另一部分与语言环境联系密切的字词，结合课文的词句学习更容易理解，就可以边理解课文边学习。①

江平主编的《小学语文课程与教学》认为，随课文识字要安排好"出示生字"与"音形义教学"两个环节。一般有集中出示生字和分散出示生字两种形式。分散识字的一般做法是：第一步，初读课文阶段，借助拼音和查字典重点解决字音，初认字形，粗解字义；第二步，讲读课文阶段，在讲读中重点理解字义，巩固字音，再认字形；第三步，总结写练阶段，有重点地讲辨字形，指导书写。②

参考各种观点，随课文识字一般可采用如下步骤：

1. 解题析字

在"解题"时感知课题中生字的字形，读准字音，初步推测字义。

2. 初读（自学）识字

初读、"整体感知"环节自学生字，并检查自学效果，重点解决字音，认清字形，粗解字义。可按如下步骤进行：（1）借助拼音读准字音；（2）感知、分析字形；（3）结合词句（扩词、读句等）初步理解字义。

3. 理解课文识字

细读、"理解感悟"环节，侧重理解字义，复现字形，巩固字音。

4. 练习写字

"练习积累"环节，侧重巩固，书写生字，巩固字音字义。

这种方式，将掌握字的音、形、义分步进行，分散了识字的难点，而且不会因识字而中断理解课文的思路。阅读课中识字一般采用这种方式。

---

① 魏薇. 小学语文教学法［M］. 济南：齐鲁书社，2002：98－99.
② 江平. 小学语文课程与教学［M］. 北京：高等教育出版社，2004：179.

### 三、识字写字教学的方法

识字写字教学的方法，是指指导学生掌握字的音、形、义及如何书写的具体方法，这在各个时期的小学语文教学法或教学论中都是很重要的内容。例如：

薛焕武、李树棠等编的师范学校课本《小学语文教学法》在"识字教学的方法"一章中，介绍了字音教学、字形教学、字义教学、生字生词的提出、生字生词的巩固和练习等方法。[①]

江平主编的《小学语文课程与教学》的"识字、写字教学方法"，分汉语拼音教学、识字教学、写字教学三部分来讲。其中对识字教学的方法分字音教学、字形教学、字义教学来讨论。[②]

下面从字音、字形、字义、写字、兴趣与习惯培养等几个方面谈识字写字的教学方法。

#### （一）字音教学

影响字音正确掌握的主要因素有：汉字表意不表音（不是拼音文字）；方言与标准音的差别；口语中出现的机会少；多音字与音近字的干扰等。字音教学要充分考虑这些因素。字音教学可以采用以下方法：

（1）借助拼音。借助拼音读准字音，这是最基本的字音教学方法。

（2）字理识字法。利用造字规律，利用某些字发音与部件之间的关系，掌握字的发音。如形声字教学，要利用声旁与本字发音的关系（相同、相近、不同等）教学读音。

（3）据词定音。这种方法主要用于多音字的教学。如，孔子曰："益者三乐，损者三乐：乐节礼乐，乐道人之善，乐多贤友，益矣；乐骄乐，乐佚游，乐宴乐，损矣。"（《论语·季氏》）其中几个"乐"的发音是不一样的，只有理解了这段话、理解了有关"乐"的词句的意思，才能读准每个"乐"的音；如果不理解每个"乐"的意思，当然就难以读准其字音。

（4）歌诀记音。对于一些音形易混的字，可以编成儿歌、绕口令等帮助儿童区别与强化记忆字音。如：可以利用"只有只能和只是，小鸡小猫用一只"帮助儿童区别"只"的不同读音；"堵巳不堵己，半堵是个已"既可区别"巳、己、已"字形，也可帮助儿童记住它们的读音；"包字朋友

① 薛焕武，李树棠，吴德涵，等. 小学语文教学法［M］. 北京：人民教育出版社，1958：24–32.
② 江平. 小学语文课程与教学［M］. 北京：高等教育出版社，2004：180–182.

多，伸手来抱抱，洒水吹泡泡，吃了肚子饱，双脚跑一跑，点火开大炮。"
对于区别记忆"抱、泡、饱、跑、炮"的音形义都有帮助。

（5）示范与练习。对于一些含有发音困难的声或韵的字，要讲明拼成这些字的字母的发音部位和口型（适当介绍语音知识），并进行示范与反复练习。

**（二）字形教学**

识字教学，在字的音、形、义三者中，形是一个特别值得重视的因素。这是因为，儿童在入学前即已具备较为完善的口语认知结构，能够说出教材中许多表示生活中所熟知的事物的生字（词）的字音并理解其字义，教学的重点就是要辨认字形（当然字音、字义也应使其规范化）；汉字的字形往往包含着这个字的字义与字音的信息，从汉字的组成成分往往可以大致推知字的意义和读音。字形是读准字音、了解字义的基础，生字教学中，抓住了字形，就抓住了教学的难点，也就抓住了促使学生建立字的音、形、义之间联系的关键。

对于如何进行字形教学，许多小学语文教学法或教学论教材都有很好的归纳。如1958年人民教育出版社出版的《小学语文教学法》提出：识字教学中对字形的分析最初是从分析笔画开始的。先让儿童观察整个字形，然后按照字的笔顺分析笔画。等到儿童认识了较多的字以后、儿童已掌握了一些字的偏旁、结构单位，就可以一部分分析笔画、一部分分析偏旁、结构单位。从结构的较大单位来辨认字形，可以减少儿童识字的困难，提高学习的效率。运用儿童熟悉的字来增减拼拆，变换部分结构，儿童既容易掌握新的字形，也复习巩固了熟字。字形的分析要经常注意形状近似的字的比较。但要注意的是，形近字的比较宜在儿童牢固地掌握了字形以后进行，以免产生相互混淆的不良影响。同时，分析字形时要教儿童认识汉字各种笔画的形状，知道各种笔画的名称，要把笔顺告诉儿童，进行多样化的"书空"，以便使字形的分析和书写练习结合起来。[1] 这里既有字形分析的内容与顺序，也有具体的方法与注意事项。

1993江苏教育出版社出版的《小学语文教学研究》认为，熟悉的偏旁部首有助于字形的辨认，生的偏旁部首会受熟偏旁部首的影响和干扰，所以，分析比较偏旁部首的能力对识字是很重要的。[2] 发展分析综合能力在识

---

① 薛焕武，李树棠，吴德涵，等. 小学语文教学法 [M]. 北京：人民教育出版社，1958：25－27.
② 《小学语文教学研究》编写组. 小学语文教学研究 [M]. 南京：江苏教育出版社，1993：131.

字教学中常采用的方法有：一是增加部件；二是减去部件；三是更换部件；四是分解成若干部件；五是调换部件位置。① 这实际上就是新课改以来人们所说的"加减换合"分析字形的方法。

诸多的字形教学方法可以归纳为以下几种：

（1）笔画分析法。对于独体字，可以说出笔画数，并按笔顺说出字的笔画名称。如"人"字有两笔，"撇""捺"。

应该让学生掌握规范的笔画名称，特别是折笔的名称。有关折笔笔画名称的规范，可查阅教育部、国家语委 2001 年 12 月 19 日发布的《GB13000.1 字符集汉字折笔规范》。

（2）结构分析法。对于合体字，可以说出其结构类型，并分析字的构成部件（部分）。如"妈"，左右结构，左边是"女"，右边是"马"；"爸"，上下结构，上边是"父"，下边是"巴"。

运用结构分析法应注意以下问题：

①要了解并遵循有关汉字规范。分析字形时拆分字形要遵守一定的规则，如《现代常用字部件及部件名称规范》（中华人民共和国教育部、国家语言文字工作委员会 2009 年 3 月 24 日发布）中规定的"部件拆分原则"是："根据字理、从形出发、尊重系统、面向应用。"本《规范》提出了五条"部件拆分规则"并列举了若干字例。当然，对小学生识字也许没有必要这么严格，只要有助于他们记忆字形，拆分时可以灵活一些。

为了更好地分析字形，应注意让学生掌握必要的部件名称，并了解部件名称命名的规则。当然部件名称也有一个规范问题。《现代常用字部件及部件名称规范》（中华人民共和国教育部、国家语言文字工作委员会 2009 年 3 月 24 日发布）提出了一些"部件名称命名规则"。

教学中教师还应注意《现代常用字部件及部件名称规范》（中华人民共和国教育部、国家语言文字工作委员会 2009 年 3 月 24 日发布）中的五条《现代常用字部件表》使用规则。

②要遵循学生识字心理规律。分析字形要注意"就大不就小"。要尽快引导学生从笔画分析过渡到部件分析、结构分析，即尽量不要一笔一画地分析字形，而要尽量用大的部件分析字形，这样可以简化识字的心理过程。例如教学"新"字，把它看成"亲"和"斤"两部分比看成"立""木"

---

① 《小学语文教学研究》编写组. 小学语文教学研究［M］. 南京：江苏教育出版社，1993：136.

"斤"三部分更容易记住字形，当然看成三部分又比一笔一画地分析更好记。

（3）联系比较法。这种方法是把生字与已学过的熟字或部件进行比较，用已学过的熟字或部件帮助识记生字；或把字形易混的字放在一起进行比较，从而强化识记。具体有以下几种方法：

"加"法（加一加），即熟字加笔画或部件组成新字。如："丸"是"九"加上一个"丶"；"草"是"早"上面加"艹"。

"减"法（减一减），即熟字减去某笔画或部件变成新字。如："兔"是"兔"减去"丶"；"执"是"热"减去"灬"。

"换"法（换一换），即熟字换掉某笔画或部件变成新字。如："垫"是"热"的"灬"换成"土"；"龄"是"冷"的"冫"换成"齿"。

"合"法（合一合），即两个或多个熟字或部件合成新字。"妈"是"女"和"马"合成的，"爸"是"父"和"巴"合成的。"合"法与"加"法没有必要严格区分。

"比"法（比一比），即比较形近字的异同。如"未"的上横短，"末"的上横长；"垫"的底部是"土"，"热"的底部是"灬"。这样比较，有助于发现易混字之间的细微差别，抓住字的特点，加深印象。

要注意同系统形声字（具有相同形旁或声旁的一组字）或同字族字（同一母体字与这一母体字加上不同偏旁所派生的子体字即集成一个字族）的比较。同音字、形近字只有用比较的方法才能识记扎实。如教学北师大版《春风》一课，有老师要学生找出课文长得特别像的字（悄、削、捎、霄、俏、哨、梢），观察它们相同的地方（都有"肖"），怎么记住它们（不同偏旁与字的意思的关系），读音有什么特点（有的与"肖"完全一样，有的相近），与"肖"发音完全一样的还有"消""宵"，最后指出可以用形声字声旁表音、形旁表义的方法认识更多的字。正是运用了比较的方法，才使得在很短的时间能够掌握这么多的字，且学到了形声字的学习方法。

（4）字理识字法（形、义结合）。即讲解造字规律法。要注意利用汉字结构特点和构字规律教学识字。构字的基础知识，如笔画笔顺、偏旁、间架结构以及浅显的构字方法（特别是象形、指事、会意、形声这四法），应该适时地指导学生进行归纳总结，这些规律性知识的掌握，有助于学生掌握字形、理解字义、读准字音。

例如象形、指事、会意字，可以结合插图、或实物等，让学生建立起形义之间的联系。特别是会意字，具有故事性、形象性、图画性的特点，宜设计成故事、图画进行教学。

（5）谜语、歌诀、联想法。儿童识字，毕竟不是成人研究文字学，没有必要严格按照字源或文字法规去分析字的构成，而应充分利用儿童心理特点，用谜语、歌诀、联想等方法帮助他们识记生字。如，有的学生识记生字"器"，编出了顺口溜："上面两个口，下面两个口，中间一只小花狗。"这就很值得肯定。又如《胖乎乎的小手》一课中的生字，可以用猜字游戏来巩固："有两个字，它们都有两个口字。"（喜、墙）"有一个字左边是个提土旁。"（墙）"有个字有两个土字。"（鞋）"月亮出来一半了；射箭的弓拉长了；两个大丈夫跑到太阳上面了；一条毛巾藏到耳朵下面了。"（胖、张、替、帮）这些谜语尽管简单，但低年级学生却是感到"有趣"的。有时编一些故事，也许故事中的联系很牵强，但可以给学生留下深刻印象。如《柳树醒了》一课中的生字"醒"，有学生编了这样的故事："一个人喝了许多酒，没喝水，睡着了，直到星星出来了，才醒来。"用这样的故事解释字义虽然是牵强的，但学生对字形却有了深刻的印象。如果是学生自己"编"出来的意义或识记方法，其识记效果肯定会很好。这正符合布鲁纳的观点："一般说来，按照一个人自己的兴趣和认识结构组织起来的材料，就是最有希望在记忆中'自由出入'的材料。"[1]

当然，字形教学不可因形废义，学生可以用记忆术来记忆汉字，但教师对汉字的分析应力求有学理依据。如"取"，汉典网详细解释为："会意。从又，从耳。甲骨文字形。左边是耳朵，右边是手（又），合起来表示用手割耳朵。古代作战，以割取敌人尸体首级或左耳以计数献功。本义：[捕获到野兽或战俘时]割下左耳。"这才是符合字理的解释。这样教学，既有趣，又渗透了汉字文化。

**（三）字义教学**

学生对字义的理解是受字（词）义的性质影响的，因此字义教学应根据字（词）的不同性质采取不同的方法。例如，有《小学语文教学法》认为："代表具体事物名称的名词"可多利用实物、挂图、画片、标本、模型来讲解；"一般动词"可用动作表情来演示；"表示事物形态的形容词"可通过演示观察让儿童领会；"有些连词、副词"就要通过阅读和造句让儿童

---

① 潘菽. 教育心理学［M］. 北京：人民教育出版社，1983：117.

理解；"抽象的词"不易理解，必须以儿童的生活实际和已有的知识为基础来进行描述、分析和比较。①

具体说，引导学生理解字义，可以采用如下方法：

（1）依据语境。也就是要注意在相应的语言环境中识字。教材中的生字，大多是借助一定的语言环境呈现的，即使专门的识字课，也大多是看图、学词、学句识字，或韵文识字。词句大多形象鲜明、押韵上口。这样的识字教学就要借助插图和词句意思来理解（解释、说明）字义。对于课文中的生字字义的理解，则要联系上下文，"字不离词，词不离句"来理解。

（2）直观演示或表演。对于表示具体事物的名词，可以通过展示实物、图像等，帮助学生理解；对于一般动词可用动作或表演来帮助学生理解。例如人教社版二年级下册第1课《找春天中》的生字，可以联系生活经验，结合动作演示认识"遮""掩""躲""探"等；第4课《小鹿的玫瑰花》中的生字"玫瑰"和"莺"，可以向学生展示"玫瑰花"和"黄莺"的图片或实物帮助学生认识。

（3）组词、造句。有些字，单个字的意思不好理解，与别的字组成词，或多组几个词才能理解或理解得更准确；有些字不仅需要组成词，而且还需要造个句，才能正确理解。例如，"就""也""不但""而且""因为""所以"等连词、副词或其中的字，只有组成词或借助造句才能准确理解。多音字，往往也只有根据不同音组成不同的词才能区分它不同的义。

（4）比较辨析。即通过列举同义词或与近义词、反义词比较的方法理解新词。

（5）字理识字法。即利用字中表义的要素帮助学生理解字义。例如象形字，可还原字的原形，使学生了解字的演化过程，帮助学生理解字义；形声字，可以引导学生利用形旁与本字字义的关系理解字义。

（6）查字典、词典。字典、词典是自主识字、学词的重要工具，查字典、词典自然是理解字义、词义的重要方法。

**（四）写字教学**

我国历来重视学生写字的练习指导。不同时期的课程标准或教学大纲以及小学语文教学法或教学论教材中不难找到有关写字教学的要求或具体建议。

---

① 薛焕武，李树棠，吴德涵，等. 小学语文教学法［M］. 北京：人民教育出版社，1958：27.

1932 的《小学课程标准国语》对写字即提出了如下"教学要点"："写字的材料，初学时应采习用的字、易误的字，组成有意义的句子，以减少机械的作用。""写字的姿势，工具的应用，以及字的笔顺、结构、位置等，开始的时候，就应注意指导。""初学写字应用铅笔，以便操纵。至二年级，除铅笔字仍须练习外，开始注意毛笔字的训练。至五六年级得兼课钢笔字的训练。""摹写（或称印写）、临写（用范书字帖）、自由写（不用样本），应交互参用。""须时常定期举行比赛练习。"① 这里从写字的材料、书写姿势、用笔的种类、练习方式等多方面提出了建议。1936 年的《小学国语课程标准》提出的写字"教学要点"更为详细，对执笔、运笔，甚至研墨、洗笔都提出了非常具体的要求。②

薛焕武等编的《小学语文教学法》从以下几方面论述了"写字教学的方法"：训练儿童正确的写字姿势；指导儿童执笔、运笔的方法；笔画、笔顺、间架、结构的教学；指导儿童使用和保管工具。该教材还提出了写字课堂教学的一般步骤，并提出了写字的示范、批改和鼓励等方面的方法。③

袁微子主编的《小学语文教材教法》，从以下几个方面论述了"写字教学中应注意的问题"：要调动学生的学习积极性和主动性；要注意培养正确的写字姿势，良好的书写习惯；指导要细，要求要严；注意写字时间的分配，每次写字的分量；要与识字教学紧密结合。④

江平主编的《小学语文课程与教学》介绍了写字教学基本方法的以下主要方面：培养学生书写的基本技能；培养学生"读"字的能力；训练正确的写字姿势；注重识字、写字有机结合。⑤

写字教学的方法涉及许多方面。但就目前的教学实际来看，最重要的是一个字的一般书写指导过程。一般可采用如下步骤进行：

（1）观察分析。写字前要引导学生先观察，注意本字部件之间的比较，注意分析各部件之间的位置关系，如大小、宽窄、穿插迎让等，但不能复杂化。

---

① 课程教材研究所. 20 世纪中国中小学课程标准·教学大纲汇编·语文卷 ［M］. 北京：人民教育出版社，2001：29.

② 课程教材研究所. 20 世纪中国中小学课程标准·教学大纲汇编·语文卷 ［M］. 北京：人民教育出版社，2001：38.

③ 薛焕武，李树棠，吴德涵，等. 小学语文教学法 ［M］. 北京：人民教育出版社，1958：43－50.

④ 袁微子. 小学语文教材教法 ［M］. 北京：人民教育出版社，1984：62－64.

⑤ 江平. 小学语文课程与教学 ［M］. 北京：高等教育出版社，2004：183.

（2）示范书空。在对字的观察分析基础上，教师示范书写，并让学生跟着书空。

（3）描红临摹。让学生在练习本上描红或临摹。一般要写 3～5 遍。

（4）展示讲评。教师检查或让学生相互检查，展示并点评有代表性的练习。

（5）跟进练习。让学生针对强调的问题，再做书写练习。一般写 2～3 遍。

**（五）识字写字兴趣、习惯的培养方法**

识字写字的效果，很大程度上取决于学生识字写字的兴趣与习惯。培养学生的识字兴趣与习惯应从以下几方面入手：

1. 鼓励学生独立识字

（1）课堂识字要从自学开始。识字教学一般应先让学生自学，不要因学生自学不了而剥夺他们自学的权利和机会。"不愤不启，不悱不发"，学生发现自己的不足才会产生学习的需要与动力。要让学生在自学的基础上，说说是怎样识记字形、理解字义的，或者让学生说说在此之前已经学会了其中的哪些字，是怎么学的。教师针对学生说的情况，加以鼓励和引导。以此使学生体验到成功和成就感，获得心理上的满足，并起到相互启发、激励的作用。"对某些复杂的和易混淆的字，启发学生自己指出来，并且说出准备用什么方法来记住它。这样教不但容易巩固，而且可以促进儿童有意记忆的发展。"[①] 因此要注意，"不强求全班学生按指定的同一方法记忆字形，提倡求异思维，允许学生自己想出不同的方法去识记一个字"[②]。

（2）鼓励引导学生课外独立识字。一是提醒学生做有心人，关注各种情况下遇到的生字，如在其他学科学习中遇到的生字，在课外阅读中遇到的生字，在各种公共场合看到标语、招牌、广告上的生字，生活中如看电视、买商品、听别人说话时看到、听到的生字（词），写东西时遇到的不会写的字等。遇到生字不要放过，要想办法认识并记住它。二是要教给学生自学生字的方法并养成习惯。具体方法可概括为五个字："想、问、查、记、看。"也就是见到一个生字，要先结合上下文和生活实际猜想一下字词

---

① 《小学语文教学研究》编写组. 小学语文教学研究［M］. 南京：江苏教育出版社，1993：136.

② 《小学语文教学研究》编写组. 小学语文教学研究［M］. 南京：江苏教育出版社，1993：137.

的意思；问一问身边的人；查一查字典、词典；把遇到并学会了的生字记下来；过几天再看一遍；等等。

（3）要鼓励学生互教互学。兄弟姐妹之间相互影响，过去"复式班教学"中同学之间的互教互学等可以给我们许多启发：兄弟姐妹之间自发的相互模仿、学习要比父母逼着学有趣、有效得多；过去"复式班"中同学的互教互学，可以省出教师的许多工夫，而效果并不一定很差。因此，识字教学要注意发挥同伴"小先生"的作用，如让学生相互听写，相互检查各种作业中的错别字，相互纠错改错等。

（4）引导学生正确使用识字工具。字典与网络是识字的有效途径与工具。对于查字典，难点是部首查字法的部首确定。解决此问题，可参考教育部、国家语委 2009 年 1 月 12 日发布的《GB13000.1 字符集汉字部首归部规范》。另外像"汉典网"等，也能查到汉字的许多知识，也是识字的很好的工具。

（5）要给学生搭建展示交流的平台。如每人做一个"识字袋"，积累课外所学的生字；班内开辟"识字乐园"；设立每周一次"识字交流时间"；举办"汉字听写大赛"；等等。

2．识字、写字练习要循序渐进

每次识或写的字的个数及每个字练习的遍数、方法等，是影响识字写字兴趣与效果的重要因素。古人早就意识到了这一点。如"前人练字，'初学书，一日必须学一字，或分或合，竭诚模拟'，'学书之法，每次只学一二字，或其一点一画，一撇一捺'。"① 当然这主要是从把字写好（练习书法）的角度提的要求。对于现代的识字写字，一般认为，刚开始识字一节课学习四五个字就行，一年级下学期一节课可以认读十几个。重复写字练习，每个字写三至五遍就可以了。就练习写字来说，要遵循规律，不要急于求成：在书写工具的掌握上，要注意先硬笔后软笔；在摹写的字体大小顺序上，要先大后小；在每次练字数量上，要由少到多；在练习的字的结构上，要由简单到复杂；每个字的练习，应该先观察再书写，宜由描红到临摹再到默写，先在田字格内写后脱离田字格写，等等。

3．教学方法要多样化

为了调动学生的积极性，识字教学中常采用的方法有直观演示法、比

---

① 《小学语文教学研究》编写组. 小学语文教学研究［M］. 南京：江苏教育出版社，1993：152

较法、游戏练习法、谜语法、联想想象法、表演法、竞赛法等。在识字教学的各个环节（生字的出示、字形分析、字义理解、字的巩固等）都应尽量采用这些方法。要特别注意创设情境，创造条件：让学习对象（材料）形象、生动、活动、有趣；让学习过程具有情境性、竞赛性、游戏性；尽量引起学生注意，让学生动脑、动口、动手，积极活动。

"开火车"、"摘苹果"、"帮生字找家"、"找朋友"（组词、归类）、闯关游戏、让学生自制生字卡片或"魔方"并与同学相互把玩认读等，都是引起学生兴趣的较好方法。

4. 要注意培养良好的识字、写字习惯

（1）要重视笔顺问题。笔顺错误是学生写字较常见的问题，因此要重视笔顺的教学。笔顺教学要依据有关语言文字法规。最重要的法规有国家语委、新闻出版署 1997 年 4 月 7 日发布的《现代汉语通用字笔顺规范》与国家语委 1999 年 10 月 1 日发布的《GB13000.1 字符集汉字笔顺规范》等。

（2）要重视执笔方法的指导。执笔方法错误也是目前学生较普遍的问题。如新华网曾有报道：《七成小学生读写姿势不科学　视力不良率达 26.76%》。本人也观察过所教过的每一级师范生，执笔不规范者一般占总人数的 60% 左右。

执笔不规范是一个习惯问题，较难改正，因此必须引起重视。我们应该搞清产生这些问题的原因，以便对症下药。形成学生错误的执笔方法的原因主要有四个方面：幼儿园教育小学化，提前让幼儿学写字，幼儿手指的肌肉发展不成熟，握笔吃力，必然采用不正确的执笔方法；家长望子成龙心切，提前教孩子写字，但忽视执笔方法指导；小学一年级老师缺乏对学生执笔方法的耐心指导、纠正；学生家庭书写类作业量大，教师无法监督、指导。

（3）要重视错别字的纠正。有资料认为，儿童产生错别字的原因包括汉字本身的性质和特点、教材安排与教学方法、儿童心理三个方面。纠正错别字，对出现的错别字进行"再教学"大致有以下方法：在教师指导下，学生主动进行分析，并作组词、造句练习；在复习课上进行正误对比；改错法与选择法；加强综合练习；开展形式多样的订正错别字的课外活动，如相互批改订正、在黑板上设立"错别字小医院"、到社会中调查和纠正错别字等。①

---

① 《小学语文教学研究》编写组. 小学语文教学研究［M］. 南京：江苏教育出版社，1993：152－153.

5. 要注意生字的复习巩固

识字只有得到巩固，能够运用，体验到成就感，学生才能产生识字的兴趣与动力。薛焕武、李树棠等编的《小学语文教学法》引用当时的教学大纲（草案）指出，识字的巩固主要靠多次的反复，反复的方式，"一是重见""一是复习""还有就是运用"。上新课前检查学过的字，教学生字时复习跟生字字音、字形、字义有关的熟字，利用适当的时机，把学过的多音字、同音字、形近字、同偏旁同某一结构的字作观察比较，这些都是有效的复习工作。该教材还说明了"写的练习""读的练习""用的练习"等练习方法。"书写练习"前注意书空练习；书写的练习有领写、临写、听写、默写以及看注音写字、看图写字、看实物写字、看动作表情写字、辨认书写（写同偏旁结构的、形近易错的字）等。"读的练习"除了读课文，可以利用卡片进行，可先读注音后读字词，可先读单字后读词儿，可先读词儿后读单字，可用许多卡片让儿童排出字词来读，可把卡片上的字排成句子来读，或用急速显示的方式叫儿童快读等。关于"用的练习"，除课外及结合作文课练习运用外，在识字教学中可进行组词、配词组练习，可进行填空、选择练习，还可进行填句、换词等练习。① 这些练习与复习巩固的方式方法在今天的识字写字教学中仍然是有效的。

**思考与实践：**

1. 试分析识字的心理过程与识字能力的形成过程。

2. 我国历史上有许多产生过重要影响的识字教材与识字教学经验，试列举几例并作简要评价。

3. 设计一课识字教学的教案。

---

① 薛焕武，李树棠，吴德涵，等. 小学语文教学法 [M]. 北京：人民教育出版社，1958：31 – 32.

# 第五章
# 阅读教学

阅读教学在小学语文五项内容的教学中所占比重最大，因而也是小学语文教学法或小学语文课程与教学论中最重要的内容。例如：

薛焕武、李树棠等编，人民教育出版社 1958 年出版的《小学语文教学法》中，"阅读教学"一章在篇幅上占了全书二分之一，共分九节：阅读教学的任务、意义和要求，阅读教学的基本方法及重点工作，文学作品的阅读教学，科学知识文章的阅读教学，应用文的教学，阅读教学中的政治思想教育，阅读的复习，课外阅读指导，阅读教学前的准备工作。

袁微子主编、人民教育出版社 1984 年出版的《小学语文教材教法》中，"阅读教学"一节在篇幅上占了全书的三分之一，讲了以下五个问题：阅读教学的特点、阅读教学的过程、低年级阅读教学、中年级阅读教学、高年级阅读教学。

《小学语文教学研究》编写组编、江苏教育出版社 1993 年出版的《小学语文教学研究》中，"小学阅读教学"一章在篇幅上占了全书的近五分之一，讲了以下五节内容：阅读教学的几个理论问题、阅读能力的结构和培养、当前阅读教学的几种类型、阅读教学的课堂结构、阅读教学亟待解决的问题。

人民教育出版社小学语文室编著、人民教育出版社 1995 年出版的《小学语文教学法》中，"阅读教学"一章在篇幅上占了全书的四分之一，讲了以下六节内容：阅读教学的意义和要求、阅读教学的过程、阅读教学的内容和方法、各种不同类型课文的教学、不同体裁课文的教学、阅读教学应注意的问题。

魏薇主编、齐鲁书社 2002 年出版的《小学语文教学法》与江平主编、高等教育出版社 2004 年出版的《小学语文课程与教学》等教材，阅读教学篇幅在整本书中的比重有所下降，但与识字写字、习作、口语交际等内容相比，仍是分量最重的。魏薇主编《小学语文教学法》中，"阅读教学"一章讲了以下五节内容：小学阅读教学的基本理论、阅读能力的结构、阅读教学的设计、阅读教学实践、课外阅读指导。江平主编的《小学语文课程与教学》中，"阅读教学"一节讲了以下几个问题：阅读教学的意义，阅读教学的目标，阅读教学理论的关注点，阅读教学的内容与方法，阅读教学的一般步骤和变序教学。

综观不同时期的教材，其阅读教学部分所涉及的内容不外乎以下方面：阅读及阅读教学的概念与意义、阅读教学的目标、阅读教学的基本规律（或原则、理论关注点、注意的问题）、阅读教学的一般过程与方法、不同年级及不同类型课文的教学等。本书分以下六节进行论述：阅读教学概述、阅读教学的目标、阅读教学的原则、阅读教学的过程、阅读教学的方法、阅读教学的共性与特色。

# 第一节　阅读教学概述

## 一、阅读教学的概念

### （一）什么是阅读

"阅读"有不同的定义，例如：有的认为，阅读是"看（书报等）并领会其内容"。[①] 有的认为，"阅读，一般指看或者读别人写的文章"[②]。有的认为，"阅读既是人们对文字信息进行认知、理解和吸收的复杂的认识过程，又是对文字信息进行情感体验并产生共鸣的复杂情感活动，还是对文字信息内化吸收并将外部语言转化为内部语言、转化为思维工具和表达工具，形成语言能力的复杂的语言实践活动"[③]。有的认为，阅读"在语文教学中""特指阅读语文教材中的课文和课外读物"[④]。

阅读之所以有不同的定义，是由于人们研究的目的和出发点不同而对

---

① 中国社会科学院语言研究所词典编辑室. 现代汉语词典（第 5 版）. 北京：商务印书馆，2005：1684.

② 人民教育出版社小学语文室. 小学语文教学法 [M]. 北京：人民教育出版社，1995：99.

③ 魏薇. 小学语文教学法 [M]. 济南：齐鲁书社，2002：111.

④ 江平. 小学语文课程与教学 [M]. 北京：高等教育出版社，2004：184.

阅读的理解不同造成的。要正确理解阅读的概念，应该考虑几个重要因素：阅读的主体、阅读的对象、阅读的过程、阅读的功能。阅读的主体就是阅读者，我们研究的阅读主体是学生；阅读的对象已不限于纸质媒体上的文字、图表，而是扩展到广播、电视、网络甚至周围世界里一切可以感知的信息——当然最重要的阅读对象还是文字；阅读的过程是一个对阅读对象（主要是文字）的感知、理解、吸收的复杂过程；阅读的功能是获取信息、认识世界、发展思维、获得审美体验等。

对于阅读与理解的过程，不难找到相关的论述与观点。例如，美国学者鲁墨哈特等认为，阅读理解是一个"双向"的心理过程，一是从语言形式到思想内容，即由字词、句段到篇章，由题材、布局、表达、用语入手去探索文章的中心思想和艺术特点，这是从形式到内容、从局部到整体、从具体到抽象的心理过程，这个过程侧重于综合。还有一个与上述逆向的心理过程，就是由思想内容返回到语言形式。它从已经把握的中心思想和艺术特点出发，研究作者怎样围绕中心选材、谋篇、遣词造句等，这是从内容到形式、从整体到局部、从抽象到具体的心理过程，这个过程侧重于分析。① 我国的教育心理学著作中也早有相似的观点，认为读一篇文章，首先感知的是文字，经过一步步读懂字词、句、段、篇，才逐步理解这篇文章，学生阅读大抵经历由语文到思想、由形式到内容、由外表到内部、由部分到整体的心理活动过程，这是侧重从理解的角度学习语文而言。至于侧重从运用或写作的角度学习语文，就必须从探索到的中心思想出发，研究作者怎样围绕中心选择材料等，这样的心理活动进程同上述着重理解的阅读正好相反，但这两种心理进程是密不可分的。② 有学者认为，阅读心理过程大致可以分为感知、理解、表述、鉴赏评价等四个不同的阶段，逐步发展，趋向深入，使阅读水平不断提高。③ 这三种论述，前两种是从阅读活动的总体思路指向上来说的，后者指出的是阅读过程中的心理活动；前者有助于我们把握阅读教学的整体思路方向，后者有助于我们理解阅读教学的实质。两者结合起来，可以使我们更全面地把握阅读过程的实质：阅读的过程应该是一个从语言文字到思想内容，再从思想内容到语言表达的过程；在这个过程中大致要经历感知、理解、表述、鉴赏评价等阶段。

---

① 马笑霞. 语文教学心理研究［M］. 杭州：浙江大学出版社，2001：107.
② 潘菽. 教育心理学［M］. 北京：人民教育出版社，1983：247.
③ 马笑霞. 语文教学心理研究［M］. 杭州：浙江大学出版社，2001：105.

当然，阅读是一项复杂的活动，阅读的目的不同，其阅读策略也是不尽相同的。阅读过程不是直线型或一个"来回"就能完成的，一般需要通过反复来回阅读，不断加深对文章的理解；还应注意的是，"单篇课文的理解可以通过自上而下加工和自下而上加工"，"篇章结构的理解"与"字、词、句的学习""互为学习的条件"，"没有严格的或单一的起点能力"。①

**（二）什么是阅读教学**

阅读教学也有不同的定义，例如：《义务教育语文课程标准（2011年版)》指出，"阅读教学是学生、教师、教科书编者、文本之间对话的过程。"又有教学法教材认为，"阅读教学，是为了着重培养理解书面语言的能力而进行的一系列语文训练"②。魏薇主编的《小学语文教学法》与江平主编的《小学语文课程与教学》都认为，"阅读教学，是重点培养学生阅读能力的一系列语文训练活动"③。定义不同，体现了对阅读教学概念理解或强调的侧重点不同。如上述定义，有的强调了阅读过程中"学生、教师、教科书编者、文本"之间的关系，有的强调了"理解书面语言的能力"或"阅读能力"培养等目的。我们这里所说的阅读教学，主要是指教师指导学生阅读课文或其他读物，从而着重培养其书面语言理解能力的活动。

## 二、阅读教学的意义

各种版本的小学语文课程与教学论教材对阅读教学的意义都有所论述。例如：

有的认为：从它在小学语文科教学中的地位来说，它是小学语文教学中最主要的内容。发展儿童语言、扩充儿童科学知识、培养儿童共产主义道德品质等任务，主要要靠阅读教学来完成。④

有的认为：它是培养学生听说读写等各种能力的重要环节，对于开阔学生的视野，发展学生的智力，培养学生逐步树立无产阶级世界观，都有着很大的作用。⑤

---

① 皮连生. 教学设计（第2版）［M］. 北京：高等教育出版社，2009：148.
② 人民教育出版社小学语文室. 小学语文教学法［M］. 北京：人民教育出版社，1995：99.
③ 魏薇. 小学语文教学法［M］. 济南：齐鲁书社，2002：112；江平. 小学语文课程与教学［M］. 北京：高等教育出版社，2004：184.
④ 薛焕武，李树棠，吴德涵，等. 小学语文教学法［M］. 北京：人民教育出版社，1958：51.
⑤ 袁微子. 小学语文教材教法［M］. 北京：人民教育出版社，1984：64.

有的认为：阅读教学是识字的重要途径；阅读教学能够提高听话、说话和作文能力；阅读教学可以使学生增长知识，发展智力；阅读教学可以使学生在潜移默化中受到思想教育和美的熏陶。①

有的认为：阅读教学是识字的重要途径；阅读教学能够促进听话、说话和作文能力的提高；阅读教学可以使学生获得丰富的知识，受到科学思维方法的训练，促进智力的发展；阅读有利于发展儿童的阅读能力；阅读教学能够使学生受到思想品德教育，陶冶爱美的情趣。②

有的认为：小学阅读教学是培养儿童识字、看书、说话、作文能力的重要途径，是开阔视野、发展智力的重要手段，是陶冶情操，进行德育和美育的重要途径。③

上述各种教材对阅读教学意义的表述，尽管条目与文字不尽相同，但内容大同小异，一般涉及以下几个方面：与各项语文能力的关系、与获取知识的关系、与智力的关系、与非智力的关系。

（1）从阅读与各项语文能力的关系看，阅读教学是培养学生语文能力的重要途径。它是识字的重要途径，能够使学生积累语言，得到听说读写的综合训练。

（2）从阅读与获取知识的关系看，阅读教学可以使学生开阔视野，获得丰富的知识。

（3）从阅读与智力的关系看，阅读教学可以使学生受到科学思维方法的训练，促进智力的发展。

（4）从阅读与非智力因素的关系看，阅读教学可以使学生受到思想品德教育，陶冶情操。

## 三、阅读教学的历史与现状

### （一）阅读教学自古即备受重视

"书中自有黄金屋，书中自有颜如玉"，"忠厚传家远，诗书继世长"。古代，无论帝王，还是寻常百姓，都懂得读书的重要。因而读书——阅读，自然是古代学生学习的重要内容，如何教育指导子弟和学生读书自然也是

---

① 人民教育出版社小学语文室. 小学语文教学法［M］. 北京：人民教育出版社，1995：100 - 101.

② 魏薇. 小学语文教学法［M］. 济南：齐鲁书社，2002：112 - 113.

③ 江平. 小学语文课程与教学［M］. 北京：高等教育出版社，2004：185.

古代人们所十分重视的事情。

**（二）阅读教学方法古代以诵读、讲授为主，现当代则流派纷呈**

熟读、精思、博览是我国古代语文教育十分重视的经验。就蒙学的阅读教学来说，诵读、讲授，特别是诵读，则是最主要的教学方法。例如，隋唐五代的蒙学初步读文教学，"在教学方法上，采取个别教学，重视口授和诵读。一般程序大致是：书师领读，学童跟读；尔后，学童自己读，熟读；再读给书师听，书师纠正；最后，学童再自己读，达到能够背诵"①。宋代的朱熹在《朱子童蒙须知》中说道：凡读书，"须要读得字字响亮，不可误一字，不可少一字，不可多一字，不可倒一字，不可牵强暗记。只是要多诵遍数，自然上口，久远不忘。古人云：'读书千遍，其义自见。'谓熟读则不待解说，自晓其义也"②。

20世纪以来，随着独立的语文学科的建立，语文教学研究逐步走向科学化。特别是进入21世纪以来，"走进新课改，我们欣喜地看到小学语文教学正在告别粗糙的年代，人们的理论视野开阔了，思维空间开放了，生命个性开朗了，反映在语文课堂上，教学风格更趋多样，在此基础上形成的各种教学流派也渐露风采，成为当下小语界的盛世景观"③。

对于教学流派的分类及名称有不同的观点。如有人认为，我国当前的小学阅读教学，主要有三大流派：讲读派、导读派和情境派。④ 有人认为，当前形形色色的阅读教学方法，根据各自强调的不同重点可以分为"双基派""自学派""情境派"和"思维派"四个流派。⑤ 有的教材介绍"当前阅读教学的几种类型"时介绍了落实"双基"型、利用情境型、发展思维型、强调自学型等。⑥ 有的教材认为阅读教学艺术比较成熟的有情境派、导读派、思路派。⑦ 有人认为，新中国成立以来，形成了诸多独具特色的阅读教学流派，如情境教学流派、思路教学流派、快速阅读教学流派、导读教

---

① 林治金. 中国小学语文教学史［M］. 济南：山东教育出版社，1996：89.

② 陈宏谋. 养正遗规译注［M］.《五种遗规》译注小组，译注. 北京：中国华侨出版社，2012：16.

③ 周一贯. 周一贯语文教育60年［M］. 宁波：宁波出版社，2012：83.

④ 孙笑平. 我国小学阅读教学中的风格流派分野［J］. 现代中小学教育，1991（5）：16.

⑤ 聂在富. 小学语文疑难问题解答［M］. 济南：山东教育出版社，1993：333.

⑥《小学语文教学研究》编写组. 小学语文教学研究［M］. 南京：江苏教育出版社，1993：186 - 198.

⑦ 魏薇. 小学语文教学法［M］. 济南：齐鲁书社，2002：136.

学流派、语感教学流派等。① 有人认为，近二十年来，中国小学语文教学在快速发展的过程中形成了诸多流派，其中"情境教学""读写结合"和"学法指导"是知名度最高、传播面最广、影响最大的三种教学流派，20 世纪 80 年代以来，成为小学语文教学界关注的焦点，仿效的热点，推崇的重点。② 有资料列举了如下"颇具影响力的教学流派"："导读教学"流派、"情境教学"流派、"言语学习"流派、张伟的"球形语文教学"、孙双金的"情智语文"开发、王崧舟的"诗意语文"等。还提到了五种教学风格，并用有关名师的课例进行了说明：语言感悟型（感悟型），如贾志敏《卧薪尝胆》的教学；情思激荡型（情感型），如窦桂梅《圆明园的毁灭》的教学；自然亲切型（自然型），如于永正《我的伯父鲁迅先生》的教学；睿智深刻型（智慧型），如支玉恒《草原》等的教学；广博典雅型（博雅型），如王崧舟《一夜的工作》的教学。③

在诸多的教学流派中，情境教学无疑是影响最大的一个。情境教学借鉴了我国古代文论中的"境界学说"和外语教学中的"情景教学"等方法，其着眼点是学生素质整体和谐的发展。小学语文情境教学的代表人物是江苏南通师范第二附属小学的语文特级教师李吉林。李吉林老师对情境教学进行了系统的研究和探索。指出，情境教学具有"形真""情切""意远""理念寓于其中"的特点；④ 情境根据刺激物对儿童感官或思维活动所引起的不同作用，大致分为实体情境、模拟情境、语表情境、想象情境及推理情境。⑤ 并提出了情境教学的如下教学原则："形式上的新异性""内容上的实践性""方法上的启发性"。⑥ 情境创设的途径可以归纳为："生活展现情境""实物演示情境""图画再现情境""音乐渲染情境""表演体会情

————————

① 童子双. 小学语文新课程教学与研究［M］. 北京：中国广播电视出版社，2008：499.

② 蒋军晶. 课堂打磨蒋军晶小学语文典型课例［M］. 北京：北京师范大学出版社，2009：229.

③ 小学语文阅读教学风格流派简介教学的特色、风格与流派：语文教学艺术的追求［EB/OL］. 道客巴巴［2012-11-24］http：//www.doc88.com/p-997232421536.html.

④ 李吉林. 李吉林文集（第 1 卷）情境教学实验与研究［M］. 北京：人民教育出版社，2006：21.

⑤ 李吉林. 李吉林文集（第 1 卷）情境教学实验与研究［M］. 北京：人民教育出版社，2006：32.

⑥ 李吉林. 李吉林文集（第 1 卷）情境教学实验与研究［M］. 北京：人民教育出版社，2006：36-42.

境""语言描绘情境"六种。①

# 第二节　阅读教学的目标

不同时期的小学语文课程与教学论对教学目标的称谓不同，但都有与教学目标相关的内容。例如：

薛焕武、李树棠等编，人民教育出版社 1958 年 7 月出版的《小学语文教学法》，在"阅读教学"一章中有"阅读教学的任务、意义和要求"一节，对当时教学大纲中提出的小学阅读教学基本任务和总要求作了简要阐述。

袁微子主编、人民教育出版社 1984 年 12 月出版的《小学语文教材教法》，在"阅读教学"一节中并没有把阅读教学目标作为一个专门问题进行论述，但在这一节的总述中提到"阅读教学的任务"与"小学阶段阅读教学的具体要求"。其中"小学阶段阅读教学的具体要求"就是当时教学大纲中的内容。

人民教育出版社小学语文室编著、人民教育出版社 1995 年 12 月出版的《小学语文教学法》，在"阅读教学的要求"部分，也对当时教学大纲中有关阅读教学的任务与要求进行了阐释。

魏薇主编、齐鲁书社 2002 年 6 月出版的《小学语文教学法》有关"小学阅读教学的目标"部分中，列出了课程标准有关阅读教学的总目标与三个学段的目标。

江平主编、高等教育出版社 2004 年 8 月出版的《小学语文课程与教学》有关"阅读教学目标"部分，在列举阅读教学总目标或总要求的基础上，简单指出了 2001 年语文课程标准的"阅读教学目标"相对于过去语文教学大纲相关要求的三点突出差异。

本书将阅读教学的目标列出专节进行论述。很显然，具有独立的阅读能力是阅读教学的根本目标。阅读能力包括哪些因素、其形成过程怎样，理解这些内容对于理解阅读教学的目标显然是十分必要的。因此，本节内容将先对阅读能力的构成作一介绍，然后再讨论阅读教学的目标。

---

① 李吉林. 李吉林文集（第 1 卷）情境教学实验与研究 [M]. 北京：人民教育出版社，2006：43.

## 一、阅读能力的构成

关于阅读能力的发展，不乏相关的研究。例如，有研究表明，阅读理解的发展要经历下列不同水平："字面的理解水平""解释的水平""批判性阅读""创造性阅读"。①

江苏教育出版社出版的《小学语文教学研究》认为，认读、理解、概括、质疑和鉴赏组成阅读能力的纵向结构，代表了阅读能力的四个不同的层次。但是，以上四种能力并不完全是按直线一步一步地形成的，四者之间存在互相渗透、互相影响的关系。② 学生要获得初步阅读能力，必须记忆一定数量的字词，并在生活中积累一定量的表象。教师要指导学生运用和发展自己的记忆力和想象力来读懂文章的词句，把抽象的由文字组成的文章变成学生脑中生动形象的生活场景；并要指导学生运用分析比较和综合概括的方法来梳理课文，找出要点和中心。③ 当学生的阅读能力不仅能概括出文章的规律，而且能质疑鉴赏（即使是很初步的鉴赏）时，他们的能力就达到一个质的飞跃。这个质的飞跃是学生逻辑思维、形象思维和创造思维的发展，也是阅读能力的发展。④

人民教育出版社小学语文室编著的《小学语文教学法》认为，阅读能力是以理解能力为核心的综合能力，包括理解能力、阅读技能、阅读习惯等方面。阅读能力在阅读教学中不断得到培养。学生从低年级到中、高年级，阅读能力循序渐进、螺旋上升。⑤

王文彦、蔡明主编的《语文课程与教学论》认为，阅读教学的重点是培养学生具有感受、理解、欣赏和评价的能力，逐步培养探究性阅读和创造性阅读的能力。⑥

有人认为，阅读能力主要由认读能力、理解能力、语感能力、鉴赏评

---

① 潘菽. 教育心理学 ［M］. 北京：人民教育出版社，1983：106 – 107.

② 《小学语文教学研究》编写组. 小学语文教学研究 ［M］. 南京：江苏教育出版社，1993：176.

③ 《小学语文教学研究》编写组. 小学语文教学研究 ［M］. 南京：江苏教育出版社，1993：80 – 81.

④ 《小学语文教学研究》编写组. 小学语文教学研究 ［M］. 南京：江苏教育出版社，1993：82 – 83.

⑤ 人民教育出版社小学语文室. 小学语文教学法 ［M］. 北京：人民教育出版社，1995：105.

⑥ 王文彦，蔡明. 语文课程与教学论（第 2 版）［M］. 北京：高等教育出版社，2006：200.

价能力组成。①

以上观点，都涉及阅读能力的层次问题，强调了不同水平阅读的差异性。其实，高层次的阅读能力与低层次的阅读能力不是截然分开的：不仅从阅读能力发展过程来看，高层次阅读能力要以低层次阅读能力为基础；就是从阅读一篇文章的过程来看，高层次的阅读也是从低层次的阅读开始的，所谓高层次的阅读能力，仍包含着低层次阅读的能力。

阅读（一篇文章或读物）要经历一个过程，完成这个过程的能力，就是阅读的能力。分析阅读过程涉及的能力，即可找出阅读能力的构成要素。如前面所提到过的，阅读的过程是一个对阅读对象（主要是文字）的感知、理解、吸收或感知、理解、表述、鉴赏评价等的过程。这些活动中，表述与鉴赏评价可以归到理解与吸收当中去，因而我们可以把阅读过程简单概括为感知、理解、吸收三个层次或阶段。因此，阅读的能力应该包括对读物的感知、理解与吸收等能力。当然，这些方面（或这些阶段中表现出来）的能力都还会由更细的因素构成。了解这些更细、更具体的能力（或构成要素），才能更自觉地把阅读能力的培养落到实处。以下列举一些更具体的阅读能力或构成要素：

（1）感知阅读材料需要的能力。感知即感觉和知觉。阅读感知的对象是语言文字材料，阅读感知是特殊的感知，因而阅读感知除了遵循感知的一般规律外，还有其自身的特点。阅读感知是阅读的初级阶段，旨在形成阅读内容的表象。阅读必然从感知文字材料开始，感知文字材料当然需要一定的语言文字基础（一定的识字量、词汇量、句法基础等），感知文字材料的过程还涉及知觉的广度、眼球移动等问题。知觉（表象）的形成离不开对有关记忆的唤醒，"认知结果在很大程度上是依赖于固有的心灵库存被激活的那部分"②。因此有关生活经验、表象积累也是阅读感知的重要基础。

（2）理解阅读材料需要的能力。理解阅读材料是一个"释义"的过程，这个过程即"读者通过直觉、联想、想象、逻辑分析和综合判断等一系列的思维活动，把符号及其作品还原为具有特定个人特征和社会情境特征的'意思'，把言变为意。"③ 因此，理解阅读材料需要一定的生活经验与表象积累，需要一定的直觉、联想、想象、逻辑分析和综合判断等思维能力。

---

① 金舒. 青少年成才的8大资本 [M]. 合肥：安徽文艺出版社，2013：60.
② 马笑霞. 语文教学心理研究 [M]. 杭州：浙江大学出版社，2001：118.
③ 顾晓明. 阅读学：拓展阅读研究的广度和深度 [J]. 语文学习，1987（3）：42.

（3）吸收阅读材料需要的能力。有观点认为，有效的阅读理解应该具有共同的智力操作特征，具体表现为："消化""简化""序化""活化""语言化"。① 其实这已经谈到了对阅读材料的转化吸收问题。"在阅读中，当学生对读物有了一些新的理解之后，就会产生一种表述自己内心感受的愿望。""在这个过程中，学生不是机械地把原文说或写出来，不是照本宣科式地'念'，而是用经过压缩的、简要的、自己能明白的内部言语来分析、综合、比较和概括原文的句子、段落，把原文的思想变成自己的思想，然后用具有规范语法结构的、能为他人所理解的外部言语形式加以表达。""在这种由读到说与写的外部言语表达中，学生个人的知识经验、感受体会都会加入进去，会不知不觉地在文章与学生之间建立一个区域广泛的敏感区，并发生和谐的共振。"② 可见，吸收阅读材料过程中，分析、综合、比较、概括等思维能力，一定的知识经验和语言表达能力，是必不可少的能力或基础。

总之，"在阅读时，感知、想象、联想、思维、记忆等心智因素，分析、综合、推理、判断、归纳、演绎等心智技能，以及阅读需要、动机、兴越、情感、意志等各种意向活动，都是具有调节、促进作用的各种心理因素，它们交互作用而形成一个渐进的认知过程，成为决定阅读水平的关键所在"③。这些因素，既是阅读的基础，也需要在阅读实践中逐步培养提高。

## 二、阅读教学的目标

### （一）阅读教学目标的广度（项目）

按照新课程标准的目标分类，小学语文阅读教学的目标应该包括知识与能力、过程与方法、情感态度与价值观三个"维度"。其实总目标与各个学段所列出的目标，有许多条都很难分清其属于哪个"维度"。前面曾谈到过，"三个维度"的分法是不合适的，其实知识、能力、情感足以涵盖教学目标的所有方面。当然，每一个方面都还可能分为更具体的几个方面。

就一篇课文的教学来看，阅读教学的目标大致包括以下七个方面：

（1）识字；

---

① 马笑霞. 语文教学心理研究 ［M］. 杭州：浙江大学出版社，2001：109 – 110.
② 马笑霞. 语文教学心理研究 ［M］. 杭州：浙江大学出版社，2001：110.
③ 马笑霞. 语文教学心理研究 ［M］. 杭州：浙江大学出版社，2001：104.

（2）理解内容（词、句、段、篇的意思及含义）；

（3）体会感情，培养正确的情感、态度、价值观；

（4）领悟语文知识与读写方法；

（5）积累与听说读写能力训练（朗读、默读、背诵、复述，写字、练笔等）；

（6）发展智力，掌握科学的思维方法等；

（7）培养阅读兴趣、良好的学习习惯及自学能力。

**（二）阅读教学目标的深度（层次）**

不同年级、不同课文的教学目标在深度或层次上是不同的。教师应熟悉总目标与各学段目标。教学具体课文时，要根据课程标准规定的年段目标和具体课文（课后练习）及学生情况去确定课时目标。

《义务教育语文课程标准（2011 年版）》中规定的阅读教学总目标如下：

具有独立阅读的能力，学会运用多种阅读方法。有较为丰富的积累和良好的语感，注重情感体验，发展感受和理解的能力。能阅读日常的书报杂志，能初步鉴赏文学作品，丰富自己的精神世界。能借助工具书阅读浅易文言文。背诵优秀诗文 240 篇（段）。九年课外阅读总量应在 400 万字以上。

为便于把握各学段目标之间的联系与层次性，现将 2011 年版语文课程标准中的阅读教学目标列表整理如下（表 5-1）：

表 5-1　各学段阅读教学目标

| 项目 | | 第一学段 | 第二学段 | 第三学段 |
|---|---|---|---|---|
| 阅读兴趣与习惯 | | 喜欢阅读，感受阅读的乐趣。养成爱护图书的习惯。 | | |
| 阅读方式 | 朗读 | 学习用普通话正确、流利、有感情地朗读课文。 | 用普通话正确、流利、有感情地朗读课文。 | 能用普通话正确、流利、有感情地朗读课文。 |
| | 默读 | 学习默读。 | 初步学会默读，做到不出声，不指读。 | 默读有一定的速度，默读一般读物每分钟不少于 300 字。 |
| | 略读与浏览 | | 学习略读，粗知文章大意。 | 学习浏览，扩大知识面，根据需要搜集信息。 |

（续表）

| 项目 | | 第一学段 | 第二学段 | 第三学段 |
|---|---|---|---|---|
| | 词句学习 | 结合上下文和生活实际了解课文中词句的意思，在阅读中积累词语。借助读物中的图画阅读。 | 能联系上下文，理解词句的意思，体会课文中关键词句表达情意的作用。能借助字典、词典和生活积累，理解生词的意义。 | 能联系上下文和自己的积累，推想课文中有关词句的意思，辨别词语的感情色彩，体会其表达效果。 |
| 篇的学习：课文主要内容理解、情感体验、表达方法领悟 | | | 能初步把握文章的主要内容，体会文章表达的思想感情。能对课文中不理解的地方提出疑问。 | 在阅读中了解文章的表达顺序，体会作者的思想感情，初步领悟文章的基本表达方法。在交流和讨论中，敢于提出看法，作出自己的判断。 |
| 不同体裁课文学习 | 叙事性作品 | 阅读浅近的童话、寓言、故事，向往美好的情境，关心自然和生命，对感兴趣的人物和事件有自己的感受和想法，并乐于与人交流。 | 能复述叙事性作品的大意，初步感受作品中生动的形象和优美的语言，关心作品中人物的命运和喜怒哀乐，与他人交流自己的阅读感受。 | 阅读叙事性作品，了解事件梗概，能简单描述自己印象最深的场景、人物、细节，说出自己的喜爱、憎恶、崇敬、向往、同情等感受。 |
| | 诗歌 | 诵读儿歌、儿童诗和浅近的古诗，展开想象，获得初步的情感体验，感受语言的优美。 | 诵读优秀诗文，注意在诵读过程中体验情感，展开想象，领悟诗文大意。 | 阅读诗歌，大体把握诗意，想象诗歌描述的情境，体会作品的情感。受到优秀作品的感染和激励，向往和追求美好的理想。诵读优秀诗文，注意通过语调、韵律、节奏等体味作品的内容和情感。 |
| | 说明文阅读 | | | 阅读说明性文章，能抓住要点，了解文章的基本说明方法。阅读简单的非连续性文本，能从图文等组合材料中找出有价值的信息。 |

（续表）

| 项目 | 第一学段 | 第二学段 | 第三学段 |
|------|---------|---------|---------|
| 标点符号学习 | 认识课文中出现的常用标点符号。在阅读中体会句号、问号、感叹号所表达的不同语气。 | 在理解语句的过程中，体会句号与逗号的不同用法，了解冒号、引号的一般用法。 | 在理解课文的过程中，体会顿号与逗号、分号与句号的不同用法。 |
| 积累 | 积累自己喜欢的成语和格言警句。 | 积累课文中的优美词语、精彩句段，以及在课外阅读和生活中获得的语言材料。 | |
| 背诵 | 背诵优秀诗文 50 篇（段）。 | 背诵优秀诗文 50 篇（段）。 | 背诵优秀诗文 60 篇（段）。 |
| 课外阅读 | 课外阅读总量不少于 5 万字。 | 养成读书看报的习惯，收藏图书资料，乐于与同学交流。课外阅读总量不少于 40 万字。 | 扩展阅读面。课外阅读总量不少于 100 万字。 |

### （三）目标的主次轻重

课时（课文）教学目标应该全面，但这些目标是有主次的，有的是一般目标，而有的是"本体目标"。教案中没有必要把"教学目标"全部写出来，而只要写出"本体目标"即可。语文的本体目标即字词句篇听说读写有关知识与能力目标，但语文课程的人文性又决定了理解内容、体会感情的目标也是必须重视的。

低年级一般来说识字与理解内容是重点，难点往往在写字与理解词句方面。中高年级一般来说理解课文内容、进行读写训练是重点，理解某些内容的含义及学习某种读写方法是难点。

### （四）阅读教学目标的陈述

前面已论述过，虽然课程标准提出了"三维目标"的说法，但教学目标是不好按"三维"去表述的。

下面是皮连生主编的《教学设计》列举的《小壁虎借尾巴》（小学二年级下学期语文）一课的一个"良好陈述的目标"实例：

（1）拼音：

利用拼音读准生字的音；能看着课后练习中的拼音读出并写出句子（bì hǔ de wěi bā duǎn le, hái huì zhǎng chū xīn wěi bā）。

（2）字词：

①能写、默课文中 12 个生字和 16 个词，并能说出这些字词在课文中所指的意思；

②能口头解释"摇着尾巴""甩着尾巴"和"摆着尾巴"三个带下画线动词的不同含义。

（3）句式：

能按下面的句式造句或仿写句子：

"谁—看见—谁（什么）—在哪里—怎么样地—干什么。"

（4）课文理解：

①能独立找出课文中分别描写鱼、牛、燕子尾巴作用的句子；

②找出并说出课文 3、4、5 段在形式和内容上的异同点。

（5）课文朗读和背诵：

能流利朗读全文并能背诵课文 3、4、5 段。

该书在对该实例的评析中指出："单篇课文教学目标宜用两个维度进行陈述，第一个维度涉及语文单篇课文学习结果的内容：字、词、句、篇（小学低年级还有拼音）；另一个维度涉及学生的行为表现：听、说、读、写作、造句、解释、说明等。如掌握词语这一项的内容，可以从认读句子、解释词义等行为中表现出来。"①

如前所述，教案中只写出"本体目标"即可。对于阅读教学来说，一般写出如下三条或四条即可：

（1）（识字、学词等）认识"××"等字，学会"××"等字，学会"××"等词语。

（2）（朗读、积累与读书方法）朗读、默读、背诵，学习……读书或理解课文的方法等。

（3）（情感目标）理解课文内容，明白……道理（体会……感情，或学习……品质等）。

---

① 皮连生. 教学设计（第 2 版）［M］. 北京：高等教育出版社，2009：90.

（4）（表达能力目标）学习……表达方法。（低年级不用写此条。）

这四条目标的排列顺序，暗含了以下几条规律：从字到词到篇；从文字到内容再到表达；从知识到能力，再到情感。

# 第三节　阅读教学的原则

## 一、有关教材或论著中的观点

薛焕武、李树棠等编的《小学语文教学法》，在阅读教学部分的"阅读教学的基本方法及重点工作"一节中主张："阅读教学的进行采用讲读法。"对于讲读法，论述了三个基本特点，其实就是三个基本原则：①要凭借课本进行教学，使儿童理解课文字句、全文的内容和基本思想，养成儿童独立地自觉地阅读的能力；②要以阅读训练为中心，多让儿童朗读、默读；③一切教学活动要在教师的指导下进行，随着儿童年级的递升，儿童的独立活动应逐渐加多。① 该书这一章各类课文的教学部分，都谈到了有关的教学原则。

袁微子主编《小学语文教材教法》的阅读教学部分，没有讲"教学原则"，但其"阅读教学的特点"即体现了对阅读教学的基本要求，也就是教学原则。其论述的阅读教学特点有以下几条：第一，阅读教学是语言文字理解能力的训练；第二，阅读教学注意语言文字的理解，要把它跟认识事物、体会思想感情结合起来；第三，阅读能力的提高，促使听、说、读、写的能力同时得到发展；第四，阅读教学的关键在于培养自学能力。②

《小学语文教学研究》编写组编的《小学语文教学研究》，在"小学阅读教学"部分"阅读教学的几个理论问题"一节中论述了"文和道""讲和读""读和思"几个问题，③ 在"阅读教学亟待解决的问题"一节中论述了"在阅读教学中注意发展学生的思维能力""在阅读教学中注意提高学生

---

① 薛焕武，李树棠，吴德涵，等. 小学语文教学法［M］. 北京：人民教育出版社，1958：52－54.

② 袁微子. 小学语文教材教法［M］. 北京：人民教育出版社，1984：65－76.

③ 《小学语文教学研究》编写组. 小学语文教学研究［M］. 南京：江苏教育出版社，1993：154－168.

的写作能力""阅读教学要提高学生的认识，也要培养学生的情感"三个问题。① 处理好这几个问题，实际也是阅读教学应遵循的一些原则。

人民教育出版社小学语文室编著的《小学语文教学法》，"阅读教学"一章中"阅读教学应注意的问题"就相当于阅读教学的基本原则，论述了以下四个问题：正确处理语言文字训练与思想教育的关系；正确处理教与学的关系；正确处理阶段性与连续性的关系；重视培养良好的阅读习惯。②

魏薇主编的《小学语文教学法》没有专门讲阅读教学的原则，但在阅读教学设计与阅读教学实践中论述了"阅读教学过程的一般规律"与"运用阅读教学方法应注意的问题"，这些内容相当于阅读教学的原则。如阅读教学过程的一般规律是"从语言形式到思想内容，再从思想内容到语言表达"，"从整体到部分再到整体"；运用阅读教学方法应注意"明确认识阅读教学方法与教学思想的关系"，"明确认识阅读教学方法与语文学科性质的关系"，"明确认识阅读教学方法改革中继承和发展的关系"。③

江平主编的《小学语文课程与教学》，论述了以下"阅读教学理论的关注点"：读思结合；读写结合；文道结合；对话教学；语感培养；整体把握。④

《义务教育语文课程标准（2011年版）》对阅读教学提出了许多条建议。这些教学建议，正是新课程改革中阅读教学应该遵循的基本原则，可以概括出如下要点：①倡导自主与合作，发挥教师主导作用（引导学生主动学习，认真阅读文本，积极理解、思考、体验、感悟；倡导合作学习）。②重视综合与创新阅读能力培养。③重视各种形式阅读（朗读、默读、诵读、精读、略读、浏览等），加强阅读方法指导，促进语言积累，培养语感。④正确学习语文知识。⑤培养阅读兴趣，扩大阅读面。⑥重视读写结合，听说读写综合训练。

## 二、阅读教学的基本原则

参考不同时期小学语文课程与教学论教材及课程标准中的有关教学建

---

① 《小学语文教学研究》编写组. 小学语文教学研究 ［M］. 南京：江苏教育出版社，1993：203 – 213.

② 人民教育出版社小学语文室. 小学语文教学法 ［M］. 北京：人民教育出版社，1995：181 – 194.

③ 魏薇. 小学语文教学法 ［M］. 济南：齐鲁书社，2002：119、132 – 134.

④ 江平. 小学语文课程与教学 ［M］. 北京：高等教育出版社，2004：188 – 195.

议，可以归纳出如下三条阅读教学的基本原则：

**（一）重视学生积极主动而独特的理解、体验与感悟，培养学生探究性、创造性阅读的能力**

《全日制义务教育语文课程标准（实验稿）》指出："阅读是学生的个性化行为，不应以教师的分析来代替学生的阅读实践。"《学记》中说："虽有佳肴，弗食不知其旨也；虽有至道，弗学不知其善也。"理解内容、体会感情、领悟语文知识与读写方法，培养阅读能力，这是阅读教学的主要任务或目标，这些任务或目标的完成或达成，需要教师的引导，更需要学生积极主动的实践。课文的内容、课文所蕴含的情感等，不能由教师直接教给学生，教师应该创设环境和条件，引导学生自己入情入境地去体验、感悟与发现。坚持这一原则，应特别注意做好以下两点：

（1）引导学生积极思维。苏霍姆林斯基说过："在人的心灵深处，都有一种根深蒂固的需要，这就是希望自己是一个发现者、研究者、探索者。而在儿童的精神世界里，这种需要特别强烈。"因此，阅读教学要善于抓住语言文字引导学生积极思考，理解其意思、作用等，在理解语言文字的同时发展思维。当然阅读教学中的思维训练应把握准它的度，正像有学者指出的：引领学生语言学习与思维训练要有机结合，不能"零思考"——不给学生思考的机会，或"浅思考"——给思考机会却浅尝辄止，也不能"另类思考"——小学教《狼和小羊》时，教师指导学生发散思维、"独特体验"，结果小羊战胜了狼（或猎人救了小羊）。"这样的求异、创新有违于原作者和选编者的初衷。"①

（2）引导学生积极体验。"体验是指由身体性活动与直接经验而产生的感情和意识。体验使学习进入生命领域，因为有了体验，知识的学习不再是仅仅属于认知、理性范畴，它已扩展到情感、生理和人格等领域，从而使学习过程不仅是知识增长的过程，同时也是身心和人格健全与发展的过程。"体验性第一表现为"强调身体性参与"，第二表现为"重视直接经验"。② 语文丰富的人文内涵、思想感情不是靠说教或单纯的理性分析就能使学生接受的，它需要学生入情入境、感同身受地去体验；其实任何知识的学习都是在一定经验基础之上进行的，都与亲身体验有密切的关系。语

---

① 江平. 义务教育语文教学的五个注意点［J］. 课程·教材·教法，2006（29）：29.

② 朱慕菊. 走进新课程——与课程实施者对话［M］. 北京：北京师范大学出版社，2002：133－134.

感的培养更离不开积极的体验。叶圣陶说过："要求语感的敏锐，不能单从语言文字上揣摩，而要把生活经验联系到语言文字上去……有了这种准备，才可以通过文字的桥梁，和作者的心情契合。"① 因此，阅读教学要注意创设情境或唤起学生经验，引导学生入情入境地去体验学习的内容。

### （二）重视语言积累与运用，培养语感与语用能力

"有较为丰富的积累和良好的语感，注重情感体验，发展感受和理解的能力。"是《义务教育语文课程标准（2011 年版）》总目标中阅读目标的重要内容。"语感是指语言文字正确、敏锐、丰富的感受力，是指语言文字引起的复杂的心理活动和认知活动的过程。"② 语感应该建立在一定的语言感性积累基础之上。语言学家认为，理解的语汇只是消极语汇，只有记住并能运用的语汇才是积极语汇。当然，阅读中理解了的读写方法，也只有通过运用才能转化为自己的读写能力。语感与语用能力的培养应特别重视以下两方面工作：

（1）重视朗读、背诵等指导。朗读，既是阅读教学的目标，也是体会感情的重要手段。《义务教育语文课程标准（2011 年版）》在阅读教学建议中提出："要让学生在朗读中通过品味语言，体会作者及作品中的情感态度，学习用恰当的语气语调朗读，表现自己对作者及其作品情感态度的理解。"熟读成诵这是为前人所证明的积累语言和培养语感的有效方法。因此，阅读教学必须重视朗读与背诵的指导。要给学生朗读与背诵的时间，要对朗读与背诵进行必要的检查与考核。

（2）重视读写结合，听说读写综合训练。"在阅读中，当学生对读物有了一些新的理解之后，就会产生一种表述自己内心感受的愿望。""阅读表达是读者能动地消化知识、逐步地积累知识的手段，它能使阅读认识得到加深，可以提高阅读感知和阅读理解的效果，并使口头语言和书面语言的表达能力得到提高与发展。"③ 因此，阅读教学不能仅仅满足于学生对课文内容或表达形式的理解、感悟与记忆，而应该促使学生把优美的课文或词、句、段，转化为"积极语汇"，转化成自己的语言。除了重视背诵积累外，还要鼓励学生在生活中、在书面表达中积极运用所学语言，注意通过拓展阅读与仿写训练等把学到的读写方法转化为读写能力。

---

① 夏丏尊，叶绍钧. 阅读与写作［M］. 上海：开明出版社，1940：69.

② 江平. 小学语文课程与教学［M］. 北京：高等教育出版社，2004：132.

③ 马笑霞. 语文教学心理研究［M］. 杭州：浙江大学出版社，2001：110－111.

阅读教学中语言文字的训练有多种方式。例如崔峦所提到的："文中词句换一换；好的句式练一练；抓住留白补一补；观察插图写一写；""段、篇内容归一归；文章结构理一理；顺着情节扩一扩；展开想象续一续；""变换文体改一改；迁移写法仿一仿；加工信息编一编；学习所得记一记。"①

### （三）要重视阅读兴趣与自学能力的培养

兴趣是最好的老师，教是为了用不着教。"要重视培养学生广泛的阅读兴趣""具有独立阅读的能力"是语文课程标准教学建议与总目标中的重要内容。广泛的阅读兴趣与独立的阅读能力是阅读教学的最终追求。培养广泛的阅读兴趣与独立的阅读能力，当然需要教师对一篇篇课文的解读引导，但更应该注意以下两点：

（1）课文的学习要尽量从整体感知和自学开始。阅读教学应首先给学生提供自学的机会，让学生整体感知课文，并试图发现问题、解决问题。这样做起码具有以下意义：第一，符合"从整体到部分"的规律。学生有了对课文的初步的整体印象，有利于对具体词句、具体内容的理解。第二，有利于培养学生的自学能力和发现问题的能力。无论布鲁纳的发现法、黎世法的异步教学，还是"先学后教，当堂训练"的洋思教学经验等，都注重学生的自学和发现，都是从学生的自学开始的。让学生从自学开始，符合科学的学习方法的要求，有利于学生自学能力和发现问题能力的培养。第三，有利于教师有的放矢地施教，提高教学效率。"不愤不启，不悱不发。"教师在学生自学的基础上再进行引导，有的放矢，有利于调动学生积极性，提高教学效率。

（2）要注意拓展阅读。课文当然大都是经过教材编者精心挑选的文质兼美的作品，学习阅读离不开对课文的研读。但阅读教学不应局限于课文的学习，不要死啃课本，像有人所说："我们的语文教学内容缺乏足够的人文含量，教材里不乏雄篇美文，教学实践却把它变成一个个尸体解剖的对象，老师做的是'尸检'的工作，主题、中心、段落大意……这些纯粹技术上的分析，割断了一个人和母语之间的血肉联系，使孩子们不爱读书。"②"人文内涵"不是老师分析出来的，它需要学生感悟，需要学生一定的阅读经验；阅读能力的形成需要大量的阅读实践。一篇带多篇、一本带一本甚

---

① 崔峦. 遵循《语文课程标准》切实改进习作教学［J］. 小学语文，2013（3）：7.
② 广东高考现1670篇零分作文名师叹想象力被扼杀［EB/OL］. 凤凰网教育，2012-07-04.

至带多本、以精读带博读、群文阅读等，其实许多名师已在培养阅读兴趣与独立阅读能力方面创造了丰富的经验。

## 第四节 阅读教学的过程

不同时期的小学语文教学法或小学语文课程与教学论教材都把阅读教学的过程作为重要的内容来论述。例如：

薛焕武、李树棠等编，人民教育出版社出版的《小学语文教学法》（1958 年 7 月第 1 版），没有专门论述一般阅读教学的过程，但对各类课文、各种课型的教学过程都作了介绍或论述，如讲读文学作品的一般步骤、科学知识文章的一般教学步骤、教学应用文的一般步骤、复习课的教学步骤、课外阅读指导的一般步骤等。

袁微子主编的《小学语文教材教法》，把"阅读教学的过程"作为阅读教学的一项重要内容来论述。该书认为，学生从不能读书到能读，从读得不好到比较好，需要经过一个认真的训练过程。这个过程是由平时一次一次的训练构成的。因此，该书论述的阅读教学过程并不限于讲读课的教学过程，而是从整个阅读教学探讨它的过程。① 该书所讨论的教学过程都是比较"原则"的，如"启发学生阅读的自觉性""促进知识和能力的不断转化""处理好阅读教学的过程""认真上好讲读课"。② 这些都不是具体论述一篇课文、或某阶段、或整个小学阶段阅读教学的具体操作步骤。对于教学步骤，该书认为，不同的教材，不同类型的课文，不同的对象，教学步骤也应有所不同。讲读课的课堂教学，不必固守一定的模式。③ 当然，该书也提到了一篇课文教学的一些基本规律，如"从文字到内容""由感性到理性"④"从整体入手，先对文章的整体有个初步的认识，再深入到各个局部，然后再回到整体上来"⑤ 等规律。

人民教育出版社小学语文室编著、人民教育出版社出版的《小学语文教学法》（1995 年 12 月第 1 版），把"阅读教学的过程"作为"阅读教学"

---

① 袁微子. 小学语文教材教法 [M]. 北京：人民教育出版社，1984：77.
② 袁微子. 小学语文教材教法 [M]. 北京：人民教育出版社，1984：77-91.
③ 袁微子. 小学语文教材教法 [M]. 北京：人民教育出版社，1984：88.
④ 袁微子. 小学语文教材教法 [M]. 北京：人民教育出版社，1984：77、79.
⑤ 袁微子. 小学语文教材教法 [M]. 北京：人民教育出版社，1984：89.

的一节内容进行专门论述，对小学阶段和一篇课文的阅读教学过程分别进行了论述。在"小学阶段阅读教学的过程"中论述了低、中、高各年段阅读能力的特点与重点任务等。在"一篇课文教学的过程"中则较详细地论述了"安排一篇课文教学过程的基本思路"与"一篇课文教学的一般顺序"。

江平主编、高等教育出版社出版的《小学语文课程与教学》（2004 年 8 月第 1 版），在阅读教学一节中对"阅读教学的一般步骤和变序教学"作为一个专门问题进行了研究。

阅读教学的过程也就是达成阅读教学目标，或完成教学任务的过程。正如在前面教学过程概念中所说，教学过程是一个内涵丰富的概念，它既可指一个知识点的教学过程、某一课时或某一课题的教学过程，也可指一学期、一学年，甚至几年、几十年的教学过程。本节所谈的阅读教学的过程，主要指一篇课文的教学过程。

教学无定法，阅读教学如何达成目标当然没有一个固定的模式——有些教师总想得到一个最好的、万能的教学模式，这是不可能的。当然，阅读教学过程也还是有一些规律性的东西可以遵循，有一些成功的模式值得借鉴的。

对于阅读教学的过程，应该从以下三个层次来理解和把握：阅读教学过程的一般规律；阅读教学过程的基本结构模式；阅读教学过程模式的变式与特色。阅读教学过程的一般规律，主要从学生阅读的基本过程来探讨阅读教学的最基本思路；阅读教学过程的基本结构模式基于阅读教学的基本规律，探讨阅读教学的基本操作步骤；阅读教学过程模式的变式与特色，则要考虑不同文体、对象甚至教师自身特点等，灵活安排教学步骤与方法。第三个层次的内容后面有专节讨论，下面只讨论前两个层次的内容。

## 一、阅读教学过程的基本规律

如前所述，不同时期的教材大都会探讨阅读教学的过程或步骤，其依据当然是阅读教学过程的一般规律。因此也有教材先探讨一般规律再探讨教学过程。其实，阅读教学过程的基本规律也是不同时期教学大纲所关注的内容。例如 1929 年《小学课程暂行标准小学国语》即提出："读书教学，要先全体而后分析，先内容的吸取而后形式的探求，先理解而后记忆。"①

---

① 课程教材研究所. 20 世纪中国中小学课程标准·教学大纲汇编·语文卷 [M]. 北京：人民教育出版社，2001：19.

直到 1941 年的《小学国语科课程标准》，这一要求都几乎没有变化。1950 年的《小学语文课程暂行标准（草案）》考虑到了文体的差异，提出，"教学程序，也可因课文的性质而有所出入。大概文艺性的课文，可先概览全文，然后分段细读，随时解释生字、新词、难句。说明事物的课文，可先分段讲读，然后综合讲读全文，并随时解释生字、新词和难句。"① 直到 1955 年的《小学语文教学大纲（草案）》，这一要求都几乎没有变化，只是把"说明事物的课文"改成了"科学知识的文章"。1978 年的《全日制十年制学校小学语文教学大纲（试行草案）》提出："讲解课文时，教师要指导学生自觉地通过语言文字，正确理解课文的思想内容；并在理解思想内容的基础上，指导学生逐步学会怎样看书和作文。"② 这里实际提出了从语言文字到思想内容，再从思想内容到语言表达这个过程。1986 年的《全日制小学语文教学大纲》完整地从内容与形式、整体与局部的关系上提出了阅读教学过程的一般规律："讲读课文时，教师要通过语言文字，指导学生正确理解课文的思想内容，体会思想感情。教师要指导学生理解语言文字是怎样表达思想感情的，热爱祖国的语言文字。""讲解课文要处理好部分和整体的关系，一般地说，可以按照从整体到部分再到整体的顺序进行教学"③。

2000 年的《九年义务教育全日制小学语文教学大纲（试用修订版）》起，到《义务教育语文课程标准（2011 年版）》，都没有再明确地从语言文字与思想内容、整体与部分的关系上提出阅读教学过程的一般规律，但这并不能说明阅读教学过程没有这个规律或这个规律并不重要。

从语言文字到思想内容，再从思想内容到语言表达；从整体到部分再到整体，这确实是阅读教学过程应该遵循的基本规律。这一基本规律在许多论著中都有论述。

张志公先生认为：指导学生阅读一篇课文，"必须把它作为一整篇文章让学生读懂"，要"带领着学生从文章里走个来回"。教学的大致程序为：首先把语言文字弄清楚，从而进入文章的思想内容，再从思想内容走出来，

① 课程教材研究所. 20 世纪中国中小学课程标准·教学大纲汇编·语文卷［M］. 北京：人民教育出版社，2001：68.

② 课程教材研究所. 20 世纪中国中小学课程标准·教学大纲汇编·语文卷［M］. 北京：人民教育出版社，2001：179.

③ 课程教材研究所. 20 世纪中国中小学课程标准·教学大纲汇编·语文卷［M］. 北京：人民教育出版社，2001：197.

进一步理解语言文字是怎样组织运用的。① 这一观点，与南宋陈善有关"读书须知出入法"的观点是一致的。陈善在《扪虱新话》（卷四）中写道："读书须知出入法。始当求所以入，终当求所以出。见得亲切，此是入书法；用得透脱，此是出书法。盖不能入得书，则不知古人用心处；不能出得书，则又死在言下。唯知出知入，乃尽读书之法。"②

薛焕武、李树棠等编的《小学语文教学法》认为，文学作品的教学，在准备谈话后通过阅读全文让儿童对作品有了初步的完整的认识，然后在这个基础上再一部分一部分地阅读并加以分析。这就是从整体到部分。各部分阅读分析之后，进行复述工作和概括性谈话，使儿童在熟悉作品每一部分的基础上，思索作品的整体，领会各部分之间、形象与基本思想之间的联系。这就是由部分再回到整体。只有这样，才能透彻地理解课文，获得鲜明而完整的形象并受到深刻的感染。③ 特别是教学篇幅较长的作品，教师先把全篇作品作扼要的讲述，略述全文结构的梗概，或者指出贯串全文的线索，目的在帮助儿童了解某一部分的时候，知道它跟整篇的联系。然后一部分一部分地讲读。讲读某一部分，要注意它跟别的部分的承上启下的关系。最后，可以运用编段落大意、复述、总结方式，让儿童获得对全篇作品的完整的领会。"这样的分段阅读分析虽分两堂或三堂来完成也是不会使形象割裂的，因为它注意到从整体到部分又从部分回到整体的原则，注意到部分与整体，部分与部分间的联系。"④ 其实，不仅文学作品的教学应该遵循这样的规律，任何文本的教学，都应先让学生对文本有个整体的了解，然后再深入理解"部分"，最后才能达到"整体"的掌握。

袁微子主编的《小学语文教材教法》认为，讲读课的课堂教学不必固守一定的模式，但在教学的时候要有个整体性观念。要从整体入手，先对文章的整体有个初步的认识，再深入到各个局部，然后再回到整体上来，获得进一步的更完整、更深刻的认识。⑤ 阅读之初，要凭借着语言文字读进去，了解文章的主要内容，体会作者的思想感情。在对文章的思想内容有

① 林治金. 中国小学语文教学史［M］. 济南：山东教育出版社，1996：615.

② 陈善. 扪虱新话（1－2 册）［M］. 北京：中华书局，1985：39.

③ 薛焕武，李树棠，吴德涵，等. 小学语文教学法［M］. 北京：人民教育出版社，1958：77.

④ 薛焕武，李树棠，吴德涵，等. 小学语文教学法［M］. 北京：人民教育出版社，1958：101.

⑤ 袁微子. 小学语文教材教法［M］. 北京：人民教育出版社，1984：88－89.

了一定的认识和感受以后，还要进一步再读语言文字，体会语言文字是怎样反映思想内容的，加深对语言文字的理解，进一步提高理解水平。①

魏薇主编的《小学语文教学法》，在"阅读教学的设计"中首先介绍了"阅读教学过程的一般规律"，即"从语言形式到思想内容，再从思想内容到语言表达"；"从整体到部分再到整体"。②

江平主编的《小学语文课程与教学》认为，"读者要读懂文章，当然也'披文入情'，从理解字、词、句、篇入手，进一步理解文章内含的思想、观点、感情。一般地说，阅读教学的过程（步骤）可以按照由整体到部分再到整体的顺序进行教学。"③

皮连生认为，"单篇课文的理解可以通过自上而下加工和自下而上加工"，"篇章结构的理解"与"字、词、句的学习""互为学习的条件"，"没有严格的或单一的起点能力"。④ 这里虽然没有提出一定要"自上而下"、先梳理"篇章结构"，再学习"字、词、句"，即从整体到部分，但告诉我们，对"篇章结构"的理解也是"字、词、句的学习"的条件，最起码也能说明让学生先大体了解课文整体情况对于详细学习"字、词、句"是必要的。

马笑霞认为，阅读过程首先是一个整体感知的过程，即从整体教学目标出发（一册书、一个单元或者一篇课文）安排教学程序，让学生直接接触课文，而且是整篇课文。通过初读感知，迅速地抢占制高点，在脑海中形成一个知觉整体，尽管此时可能是混沌而朦胧的，然而，却是极有意义的。然后，在再读中鸟瞰各个部分，去认识各个部分在整体中的地位和作用，从而使自己对整体的把握更准确深刻又全面具体。接下去，在深入阅读中，凭借对整体的层次的把握，再把各个部分当做次一级整体，作进一步的分割……再作进一步的组合……如此在不同层面上的双向往复，使阅读更深刻、细致、准确。这种从整体感知入手的阅读方法是符合人们认知的一般规律的（即整体—部分—整体这样一个认识过程）。⑤

从整体到部分再到整体的教学思路也是符合图式理论观点的。从图式理论来看，人们在阅读一篇新的、内容不熟的文章时，如果见到一个熟悉

① 袁微子. 小学语文教材教法［M］. 北京：人民教育出版社，1984：80.
② 魏薇. 小学语文教学法［M］. 济南：齐鲁书社，2002：118－119.
③ 江平. 小学语文课程与教学［M］. 北京：高等教育出版社，2004：221.
④ 皮连生. 教学设计（第2版）［M］. 北京：高等教育出版社，2009：148.
⑤ 马笑霞. 语文教学心理研究［M］. 杭州：浙江大学出版社，2001：120.

的标题，读者总是根据这个标题所提示的原有知识来同化文章中的相关内容。对于内容丰富的文章，读者一般首先了解文章的大致结构和主要内容，通过反复来回阅读，不断加深对文章的理解，最后能从主题思想、写作方法、遣词、造句的特点等方面来分析和评价文章。①

有研究者认为，从一堂语文课的总体结构看，要考虑四个维度。一是哲学的维度：整体—部分—整体；二是心理学维度：内化—外化；三是教学论维度：感知—理解—巩固—应用；四是阅读学维度：熟读—读厚—读薄—读精。② 不难看出其前两个维度的观点与我们这里所说的基本规律是一致。

总之，从语言文字到思想内容，再从思想内容到语言表达；从整体到部分再到整体，这是我们设计阅读教学过程应该遵循的基本规律。

## 二、阅读教学课堂结构

课堂教学的整体效果是以课堂结构的合理性为前提的。探讨合理的课堂结构是阅读教学研究的重要内容。从语文教学论著中不难找到各式阅读教学过程的结构模式。下面先列举一些小学语文教学法或小学语文课程与教学论教材中提出的结构模式，以及有关专家提出、在教学实践中产生过一定影响或具有鲜明特色的结构模式，然后归纳出一个"一般模式"。

**（一）小学语文教学法或小学语文课程与教学论教材中提出的课堂结构"一般模式"及"变式"**

（1）人民教育出版社 1958 年出版的《小学语文教学法》对各类课文都提出了一般的教学步骤。如阅读文学作品的一般步骤为：准备谈话；阅读全篇作品和读后谈话；分段阅读分析；编段落大意和复述课文；总结谈话。③

（2）江苏教育出版社 1993 年 8 月出版的《小学语文教学研究》介绍了讲读课、阅读课、课外阅读指导课三种课型的课堂结构。其中讲读课课堂结构的基本模式是：④

---

① 皮连生. 教学设计（第 2 版）[M]. 北京：高等教育出版社，2009：172.
② 汪潮. 论课堂教学的"整体观照"[J]. 小学语文教学（会刊），2011（7）：8.
③ 薛焕武，李树棠，吴德涵，等. 小学语文教学法 [M]. 北京：人民教育出版社，1958：78 - 88.
④ 《小学语文教学研究》编写组. 小学语文教学研究 [M]. 南京：江苏教育出版社，1993：200.

讲读课还有多种变式结构，如：

自学式结构：初读探索（初步感知课文）—细读探究（深入理解课文）—精读吸收（迁移应用）。

导读式结构：提问导读—读书、思考—讨论归纳—练习反馈。

发现式结构：自学发现问题—探究讨论、分析问题—讲读解难。

（3）魏薇主编的《小学语文教学法》认为，"单篇课文教学常规"一般包括"预习—读、议、讲—练习—成绩考核"四个部分。该教材对四部分的目的、方法进行了分析说明。另外该教材还对几种模式作了简单介绍。①

（4）江平主编的《小学语文课程与教学》认为，一篇课文的教学过程大体上有以下三个阶段：初读课文阶段、精读课文阶段、熟读巩固阶段。该教材对这三个阶段的意图、做法作了简单说明。另外，该教材对阅读教学中的变序教学问题也进行了说明，提到了"直奔中心""举一反三"两种变序方法。②

（5）王守恒著的《小学语文教学与研究》认为，课文教学一般有以下三个阶段：初读课文，整体感知阶段；精读课文，思考感悟阶段；熟读课文，总结巩固阶段。该教材还介绍了阅读教学程序的以下几种"变式"：直接切入式、举一反三式、跳跃阅读式、由果溯因式、一篇带多篇式。③

（6）皮连生主编《教学设计》认为，单篇课文一般涉及字、词、句方面的目标和篇章结构方面的目标。其教学顺序一般是通过课文阅读，先让学生熟悉课文内容，在此基础上让学生掌握字、词、句方面的目标；然后进行深加工阅读，掌握篇章结构方面的目标。篇章结构方面的目标属于语文高级技能（与认知策略学习相似），一般不可能通过单篇课文完全掌握，需要在后继的课或教学单元中，通过类似篇章结构的重复学习与变式练习

①　魏薇. 小学语文教学法［M］. 济南：齐鲁书社，2002：123－127.

②　江平. 小学语文课程与教学［M］. 北京：高等教育出版社，2004：221－223.

③　王守恒. 小学语文教学与研究［M］. 北京：人民教育出版社，2006：182－184.

才能逐渐掌握。①

**（二）几种较有特色的阅读教学模式**

自上个世纪 80 年代以来，我国阅读教学研究异常活跃，有关阅读教学课堂结构的成果层出不穷。以下列举的是一些较有特色的阅读教学模式。

（1）"揣摩、引导、讨论、点拨"课堂结构。这是福建省特级教师朱炳辉从适应培养自学能力的需要出发，在实践中探索出的一套阅读教学课堂基本结构。"揣摩""讨论"是指学生的学习实践，"引导""点拨"是教师在其中起的主导作用。② 此结构曾被《人民教育》1988 年第二期介绍。这一课堂教学结构很好地体现了学生主体与教师主导地位，使教与学的活动互相促进，有利于学生阅读能力逐步提高。

（2）"整体回环阅读教学法"。这是河南省许昌市实验小学设计并在中高年级进行实验的模式。根据人们认识事物"往往是先从整体入手，然后分为若干个部分深化，最后再回到整体"的规律，该模式设计了阅读教学的五个基本步骤：提出课题，明确任务；通读全文，抓住中心；依据中心，理清思路；围绕重点，分段精读；由段至篇，回环整议。③

（3）小学语文单元达标教学课堂教学结构。这是一种借鉴布卢姆掌握学习理论而设计的小学语文课堂教学结构。一篇课文的教学一般分为感知了解、分析理解、概括深化三个学习阶段。其课时教学模式一般分为四个环节：激发兴趣，明确目标；指导自学，实现目标；综合训练，深化目标；反馈矫正，达成目标。这种教学结构的突出特点是以教学目标为依据，以指导学生自学为途径，以反馈矫正为保证，以使绝大多数学生达到教学目标为目的。④

（4）情境教学模式。情境教学是语文教学中影响最大的一个教学流派，前面已介绍过。情境教学的步骤一般为：初读——创设情境抓全篇，理清文章思路；细读——突现情境抓重点，理解关键词、句、段；精读课文——凭借情境品语感，欣赏课文精华。⑤

（5）六步教学。定向—自学—讨论—答疑—自测—自结，这是特级教

---

① 皮连生. 教学设计（第 2 版）[M]. 北京：高等教育出版社，2009：169.

② 郭震. 改革与建设文论 [C]. 北京：中国人事出版社，1998：1131 - 1132.

③ 白中兴. 开展"整体回环阅读教学"实验 [J]. 人民教育，1988（2）：16 - 17.

④ 王金河，关洪祥. 小学语文单元达标教学课堂教学结构 [J]. 山东教育科研，1992（3）：45 - 47.

⑤ 李吉林. 情境教学实验与研究 [M]. 成都：四川教育出版社，1988：217 - 246.

师魏书生提出的六步阅读教学程式。这种教学方法按"定向（提出课文的学习重点）—自学—讨论（提出自学中的问题和师生讨论）—解答（找查工具书参考书，或由同学、老师解答）—自测（练习）—小结"来组织阅读过程。"六步教学"的特点在于把教师的指导和学生的自学紧密结合起来，让学生能独立解决阅读任务的一部分或大部分。①

（6）"明确目标，强化训练"阅读教学课堂结构。该课堂结构包括以下环节：整体感知、重点突破、全面欣赏、巩固语言、综合考查。该结构是针对当时阅读教学存在的以下两个问题而设计的：重视对课文的分析理解，而忽视语言的积累和运用；对课文分析面面俱到，目标不明确、不集中，抓不住重点。其特点是重视目标的作用、重点突出、训练扎实。②

（7）"五环节七步骤"课堂教学结构。这是以系统论为理论依据而设计的一种课堂结构。其教学过程包括以下五个环节：基础训练；出示目标；指导学习，反馈矫正；巩固提高；总结达成度。其中第三个环节包括交替进行的"指导学习""反馈矫正"和"调控训练"三步，其余环节各为一步，因此共七步。每个步骤都规定了调控时间。这一结构具有两个明显特点：一是课堂设计有明确的目标和过程，二是课堂教学重调控、重强化。③

（8）"问题研讨式课堂教学结构"。这是在目标教学理论、合作教学、和谐教学方法影响下设计的一种阅读教学课堂结构。在提前分好组的情况下，该结构有以下五个环节：激情导入、出示学习问题、小组学习讨论、班级交流学习情况、质疑交流。④

（9）"读读、说说、议议、写写"。读读——指导学生朗读课文；说说——引导学生感知课文内容；议议——启发学生围绕中心句，层层展开，理解课文内容；写写——指导学生展开想象，练习写话。⑤ 这一课堂教学结构，力求让学生多读、多说、多议、多写，把读、思、说、写有机结合，

---

① 《小学语文教学研究》编写组. 小学语文教学研究［M］. 南京：江苏教育出版社，1993：195 - 196.

② 江玉安，徐光彩. 明确目标强化训练——沂源实小关于阅读课课堂结构改革的探索［J］. 山东教育，1994（1 - 2）：41 - 42.

③ 曾雄荣. 小学语文教学"五环节七步骤"课堂结构实验的探索［J］. 广西教育，1994（9）：42 - 43.

④ 吴法水. 小学语文课堂阅读教学改革的探索——问题研讨式课堂教学结构刍议［J］. 山东教育科研，1999（6）：40 - 41.

⑤ 田慧生，肖川. 全国教师教研教改优秀论文文库（中）［C］. 北京：中国言实出版社，2000：218.

从而培养阅读能力，促进语文能力的全面提高。

（10）"导读—扶读—自读"教学模式。这种结构适用于教学几个部分结构、写法基本相同的课文（如教学《美丽的小兴安岭》《美丽的公鸡》）。"导读"，即在教师指导下阅读；"扶读"，即让学生尝试利用上述方法阅读，教师相机帮扶；"自读"，即运用学法自学课文，在自己读书、思考的基础上讨论、交流。这种教学结构有助于学生理解学习过程，积累学习方法。①

（11）"群文阅读"的课堂结构。"群文阅读是在单位时间内阅读多个文本，或者是把多个文本作为一个整体展开阅读。"有人把群文阅读的课堂结构按"文本处理程序和个体学生阅读数量的不同"分为一篇带多篇、群文齐读、群文共享等类型。"一篇带多篇"是指师生首先重点阅读第一篇文本，从第一篇文本中发现理解的模式或者结构，然后应用这种模式或结构来理解其他文本。"群文齐读"的课堂结构，简单来说就是师生对群文的阅读是一齐展开的，所有的学生阅读所有的文本，通过所有文本的阅读产生一个共有结构或者合成结构。"群文共享"并不像群文齐读那样是所有学生读所有文本，而是不同的学生读不同的文本，然后把自己阅读的内容与大家分享。②

**（三）有关课堂结构类型的研究**

从前面列举的阅读教学课堂结构的例子不难看出，阅读教学课堂结构的模式是多种多样的，有"一般模式"，也有各具特色的"变式"。对各种模式进行分析归类显然有利于抓住阅读教学课堂的本质与规律。前面所提到的小学语文课程与教学论教材大都提到了阅读教学过程的一般结构与变式，这其实就是一种分类。关于阅读教学课堂结构分类及变式问题，也不难找到一些观点，例如：

上世纪90年代曾有人对当时语文课堂教学结构进行分类说明。江苏教育出版社1993年8月出版的《小学语文教学研究》对"当前阅读教学的若干类型和教学方法"进行了介绍，其介绍的阅读教学类型有以下四种：落实"双基"型、利用情境型、发展思维型、强调自学型。③ 其中，"落实

① 魏薇. 小学语文教学法［M］. 济南：齐鲁书社，2002：126.

② 于泽元. 群文阅读的课堂结构类型简析［J］. 小学语文教学，2015（7－8）：23－24.

③ 《小学语文教学研究》编写组. 小学语文教学研究［M］. 南京：江苏教育出版社，1993：186－198.

'双基'型"的教学方法有数序法、题统法、串讲法和评点法、单元教学法;① "发展思维型"的教学方法有问题教学法、思路教学法、变序教学法;② "强调自学型"的教学方法有六步教学法、三自教学法、导读式教学法。③ 这一分类是依据指导思想或理念的不同来分的。

也有人谈到了以下五种课堂结构:一是"整体型课堂教学结构",这种课堂教学结构的主线是"整体—分化—整合";二是"顺序型课堂教学结构",按作者所表述的顺序,或按课文的自然段,或按课文的逻辑段设计课堂结构,其课堂结构的主线是"部分—整体";三是"变序型课堂教学结构",不是按作者的描述顺序教学课文,而是按学生的迫切需要,抽出课文的某一部分或某一段,进行讲读分析。而这一部分往往是教学的关键点。例如"从剖题入手"、"从过渡句或过渡段入手"、"从篇末入手"、从"语言凝练、包含主题的重点句子"切入、"抓住某个重点词语展开分析"等;四是"实践型课堂教学结构",学生掌握规律性知识后,教师让学生独立运用已有知识结构和认识方法,对新的结构相同或相似的教材进行学习;五是"潜伏型课堂教学结构",这种结构的主线是围绕着一两个关键性的问题,启发学生自己动脑或者读读议议,找出正确的答案。④ 这一分类,强调的是各类结构主要遵循的哪一方面的基本规律:整体与部分的关系、课文的表述顺序、内容的主次、知识学习规律、问题解决步骤等。

本次课程改革初期,曾有人将许多优秀教师创造出的符合语文课程标准精神的阅读教学新模式进行归纳,归纳出以下六种"普遍适用"的模式:一是欣赏式,即在初读之后,着重指导学生熟读精彩句段,读后谈出自己的体会,促使学生热爱读书,积累语言。二是解惑式,即以质疑解惑为主的教学方式,启发学生质疑问难,并组织他们合作研讨、答疑解惑。三是取舍式,即抓住重要节段精读、理解,舍去次要的节段。四是探究式,即在小学高年级某些课文的教学中,指导学生研究课文中的关键语句,探索作者的写作思路。五是归纳式,即教学某些说明文时,放手让学生自读、

① 《小学语文教学研究》编写组. 小学语文教学研究 [M]. 南京:江苏教育出版社,1993:186-189.

② 《小学语文教学研究》编写组. 小学语文教学研究 [M]. 南京:江苏教育出版社,1993:191-195.

③ 《小学语文教学研究》编写组. 小学语文教学研究 [M]. 南京:江苏教育出版社,1993:195-198.

④ 贺修民. 小学语文课堂教学结构例谈 [J]. 湖南教育,1996 (3):20-22.

自悟，通过填写表格、画图、编写解说词等方式归纳课文的某些内容。六是扩展式，即将精读与略读结合起来，把课内阅读与课外阅读结合起来，以一篇带多篇的教学方式。① 这一分类主要是依据教学方式的不同进行的。

有研究者认为，低段精读课的结构可以是：创设情境—指导学法—自读课文—检查落实—读背课文。中段精读课的结构可以是：引导目标—自读自悟—聚焦重点—尝试解决—积累语言。高段精读课的结构可以是：整体性地读—细节性地读—探究性地读—总结性地读—拓展性地读。② 这是对不同年段精读课课堂结构的整体设计，其实也是对精读课课堂结构按年段所作的区分。

以上这些分类方法给我们的启示是，设计阅读教学的课堂结构至少应该考虑以下几方面的因素：考虑教育理念与学科特点；考虑整体与部分的关系、课文的表述顺序、内容的主次、知识学习规律、问题解决步骤等安排基本的教学顺序；考虑选择有效的教学方式；考虑年级的区别。

**（四）小学语文阅读教学课堂结构的一般模式**

从前面的讨论我们可以看出，阅读教学的课堂结构是多种多样的。不同的课堂结构具有不同的特点或优势，当然各种结构往往也有一定的适用范围或自身的局限性。掌握各种课堂结构的特点，适应各种情况的教学当然是必要的，但掌握适用范围最广的、最一般的阅读教学课堂结构更是十分必要的。这里所说的适用范围最广的、最一般的阅读教学课堂结构，也就是阅读教学课堂结构的一般模式。当然这里的"适用范围最广的、最一般的"也只是相对的，正像前面曾介绍过的，不同的教学论教材（或不同的人）所归纳的一般模式也是不尽相同的。

参考各种相关模式与理论，对小学语文阅读教学的课堂结构，可以设计出含有"导入激趣、整体感知、理解感悟、练习积累、反思总结、延伸作业"六环节的一般模式。

1. 六环节一般模式

（1）导入激趣

这一环节的主要意图或目标是：创设情境，集中注意，导出课题，激发兴趣。可分两步进行：

①导入课题。通过一定方法，自然导入课题。

---

① 秦锡纯. 阅读教学的六种新模式 ［J］. 黑龙江教育（小学版），2003（18）：16 – 17.

② 汪潮. 论课堂教学的"整体观照"［J］. 小学语文教学（会刊），2011（7）：8.

②解读课题。引导学生解析课题，激发学生的阅读兴趣与阅读期待。

（2）整体感知

这一环节的主要意图或目标是：初读课文，自主识字，了解内容，培养自学能力。可分两步进行：

①提出要求自学。中高年级这一步也可放在课前，即安排课前预习。

②检查自学或预习效果。检查学生对字词、课文内容等预习或自学情况，鼓励学生质疑问难、合作学习。低年级重点落实识字。

（3）理解感悟

这一环节的主要意图或目标是：熟读课文，理解内容（字词句段篇的意思、含义），体会感情，理解（领悟）写法。这一环节的整体思路遵循两条基本规律："语言形式→思想内容→语言表达"，"整体→部分→整体"。可分四步进行：

①梳理结构。引导学生寻找关键信息，梳理课文脉络，从宏观上把握课文结构，建立整体观念。这一步体现的是阅读教学过程基本规律中的第一个"整体"。低年级或简短的课文此步可省去。

②分步解读。按照一定的思路，引导学生一步步或一部分一部分解读课文：抓住重点语言文字，引导学生理解、体会其意思、含义、情感、作用等。这一步体现的是阅读教学过程基本规律中的"部分"。

③感悟拓展。在分步解读的基础上，引导学生回顾整体内容，联系实际或有关资料，谈认识与感受，明白道理，升华情感，落实人文目标。这一步体现的是阅读教学过程基本规律的第二个"整体"。

从"理清结构"到"感悟拓展"，经历的是阅读教学过程基本规律中从"语言文字到思想内容"的过程。

④领悟写法。理解课文内容以后，特别是高年级的教学，应该引导学生发现与归纳课文在表达方面的特点或优点。这一步体现的是阅读教学过程基本规律中从"思想内容"再到"语言表达"的过程，也是促进读写结合的关键一步。低年级此步可省去。

（4）练习积累

这一环节的主要意图或目标是：巩固知识，积累语言，训练技能。低年级要注重写字训练；中高年级要重视拓展阅读与仿写等表达训练。

（5）反思总结

这一环节的主要意图或目标是：查漏补缺，总结升华。

（6）延伸作业

这一环节的主要意图或目标是：巩固知识，全面拓展。

此模式是一篇课文教学的一般模式，即一篇课文的教学一般包含这六个基本环节。当然如果一篇课文用两课时或三课时进行教学，这六个基本环节就应安排在不同的课时中，且各课时还应补充一些必要的环节，以保证其课堂结构的相对完整性。例如，如果一篇课文用两个课时进行教学，那么就可以将一、二、三环节放在第一课时，四、五、六环节放在第二课时，或者将一、二环节加上指导写字放在第一课时，其余环节放在第二课时；第一课时最后应该加一个课堂小结及布置作业的环节，第二课时的开头则应加一个复习导入的环节。

值得注意的是，理解感悟环节，特别是从语言文字到思想内容的阶段（亦即张志公先生所说的"来回趟"中的"去趟"），最好在一个课时内完成，而不宜分在两个课时中。正像有人所说："目前，小学语文课本上的绝大多数课文，在课堂上用一课时就可以处理完对内容的了解及初步掌握中心思想。凡是认为时间紧的教师，都是自己给自己规定的语言文字任务过多过细，要求过高。"如果"教学重心放在内容的理解上，加大密度、加快速度，用一课时的时间是能够走完'从语言文字到思想内容'这个阶段的"①。

2. 六环节一般模式的特点

这个模式，尽量借鉴各种模式的优点，体现阅读教学的规律与先进理念。其特点主要表现在以下几方面：

（1）整体上遵循了学生知识学习基本过程的规律与教学论中一般知识教学过程的观点。"注意—感知—理解—巩固—运用"这是学生学习某一知识的基本过程，这一模式中的六个基本环节正是遵循着这一过程设计的，这与教学论中有关知识教学基本过程的观点也是一致的。

（2）遵循了阅读教学"从语言文字到思想内容，再从思想内容到语言表达"的基本规律。语言文字与思想内容是无法截然分开的，但教学过程的不同环节或阶段对两者的处理是有主从之别的。"从语言文字到思想内容，再从思想内容到语言表达"正体现了阅读教学过程不同阶段语言文字与思想内容的主从关系。从"整体感知"环节到"理解感悟"环节中的

---

① 张兴堂. 改变从素养开始·小学语文高效课堂新探［M］. 重庆：西南师范大学出版社，2013：117.

"感悟拓展"，整体上体现的正是"从语言文字到思想内容"的过程；而从"感悟拓展"到"领悟写法"，再到"练习积累"中"写"的训练，则体现了"从思想内容到语言表达"的过程。

（3）遵循了阅读教学"从整体到部分，再从部分到整体"的规律。有专家认为，篇章结构的理解与字、词、句的学习互为学习的条件，没有严格的或单一的起点能力。① 但是，阅读理解过程中，对字词句等"部分"的准确而深刻地理解离不开上下文，离不开文章"整体"的关照；理解部分最终指向的也是对文章整体的把握。因此阅读教学中指导学生对课文的理解应该遵循"从整体到部分，再从部分到整体"的规律。本结构"理解感悟"环节中的"理清结构""分步解读""感悟拓展"三步，正体现了"从整体到部分，再从部分到整体"这一规律。

（4）较好地处理了学生学习主体与教师教学主导的关系。本结构重视学生的学习主体地位，每项教学任务的完成都从尝试学习或质疑开始。例如，"整体感知"环节先让学生自学，再检查自学效果；检查自学效果时也是先让学生汇报、评价，然后教师再作评价与引导；"理解感悟"中的"理清结构""分步解读""感悟拓展""领悟写法"等步骤，以及这些步骤中的每一小步，也都尽量从学生质疑、尝试释疑与自学开始。当然在教学过程中，也注意了教师的适时引导点拨。

（5）较好地体现了语文学科特点与教学规律。本结构较好地体现了语文学科工具性与人文性的关系，注重语言文字的扎实训练，注意了对文章人文内涵的感受与理解。特别是"理解感悟"环节中"感悟拓展"步骤的设置，以及"练习积累"环节中练习项目的提示，有利于工具性与人文性的全面落实。

## 第五节　阅读教学的方法

阅读教学的方法是一个复杂的系统。在不同的教材中，所讨论的阅读教学的方法是不尽相同的——其内涵与外延都不完全一致。例如：

薛焕武、李树棠等编的《小学语文教学法》在"阅读教学的基本方法

---

① 皮连生. 教学设计（第2版）［M］. 北京：高等教育出版社，2009：148.

及重点工作”一节中，先介绍了“讲读法的概念及特点”，然后对阅读教学的主要活动词汇教学、朗读和默读教学、编提纲和复述教学进行了详细的分述。① 这里的“讲读法”是指一篇课文教学所采用的多种方式方法构成的完整体系，属于课堂结构层次的方法；而阅读教学的主要活动则属于具体活动或任务采用的方法。魏薇主编的《小学语文教学法》介绍了以下阅读活动中常用的方法：“边阅读边思考的方法”“联系上下文的方法”“联系生活实际的方法”“联系自身情感体验的方法”“圈画批注的方法”。这实际是阅读理解的具体方法。② 江平主编的《小学语文课程与教学》，在“阅读教学的内容与方法”中对以下方法进行了详细介绍：词与句的教学方法、段与篇的教学方法、朗读与默读的方法、背诵与复述的方法、精读略读与速读的方法、听说写训练的方法、课外阅读指导的方法等。③ 这些方法指的是阅读教学过程中对不同内容或学习活动（阅读形式）的指导方法。

总之，所谓阅读教学的方法，可以指阅读教学课堂结构设计的各种类型——较宏观（或中观）的教学方法，也可以指课文不同层次内容的学习或指导方法，还可以指不同阅读活动的指导方法、不同教学环节完成特殊教学任务的方法。较宏观（或中观）的教学方法，即各种阅读教学课堂结构模式，前面已介绍过。下面仅探讨课文不同层次内容（词、句、段、篇）、不同阅读活动与不同教学步骤的教学方法。

## 一、词句段篇的教学方法

### （一）词语教学的方法

词是最小的语言单位，理解词语是理解全文的基础，因此词语教学是阅读教学的重要内容。

1. 明确需要教学的词语与教学时机

课文中需要引导学生理解掌握的词语应根据课文与学生实际精心分析确定。一般来说，应重视如下类型词语的教学：口语中不常用、较难理解的词语；易用错的词语；表现中心的关键词语；富有表现力、用得贴切的词语。

词语教学要注意时机。“一般说来，对于那些足以妨碍对课文的理解的

---

① 薛焕武，李树棠，吴德涵，等. 小学语文教学法 [M]. 北京：人民教育出版社，1958：52-74.
② 魏薇. 小学语文教学法 [M]. 济南：齐鲁书社，2002：131-132.
③ 江平. 小学语文课程与教学 [M]. 北京：高等教育出版社，2004：204-221.

词语，应在阅读前的准备工作中讲解。如课文中主要人物的名字，主要地名，现代语言已不使用的某些词语，专门名词和科学术语，以及一些必须懂得才能理解作品情节的词语。有些词语离开课文不易讲解清楚，可放在分析课文的过程中去讲。有些词语儿童已初步理解但还需要进一步巩固或加深其理解的，可放在阅读之后来说明。"① 带有生字的词语可在初读课文阶段教学；由熟字组成的新词或表现中心的重点词语宜结合课文讲读进行教学；含义深刻的词语总结时要注意强化。

2. 注意词语理解的层次与步骤

词语理解有不同的层次与步骤。美国阅读心理学家史密斯把阅读心理过程分为四个逐步深入的层次：字面的理解；解释；批判性阅读；创造性阅读。② 我国《义务教育语文课程标准（2011 年版）》在学段教学目标中，对不同学段的词句教学也提出了不同要求，体现了对词语理解的层次性，其一、二、三学段逐步提出了如下要求："结合上下文和生活实际了解课文中词句的意思"；"联系上下文，理解词句的意思，体会课文中关键词句表达情意的作用。能借助字典、词典和生活积累，理解生词的意义"；"能联系上下文和自己的积累，推想课文中有关词句的意思，辨别词语的感情色彩，体会其表达效果"。当然，高层次的理解要以低层次的理解为基础，就高年级的具体词语教学来说，一般从低层次到高层次经历以下几个步骤：字面理解（是什么、什么样等）—理解含义（说明了什么、表现了什么、反映了什么、可看出什么等）—体会效果（能否更换、为什么等）。

3. 选择词语理解的合适方法

词语的教学方法很多。就教的方法来说，可以采用以下方法：语言描述（讲解）、提供直观（实物、模像——注意利用插图）、引导联想（联系上下文、联系生活实际、换位思考）、示范表演等。就学法来说可以采用以下方法：说一说（字源，词义，举例，联系生活实际，联系上下文）、查一查（字词典）、画一画、做一做、演一演、换一换、比一比（词义比较，新旧联系）、找一找（某个或某类词）、分一分（归类）、用一用（用词造句，概括与复述）等。

不同的词语适合用不同的方法去理解。例如：

① 薛焕武，李树棠，吴德涵，等. 小学语文教学法［M］. 北京：人民教育出版社，1958：59 - 60.

② 马笑霞. 语文教学心理研究［M］. 杭州：浙江大学出版社，2001：105.

对于实物名词与表示动作的动词可以采用直观演示的方法。例如《纸船和风筝》中"扎"和"抓"，教师可以做用绳子缠绕（扎）和用手抓取物体（抓）的动作让学生理解"扎"和"抓"的意思与区别；当然对于"扎"读"zhā"时的意思，也可以做一个用针扎的动作帮助学生理解。

对于比较难解释的意思抽象的词，"要通过具体事物和具体现象的观察、比较、分析来说明。例如在阅读'英勇不屈的赵一曼'和'战斗英雄董存瑞'时，教师可不必先提出'英勇'、'英雄'、'光荣'这些概念来说明。这些词最好在阅读课文、评定人物的基础上来解释。""通过这一系列具体事实的分析，儿童就会明了，'为人民而英勇斗争和劳动的人，就是英雄'；'在斗争中不后退，不害怕，不向敌人屈服，就是英勇'；'这些英雄人物为人民出了力，流了血，人民都尊敬他们，怀念他们，这就是光荣'。"①

对一些表示心理感受或表达强烈感情的词语，可联系学生生活实际进行理解。例如教学"后悔"一词，可让学生说一说令自己后悔的一件事。

对于能用上下文中有关内容帮助理解的词语，就要引导学生联系上下文来理解。例如《草原》一课"草原上行车十分洒脱"一句中的"洒脱"，结合前面的"一百五十里全是草原。再走一百五十里，也还是草原"及后面的"只要方向不错，怎么走都可以"等句子就能很好地理解"洒脱"指自由而无拘束的意思。

对于一些很容易理解错的词语，可以让学生用上词语说句子，从而检验学生是否理解并促使其真正理解。例如，如果学生用"爱戴"造了"爷爷爱戴一顶棉帽子"这样的句子，显然他并没有真正理解。这时老师可以多造几个正确的句子帮助学生理解。

4. 注意词语的巩固积累与运用

前面的说一说（字源，词义，举例，联系生活实际，联系上下文）、画一画、做一做、演一演、换一换、比一比（词义比较，新旧联系）、找一找（某个或某类词）、分一分（归类）、用一用（用词造句，概括与复述）等词语学习方法，既可检验和促进学生对词语的理解，也可促进学生对词语的巩固、积累与运用，因此也是词语巩固、积累与运用的好方法。另外，在词语巩固积累与运用中还要注意培养与激发学生的兴趣，例如可以结合

---

① 薛焕武，李树棠，吴德涵，等. 小学语文教学法 [M]. 北京：人民教育出版社，1958：59.

词语教学介绍一些古今中外名家炼词的故事，采用游戏与竞赛活动等。

**（二）句子教学的方法**

句子是语言运用的基本单位。它由词、短语或词组构成，能表达一个完整的意思，理解句子，是理解段与篇的基础。因此，句子教学是阅读教学的重要内容。阅读教学中的句子教学应注意以下几点：

1. 明确哪些句子需要教学

阅读教学中应重点抓住以下几类句子引导学生研讨：中心句或含义深刻的句子；对表现中心作用较大的句子；内容距学生生活较远、较陌生的句子；结构复杂的句子；生动形象或表现力强的句子。

2. 注意理解的层次与步骤

像词语的理解一样，句子的理解也有不同的层次要求。就高年级句子理解来说，一般也应该从低层次到高层次经历以下几个步骤：字面理解（是什么、什么样等）—理解含义（说明了什么、表现了什么、反映了什么、可看出什么、感受到了什么等）—体会效果（能否更换、为什么）。

3. 采用合适的教学方法

理解句子有多种方法，如：从理解字词入手；了解时代背景；联系生活实际；结合上下文；直观演示；缩句；改变句式等。句子理解还要注意朗读，句子的情感与特殊意味只有通过朗读才能体会出来。

对句子的理解应根据句子特点与学生实际，选择合适的方法。例如：

对于含有不易理解或关键词语的句子，要抓住这些词语，通过词语的理解来理解全句。例如，《数星星的孩子》一课中"一个孩子坐在院子里，靠着奶奶，仰着头，指着天空数星星"一句，让学生划出表示张衡动作的词，并做做动作，则可使学生理解并想象出张衡数星星时天真、认真、可爱的神态与形象；《翠鸟》一课中"翠鸟蹬开苇秆，像箭一样飞过去，叼起那条小鱼，贴着水面往远处飞走了"一句，抓住"蹬开""像箭一样飞""叼起""贴着""飞走"这些词语，即可体会到翠鸟灵活敏捷的特点。

对于一些较难亲身体验的句子，可以启发学生回忆或联想相关的较熟悉的事物来达到理解与体验的目的。例如学习《我的战友邱少云》中"邱少云像千斤巨石一般趴在火堆里一动也不动"一句，可以让学生回忆自己被打火机火苗烧着或被热水烫着时的感受与表现，并与邱少云的表现进行比较，从而体会邱少云的伟大精神。

对于结构复杂或特殊的句子，则要通过抓住主干（缩句）或改变句式、改变结构，然后与原句比较的方法等来理解。例如，将"三十四年前那个月光如水的夜晚，给我留下了永久的回忆和终生的启示"（《钓鱼的启示》）缩为"夜晚留下了回忆和启示"，将"这美丽的南国的树！"（《鸟的天堂》）改为"这南国的树真美丽呀！"并与原句比较，则更容易理解句的本意与深刻含义。

对于一些与背景有关、含义深刻的句子，则必须了解背景才能真正理解。例如，"他们都和我一样，只看见院子里高墙上的四角的天空"（《少年闰土》）"你想，四周围黑洞洞的，还不容易碰壁吗?"（《我的伯父鲁迅先生》）等句子，只有联系背景才能真正理解其含义。

对于与上下文有密切联系的句子，必须联系上下文才能全面正确地理解。例如《落花生》中"它的果实埋在地里，不像桃子、石榴、苹果那样，把鲜红嫩绿的果实高高地挂在枝头上，使人一见就生爱慕之心"一句，联系上下文就可明白，爸爸并没有贬低桃子、石榴、苹果等的用处，并没有否定"好看"与"讲体面"，只是为了强调"有用"更重要。

4．重视句子的积累与训练

在阅读教学过程（特别在练习积累环节）中，要注意加强各种句式的训练。常见的句子练习方式有：背诵、抄写典型的句子；仿写、补全、扩句、缩句、改写句子；加标点、加关联词语、修改病句等。

**（三）自然段的教学方法**

文章的段分自然段（小段或小节）和意义段（逻辑段或结构段），这里的段指的是自然段。自然段是文章中表达意思的基本单位，它有明显的"换行空格"的标志。理解自然段是理解意义段与理解篇的基础，因此阅读教学中必须重视自然段的教学。自然段的教学应注意以下几点：

1．尽早让学生认识自然段

低年级还掌握不了段与篇的概念，但低年级已开始了一篇篇课文的学习，当然也看到了成篇的文章中有一个个自然段的现象。让学生知道这样（具有自然段的标志）的一段文字叫一个自然段并不难；让学生知道一个自然段表达的往往是与相邻的自然段不同的人物、时间、地点、意思等，也是有利于对课文每个部分与整体内容的理解的。因此低年级的阅读教学就可以让学生数一数课文有几个自然段，也可以启发学生通过不同的自然段了解课文中讲到了哪几个人物、时间、地点、意思等。

2．指导学生理解自然段

自然段教学的重点是指导学生理解句与句之间的关系和概括自然段的

意思。操作步骤可以是：让学生看一看有几句话；理解每句话的意思；理清各句话或段内层次之间的关系（如总分、承接、并列、因果、对比等，要注意适时归类）；概括自然段的主要意思。当然，后两步主要是对中年级的学生开始提出来的要求。概括自然段的主要意思要提示学生首先看有无中心句、总起句、总结句、过渡句等，如果有，这样的句子的意思一般就是自然段的意思。如果没有这样的句子，就要根据以下一般规律去找重点句：因果关系的几句话中，表示结果的句子一般就是重点句；递进关系的几句话中，最后的句子一般就是重点句；对比关系的几句话中，被衬托的句子一般就是重点句。找到了重点句，也就抓住了自然段的段意。如果自然段中每句话之间是并列关系，就要看它们同属于一个什么内容，从而归纳出自然段的意思。归纳表述自然段的意思，可以用段中的语句，也要注意鼓励学生用自己的话来表述。

3．重视自然段的朗读与背诵训练

与句子一样，自然段的情感与特殊意味也只有通过朗读才能体会出来；精彩段落的背诵是积累语言、学习写作的有效途径与手段。因此，自然段的教学不宜过多分析，而应特别注重朗读与背诵的指导。当然也可以进行仿写的训练。

**（四）篇的教学方法**

篇与段有密切的联系。所谓篇的教学内容主要包括：给课文分段（理清课文条理或结构），归纳段落大意，概括课文主要内容，概括课文中心思想，体会课文的思想感情等。

1．给课文分段

这里的段是指意义段或结构段、逻辑段。是文章中意思比较完整、但又相对独立的单位，由一个或几个自然段组成。分段就是指把文章划分成意思比较完整、相对独立、但又具有某种逻辑联系的几个部分。指导学生分段是阅读教学的一个难点。自 2000 年的教学大纲起，教学大纲或课程标准就没有再提给课文分段的要求。但是，分段有助于理清作者的思路与文章的层次结构，加深对文章内容的理解，还有助于学生逻辑思维能力的训练。因此，小学中高年级的阅读教学中，还是应该尽量以学生能够接受的方式逐步指导学生学习分段。因此在有关小学语文教学的论著中还是不难找到有关分段教学的内容的。如江平主编的《小学语文课程与教学》，以《草船借箭》的分段教学为例说明了分段应该"求异之中也要求佳"；以记叙文和说明文为例说明"文章结构类型不同，分段依据也不同"；还介绍了"邻近段落归并法""重点突破法""整体分割法"三种分段中要教给学生的思考方法。①

指导分段要注意循序渐进，要注意鼓励学生求异、求佳，要注重实践。指导学生分段要注意逐步教给学生分段的方法。分段是一个复杂的思维过程，它需要在了解各自然段内容的基础上，站在整篇的角度看出各自然段之间的联系与区别，从而把整篇划分为几个意义段（或结构段）。

分段有一定规律，但真正掌握分段的规律与方法确实有一定难度。其实分段不是阅读的目的，分段主要是为了理清课文内容之间的关系，抓住要点，全面理解课文；只要理解了课文内容之间的关系，形式上的段落分得粗一点或细一点（意义段），甚至有些段落的分界点到底在那个地方（特别是叙事的课文）都是次要的。分段教学不可对学生提过高、过死的要求。

2. 概括段落大意

概括段落大意，就是在理解段内各自然段的内容以及它们之间关系的基础上，对整个段的内容进行归纳概括的过程，它几乎与分段同时进行。指导学生概括段落大意要鼓励学生实践，要指导学生逐步掌握概括段落大意的规律与方法。分段要在理解段内各自然段内容及关系的基础上进行。各自然段之间的关系，与自然段内句子或层次之间的关系一样，不外乎总分、承接、并列、因果、对比等关系。明确了各自然段之间的关系，一般也就可以确定段意所在的自然段或部分，段意也就不难归纳了。一般来说，总分关系的内容，段意在"总"的部分；因果关系的内容，段意在表示结果的部分；递进或承接关系的内容，段意在最后的部分；对比关系的内容，段意在被衬托的部分；如果各自然段或部分之间是并列关系，就要看它们同属于一个什么内容，从而归纳出段意。段意的表述，可以用段中的语句（摘句法），也要注意鼓励学生用自己的话来概括表述，但语言要简练。

与概括段意或列提纲有关的还有一项训练是给各段加小标题。"小标题所用语句，首先应该用课文里现成的，其次是另编。""可以用词组，也可以用独词句、陈述句、疑问句或感叹句，原则上做标题的语句必须简单、明确、有概括性，低年级不宜做过高的概括，以免儿童理解困难。教师不

---

① 江平. 小学语文课程与教学［M］. 北京：高等教育出版社，2004：211－212.

能要求儿童编的与教师拟定的一模一样，以免浪费教学时间。"①

3．概括主要内容

概括主要内容，就是把文章的基本情节或要点用简洁的语言概括出来。它需要在理解各段内容及各段内容之间关系的基础上进行，它是进一步理解文章内涵、领会中心思想的基础。概括文章主要内容有助于理解能力与概括能力的提高。对于概括主要内容的方法，不难找到有关资料。如江洪春、李家栋、张献辉编著的《精编文章阅读分解新典》，结合例子介绍了概括课文主要内容的三点要求和七种具体方法。三点要求是：从课文的整体去把握，力求内容的完整；从课文的内容上去概括（是"主要意思"，而不是"中心思想"）；语言要做到简明扼要，但要防止过于简单。七种方法是：联结段意；归并要点；合并要素；提出问题；扩充重点段段意；借助课后问题；借助课题。② 不同类型课文主要内容的概括可以采用不同的方法，但概括主要内容的最基本要求却是一样的，其要点主要有两点，这就是内容要明白，语言要简洁。

概括主要内容的教学，可以引导学生在概括主要内容的实践中总结规律与方法，但更重要的是要在理解课文内容的过程中培养学生分析与归纳概括的能力。于永正老师教学《我和祖父的园子》时的做法很值得学习：③

> 他先是布置了"默读全文，当你再次走进祖父的园子，看到了什么"的学习任务。请学生走进文本，按要求提取相关信息，越多越好，写在黑板上……教学的第二步，于老师增加难度，让学生回答"我看到了什么"，但"聪明的同学一定不会把黑板上的这么多词都说出来"，要求学生只用几个词来概括，引导学生尝试按类别概括为"人物、动物、植物"，再高度凝练成"事物"……教学的第三步，于老师要求学生与他对话："说一说你看到了什么？先概括说，再具体说。"又引导学生由概括的"事物"再一次具体到"人物、动物、植物"，更具体到植物有哪些，动物有哪些。在这一过程中，还指导学生表述的方式，如说动物的时候可不必把所有动物的名称说出来，而只需说"我看到

---

① 薛焕武，李树棠，吴德涵，等. 小学语文教学法 ［M］. 北京：人民教育出版社，1958：72.

② 江洪春，李家栋，张献辉. 精编文章阅读分解新典 ［M］. 济南：明天出版社，1997：121 - 129.

③ 陈春雯. 语文，可以简单一点 ［J］. 小学语文教学（会刊），2013（11）：10.

了蜂子、蝴蝶、小鸟等"。

### 4. 概括中心思想与体会思想感情

概括中心思想是在理解课文主要内容的基础上对课文更高层次的理解，是对作者写作意图的分析探究过程。进行概括中心思想的训练，可以提高学生阅读水平，提高认识水平，提高分析问题的能力。小学课文的中心思想一般可以用下面的形式来表述："课文通过……（课文主要内容），表现了（或说明了、赞扬了、批评了、揭露了、表达了）……（道理、精神、现象、问题、感情等）。"

中心思想在文章中的表现形式是不一样的。概括中心思想，要根据文章特点，采用不同的方法。从许多材料中可以找到概括中心思想的方法。例如，李保初、刘辉著的《知识·方法·效率：和青少年朋友谈语文学习》一书，针对各种类型的文章分别提出了概括中心思想的方法。其中提到的七种课文是：开宗明义，一开头就提出中心思想的；篇末点题的；多次点题，反复强调的；主题由几个小论点或几个小意思构成的；文艺性作品（文中并不直接说出某种思想、感情，倾向等）；中心思想更加隐蔽的（某些哲理诗、寓言、杂文等）；中心思想与作者写作时的处境、心情，与时代背景有着密切的关系的。[1] 该书还提出了分析、概括中心思想时需注意的四个问题：防止抽象，笼统；防止就事论事，不能把问题提高到应有的高度；防止任意拔高主题；防止用我们今天的标准去衡量古人和外国人的文章。[2] 冯克诚、刘以林编著的《语文阅读与课文学习方法》总结并说明了"概括中心思想十四法"：分析题目概括法；从文章的开头找出中心；从过渡句找；从文章的结尾找出中心；在文章主人翁的语言描写中找；从抒情部分找；从议论部分找；从课文的反复部分找；从重点句段找；套路法；写作背景法；归结段意，理清文章逻辑结构法；从"文眼"上寻找；从不同文体的不同特点出发去归纳等。[3] 从表达中心的方式上来分，课文其实可分两类，一类是明确表达出中心的课文（通过标题或文中人物的语言、作者议

---

① 李保初，刘辉. 知识·方法·效率：和青少年朋友谈语文学习［M］. 呼和浩特：内蒙古教育出版社，1990：53 – 57.

② 李保初，刘辉. 知识·方法·效率：和青少年朋友谈语文学习［M］. 呼和浩特：内蒙古教育出版社，1990：57 – 59.

③ 冯克诚，刘以林. 语文阅读与课文学习方法［M］. 北京：国际文化出版公司，1996：51 – 54.

论或抒情的语句等点明或透露中心）；一类是中心暗含在内容背后的课文。因此概括中心思想的具体方法虽然有许多，但概括起来其实只有两种：一是找中心语句法，即从标题或文中人物的语言、作者议论或抒情的内容中寻找表达中心的语句，找到中心语句，也就明确了课文的中心；二是推想作者写作意图法，即结合课文内容、写作背景等，推想作者的写作意图。

引导学生概括中心思想，一方面教师本身要掌握并运用概括中心思想的规律与方法，引导学生理清文章思路，抓住中心语句，联系写作背景与作者情况等，由表及里、由浅入深地对文章进行分析。另一方面，教师要注意引导学生总结概括中心思想的规律与方法，加强概括中心的训练，提高学生概括中心的能力，提高学生的认识水平。

体会思想感情与概括中心思想有密切的联系，它们都是对课文内容阅读理解较高层次的要求。但它们又有区别，概括中心思想侧重于理性分析，注重理解、读懂，体会思想情感则侧重于情感体验，注重动心动情。有人认为体会思想感情的方法主要有：从关键词语中去体会；从重点句子去体会；从对人物的语言、动作、神情以及心理活动的描写中去体会；从对景物的描写中去体会；从标点符号中去体会。① 这里的方法实际主要点出了体会思想感情应抓住课文哪些方面的语言文字去体会。那么怎么指导学生去体会呢？人民教育出版社小语室编的《小学语文教学法》认为，最重要的方法是培养学生在阅读的时候，把心放到课文中去，设身处地地像作者那样去想，仿佛自己身临其境。还要启发学生联系自己的思想生活实际，使他们跟课文表达的思想感情产生共鸣。此外，有感情地朗读也是体会课文思想感情的重要方法。② 有资料将这些方法归纳为：设身处地、身临其境；联系实际、产生共鸣；感情朗读、加深体会。③ 这三种方法确实是阅读教学中引导学生体会思想感情应重视的方法。《义务教育语文课程标准（2011版）》指出，"应该重视语文课程对学生思想情感所起的熏陶感染作用"。思想感情的体会不能靠外部灌输，不能靠教师说教，只有设身处地，入情入境，才能真正被课文的思想情感"熏陶感染"。

---

① 成铭. 小学生语文知识多用词典［M］. 延吉：延边人民出版社，2000：392.

② 人民教育出版社小学语文室. 小学语文教学法［M］. 北京：人民教育出版社，1995：141 - 142.

③ 《教师公开招聘考试专用系列教材》编委会. 专业知识·小学部分·2011最新版［M］. 北京：教育科学出版社，2010：105.

## 二、阅读的基本形式及指导方法

阅读活动多种多样，如朗读、诵读、默读、精读、略读、速读、背诵、复述等，其最基本的形式是朗读与默读。"阅读的能力就是指朗读的能力和默读的能力。人们的日常生活中，大约百分之九十的阅读是默读。而在学习上，朗读是默读的基础，默读能力的养成是阅读教学的最终要求。"① 背诵与复述是促进理解、积累语言、规范语言、学习表达的重要手段与有效形式，因此，阅读教学必须重视朗读、默读、背诵与复述的指导。

### （一）朗读的指导

朗读与朗读指导首先应该明确朗读的要求。薛焕武、李树棠等编的师范学校课本《小学语文教学法》分析了朗读的四个方面要求及它们之间的关系。这四个方面的要求是：要读得正确、要读得流利、要自觉的理解的读、要有表情的读。② 现行的语文课程标准提出的朗读要求是"正确、流利、有感情地朗读"。有感情地朗读是朗读的最高要求与难点。指导感情朗读要注意重音、停顿、语调、速度与节奏等技巧的指导与训练，更应注意朗读兴趣的培养。如何调动学生朗读的兴趣，指导学生认真有效地朗读呢？以下四点很重要：

（1）要给学生充分的朗读机会。朗读兴趣与技能是在朗读的实践中形成的，阅读教学应该把朗读作为重要的目标，给学生充分的朗读机会，让他们在朗读中感受朗读的乐趣，学会朗读。"读是阅读教学里最重要的工作。""读的活动可以贯串在各个教学环节当中。""开头教时可以读，字词教学时可以读带有生字生词的句子，分段讲读时可以分段读，总结时可以全篇读，讲解某些修辞手段时可以把用那些修辞手段的词语挑出来读，讲解某些重要段或某些重要词语时也可以把这些挑出来读，等等。"③

（2）与理解内容、体会感情紧密结合。"表情朗读不是单纯运用技巧的问题，必须在深刻的理解课文的基础上，领会作品的思想感情、人物性格，

---

① 薛焕武，李树棠，吴德涵，等. 小学语文教学法［M］. 北京：人民教育出版社，1958：60.

② 薛焕武，李树棠，吴德涵，等. 小学语文教学法［M］. 北京：人民教育出版社，1958：60 - 67.

③ 薛焕武，李树棠，吴德涵，等. 小学语文教学法［M］. 北京：人民教育出版社，1958：53.

对其中的人物和事件有了正确的态度，朗读才能有适当的感情。"① 学生只有理解了课文内容，入情入境，进入角色，才可能读出感情，才能享受朗读。因此朗读指导应注意指导学生对朗读内容的理解，注意朗读与体会感情紧密结合。

（3）要注意变换朗读形式。单一的活动形式，往往使学生失去兴趣。因此朗读指导要注意变换朗读的形式，如自由读、指名读、齐读、"开火车"分段读、男女生轮读、分角色读等等。值得注意的是，感情朗读、包括分角色朗读，应注意感情的自然流露，避免造作，"模拟自然界的声音，大体相似就可以了，不必像表演口技一样。""分角色读应该和表演区别开，分角色读，主要是读，不可依靠动作表情，把朗读变成表演。"② 当然，表演也是理解课文内容、体会感情的很好方式，但那与分角色朗读不是一个概念。

（4）要注意投其所好，正面引导。要多让学生读自己喜欢的部分，用自己喜欢的方式读；对学生的朗读要注意多肯定鼓励，多表扬；还要注意鼓励学生对自己或别人的朗读进行评价。

（5）要重视教师的范读。朗读方法与技巧的指导是必要的，但方法与技巧的指导要与老师的示范朗读相结合。模仿是儿童的天性，范读才是朗读指导最有效的方法。

**（二）默读的指导**

默读练习一般从第一学年第二学期开始。默读的要求是不出声，不指读，有一定的速度。小学高年级应能达到默读一般读物每分钟不少于300字。

指导默读应注意以下几点：

（1）任务带动。默读应提出任务，让学生边读边思考。有教材提出，默读作业的内容可有以下几种：准备回答教师口头或书面提出的问题；准备作详细的或扼要的复述；准备分析课文内容；准备指出人物的性格特征；准备挑选课文中的某些语句；准备进行表情朗读；准备进行分段，编写段

---

① 薛焕武，李树棠，吴德涵，等. 小学语文教学法［M］. 北京：人民教育出版社，1958：65.

② 薛焕武，李树棠，吴德涵，等. 小学语文教学法［M］. 北京：人民教育出版社，1958：65、68.

落大意或编写小标题、提纲。① 从中年级起还要指导学生在读书时学习圈点，边看书边圈点、批注，养成"不动笔墨不读书"的习惯。② 带着任务读，边读边划，学生的默读才有效率，才能够专注地进行下去。

（2）控制动作。开始练习默时可以允许儿童用手指指着课文读，但要求儿童闭上嘴，不出声；然后逐步要求学生不指读。

（3）轻声带读。刚开始学习默读时是有一定难度的，这时可以在教师慢慢朗读之下，让儿童看着书、跟着默读。

（4）限制时间。默读速度是考查默读的重要指标，因此必须重视默读速度的训练。"限制时间，在规定的时间内按要求看完文字材料，是默读训练常用的方法。"③

**（三）背诵的指导**

背诵是学习语文的重要途径与方法。指导学生背诵应特别注意以下几点：

（1）要重视背诵。要让学生认识到背诵的意义；阅读教学中，对于优美的文字，要指导学生欣赏并背诵；还要鼓励学生在课外阅读中自觉背诵积累名段、名篇。

（2）要教给学生科学的背诵方法。如要在理解的基础上背诵；要多种感知器官协同活动；整体与部分结合；过度背诵；及时复习等。

背诵还可以用吟诵的方法。中央民族大学徐健顺认为，"吟诵就是古代汉语文作品的主要的表达方式、诵读方式、传承方式。""吟诵是吟咏和诵读的合称。""两者的区别在于，吟咏有曲调，诵读没有曲调。朗诵和吟诵相比，带有更多的西方文化因素，而且和汉语、汉文的特点不完全契合。吟诵才是汉语文的原生态形式。""吟诵既然传承了几千年，曾经是最流行的流行歌曲、最通行的教育手段，现在在海外也照样传承不衰，那么完全有可能重新回到教育体系，回到中国人的生活中。"④ 窦桂梅也非常推崇吟诵。她认为："我们民族文化中的经典当推代代相传、汗牛充栋的诗词歌赋，而这其中大部分皆是古人使用吟诵的方式创作而成"，"当然只有吟诵才能还原诗、赋的活态。吟诗咏赋，曲水流觞，是为我国之文化。因此吟

① 薛焕武，李树棠，吴德涵，等. 小学语文教学法［M］. 北京：人民教育出版社，1958：69.
② 江平. 小学语文课程与教学［M］. 北京：高等教育出版社，2004：216.
③ 江平. 小学语文课程与教学［M］. 北京：高等教育出版社，2004：216.
④ 徐健顺. 我们为什么要吟诵［J］. 语文建设，2010（4）：74、76.

诵之传习尤为重要。"① 因此，阅读教学中，对于古代诗词歌赋，也可以尝试吟诵的方法。

**（四）复述的指导**

目前的阅读教学中，复述这种学习形式似乎已被淡化。其实复述是很重要的阅读学习方式。复述"有助于发展儿童的思维能力和口头语言表达能力，并可以提高儿童的阅读兴趣。通过复述，教师可以了解学生对作品的理解程度"②。因此，复述在阅读教学中应该得到重视。

复述有详细复述、简要复述和创造性复述三种形式。指导学生复述课文要注意以下几点：

（1）由易到难。详细复述、简要复述和创造性复述三种复述形式的难度一个比一个大，应随着年级的升高逐步提出这三种复述的要求。薛焕武、李树棠等编的《小学语文教学法》指出："一般地说，一年级只进行详细的复述；二年级起除了详细的复述外，还要进行简要的复述和创造性的复述。科学知识的文章可多作简要的复述。文学作品可多作创造性的复述。短文大都作整篇复述，篇幅很长的课文可挑选主要部分来复述。"③ 江平主编的《小学语文课程与教学》认为，详细复述"多用于低、中年级"，简要复述"一般从高年级开始进行"，创造性复述"一般在高年级进行训练"。④

（2）要给学生以具体的指导。要指导学生在理解课文内容的基础上进行复述；要注意指导学生理清课文思路，列出要点再复述；要求学生尽量用自己的语言复述，但要鼓励学生复述中使用课文中有特色的语言；复述时可以给学生作必要的词语或问题提示。

## 三、阅读教学各环节、步骤及各层次教学任务的教学方法

教学过程中每个环节、每个步骤都是为了达成某一层次的目标或完成某一特定的教学任务。达成这些不同层次的目标的方法显然是复杂多样的，但也一定是有规律的。下面按照阅读教学的一般过程，说明不同教学环节、步骤或不同层次教学任务的教学方法。

---

① 窦桂梅. 悄悄传习母语的温度［J］. 人民教育，2009（23）：45.

② 薛焕武，李树棠，吴德涵，等. 小学语文教学法［M］. 北京：人民教育出版社，1958：72.

③ 薛焕武，李树棠，吴德涵，等. 小学语文教学法［M］. 北京：人民教育出版社，1958：73.

④ 江平. 小学语文课程与教学［M］. 北京：高等教育出版社，2004：217、218.

**（一）导入激趣的方法**

导入激趣分导入与激趣两步。

*1. 导入的方法*

在前面小学语文教学设计的基本内容与一般方法中已经谈到，导入的方法有许多，但导入新课应简单而有启发性。一般的导入方法当然也适用于阅读教学，阅读教学的导入当然也应简单而有启发性。

小学语文课程与教学论教材大多对阅读教学的导入方法有所论述。如，薛焕武、李树棠等编的《小学语文教学法》提出了"准备谈话"（即导入）的四种一般常用方式：联系旧课的谈话、联系生活实际的谈话、讲述理解课文所必须知道的事实、根据图画插图谈话。① 江平主编的《小学语文课程与教学》认为，教师应先引导学生重温与课文有关的知识，可由教师作些说明，也可观察实物、图片或放映幻灯、录像、电影，丰富学生感性知识，激发学生阅读兴趣。②

阅读教学导入方法的选择要注意以下几点：

（1）选择媒体时思路要开阔。学生的联想能力是很强的，即使成人"踏着脚下的方砖，扶着墙上的条石"都能"自然地想起古代修筑长城的劳动人民"来，更何况儿童。因而能够创设情境的媒体实际上是很丰富的，只要与课文有点联系的事物，都可能营造出有利于学习的情境。教师在选择媒体时思路要开阔，或者考虑与文章背景有关的事物，或者考虑与作者有关的事物，或者考虑与文章内容有关的事物，或者考虑与文章的文体有关的文章。如教学《邓小平爷爷植树》一课时的导入，可以播放歌曲《春天的故事》，也可也出示邓小平的照片，还可让学生说说自己所知道或经历过的植树节或植树的情况。这样发散开去思考，是不难找到创设情境的媒体的。又如教学《蜜蜂引路》一课，可以用以下几种方法导入：

方法1：谜语导入。例如让学生猜谜语"小小建筑师，合力做房子，何时最忙碌，待那花开时"和"团结劳动是模范，全家住在格子间，常到花丛去上班，造出产品比糖甜"。当学生猜出是蜜蜂后，让学生说说是怎么猜出的，教师接着引导："蜜蜂不仅具有团结、勤劳的品质和酿蜜的本领，而且还会引路呢！今天咱学的课文就讲了一个蜜蜂引路的故事。"这样就自然

① 薛焕武，李树棠，吴德涵，等. 小学语文教学法［M］. 北京：人民教育出版社，1958：78 - 79.

② 江平. 小学语文课程与教学［M］. 北京：高等教育出版社，2004：221.

地导出了课题。

方法2：联系生活实际导入。可问学生："你们曾经迷过路吗？你们曾经想去一个地方而不知道怎么走吗？你们是怎么办的？今天向你们介绍一个好办法，利用这个办法我们就能找到我们要去的地方。"

方法3：联系熟悉的课文或故事导入。可以用已知的列宁的故事导入，问学生："你们知道《诚实的孩子》那个故事讲的是谁吗？他具有什么品质呢？列宁具有许多优秀的品质，今天我们再学习列宁的一个故事，又能学到列宁的一种优秀品质。"

（2）选择的媒体要尽量形象直观或是学生熟悉的。如展示实物，播放影视作品，出示图画、播放音乐、讲述有关知识资料；让学生回忆有关情景、体验，或说一说自己知道的有关知识等。让学生说一说自己所知道的有关知识，是最简便易行而又十分有益的——这对说的学生是一个鼓励，对听的学生也是一个鞭策，能够激励学生平时多学习，做有心人。因此可以说，这是一种"经济实惠"而好用的方法。如教学《柳树醒了》等课文，展示春天景色的视频、图画、实物，或猜谜语等都是可以的，其实让学生回忆并说说往年清明节或最近与爸爸、妈妈一起到河边玩耍时的情景，也能迅速使学生进入早春的情境。

（3）导入要能引起学生的注意与兴趣。导入主要是为了引起学生注意，创设与新课内容有关的学习情境，激发学习兴趣，只要能达到这一目的，导入越简单越好。当然，为了激发学生兴趣，适当"扯"得远一点，有时会收到意想不到的效果。如特级教师孙双金教学《天游峰的扫路人》的导入：[①]

师：我姓"孙"，"孙悟空"的"孙"，你们知道孙悟空有哪些超人的本领吗？

生1：孙悟空神通广大，有七十二般变化。

生2：孙悟空一个筋斗能翻十万八千里。

生3：孙悟空武艺高强，有火眼金睛。

师：同学们对孙悟空真是了如指掌。谁知道孙家祖先中有什么出名的人物？

---

① 孟亦萍. 点击的不仅是孩子的心灵［J］. 语文教学通讯·小学刊, 2007（1）：40.

生1：伟大的革命先行者孙中山，他推翻了封建王朝的统治。

生2：我国古代伟大的军事家孙武、孙膑。

师：谢谢你们了解这么多孙家祖先中著名的人物，让我脸上也增光不少。你们能介绍一下自己姓什么，祖上有哪些伟大的人物吗？

生1：我姓王，我的祖上有王昭君和书法家王羲之、王献之父子。

生2：我姓林，我的祖上有虎门销烟的爱国英雄林则徐。

……

师：刚才大家列举了许多著名人物，有的还是伟人。可是伟人是怎样诞生的呢？

生：他们是从许许多多的普通人当中诞生的。

师：对，我们今天就来学习一篇讴歌普通人的文章——《天游峰的扫路人》。（板书课题）看一看普通人身上到底有什么不普通的地方？

这个导入，看似扯得远了点，但因他是给陌生的学生上课，这样导入拉近了师生的心理距离，引起了学生的兴趣，自然而不留痕迹地导出了课题。

2. 解题的方法

"解题"可以依次做以下四项工作：板题，读题，析字，设疑。

"板题"，即板书课题。随着课题的导出，教师把课题写在黑板上，提醒学生注意老师的书写笔顺，可以提醒学生跟老师一起书空。漂亮的板题可以给学生或听课教师留下很好的第一印象。当然课题也可以让学生板书。

"读题"，即让学生读一读课题。

"析字"，即提示或分析题目中音、形、义、笔顺等方面需要特别注意的字。

"设疑"，即引导学生就课题进行联想或猜测，激活有关知识，产生阅读期待。如有人认为要注意通过"解题"激活已有的相关知识。"主要包括：看到文章的题目，想一想：文章的题目让你想到了什么？你对此已经知道多少？再通过看文章的插图、目录、简介等，想一想，这篇文章是讲什么的？"① 一般情况下，"设疑"可以问如下问题：看到题目你想到了什么？你已经知道了什么？猜猜课文会讲什么？你想知道什么？

---

① 高华程. 找个伙伴一起读——关于北京师范大学实验小学"同伴阅读"的访谈［N］. 中国教育报，2004－2－19（5）.

导入激趣环节要简洁，不宜过于冗长、复杂。下面这段文字所提到的导入的例子就显得过于繁琐了：①

> 一位教师教学《记金华的双龙洞》一文，上课伊始这样导入新课："对于金华的双龙洞，你们了解吗?"这一问题很好地引发了学生的以往经验，学生交流自己的游览经历，描述见过的双龙洞的情景，教师也在这一过程中了解和掌握学情，为下面的教学做铺垫和准备。学生交流之后，教师承接着这一话题，映示了双龙洞的画面和相关的资料，进行了关于双龙洞的补充介绍，特别突出了双龙洞的神奇之处，给学生较为完整的印象。接着，教师话题一转："我们再来认识一下本文的作者"，于是又介绍了作者叶圣陶其人及作品，又复习了三年级学过的叶圣陶的作品《荷花》，并让学生背背荷花这篇课文的相关段落。由于《荷花》是之前学过的课文，学生还不能一下子背出来，教师不得不花时间进行复习。好不容易，教师宣布"下面我们来学习叶圣陶爷爷的另一篇文章"，终于进入了新课的学习。

### （二）指导学生整体感知的方法

引导学生理解课文，应该从主动的整体感知开始。"通过初读感知，迅速地抢占制高点，在脑海中形成一个知觉整体，尽管此时可能是混沌而朦胧的，然而，却是极有意义的。"② 整体感知如何实施呢？过去有《小学语文教学法》曾主张用"阅读全篇作品和读后谈话"的方法，认为这时要用良好的朗读使儿童感知作品中的形象，一般由教师读，阅读篇幅不长、内容较浅显的作品，一开始也可以让朗读技巧好的学生朗读。在头一次朗读作品的时候，最好让儿童把书合起来，以免分散他们的注意。如果作品相当长，如高年级的长课文，可由教师作简单介绍后再由儿童默读，默读前可提出默读提纲，帮助儿童掌握作品中主要的情节。阅读全文后，教师根据课文中主要的人物事件，提出几个主要问题叫儿童回答。这是从初读到分析作品的过渡阶段，问题提得太细，代替了作品的分析是不对的。③ 这里

---

① 陈春雯. 语文，可以简单一点 [J]. 小学语文教学（会刊），2013（11）：9.
② 马笑霞. 语文教学心理研究 [M]. 杭州：浙江大学出版社，2001：120.
③ 薛焕武，李树棠，吴德涵，等. 小学语文教学法 [M]. 北京：人民教育出版社，1958：80－81.

通过初步阅读，让学生感知课文内容的做法是可取的。但不一定要由教师读，已经有了前面的导入激趣，这里还是让学生尝试着自读更有利于培养学生的自学能力。可以采用提出问题让学生带着问题自学、讨论，最后检查质疑的方法。可以按以下两步进行。

1. 提出要求自学

自学的要求低年级一开始要由教师提出，以后逐步让学生记住并能自觉按要求自学。一般可提出如下自学要求：

（1）读文划字。读课文，划出生字、新词。

（2）自学生字。借助拼音或查字典读准字音；查词典或联系上下文想一想新词的意思；想办法记住生字字形。对生字能够读准字音，巧记字形，理解字义。

（3）归纳内容。想想课文讲了什么内容，捕捉主要信息。

（4）质疑交流。自己有什么疑问，向同桌或同小组的同学请教；小组长汇集大家都不懂的问题。

2. 检查自学效果

（1）检查识字

①字音检查：

可按以下顺序逐步提高认读难度：带拼音的词语认读→去掉拼音的词语认读→单字认读→打乱顺序认读。

出示生字的媒体可以是小黑板、卡片、课件等。

生字认读的形式有领读、齐读、"开火车"读、指名读等。

要注意通过查字典、讲发音要领、示范发音等方法，对易读错的字进行强调与指导。

②字形检查：让学生说说字形特点或记住字形的方法。要注意引导学生总结识记字形的以下常用方法：笔画分析法，结构分析法，联系比较法，字理识字法（形、义结合），谜语、歌诀、联想法等（见识字教学相关内容）。

③字义检查：阅读中的字义教学应特别注意在语境中理解。

低年级阅读教学中的识字教学，应重点检查巧记字形情况，激发识字兴趣；注意音、形、义结合，应特别注意渗透汉字造字方法有关知识，培养学生对汉字文化的兴趣。

（2）读课文

可以采用指名读、"开火车"读等形式。对学生的朗读情况要注意引导学生纠错与评价。

（3）了解内容

检查学生对课文内容的初步了解情况，对不同课文、不同年级要用不同的问法。如对低年级可问故事中有什么人，他（们）做了什么事；而对高年级可直接问课文讲了什么内容。这一步，旨在引导学生初步了解课文内容，锻炼学生从课文中提取主要信息的能力，不必要求学生用一句话准确概括主要内容。

（4）质疑交流

让学生提问题，或说说最想知道什么、最想学什么，从而确定教学重点。对学生的问题可适当板书，要尽量让学生解答，但不一定每个问题都在此时解决。

**（三）引导学生理解感悟的方法**

1. 梳理结构的指导

梳理结构，即梳理课文的结构及思路。这是分步解读的前提，具有重要意义。这一观点不难找到理论依据。在教育史上第一个倡导教学论的德国教育家拉特克的"自然教学法"就主张：先学习事物的整体，再学习事物的细节。① 叶圣陶甚至认为："能引导学生把一篇文章的思路摸清，就是最好的语文老师。"有专家认为，"脱离了完整的意境，看不到作者的思路，尽管在字、词、句、段上下很大工夫，也只能徒劳无益"。"只有把握了全文的语脉、文思，站在整体高度鸟瞰各个部分，才能对局部的标点、词语、句式产生正确的感知，把握得更准确、更全面。"② 薛焕武、李树棠等编的《小学语文教学法》把这步工作叫做"编段落大意"。认为"编段落大意可以使学生清楚地理解作品的结构，从作品中分出主要内容，看出作者怎样安排教材，明确段与段间的联系，从而进一步理解作品的基本思想。编段落大意可以训练儿童的概括能力、分析能力、组织语言的能力，一方面可以培养儿童独立阅读的能力，另一方面可以培养儿童连贯地有条理地作文的能力，对于发展儿童的语言和思维有极大的意义"。当然，"划分段落要

---

① 张华. 课程与教学论［M］. 上海：上海教育出版社，2000：31.
② 马笑霞. 语文教学心理研究［M］. 杭州：浙江大学出版社，2001：106.

照顾内容逻辑上的完整，还要照顾儿童的可接受性"。① 梳理结构的要求不可过高、过死。低年级一般能粗略地了解大体结构即可，中高年级可以尽量有意识地引导学生掌握梳理结构的规律与方法。

引导学生梳理课文结构，应根据学生与课文实际，提出适当的引导性问题。下面三组问题，由易到难，指导学生梳理课文结构时可选择参考：

（1）读课文，数一数一共有几段或几句话；找一找，划一划有哪几个人物、几次对话、几个时间点、几个地点；找一找相同的语句重复了几次等。

（2）提出某段意或某情节、某方面内容，让学生找一找对应的段落或语句；或提示学生分析某些段落之间的关系（总分、并列、因果）等。

（3）让学生说说课文是按什么顺序、或什么结构写的，写了哪些内容。

梳理结构要注意适当板书，通过板书帮助学生建立文章的内部联系。简练的文字或符号板书实际就是使用所谓的符号标志技术，"符号标志技术既可以用来引起注意，也可以用来促进学生对新知识内部联系的建立。""使文本的结构更加清晰，因而有助于学习者发现新知识内部的联系。"② 为此，可以采用小标题突出文本的结构，采用序数词表明论述的次序，采用"总之""因此"等关联词指出文本中各句之间的逻辑关系。③

例如《小露珠》（苏教版三年级上册）一课，故事中的事物很多，它们的关系也较复杂，事情发展经历了一天不同的时段。不梳理结构，就不好理解课文内容。教学时，可以让学生说一说，除了小露珠，课文中还有哪些与它说话或打招呼的动物或植物；小露珠的变化与什么有关，小露珠是什么时候出现的，什么时候消失的，你能找出告诉我们小露珠变化的时间的语句吗？结合学生的回答，教师可板书"夜幕降临—黎明的时候—太阳爬上东山—太阳越来越热"。这样，故事的发展脉络清晰了，复杂的内容就显得简单了。

又如《穷人》（人教版六年级上册）一课的教学，可以让学生说一说课文中有几个人物；找一找环境描写、心理描写与对话描写的语句，用不同的标志标出来；找出描写桑娜的活动的语句，说一说其活动经过，教师可

① 薛焕武，李树棠，吴德涵，等. 小学语文教学法［M］. 北京：人民教育出版社，1958：70.

② 皮连生. 教学设计（第2版）［M］. 北京：高等教育出版社，2009：214.

③ 皮连生. 教学设计（第2版）［M］. 北京：高等教育出版社，2009：219.

引导学生归纳板书"等待丈夫—看望西蒙—抱回孩子—告诉丈夫"。做了这些工作，课文复杂的内容就变得主线（思路）清晰了。

中高年级特别是高年级可以尽量有意识地引导学生掌握理清结构（分段）的规律与方法。

2. 分步解读的方法

分步解读即按照一定的思路，一步步或一部分一部分对课文进行研讨，抓住有关语言文字，理解其意思，体会其含义、情感与作用等。

（1）整体思路与切入点的确定

分步解读，首先应该明确哪些部分需要解读或详细解读，哪些部分应该简略解读或不解读；然后确定从哪一部分切入（或入手）、各部分之间学习的顺序怎样。

①确定主次详略

对于课文的各部分内容要有抓有放，以点带面；注意由扶到放，或先放后收。特别是几部分内容之间有相似之处的课文，如《富饶的西沙群岛》《美丽的小兴安岭》，可以详细指导学生学习其中的一两段，其余类似的段落可以让学生自学或合作学习。又如《"精彩极了"和"糟糕透了"》中，妈妈与父亲评价"我"的诗的时候的动作、神态、语言以及"我"的心理、表现，只引导讨论一两个细节，其余让学生自己找找、想想、说说就可以了。

②确定整体思路与切入点

整体思路与切入点，我们可以把它叫做整体"教路"。对此有许多人曾研究过，如有的人总结出"逆序教学法""跳跃教学法""切入教学法"。[①]形形色色的"教路"可以概括为以下三种：

顺序推进式。即以文章开头部分为切入点，按照作者思路或文章线索，逐段或逐步推进。大部分文章，特别是按事情发展的顺序写的文章大多可以采用这样的"教路"。

变序研讨式。即以能带动全文内容的问题为切入点，按照各问题之间的某种联系（而不是文章的思路）逐个探讨。如《凡卡》《田忌赛马》可以从结果切入逆向探究原因，《草船借箭》可以从"神机妙算"逆向寻找依据（逆序教学）。"整体入手，直奔中心"是变序教学常用的教学方法，适

---

① 《小学语文教学研究》编写组. 小学语文教学研究 ［M］. 南京：江苏教育出版社，1993：193 - 194.

用于中心思想比较明显的课文。① "直奔中心"即一开始就抓住课文主要内容（中心词、句、段）或中心思想，然后围绕中心思想理解重点词、句、段。

随机点拨式。即以学生感兴趣的问题为切入点，按照学生提出的问题顺序，随机逐个讨论。写景状物或并列结构的文章内容多可采用这样的教路。如《爬山虎的脚》，可以按学生兴趣先研究爬山虎的脚的样子，再学习其他部分；《晏子使楚》《将相和》都可以按学生的兴趣或问题逐个讨论有关故事或情节。

分步解读无论采用哪种"教路"，都要注意各部分或各步之间的内在联系，都要有明确的目标指向，应注意由语言文字指向思想内容，指向文章的"中心"。即使随机点拨式，也不是任意发挥，教师要发挥好主导作用，恰当点拨引导。

（2）"部分"内思路与生发点的确定

在深入阅读中，也应"凭借对整体的层次的把握，再把各个部分当做次一级整体，作进一步的分割……再作进一步的组合……如此在不同层面上的双向往复，使阅读更深刻、细致、准确。"② 因此，像一篇文章的教学需要考虑段落或部分的取舍、详略一样，要讲读的某个部分或段落内部也应考虑其需要讲读的问题或生发点，并要确定好处理这些问题或生发点的顺序。

任何生发点，都要有明确的指向。一般来说，最终的指向是文章的中心。但不同文体的指向是不同的。有学者指出教师要加强不同文体功能定位的研究，对不同文体采取不同的教学策略，认为说明文、叙事性文章与文学创作有不同的功能：说明文的"知识目标"，培养学生逻辑、理性思维；叙事性文章的"思想主题"，培养学生归纳、推理、判断（概括）、思辨（聚焦）思维；文学创作的"审美情感"，培养学生感觉、感受、直觉、发散、审美思维。③ 散文学习的最终目的就是感悟文本的情感内涵。因此，分步解读，不宜孤立解词析句，而应有明确的指向。

"部分"教学的几种"教路"：

---

① 江平. 小学语文课程与教学 [M]. 北京：高等教育出版社，2004：223.
② 马笑霞. 语文教学心理研究 [M]. 杭州：浙江大学出版社，2001：120.
③ 陈琳. 基于学生思维发展的阅读教学. 国培计划（2013）小学语文高端研修远程培训配套专题视频资料.

①从形式入手（归纳或综合法）：文字→内容。这种"教路"适合前后联系并不十分密切、相对独立的段落或部分，如写景、状物类的文章中各部分内容的教学。这种"教路"又可分为以下情况：

整体→部分→整体：读全段，看看有几句话，有没有中心句，有没有不懂的问题；解读重点字词句；归纳段意、再读全段。

部分→整体：解读重点词句，由理解词句到理解整段意思。这种情况适合低年级或比较简单的段落的教学。

②从内容入手（分析或演绎法）：内容→文字→内容。这种"教路"适合前后联系密切的叙事性文章的段落或部分的教学。可以先谈谈（归纳）该部分课文讲了什么内容、从哪几方面来讲的、表达了什么感情、反映了什么问题等；再分析从哪些文字看出或表现出来的，解析有关文字；然后再归纳内容并朗读体验等。

③从朗读入手：朗读→分析→朗读。这种"教路"适合看似文字浅显但包含一定道理或表达丰富的情感的作品的教学。一般先让学生朗读；针对朗读出现的问题进行指导，对语速、重音、停顿、语气等作适当的说明与示范朗读；再让学生反复朗读，在朗读中体会感情。

（3）引导学生理解体验词句段的通用方法

"真正的理解是特定语境中的理解。狭义的语境，就书面语来说指的是上下文。""作者写作时的思想感情倾向，社会或自然环境是全文的语境。"① 因此，引导学生理解体验词句段的根本方法就是为学生创设并引导学生利用好语境。具体的教学方法有许多，如有人曾总结出"课文精彩片断教学十法"：朗读法、分层法、绘图法、对比法、填表法、嚼词法、析句法、补充法、扩展法、扩写法。② 有教材指出，"儿童的感情是在具体而清晰的想象和具体而明确的理解的基础上产生的，所以教师必须多方引起儿童的想象，要让他们把文字所描写的在头脑里想象出一幅幅图画来，就是要使跃然于纸上的形象跃然于脑中"。教师要"善于利用范读的音调，并提出一定问题以引导、激发儿童的感情，或启发儿童回忆他们自己的生活，诱导儿童体会作品中优美的语句"③。这里提到了教师范读、引起儿童想象

---

① 王文彦，蔡明. 语文课程与教学论（第2版）[M]. 北京：高等教育出版社，2006：201.

② 孔连根. 课文精彩片断教学十法 [J]. 天津教育，1995（2）：31-32.

③ 薛焕武，李树棠，吴德涵，等. 小学语文教学法 [M]. 北京：人民教育出版社，1958：76.

与回忆自己生活的重要性等。通用的方法可以归纳为以下五类：

①范读描述。即教师通过感情投入地描述、范读，引导学生对有关内容进行理解体验。薛焕武、李树棠等编的《小学语文教学法》就曾谈到这样做的重要性："分析时，教师的语言应当清晰，而且要富有思想感情。特别要注意使自己的思想感情和作者的感情融为一气，进而使学生的思想感情与作者的感情融为一气，这样才能充分发挥文章的思想性来感染学生。"① 该教材还引用了谢彼托娃《小学阅读教学法》中的话说明教师范读的重要性："教师很好的阅读（指朗读）有时还可能代替讲解，特别是文艺作品，要把它读得好，这可能比最详细最精密的讲解更容易、更迅速地使儿童了解作品。"② 优秀教师的课堂教学不乏这样的例子，例如深圳后海小学闫漇老师教学《纸船和风筝》一课，讲解并不多，但句句饱含深情，加上富有感染力的朗读，使很简单的童话故事，激起了学生强烈的感情，当读到小松鼠与小熊终于又和好了时，有的学生竟也被感动得哭了。

②提供直观。即通过提供一定的直观（实物、音像）材料，帮助学生理解有关内容。对于学生陌生的事物，提供直观材料是非常必要的。例如贾老师执教《那片绿绿的爬山虎》，黑板上写着四个词语——"推荐、融洽、楷模、窗棂"，前面三个，让学生自己揣摩意思，讲到"窗棂"时，老师直接在黑板上画起了窗棂的简笔画，一边画一边说："这个窗棂，现在不大看得见，农村里面，把窗户用木块隔成图案，这种木条就是窗棂。"③ 简笔画加上教师的说明，学生肯定就明白"窗棂"是什么了。又例如教学《笋芽儿》一课，如果学生没见过笋芽儿，没见过竹妈妈给笋芽儿穿的衣服，也没有机会去看竹林、找笋芽儿，那就得让学生看看笋芽儿与竹子的影像资料或图片，用课件演示笋芽儿的生长过程等，这对于理解这篇课文，会有很大的帮助。再如教学《歌唱二小放牛郎》，播放歌曲、录像，可以帮助学生迅速进入情境，很好地理解课文内容。课文的插图是最好的直观材料，教学中要特别注意充分利用课文插图，让插图帮助学生理解并给学生留下终生难忘的印象。

值得注意的是，提供直观不能走极端，不能为热闹而提供直观，不能

---

① 薛焕武，李树棠，吴德涵，等. 小学语文教学法［M］. 北京：人民教育出版社，1958：83 - 84.

② 薛焕武，李树棠，吴德涵，等. 小学语文教学法［M］. 北京：人民教育出版社，1958：82.

③ 张静. 生本课堂，警惕教师主体性的沦陷［J］. 小学语文教学（会刊），2013（11）：6.

只追求直观材料的数量。像有的老师提到的某县听评课互动中，"一节课40分钟一位教师的课件竟有45张"，① 这样的课显然在追求直观手段与材料的数量了。"参观实验和运用图片等教具"无疑是需要的，"但是如果走向极端，认为越多越好，反而会抑制学生认识文字能力和想象力的发展，有时会使根据文字进行分析推理的过程简单化，因而对发展学生的思维不利"②。

③联系生活。即引导学生回忆、联想自己的相关经历或相关事物，与所学内容进行联系比较，从而更好地理解有关内容、体会感情。"分析时，联系实际，才能使儿童更清楚地领会课文的思想内容，并贯彻到生活中去。""分析时，还要多方引导儿童想象课文中描写的情景以加深儿童的感受"。③ 例如教学《柳树醒了》第一节，引导学生回忆自己被父母叫醒去参加一个活动的情景，再想象春雷、小柳树都怎么说、怎么做，那就能很好地理解并读好这一节了。教学《找春天》一课，先让学生结合自己的生活经验，自由说说初春时看到的各种事物的特点，再体会课题中的"找"字，体会"春天像个害羞的小姑娘，遮遮掩掩，躲躲藏藏"这个句子的含义也就不难了。学习《我的战友邱少云》一课，如果让学生回忆、联系自己曾被热水烫着或被火烧着时的感受，对"邱少云像千斤巨石一般，趴在火堆里一动也不动"，"烈火在他身上烧了半个多钟头"，"没挪动一寸地方，没发出一声呻吟"所表现出来的精神，体会一定会更加真切、深刻。又如，一位教师在指导学生学习韩愈的《早春》中"草色遥看近却无"一句时，引导学生回忆生活中类似的情景。有学生联想到，远远望去，集市上人山人海，没有一点儿空隙，可是走近时人与人之间的空隙却还有很多；有学生联想到，插秧后发现田里的秧苗稀疏、零星，远离秧田回头看时，秧田里一片绿色。学生这些经验显然有助于对诗句的理解、感受。因此有人认为："及时指点学生创设并回忆相关的生活情景，或引导学生联系自己的生活经历，或调动学生已有的生活体验，往往能帮助他们进入特定的情境之中，获得感同身受的语文学习效果。"④

---

① 李鹏飞，王希新. 生本、高效——课堂不可偏失之重［J］. 小学语文教学（会刊），2013（11）：8.

② 《小学语文教学研究》编写组. 小学语文教学研究［M］. 南京：江苏教育出版社，1993：92.

③ 薛焕武，李树棠，吴德涵，等. 小学语文教学法［M］. 北京：人民教育出版社，1958：84.

④ 江平. 义务教育语文教学的五个注意点［J］. 课程·教材·教法，2006（4）：27.

④启发思考。即引导学生对有关内容（词、句、段、甚至标点）的深层涵义、表达的感情、表达效果等进行深入的思考和探究。分步解读，"不能只停留在某个词义或某个句意上，这还是浅层次的。教师应当引导学生去寻觅课文异乎寻常的安排、领悟作者立意的高超、构思的精妙和遣词造句的苦心"①。启发思考的方法主要有两个：一是启发学生大胆质疑，多问几个"为什么"。例如课文中的某个词语，假如不用行不行，换成另外的词语行不行；某些句段不这样写行不行，换个写法或调换一下位置行不行；某个内容不写是否更合适等。二是启发联想与比较，例如启发学生从上下文中寻找答案，在与其他课文、其他事物的比较中理解内容、发现规律等。

⑤朗读表演。即指导学生通过朗读、表演等形式，加深对有关内容的理解与体验。朗读，既是阅读教学的目标，也是加深理解、体会感情的重要手段；表演，有助于学生进入角色，加深体验，更好地体会感情。因此，对文本的解读应重视朗读、表演的方法。可以在分析的基础上朗读、表演，以加深理解与体验；也可以从朗读或表演的指导入手，通过指导朗读与表演，促进理解。朗读表演的内容可以是某句话、某段话，也可以是全篇，还可以联系实际进行创造性的表演。如某教师教学《棉鞋里的阳光》，在指导学生读通课文以后，让学生扮演妈妈、奶奶、小峰等，自己扮演记者，对他们进行了采访：

采访妈妈：奶奶的棉被一点儿也不湿，为什么要晒呢？为什么不给自己晒而给奶奶晒呢？

采访奶奶：躺进晒过的被窝有什么感受？心里想的是什么？

采访小峰：你怎么会想到给奶奶晒棉鞋的？

采访本班学生：你怎么看待这一家人？小峰这样做，奶奶会说什么？妈妈又会说什么？

学了这篇课文，你打算今后怎么办？

这样的活动，促使学生进入不同的角色中，入情入境，必然加深对课文内容的理解。

值得注意的是，讲读时的朗读是为了让学生加深理解，体会感情，"让

---

① 《小学语文教学研究》编写组. 小学语文教学研究［M］. 南京：江苏教育出版社，1993：165.

文章的情感基调在学生的心中生根"，要避免"偏离文本价值的'黑色幽默'"，"忽视了'正'的力量，而张扬了'反'的价值。"①

3. 指导感悟拓展的方法

这一步，相当于薛焕武、李树棠等编的《小学语文教学法》中所说的"总结谈话"。"总结谈话，一般是由教师根据课文中心内容组织一系列有概括性的问题与儿童进行讨论的。""在文学作品的总结工作中，教师应该对故事中的人物作出评定，指出课文的基本思想；并适当地联系儿童的思想和生活实际，给予儿童启示。"② 应该特别注意的是，"文学的真正价值在于读者在解读过程中的种种解释。文学作品真正生命在于一代又一代的读者的不同解读中。"③ 因此，阅读教学应鼓励与尊重学生独特的体验，当然也应注意正确的、主流的价值取向。

"感悟拓展"一般可按以下四小步进行：质疑；谈体会（感想、认识或联想）；教师重点提示；朗读欣赏。这四小步当中"谈体会"当然是最重要的。谈体会对低年级不必要求过高，只要让学生谈谈对文中具体人物的看法，或对文中某个人物说说想说的话，或说说自己应该怎样做就可以了。对于中高年级，则应逐步引导学生掌握概括中心思想的方法（具体方法见前面"概括中心思想"部分）。指导学生谈体会或概括中心还应注意两点：一是可以适当拓展补充相关内容（类似文章、相关事例等），以使学生的概括更准确、体会更深刻；二是要注意适时板书体现中心的词语，以丰富学生的语汇，提高他们的认识水平与概括能力。

4. 指导领悟写法的方法

指导学生领悟写法，是阅读教学"从思想内容再到语言表达"的"回趋"，是阅读教学的重要步骤，是连接读写的重要"关节"。阅读教学中"领悟写法"这一步的指导应注意以下三点：

（1）要鼓励学生发现与自悟。与其他知识、技能的获得相比，写作的知识、技能更需要学习者的自学自悟。无数作家的成长之路正说明了这一点。阅读教学中，直接告诉学生课文的写作方法与特点，很难引起他们的兴趣，不会产生多大的效果；在"从语言文字到思想内容"、亦即阅读教学

---

① 赵惠文. 走了味的朗读，该如何回归本位［J］. 语文教学通讯·小学刊，2007（1）：38.

② 薛焕武，李树棠，吴德涵，等. 小学语文教学法［M］. 北京：人民教育出版社，1958：85.

③ 薛晓光. 依据学情提高课堂教学的有效性. 国培计划（2013）小学语文高端研修远程培训配套专题视频资料.

的"去趣"中，已经"渗透"了某些文字或"写法"的作用，此时让学生再回过头来说说课文中写得好的地方，应该不会感到很难；而如果他们能有一点新的发现，那成就感当然更具有意义。因此，"领悟写法"应鼓励学生发现与自悟，要给学生充分发现与发言的机会。教师对学生的发现应积极肯定与鼓励。

（2）要适时适当引导点拨。在学生充分发现、发言的基础上，教师要注意进行适当的引导、归纳。品评写法不宜空谈，而应结合课文内容；只有与体会作者情感或意图相联系，才能切实领悟写法的妙处。例如有教师教学《那绿绿的爬山虎》，在理解课文内容的基础上抛出了这样的问题："作者在走进叶老的院子里时写了那片绿绿的爬山虎和中午的阳光。在和叶老交谈一个下午后，又写了那片绿绿的爬山虎和落日的余晖。你们想一想：作者这样写，是不是有些重复？如果不是，那又有什么意图？"有学生回答："我觉得那绿绿的爬山虎象征的就是叶老先生。叶老在作者的心中，就是那片绿绿的爬山虎，永远那么绿。说明了他会永远牢记叶老的教导，像叶老那样，成为作品和人品都堪称楷模的人。"教师问："作者又为什么两次写到阳光呢？它和爬山虎的绿有什么关系呢？"一个学生答道："那绿绿的爬山虎象征的就是叶老先生，可以表达'我'对叶老的思念。"另一学生答道："我以为，还可以这样理解：如果把'我'看成叶老家里的那片绿绿的爬山虎，叶老就是落日的余晖。他用自己的晚年的余热去温暖关怀下一代青年的健康成长。让那片绿绿的爬山虎永远那么绿！"① 这样的回答，正反映了学生对课文内容的深刻理解，也说明学生真正领悟到了"重复"（两次写那片绿绿的爬山虎与阳光）的作用。

（3）要适时强化与训练。对于课文体现"单元重点写作训练项目"的内容或精妙之处，要鼓励学生进一步品读，甚至背诵，让它深深地印在学生的脑海里；还要注意跟进适当的模仿应用训练，以促使其转化为写作技能。

**（四）练习积累的方法**

阅读教学的练习积累形式多种多样，如各种字词训练（抄写字词、组词、造句）、复述与背诵、拓展阅读、小练笔（仿写、续写、扩写、改写、写体会）等。指导练习积累要注意激发学生兴趣，注重互评互改与交流，适当采用竞赛方式等。练习积累要扎实而突出重点：对于低年级来说，要

---

① 娄德彦. 我想不到的"那片绿绿的爬山虎"［J］. 小学语文教学（会刊），2013（11）：57.

注重写字训练；中高年级则要注意拓展阅读与练笔；各年级都要注意词语的积累与运用，注意朗读与背诵训练。

1. 指导写字的方法

每个字的指导可按以下步骤进行：

（1）观察；（2）示范；（3）练习；（4）评议；（5）再练。

2. 语言积累与巩固的方法

可以进行词语抄写、词语默写、用词造句、词语搭配、选词填空、列举反义词或近义词等形式的训练；鼓励学生复述与背诵课文。

3. 练笔的指导

要注意读写结合，针对课文表达方面的特点进行写的训练，最好做到每课一练。可以仿写、续写、扩写、改写、写体会等。可以采用说一说、写一写、评一评的步骤进行指导。课堂练笔要尽量当堂完成。

**（五）反思总结的方法**

课堂小结不应只是由教师说，学生被动地听，而应调动学生积极性，引导学生主动反思，查漏补缺，总结知识要点与学习方法，提升学习效果。具体操作步骤可以是：

（1）反思。鼓励学生再就学习内容进行质疑；对本课学习内容要点进行归纳，对学习方法进行梳理；让学生谈一谈自己的收获。

（2）抽查。教师可以就本节课的教学重点、难点对学生进行适当的检查。

（3）总结。教师对本课学习内容要点与重点、学生学习情况等作简要总结。

**（六）作业延伸的方法**

阅读课应该给学生留有适当的作业。阅读课的作业主要有两种类型：

（1）巩固与技能训练性作业。如适当的字词句段篇写的训练，段篇的背诵等。

（2）扩展性作业。如课外阅读、观察或参观活动等。

# 第六节　阅读教学的共性与特色

教学，之所以很难达到较高的水平，难以尽善尽美，是因为教学既是科学又是艺术。说教学是科学，是因为教学是有规律可循的，要想取得好的教学效果，必须遵循教学规律；如果违背规律，就不可能真正取得好的教学效果。但是，教学现象与规律又是复杂的，教学方法措施与教学效果之间并不是简单对应的；要想取得好的教学效果，还需要教师的经验与技巧，就像有一千个读者就会有一千个哈姆莱特一样，对同一个教案，不同的教师会有不同的理解，不同的教师更不可能教出相同的效果，这正是教学具有"艺术性"的体现。"把教学法运用得很好，取得很理想的效果，需要有很好的技巧，也就是要掌握教学的艺术。"①

达到教学的艺术境界不容易，但并不是说教学艺术完全不可捉摸，高不可攀。事实上古今中外，是不乏精通教学艺术的教育家的，教学艺术还是有其特征、有其规律可循的。明确阅读教学艺术的特征，有利于我们尽快向阅读教学的艺术境界靠近。

不同时期的语文教学法教材对阅读教学的艺术问题往往都有所论述。例如，薛焕武、李树棠等编，人民教育出版社出版的《小学语文教学法》（1958年7月第1版），其"阅读教学"一章中有三节内容就是分文体分别讲述文学作品、科学知识文章和应用文的特点、教学原则、一般步骤，及每种体裁内更细的各种作品或文章的特点等。袁微子主编、人民教育出版社出版的《小学语文教材教法》（1984年12月第1版）的"阅读教学"一节内容共讲了五个问题，前两个问题讲阅读教学的特点与过程，后三个问题是按低中高不同学段分别讲阅读教学。人民教育出版社小学语文室编著、人民教育出版社出版的《小学语文教学法》（1995年12月第1版），在"各种类型课文的教学"一节中，对当时教材设计的看图学文、讲读课文、阅读课文三类课文均分别从三个方面进行了论述：教材特点和教学要求、教学的一般方法、教学应当注意的问题。在"不同体裁课文的教学"一节中，对小学语文课本里不同体裁课文教学的特点和应注意的问题进行了论述。这几本教材在阅读教学一般规律基础上，对不同文体或不同学段阅读教学规律的探讨，实际上是对阅读教学一般规律的变式或不同文体、不同学段阅读教学特殊规律的探讨；当我们掌握了更具体的各种文章、各种情况之下阅读教学的规律时，也就更加逼近阅读教学的艺术了。

以下两个版本的教材已经明确谈到了阅读教学的变式或艺术问题：江平主编、高等教育出版社出版的《小学语文课程与教学》（2004年8月第1

---

① 李行健，陈大庆，吕桂申. 吕叔湘论语文教育 [M]. 郑州：河南教育出版社，1995：106.

版），在"阅读教学的一般步骤和变序教学"中谈到了"阅读教学中的变序教学"问题，这实际是阅读教学的灵活性、艺术性问题。魏薇主编、齐鲁书社出版的《小学语文教学法》（2002 年 6 月第 1 版），在"阅读教学实践"一节中论述了"运用阅读教学方法应注意的问题"与"阅读教学艺术"等问题。"运用阅读教学方法应注意的问题"涉及阅读教学方法运用的规律与灵活性，这实际也属于阅读教学艺术问题；而"阅读教学艺术"，更是探讨"阅读教学艺术"问题的一个专题。其在"阅读教学艺术"部分介绍了阅读教学艺术的特征（审美特征、情感特征、创造特征、功能特征），介绍了阅读教学艺术流派的类型（情境派、导读派、思路派等）。

"创造是艺术的生命"。教学如果只是生搬硬套、机械模仿，或千篇一律，而没有创新与特色，当然谈不上艺术。创造的基础是对教育规律的准确把握和在教育实践中的灵活运用。追求阅读教学艺术性，就是要掌握阅读教学的基本规律——共性，并能根据教材、学生、教师及教学环境条件等具体情况，灵活运用教学规律，教出特色，教出高效率。追求阅读教学的特色与艺术性应注意以下四点：

## 一、因文而异，注意变式

阅读教学要考虑课文的内容、文体、表达形式等方面的特点。

小学阅读教学的内容丰富多彩，其文体类型也不尽相同。不同文体类型的课文显然有其不同的特点、任务及教学要求。因此，掌握不同类型课文的特点是非常必要的。当然，课文的分类本身就是比较复杂的。例如，薛焕武、李树棠等编的《小学语文教学法》（1958 年 7 月第 1 版）在阅读教学一章中，是把课文分为文学作品、科学知识文章、应用文三类来进行论述的。其中文学作品包括故事（包括小说）、童话、寓言、诗歌、谜语、谚语、剧本等，并单独列出了一个"长课文"的类别;[①] 科学知识文章包括自然科学知识文章、自然专课、地理知识文章、历史知识文章等。[②] 语文教材（特别是低年级）的阅读教学内容中一般都会有看图学文这种课文形式；我国的统编教材曾根据培养能力的需要把课文分为"讲读课文""阅读课文"

---

① 薛焕武，李树棠，吴德涵，等. 小学语文教学法［M］. 北京：人民教育出版社，1958：88 - 102.

② 薛焕武，李树棠，吴德涵，等. 小学语文教学法［M］. 北京：人民教育出版社，1958：127 - 132.

"独立阅读课文"三类，另外还有"习作例文""读写例话"等内容（当然这属于作文教学内容）。人民教育出版社小学语文室编著、人民教育出版社出版的《小学语文教学法》（1995 年 12 月第 1 版），在"各种类型课文的教学"一节中，对当时教材设计的三类课文均分别进行了论述，在"不同体裁课文的教学"一节中，是将小学语文课本里的课文分成记叙文、说明文、诗歌、寓言和童话等几类进行论述的。

不同文体的课文在教学中往往有不同的重点。例如：对于表现人物的作品，要特别注意抓住人物的行为、动作、语言以及环境等体会人物的心理与品质；要注意学习描写外貌、语言，表现人物心理与品质的方法。对于叙事说明道理的文章，要注意联系背景、现实以及学生水平来理解道理（中心）。对于写景状物的课文，要注意引导学生理清叙述或描写的顺序，概括景物特点，学习课文表现景物特点的方法。对于童话，要注意通过朗读与表演或复述加深理解与体验，培养想象力，积累语言。对于诗歌，要在理解的基础上注重诵读，通过诵读体会情感与语言之美。对于科学知识品文或说明性作品，要注意通过各部分、层次的中心句理清知识要点与层次；要讲清有关术语；要注意运用直观手段、比较等方法帮助学生理解内容；要注意与学生现实生活的联系，学以致用，激发兴趣，培养能力。对于应用文，要讲清应用文的作用，要让学生明确应用文的格式特点，还要特别注意学以致用。

无论什么文体的教学，"感知文字—理解内容—抽象意义"的过程是不能颠倒的。"但是，也须看到，经过一定的训练，阅读的这种心理过程中的有些阶段是可以加速、合并或简化的。"① 例如，中心很明确的文章可以采用"整体入手，直奔中心"的变序教学课堂结构，即在"理解感悟"阶段直接抓住中心词、句、段，围绕中心展开对全文相关内容的学习；对于结构比较简单的课文没有必要梳理结构，而对于结构比较复杂的文章，就有必要先在引导学生理清结构上下点儿工夫（例如《凡卡》一课的教学，理出"写信、寄信"这一主线及信的内容和插叙回忆的内容，结构就清楚了，在此基础上理解内容就容易多了）。

特殊文体的教学结构往往也有其特殊性。例如"看图学文"教学的基本过程，低年级可以采用如下步骤：初步看图—初读课文—图文对照，理

---

① 江平. 小学语文课程与教学［M］. 北京：高等教育出版社，2004. 222 - 223.

解重点词句—了解内容—再读课文，浮现图画。中年级可以采用如下步骤：初步看图，感知课文—图文对照，理解重点词、句、段—联系图画，学习表达—再读课文，浮现图画。高年级可以采用如下步骤：从图入手，感知全文—图文对照，理解课文—图文结合，总结升华—联系图画，学习表达—练读练写。"古诗的教学结构"可以设计为：初读全诗，了解词义—理解诗句，想象意境—品评词句，学习表达。① 当然古诗教学，也应该从自学开始，可以在自学的基础上，让学生试着读诗句，说诗意，教师组织学生订正、补充，不必一句句机械翻译，抄记；要把重点放在朗读、背诵、想象、体会感情上，让学生把诗句与意境同时印在脑子里。可按如下步骤进行：自学—检查、指导—读、背、想（想象意境）。

## 二、因材施教，因势利导

阅读教学必须考虑学生实际与课堂环境的变化等因素。不同年级学生的心理与学习特点不同，阅读教学显然有不同的教学重点，应采取不同的教学方式。在此强调的是教师应特别注意课堂上学生提出的出人意料的问题。对这样的问题巧妙处置、因势利导，最能反映一个教师的教学艺术水平。下面即是两个很好的例子：

> 支玉恒老师在教学《欢乐的泼水节》最后一节时，一位学生提问："老师，现在水资源越来越少，傣族人民过泼水节要泼掉很多水，这不是在浪费水资源吗？"这一问题显然出乎大家的意料。就在全班同学为之瞠目的时候，支老师却对这位提问的学生大加称赞，并请学生再读课文，思考：泼水节这一天人们为什么特别高兴？这里的"水"到底是什么含义？学生经过讨论，最后明白了：这清洁的水不仅仅是一种自然资源，还具有深刻的文化内涵，它象征着尊敬、友爱和祝福。虽然傣族人民生活在水量充沛的西双版纳这一热带雨林地区，但爱水的民族，肯定最懂得水的珍贵。短短的几分钟，使学生受到了一次民族文化的熏陶，一份灵魂智慧的洗涤。②

又如于漪老师在教学《白杨礼赞》一课时，就表现了高超的教学艺术。

---

① 魏薇. 小学语文教学法［M］. 济南：齐鲁书社，2002：127.
② 汪潮. 论课堂教学的"整体观照"［J］. 小学语文教学（会刊），2011（7）：10.

于漪老师正在赞扬白杨树时，一个女孩子站起来："白杨树并没有茅盾先生写的那么美。白杨树的质地不好，哪里有楠木好呢？""你可以谈下去。"于漪笑容可掬，亲切和蔼。小姑娘引经据典，侃侃而谈："俄国大作家屠格涅夫的《猎人笔记》中也写过白杨树，说它的叶子硬得像金属，枝条也不美，只在夕阳西下的时候才给人一点美感。"其他学生也陷入迷惘之中，一双双眼睛望着老师。这时于漪平静而安详，笑着说："你能大胆发言，这是很好的。但要懂得：文章写物的目的，主要是托物言志，而写景往往是景随情易或情随景易，哪里会孤零零地去写景呢？茅盾先生写白杨树的目的，是要赞扬它的平凡而伟大，实际上是赞扬北方的农民、抗日前线的健儿。""这个意思我懂了。"一个男同学又站了起来，"不过茅盾先生说白杨树严肃、挺拔，也不乏温和。严肃、温和用在一段文章里头不好。因为严肃的人往往不温和，温和的人不严肃。"同学们又愣了，于漪也为之一愣，但她对《论语》的深入研究，竟在这个时候帮上了忙："有人问孔子是怎样的，回答是'子温而厉，威而不猛，恭而安。'有些东西，像品格、作风，好像在一个人身上是矛盾的，可是有些时候是可以成为一个统一体的。"她又谈到文艺理论家刘再复论及的人物性格两重性，以及现实中的人。学生个个点头称是，都为有这么一位知识渊博、态度和善的老师而欣慰。[1]

于漪老师虽然上的是中学的课，但这个片断对小学语文教学同样是有启发的。

这两个例子启发我们，对学生敢于提问的态度首先应给予肯定；对于学生的困惑，教师不应漠视与回避，而应给以积极的引导与解答。当然，这需要教师具备冷静的态度、敏捷的思维、丰富的知识。特别值得注意的是，如果学生提的问题教师本身也不会回答，可以与学生共同探讨，如果课堂时间不允许，可以放到课外，但老师态度要真诚，切不可不懂装懂。

## 三、发挥特长，真情投入

教师不仅要善于依据教材特点与学生特殊情况等进行教学，还要注意

---

① 赵显坤. 教育改革家［M］. 济南：山东教育出版社，1986：53 - 54.

利用自己的条件与优势，给学生以积极的启迪与影响。例如教师漂亮的板书、声情并茂的诵读必定增添语文课堂的魅力。当然，发挥特长不是为了显示自己，而是为了启发与感染学生。教师特长是长期训练的结果，但教师上课的情绪状态与情感态度却是人人都能做好且对学生学习具有重要影响的因素。

列宁说过："没有人的'感情'，就从来没有也不可能有人对于真理的追求。"阅读又何尝不需要感情！有人说，一个人如果从来没有被文字感动过，他的心灵必定是粗糙、浅陋的！艺术性的阅读教学，必然是使学生情绪高涨、感情投入地学习，并使学生受到积极情感的陶冶，获得深刻的情感体验的教学。有人说："教师的脸是学生的另一本'书'。"还有人说："人的眼睛同舌头说的话一样多。"这些都说明，教师的教态、情感在课堂教学、特别是在影响学生情感态度的发展中发挥着十分重要的作用，教师应该用积极的情感感染学生。最重要的，教师应做好以下两点：

（1）对学生要和蔼。"亲其师，信其道"，喜欢某老师便喜欢这个老师教的学科，这是一种很普遍的现象。因此，课堂上教师要注意拉近与学生的心理距离，使学生感到老师可亲可近，从而乐学。其中，适度的幽默感是很有必要的。学生是喜欢具有幽默感的老师的。有报纸曾报道，一名小学生在"假若我来当校长"的征文中写道："让那些终日板着面孔、永远不苟言笑的老师下课！"可见学生是多么讨厌过于严肃的老师。复旦大学外语系教授陆谷孙先生曾提出：上一堂课至少要让学生大笑三次。当然上课不能只是为了让学生笑而讲笑话，更不能以庸俗的笑话哗众取宠，但适度的幽默感确实是很有必要的。

（2）教师情感要健康而丰富。有幽默感并不是说教师应老是想方设法引得学生发笑。情绪具有感染性。教师应有健康而丰富的情感，该笑则笑，该哭则哭，上课时要入情入境，以自己健康适度的情感感染学生。大师级教育家的课之所以上得好，往往一是由于他们有渊博的知识，二是由于他们善于以自己健康而丰富的情感感染学生。有资料介绍，梁启超给清华大学学生讲课，走上讲台，打开讲义，眼光向下面一扫，然后是简短的开场白："启超是没有什么学问——"接着眼睛向上一翻，轻轻点点头，"可是也有一点喽！"既谦逊又自负。他记忆力非凡，四书五经、历史典籍、诗词歌赋，往往张口即诵，有时偶尔顿住，用手敲一敲光秃秃的脑袋，立马想起，又继续大段大段往下背。有时讲课讲到紧要处，便成为表演，手舞足蹈，情不自已，或掩面，或顿足，或狂笑，或叹息。讲到欢乐处则大笑而声震屋梁，讲到悲伤处则痛哭而涕泗滂沱。听他的课，实在是种享受。因此学生都非常喜欢他的课。① 令学生惊叹、佩服的当然是梁启超非凡的记忆力与渊博的知识，但学生的情感又何尝不会被他那投入的情感所感染或打动呢？

### 四、明确目的，注重实效

教学要有自己的特色或风格，但个人的教学特色或风格应服务于教学目的，要注意教学手段与目的的统一。这要求我们注意两点：

（1）追求课堂特色要考虑教学目的的需要。一切教学手段、形式都是为完成教学目标服务的，都要有利于学生的全面发展；不要一味追求教学手段、形式的新奇。

（2）要正确看待与学习各种教学艺术风格。所谓教学特色或风格，应该是某些方面表现得更加优秀而稳定，但并不是其他方面不重要，其他方面可以差一些。我们不应该为追求某个方面的特色或风格，而忽视其他方面的要求与修养。正像有人认为的那样，"没有风格和流派，那么就没有鉴赏性"，但是又"不能局限有限的风格里，要开阔胸怀，容纳各样的风格"。② "一所学校、一个地区，切不可只推广一种流派而排斥其他流派，各种风格流派的竞争，是语文教学繁荣的大好现象，应该鼓励而不要限制"。③ 一个学校、一个地区是这样，每个老师更不应该为追求特色、学习某流派而排斥其他风格流派。正如莫泊桑所说："我怎能奢望于哪一个流派呢？一切时代的、一切体裁的在我看来最完美的东西，我一律欣赏。"

**思考与实践：**

1. 试分析阅读的心理过程与阅读能力的形成过程。
2. 我国有丰富的阅读教学理论或经验，试列举几例并作简要评价。
3. 设计一课阅读教学的教案。

---

① 蒋临凤. 人物杂记 [M]. 广州：华南师范大学出版社，2004：30-31.
② 小学语文阅读教学风格流派简介：教学的特色、风格与流派：语文教学艺术的追求 [EB/OL]. 道客巴巴 [2012-11-24] http://www.doc88.com/p-997232421536.html.
③ 孙笑平. 我国小学阅读教学中的风格流派分野 [J]. 现代中小学教育，1991（5）：17.

# 第六章
# 作文教学

作文教学，可以说是小学语文五项内容教学中最难的一项，因而也是语文教学论中最重要的内容之一。以下是几本不同时期小学语文教学法或小学语文课程与教学论教材中有关作文教学的内容框架：

李纪生著、浙江人民出版社出版的《小学语文教学法讲话》（1954 年 8 月第 1 版，1956 年 1 月第 6 次印刷），与写话、作文有关的内容有两讲："小学低年级说话与写话的教学方法""小学中、高年级作文课的教学方法"。低年级的写话教学是与说话教学放在一起来讲的。在"小学低年级说话与写话的教学方法"一讲中主要讲了以下几个问题："发展儿童说话与写话能力是语文教学的重要任务""低年级说话与写话教学的方式方法""低年级说话与写话教学的注意事项"。在"小学中、高年级作文课的教学方法"一讲中，主要讲了"作文教学的基本要求""作文课教学的主要方式""作文课写作指导的教学方法""命题作文教学的方法"。

薛焕武、李树棠等编，人民教育出版社出版的《小学语文教学法》（1958 年 7 月第 1 版），作文教学一章共分六节，其内容分别是："作文教学的意义、任务和要求""作文教学的要则""与发展连贯性语言有关的几种练习""叙述的教学""作文的教学""作文的批改和讲评"。

袁微子主编、人民教育出版社出版的《小学语文教材教法》（1984 年 12 月第 1 版），"作文教学"一节讲了以下几个问题："作文教学的特点""作文教学的过程""低年级作文教学""中年级作文教学""高年级作文教学"。

《小学语文教学研究》编写组编、江苏教育出版社出版的《小学语文教学研究》（1993 年 8 月第 1 版），"小学作文教学"一章分五节讲了以下五方面内容："作文教学的几个理论问题""作文能力的结构和培养""当前作文教学的几种类型""作文教学的课堂结构""作文教学的几个具体问题"。

人民教育出版社小学语文室编著、人民教育出版社出版的《小学语文教学法》（1995 年 12 月第 1 版），"作文教学"一章分五节讲了以下内容："作文教学的意义和要求""作文教学的过程""作文的指导、批改和讲评""不同类型作文的教学""作文教学应注意的问题"。

魏薇主编、齐鲁书社出版的《小学语文教学法》（2002 年 6 月第 1 版），"作文教学"一章分四节讲了"作文教学概述""写作过程与训练序列""作文教学设计""作文教学的实践"等问题。

江平主编、高等教育出版社出版的《小学语文课程与教学》（2004 年 8 月第 1 版），在"写话与习作教学"一节中先后讲了"写话教学"与"习作教学"。其中"写话教学"部分讲了以下三个问题："写话教学的意义与目标""写话教材的一般特点""写话教学的重点和方法"。"习作教学"部分讲了以下几个问题："习作教学的意义""习作教学的目标""习作教学理论的关注点""习作教学的基本经验与方法""习作的指导与评价"。

尚继武主编、山东教育出版社出版的《新课程背景下的小学语文学与教》（2008 年 8 月第 1 版），在"小学语文写话与习作教学"一章中，分四节讲了"写话与习作教学目标""小学语文写话与习作教材""小学生写话与习作指导""小学语文写话与习作教学实施"。

从上面列举的材料可以看出，不同时期语文教学法或教学论中有关作文教学部分的内容与结构并不完全相同，但主要内容还是基本一致的。参考有关教材，本章将对作文教学（含写话教学）分五节来论述："作文教学概述"（包含作文教学的概念、作文教学的意义、作文教学的历史与现状等）、"作文教学的目标""作文教学的基本原则""作文训练的途径与形式""作文教学的过程与方法"。

# 第一节　作文教学概述

## 一、作文教学的概念

### （一）什么是作文

作文是一个既简单又复杂的概念。说它简单，是因为只要上过学的人，几乎都知道这个词。说它复杂，不仅是因为很多人都感到写作文是个很令人头痛的事情，而且真正搞清它的含义也不容易。从词性上分析，"作文"具有动词和名词两种词性，作为名词或动词的"作文"又分别具有不同的解释或称谓。

有的教材认为："作文是小学语文科的一个重要组成部分，它的作用是在阅读、汉语教学的基础上，培养儿童运用语言的能力，特别是连贯性语言的能力。"① "小学作文教学着重于基本技能的训练，作文是带有练习性质的课业。"② 这里是把作文当做一种"课业"。

有的教材认为："作文，就是让学生把自己看到的、听到的、想到的、有真切感受的，用文字表达出来。它是学生认识水平和表达能力的具体体现，是字、词、句、篇的综合训练。"③ 这里的作文显然是指学生的写作训练。

《全日制义务教育语文课程标准（实验稿）》在第三学段的"习作"目标里提到："能写简单的纪实作文和想象作文。"这里的"作文"显然是指作品，是名词。

作文作为名词，广义可指用文字表达一定意思的一切作品；狭义的作文是指学生练习写出的表达思想、感情的文字。学生的作文第一学段主要是句子（或话），第二学段主要是片断（或段），第三学段主要是篇或叫"作文"（如2001年语文课程标准实验稿第三学段的习作目标第3条提到，"能写简单的纪实作文和想象作文，内容具体，感情真实"），各学段的作品都可叫"习作"。

作为动词的作文，广义的作文指的是写作；狭义的作文是指学生练习写作，或练习用文字表达自己的思想、感情。1992年的《九年义务教育全日制小学语文教学大纲（试用）》曾这样定义："小学生作文就是练习把自己看到的、听到的、想到的内容或亲身经历的事情，用恰当的语言文字表达出来"；2001年的《全日制义务教育语文课程标准（实验稿）》则对不同学段的作文给予了不同的叫法，第一学段叫"写话"，第二、第三学段叫"习作"，而第四学段也就是初中阶段叫"写作"。"这里没有什么深意，无非是为了体现降低小学阶段写作的难度而已。"④

很显然，作为动词的、狭义的作文，即学生练习写作，正是作文教学研究的重要内容。

---

① 薛焕武，李树棠，吴德涵，等. 小学语文教学法［M］. 北京：人民教育出版社，1958：188.

② 薛焕武，李树棠，吴德涵，等. 小学语文教学法［M］. 北京：人民教育出版社，1958：189.

③ 袁微子. 小学语文教材教法［M］. 北京：人民教育出版社，1984：157.

④ 巢宗祺，雷实，路志平. 语文课程标准（实验稿）解读［M］. 武汉：湖北教育出版社，2002：65.

"写作是特定语境中，运用语言文字等手段，建构意义，构造语篇，进行书面表达和交流的活动。"① 学生写作的一般心理活动过程是："首先必须拥有与作文有关的感性表象和学习到的材料，包括生活中所积累的素材，以及在特定的实践活动中通过观察所获得的材料等等。在此基础上，通过思维活动概括出所要表达的中心思想，再根据它选择所应写出的内容，明确所要叙述的事物之间的正确逻辑关系，以确定先后次序、段落层次。最后，选择适当的词句表达这些内容。"② 写作的"外显行为"一般可分为预写、起草、修改、校订、发布等五个步骤，但"写作是一个复杂的思维和问题解决过程"，并非简单的"线性操作流程"。它"很多情况下是一个类似'弹球游戏'似的随机触发过程，伴随着作者的不断反思和循环"③。总之，作文或写作的过程是十分复杂的。

**（二）什么是作文教学**

对于什么是作文教学，也没有统一的定义。例如：

有的认为："小学作文教学着重于基本技能的训练，作文是带有练习性质的课业。"④

有的认为："作文教学就是在教师指导下，有计划地训练学生语言文字的表达能力。"作文教学具有以下几个主要特点：第一，作文教学虽然把重点放在课内，却涉及学生的整个生活、实践。第二，作文教学虽然是以班级上课的形式进行，实际上却更突出地表现为学生的独立操作，体现了学生间的个性差异。第三，作文教学虽然着重在表达能力的训练，而实际却是多种基本功的综合运用。第四，作文教学虽然要着重遣词造句、布局谋篇等工作，但必须同时注意作文中所表达的思想内容实质。⑤

有的认为："作文教学是教师指导学生运用书面语言反映客观事物、表达主观思想感情的一种教学活动。"⑥ 作文教学的性质为：生活性、实用性、综合性、实践性、教育性。⑦

简单地说，作文教学就是教师培养学生书面表达能力的活动。

---

① 王荣生，宋冬生. 语文学科知识与教学能力 [M]. 北京：高等教育出版社，2011：75.
② 潘菽. 教育心理学 [M]. 北京：人民教育出版社，1983：262.
③ 王荣生，宋冬生. 语文学科知识与教学能力 [M]. 北京：高等教育出版社，2011：82 – 84.
④ 薛焕武，李树棠，吴德涵，等. 小学语文教学法 [M]. 北京：人民教育出版社，1958：189.
⑤ 袁微子. 小学语文教材教法 [M]. 北京：人民教育出版社，1984：157 – 169.
⑥ 魏薇. 小学语文教学法 [M]. 济南：齐鲁书社，2002：143.
⑦ 魏薇. 小学语文教学法 [M]. 济南：齐鲁书社，2002：143 – 145.

## 二、作文教学的意义

我国自古就有许多对于作文意义的论断、论述。孔子认为："诗，可以兴，可以观，可以群，可以怨。迩之事父，远之事君。多识于鸟兽草木之名。"（《论语·阳货》）曹丕认为："盖文章，经国之大业，不朽之盛事。"（《典论·论文》）从这些论断当然可以看出作文教学的意义。有关作文教学的著作或教材大都会对作文教学的意义进行论述，例如：

有的指出：培养熟练的连贯的说和写的技巧对儿童来说，有很重要的意义。这样，他们在和别人交往时，才能正确地理解别人的思想，也才能正确地系统地表达自己的思想；作文教学还有它的教育任务。①

有的对小学作文教学意义归纳为以下几条：培养书面表达能力；促进阅读能力的提高；规范口头语言，提高交际能力；开发学生的智力；有助于学生非智力因素的发展。②

有的认为习作教学有如下三个方面的意义：发展言语能力，提高认识能力，陶冶思想情操。③

有的认为作文和作文教学的意义是：现代社会的重要交际方式，语文素质的重要尺度，语文教学的重要组成部分。④

有的将作文教学的意义归纳为三点：发展学生的言语能力，促进学生智力的发展，有助于学生非智力心理因素的发展。其中"发展学生的言语能力"又包括三个方面：培养书面表达能力，对"读"起深化作用，对"说"起规范作用。⑤

《义务教育语文课程标准（2011年版）》在"教学建议"中提到："写作是运用语言文字进行表达和交流的重要方式，是认识世界、认识自我、创造性表述的过程。写作能力是语文素养的综合体现。"

综合各家论述，可以把作文教学的意义概括为以下几个要点：

（1）培养学生的书面表达能力。

（2）促进学生的阅读能力。

（3）规范学生的口头表达能力。

---

① 薛焕武，李树棠，吴德涵，等. 小学语文教学法［M］. 北京：人民教育出版社，1958：188－189.

② 魏薇. 小学语文教学法［M］. 济南：齐鲁书社，2002：145－146.

③ 江平. 小学语文课程与教学［M］. 北京：高等教育出版社，2004：225－226.

④ 韦志成. 作文教学论［M］. 南宁：广西教育出版社，1998：14－18.

⑤ 周元. 小学语文教育学［M］. 上海：华东师范大学出版社，1992：158－160.

（4）促进学生智力的发展。

（5）促进学生非智力因素的发展。

### 三、作文教学的历史与现状

#### （一）课程与教材

我国自古以来一直没有独立的作文课程（1902 年《钦定学堂章程》曾设过"作文科"，但这个章程并未实行），但作文是"语文课程"的重要内容，作文教材一般是隐含或混编在"语文教材"中的，作文依附于阅读。

我国几千年传统的语文教材，主要借助"四书五经"，它们都只有阅读教材，而没有专门的写作教材，写作知识是以"语感"的形式隐于选文之中的。当然，语文教材中的写作知识，也在从隐性向显性转化；也曾有人编写过写作教材，但那不是语文教材的主流。

我国传统的写作"教材"，基本上分为两类，一类是"文选型"写作教材，即通过一篇篇选文教写作，如南宋谢枋得编写的《文章轨范》；另一类是"知识型"写作教材，如元代倪士毅编写的《作文要诀》。[①]

清末的文言文教材，继承了古代这一传统，它们都是阅读教材，只是教材编者在对课文的一些评点文字中，提到有关文章的结构和章法等。

五四以后，掀起了语文设科以来对于写作教学内容研究的"第一波浪潮"，出现了一大批研究白话文作文法、作文教学法的论著，如梁启超的《作文教学法》（1922），陈望道的《作文法讲义》（1922），叶圣陶的《作文论》（1924），夏丏尊、刘薰宇的《文章作法》（1926）等。[②] 这个时期，"系统的'习作'教材插入了选文中间，形成了'选文—注释—文章作法—作文练习'的教材编写构架，开创了语文教材读写混编、以'文章作法'的语识形式系统呈现写作知识的新体例"[③]。30 年代后，有些教材如叶圣陶、夏丏尊合编的《国文百八课》中开始出现对学生写作进行指导的所谓"文话"。1942 年昆明曾出版专门的作文教科书《写作进修读本》。

新中国成立至 70 年代末，由人民教育出版社统编的几套语文教材中，基本上没有专门的作文教材，也没有作文训练安排。80 年代，语文教材始有作文训练，但或置于练习后，或置于单元之后，随意性强，系统性差。90年代，重视作文教材的编写成为时代潮流，有的阅读、作文教材合编，有

---

① 倪文锦，欧阳芬，余立新. 语文教育学概论［M］. 北京：高等教育出版社，2009：126.

② 倪文锦，欧阳芬，余立新. 语文教育学概论［M］. 北京：高等教育出版社，2009：127.

③ 倪文锦，欧阳芬，余立新. 语文教育学概论［M］. 北京：高等教育出版社，2009：130.

的编写独立的作文教材。作文内容的编排体系多种多样，有的从"放胆文"到命题作文，有的从练习写一句话到写一段话到写整篇文章。但令人遗憾的是，到目前为止，还没有哪一种训练体系被广泛接受并取得突出的教学效果。

目前的作文教材主要还是依附于阅读教材，如人教社版的新课标实验教科书，作文训练（"大作文"训练），置于"语文园地"当中。而阅读教材主要是按内容组织单元，并非以作文训练的体系来组织单元，很难体现写的训练的系统性与递进性等，因此很难像其他学科教材那样提供作文的系统知识或进行规范的训练。

更为值得警惕的是，自20世纪90年代以来，特别是新课改以来，作文教学中"淡化知识"的观点正在演化成过分贬低知识的"去知识化"的暗流，这种暗流对作文教材建设与作文教学都将产生不利的影响。

没有专门的课程与教材，这就使得作文教学无章可循，无据可依，教学随意性大，难以保证质量。

### （二）教学方法

#### 1. 我国古代的教学方法

我国古代的作文教学以模仿训练为主。写作训练主要是模仿范文。"我国历代私塾作文教学一是多读范文，二是揣摩模仿范文，三是多写。学生写作之前，先听塾师将一篇文章的起承转合及文体特点讲一讲，然后就对照着仿写。"[①] 朱熹所说"古人作文作诗，多是模仿前人而作之，盖学之既久，自然纯熟"，正说明了古代以模仿为主的作文教学方法。科举时代，特别是以八股取士的时代，作文训练更主要是机械模仿八股文。

在作文的形式上，是由"属对"发展为"程式化"的训练。"程式化"的训练与科举制度有关。唐代的"应举诗"有"破题""额比""颈比""腹比""后比""结尾"的固有程式。宋代取士改为经义策论，产生了"冒、原、讲、证、结"和"义头、原题、入腹、引证、结题"等论法。到明代中期，"五段程式"演变为"八股文"。一直到清末，"八股文"定型为："破题、承题、起讲、提比、虚比、中比、后比、大结"的固定程式。为了应举，作文教学就训练学生一步一步学写、背熟，然后作全篇。

#### 2. 我国现当代的作文教学方法

与古代相比，我国现当代的作文教学方法流派纷呈。随着白话文的问世，学校作文教学逐步形成了记叙文、说明文、议论文、应用文等文体形

---

① 《小学语文教学研究》编写组. 小学语文教学研究［M］. 南京：江苏教育出版社，1993：252.

式。"现代小学作文教学在训练内容上，从简单的仿范套作，言不由衷，空洞无物，发展到写自己所见所闻所感，抒叙真情实感；训练形式上，从单一的教师命题、学生作文的课堂同步教学的形式，逐步发展到根据儿童认知规律，达到发展思维，发展语言，符合一定规范的以综合能力培养为目的的新阶段。"①

新中国成立以来，我国历次颁布的小学语文教学大纲或课程标准，都把作文教学作为语文教学的重要内容，都会对作文教学的任务、目标、要求或教学建议等作出明确的表述。这些内容既体现着当时主流的作文教学理论观点，也引领着作文教学改革不断向前发展，催生出许多新的作文教学理论、经验与方法。

1950 年《小学语文课程暂行标准（草案）》规定，小学作文课主要分为命题作文和写作指导两种课型，作文命题完全由教师自行决定，教材中没有明确要求，这就引起了对作文命题研究的重视。此时学校也重视应用文的训练；命题作文和写作指导分开进行；重视批改作文的研究。"就全国范围讲，作文课的教学方法尚处于研究摸索与试行阶段。"② 1950 年的课程标准（草案）和 1956 年大纲（草案）都将口头作文和书面作文看做作文教学的两项任务，但在实际的作文教学中，口头语言的训练一直没能得到应有的重视。1963 年的大纲也没能坚持前两部大纲在这方面的要求，"对语言教学中'重书面语言，轻口头语言'的现状持默认态度"，"淡化了作文教学中口头作文训练的任务"。③ 1956 年的大纲对作文教学提出了两大要求："说的话和写的文章有内容"，"说的话和写的文章有连贯性"（即"言之有物"和"言之有序"）。该大纲还提出"作文教学要按从说到写、从述到作的顺序进行"，"作文教学应当跟阅读教学紧密地联系"。当然对"述"的训练当时也曾有不赞成的观点，对"读写结合"也出现过走向极端的"读什么写什么"、机械模仿的情况。20 世纪 50 年代初期，作文指导和命题作文并列进行，在命题作文课上教师很少进行作前指导。"50 年代后期，如何在作文教学中加强教师的主导作用逐步为广大教师所重视，许多教师对作前指导问题展开了研究，并总结出不少经验。"④ "作文教学从不重视作前指导到重视作前指导，应该说是一个很大的进步。但是在转变过程中也出现过

① 李建荣，陈吉林. 小学作文教学大全上册［M］. 成都：四川大学出版社，2002：4 - 5.
② 李建荣，陈吉林. 小学作文教学大全上册［M］. 成都：四川大学出版社，2002：10.
③ 李建荣，陈吉林. 小学作文教学大全上册［M］. 成都：四川大学出版社，2002：11.
④ 李建荣，陈吉林. 小学作文教学大全上册［M］. 成都：四川大学出版社，2002：15.

一些偏向，主要是指导过细过死，缺乏启发性，指导成了包办代替。这种现象当时就受到不少教师的批评。"①

20 世纪末的二十多年，是我国小学作文教学改革与研究异常活跃的时期。1978 年小学语文教学大纲与前几个大纲相比，作文要求比较全面，程度明显提高了，要求"会写简短的记叙文和常用的应用文，做到思想健康，中心明确，内容具体，条理清楚，语句通顺，书写工整，注意不写错别字，会用常用的标点符号"。还要求"初步培养准确、鲜明、生动的文风"。1986 年的大纲又增加了"详略得当"一条，使原来比较高的作文要求又有所提高。有资料把这个时期作文教学理论与经验概括为五个方面："明确提出作文要培养学生的两种能力""强调作文教学从内容人手""重视小学作文教学序列研究""重视作文指导过程的研究""探索作文评分的科学化"。②

1986 年的小学语文教学大纲明确提出作文要培养学生的两种能力（"用词造句、布局谋篇的能力"和"观察事物、分析事物的能力"），是小学作文教学理论的新发展，但也有人提出不同看法（如作文"以培养学生书面表达能力为根本任务""写既是手段，也是目的"等）。1986 年的大纲强调"作文教学要从内容人手"，"摆正了作文教学中的'内容'和'形式'的关系"③，确定并建立作文训练的序列，提高作文教学效率，是当时语文教学科学化的重要课题，并取得了诸多成果，如从"说"到"写"、按"句—段—篇"的顺序安排作文训练的序列（当时的统编教材是代表）、按写作方法分格进行训练的序列（如东北农垦总局的常青进行的"中小学作文分格训练"）、开篇成文的整体作文训练序列（黑龙江"注音识字，提前读写"实验）、按作文训练方式安排训练序列（如江苏徐州市民立路小学的"写作一条龙"作文改革实验）等。这个时期，作文指导过程的研究也得到了高度重视，并涌现出了许多富有成效的"作文教学模式"，如"学导式"作文教学模式、"三课型"指导模式、"先作后指导"的模式等。这个时期在作文评分科学化方面出现的经验有：分项综合评分法、九堆评分法、多方评分法、参照量表法等。

20 世纪末的作文教学，可以说是百花争艳、流派纷呈。对这个时期的作文教学"流派"曾有许多学者进行过研究并作出不同的分类。如聂在富编著的《小学语文疑难问题解答》一书认为，"当前在全国范围内影响较大的作文教学流派"主要有四大流派：作文分步训练派、素描训练派、分格训

① 李建荣，陈吉林. 小学作文教学大全上册［M］. 成都：四川大学出版社，2002：16.
② 李建荣，陈吉林. 小学作文教学大全上册［M］. 成都：四川大学出版社，2002：21-28.
③ 李建荣，陈吉林. 小学作文教学大全上册［M］. 成都：四川大学出版社，2002：23.

练派和先放后收读写结合训练派。作文分步训练派中主要有烟台市的"四步训练"、锦州市的"三步九段训练"和安徽省的"四段分步训练"三种做法；分格训练派以广东省特级教师丁有宽的读写结合系列训练为代表。①

郑宏尖、王松舟编著的《小学作文教学改革与流派》一书中，分节详细介绍了以下作文教学的流派：情境作文教学流派、读写结合教学流派、素描作文教学流派、童话作文教学流派、交际作文教学流派、整体作文教学流派、程序作文教学流派、科际作文教学流派等。②

李建荣、陈吉林主编的《小学作文教学大全》，在"小学作文教学流派试析"中对作文教学流派进行了全面、系统的梳理。③ 现将其梳理的作文教学流派体系列表整理如下（表6－1）：

表6－1　作文教学流派体系

| （一）从作文教学方法上分析 | 1. 读写结合体系 | |
| --- | --- | --- |
| | 2. 观察写实体系 | |
| | 3. 思维想象体系 | |
| （二）从训练形式设计上分析 | 1. 从表达形式上看 | （1）命题作文法 |
| | | （2）材料作文法 |
| | | （3）应用体作文法 |
| | | （4）文学作文法 |
| | | （5）片断作文法 |
| | 2. 从训练形式看 | （1）编报作文 |
| | | （2）系列作文法 |
| | | （3）编集作文法 |
| | | （4）通信作文法 |
| | | （5）接龙作文法 |
| | | （6）问答作文法 |
| | | （7）征题作文法 |
| | | （8）交流作文法 |
| | | （9）口头作文法 |

---

① 聂在富. 小学语文疑难问题解答［M］. 济南：山东教育出版社，1993：345－347.

② 郑宏尖，王松舟. 小学作文教学改革与流派［M］. 北京：航空工业出版社，1994：153－262.

③ 李建荣，陈吉林. 小学作文教学大全上册［M］. 成都：四川大学出版社，2002：28－58.

（续表）

| | | | |
|---|---|---|---|
| （三）从训练程序编排上分析 | 1. 整个学段训练序编排 | （1）阶段性发展的训练程序编排 | 通用教材"三段十六项"程序 |
| | | | 广东省潮州市丁有宽老师倡导的"读写结合五步系列程序" |
| | | | 辽宁省锦州市教育学院夏延林等提出的"三步分段"训练程序 |
| | | | 烟台市教研室的"一个中心两条线"的"四步训练程序" |
| | | | 东北农垦总局常青最早提出的"分格训练程序" |
| | | （2）层次性发展的训练程序编排 | 20世纪80年代初黑龙江省教育学院包全恩主持的"注音识字，提高读写"实验 |
| | | | 湖南省凤凰县箭坪道小学"童话引路"教改经验与上海师大吴立岗提出的小学低年级作文教学"四个转变" |
| | | | 上海市嘉定区教师进修学校徐永森的"小学作文'三化'教学体系"研究提出的"层次性发展"训练程序 |
| | 2. 一堂课一作文或一次作文训练的教学结构程序 | | ①广东省梅县市教研室张风帆和江南小学郭杰祥主持的"四步式程序" |
| | | | ②黑龙江牡丹江市于1987年8月举行的小学作文研究会上介绍的"学导式程序" |
| | | | ③安徽省灵璧县实验小学提出的"三课型程序" |
| | | | ④林子谦同志在《小学教学改革与实验》1987年5期中介绍的"三步式程序" |
| | | | ⑤湖北省黄海县教研室提出的"六导六作式程序" |
| | | | ⑥徐州市鼓楼区教研室于永正的"三环节程序" |
| | | | ⑦上海市嘉定区教师进修学校徐永森在"优化小学作文教学过程"研究中提出的"三段十二环节程序" |
| （四）从作文训练过程指导上分析 | | | 上海市嘉定区教师进修学校徐永森的"优化小学作文教学过程"理论 |

以上资料提到的当然是很有影响的流派，除了这些流派，肯定还有许多有效而没有宣传出去的经验与方法。

上个世纪80—90年代，本人也曾针对作文教学目标、途径、方法等不明确、不规范的现状，尝试过作文教学的改革与探索，名曰"规范化作文教学"。其经验曾在全市推广，在省及全国有关会议上介绍，有关成果在多家杂志发表或出版。

2001年，我国启动了新一轮基础教育课程改革，《全日制义务教育语文课程标准（实验稿）》体现出了如下作文教学的新理念：注重激发写作兴趣和自信心，养成写作的良好习惯；注重个性发展，培养创新精神；注重打好基础，培养适应社会需要的写作能力；注重语言能力和思维能力同步发展。① 也有人把新课标所体现的作文教学理念的主要变化归纳为以下四点：从功利到人文的位移；自由表达与个性化写作；关注学生的学习态度；赋予作文教学以生活的意义。② 新课改已推行十多年，但作文教学的实践与研究并没有出现新课标所期望的效果。正像有人所说，"当前我国的作文教学困难重重。""目前关于中小学写作（作文）教学问题的调查报告、现状以及对策措施已经铺天盖地，在某种程度上都或多或少有一定道理。""然而，研究的多，文章多，并不意味着就能真的解决问题。相反，因着我们国人那种偏重议论，不重实证调查的学术传统，把本已一团混乱的写作教学问题搅成了一锅粥。"③

# 第二节　作文教学的目标

"方向比努力更重要。"明确或制定作文教学目标是作文教学首先要做的工作。作文教学目标就是作文教学应该达到的标准。作文教学的能力目标是作文教学目标中最重要的部分。因此本节先讨论作文能力，再讨论作文教学的目标。

## 一、作文能力

"小学生的作文能力是在他们的口头表达能力、书写能力和阅读能力发展的基础上生成和发展起来的，它又与观察、记忆、思维、想象等认识能力，知识经验，以及内部语言发展状态有着密切的联系。因此，作文能力是儿童综合地、创造性地运用语言文字反映客观事物、表达思想感情的一种智力操作技能。"④ 费劳尔和海斯的写作"认知加工"模型认为：写作是一个复杂的思维和问题解决过程。这个过程由"写作任务环境、写作者的长时

---

① 巢宗祺，雷实，路志平. 语文课程标准（实验稿）解读［M］. 武汉：湖北教育出版社，2002：66－74.

② 王铭. 谈小学作文教学理念的转变［J］. 课程·教材·教法，2006（11）：39－43.

③ 李海林，荣维东. 作文教学改革的突破：写作知识重建［J］. 中学语文教学，2009（7）：25－26.

④ 郑宏尖，王松舟. 小学作文教学改革与流派［M］. 北京：航空工业出版社，1994：57.

记忆、写作过程"三大系统构成。写作过程中又分为"计划（构思）—转译—回顾"三个阶段。构思又由"生成想法、组织想法和设定目标"三个子过程组成。学界称其为"三三写作认知模型"。① 完成写作这一复杂的思维和问题解决过程，必然需要写作者多方面的能力。也就是说，作文能力是由多方面的能力构成的。那么到底有哪些能力呢？当然很难具体说清楚。

有的教材认为，"小学生作文能力的结构应包括两个方面：一是写作的基础能力，包括观察、记忆、思维、想象诸能力；一是写作的专门能力，包括确定中心、选材、布局谋篇、遣词造句和修改作文等能力"②。

有人把它分为基本能力和专门能力两部分；有人把它归纳为摄材能力、思考能力、结构能力、言语能力、修改能力五种；③ 有的认为它一般包括审题立意能力、选材组材能力、谋篇布局能力、修改文章能力等。④

有的教材认为，小学阶段作文训练的具体要求可以概括为以下几项："材料要真实""观察要细致""中心要明确""内容要具体""按一定的顺序写""重点要突出""要有真情实感""要用自己的话""要展开想象"。⑤这些要求，也就是学生应该具备的作文能力。

可以看出，作文能力包含哪些要素，其结构如何，并没有定论。但写好作文需要专门的能力，也需要一定的相关能力和素质，对这一点恐怕不会有多大争议。

对于作文的专门能力包含哪些要素，如何分类，当然也不可能有定论。如上面提到的"确定中心、选材、布局谋篇、遣词造句和修改作文等能力""摄材能力、思考能力、结构能力、言语能力、修改能力""审题立意能力、选材组材能力、谋篇布局能力、修改文章能力"等，就是对作文专门能力的一些分类。当然，这些还都只是对作文专门能力进行的第一级分类。作文能力要素是丰富而复杂的，每一项（类）一级的作文能力都还含有许多要素，都还可以继续分下去。

作文专门能力，也可以说是能够运用作文（写作）专门知识写好作文

---

① 王荣生，宋冬生. 语文学科知识与教学能力 ［M］. 北京：高等教育出版社，2011：82 - 83.

② 《小学语文教学研究》编写组. 小学语文教学研究 ［M］. 南京：江苏教育出版社，1993：259.

③ 韦志成. 作文教学论 ［M］. 南宁：广西教育出版社，1998：20 - 21.

④ 魏薇. 小学语文教学法 ［M］. 济南：齐鲁书社，2002：147.

⑤ 袁微子. 小学语文教材教法 ［M］. 北京：人民教育出版社，1984：173 - 174.

的能力（技能）。作文专门知识是复杂的，从概括到具体，可以进行若干层级的分类。掌握了（能够运用）必要的作文知识（系统），也就可以说是形成了作文的各种必要的技能，或可以说是形成了作文能力。因此可以说，理清了专门的作文知识体系，也就理清了作文专门能力的结构。当然，如前所述，这种结构是复杂的，对其分类不可能有定论。下表（表6-2）对作文专门知识能力及相关素质的分类也只可能作为一个例子：

**表6-2 作文专门知识能力及相关素质分类**

| | | | |
|---|---|---|---|
| 专门知识与能力 | 审题立意 | 确定类型（类）：类型正确 | 写话：句子。习作：片断；篇（记叙文、议论文、说明文、应用文）…… |
| | | 确定中心（中）：中心明确 | 有中心；中心集中、明确；中心正确。标题合适…… |
| | 选材组材 | 选择材料（材）：选材合适 | 切题；真实（合理）；典型；新颖…… |
| | 谋篇布局 | 谋划结构（结）：结构合理 | 顺叙、倒叙、插叙；总分总、并列关系；开头、结尾、过渡；应用文结构与格式…… |
| | | 安排条理（条）：条理清楚 | 时间顺序、空间顺序、逻辑顺序…… |
| | | 划分段落（段）：段落分明 | 自然段…… |
| | 语言表达 | 内容表达（内）：内容具体 | 记叙文六要素；表达方式（记叙、描写、抒情、说明、议论）…… |
| | | 重点处理（重）：重点突出 | 抓住重点；抓住特点；详略得当…… |
| | | 语言修饰（语）：语言规范 | 语句通顺，词汇丰富，语言得体；表现手法；修辞手法…… |
| | | 标点使用（标）：标点正确 | |
| | | 文字书写（书）：书写工整 | |
| | 修改推敲 | 推敲修改（修）：修改认真 | 修改内容、修改步骤、修改方法、修改符号…… |
| 一般知识与能力 | 积累 | 生活经验与知识积累 | |
| | | 语言积累 | |
| | 智力 | 观察、思维、想象等能力 | |
| 情感态度 | 思想道德水平、情感态度 | | |
| | 兴趣、习惯 | | |

很显然，对作文专门知识能力只分到第一级，未免有些笼统，而第二级的 12 个方面就比较具体了。当然有些项目还可以细分下去，但过于细分会显得很繁琐，反而不利于记忆。

记住第二级这 12 个方面，将有助于学生掌握作文专门知识体系，促进作文能力的形成。为便于记忆，可将这 12 个方面简化为 12 个字："类材中结条段，内重语标书修。"

写好作文，除了具备上述必需的专门能力以外，还应具备一些相关的条件或素质，如一定的知识、语言、生活经验储备，一定的观察能力、认识水平、道德水准，一定的兴趣、习惯等。

## 二、作文教学的目标

确定作文教学目标，涉及作文教学目标的依据、项目及类别（广度）、层次（深度）与作文目标的表述等问题。

### （一）作文教学目标的依据

与其他内容教学一样，作文教学目标也应依据课程标准、教材与学生实际等来确定。其中，教学大纲或课程标准提出的作文课程（或教学）目标当然是最重要的依据。不同时期的教学大纲或课程标准都会提出作文课程（或教学）的总的目标与各学段的目标，或者提出确定具体作文教学目标的建议等。

作文教学必须明确课程标准中作文的学段目标，只有明确学段目标才能科学设计作文训练序列，有序有效地进行训练。

小学语文教科书中一般都会设计一些"习作要求"，这包括每个单元后面"语文园地"或综合训练中的"大作文"，以及有些课后练习中的"小练笔"。例如人教社版新课标语文教科书四年级上册第二单元的几篇课文是：《古诗两首》《爬山虎的脚》《蟋蟀的住宅》《世界地图引出的发现》。该单元"语文园地"中的习作要求是：

近来，你留心观察了什么事物？是怎么观察的？有什么新的发现？在观察的过程中发生过什么有趣的事情？仔细回忆一下，把你最想告诉别人的内容写下来。题目自己定。

如果你在进行连续观察时，坚持写观察日记，可以选几则自己觉得满意的日记，认真进行修改加工，成为一篇习作，题目可以用《观察日记×则》，要注意日记的格式。

又如该册教科书第三单元的几篇课文是：《巨人的花园》《幸福是什么》《去年的树》《小木偶的故事》。该单元"语文园地"中的习作要求是："写童话。自己选择几种动物，或者几件物品，以它们为主人公，想象一下，它们之间可能会发生一些什么事，编成一个故事写下来。也可以写你续编的小木偶的故事。"本单元第三篇课文《去年的树》的课后安排了如下的"小练笔"："我有很多话要对鸟儿说。我先说一说，再写下来。"

这样的"习作要求"都是教材编者根据课程学段目标精心设计的。教师必须理解、明确教科书中这些"习作要求"的意图，据此制定具体的作文教学目标。

当然，课程标准的要求、教材中"习作要求"的内容，必须与学生实际恰当结合才能发挥作用，制定具体的作文教学目标还应考虑学生实际。

**（二）作文教学目标的广度（项目）**

作文教学目标涉及哪些项目、如何分类？这是一个很复杂的问题。《义务教育语文课程标准（2011年版）》在第二部分"课程目标与内容"的开头谈到："课程目标从知识与能力、过程与方法、情感态度与价值观三方面设计。"如果作文教学（课程）目标的框架也这样表述显然有些模糊，况且在具体的"阶段目标"中，这三个方面"相互渗透，融为一体"，很难搞清作文教学目标的构成项目。这既不利于教师掌握作文教学目标，也不利于学生掌握作文学习目标。作文教学目标实质上就是学生作文能力和相关素质所应达到的标准。所以，可以根据前面对作文能力和相关素质分析的框架，对作文教学目标的项目进行分类。

值得注意的是，关于"作文中心"的目标，为了降低要求，自2000年的《九年义务教育全日制小学语文教学大纲（试用修订版）》开始，教学大纲或课程标准中已不再对小学的作文提中心方面的要求。但作文教学忽视"中心"方面的目标是不合适的。"不论是谁，只要动笔写作，总有个目的"。作文的中心，古人称之为"意"。王夫之说："无论诗歌与长行文字，俱以意为主。意犹帅也；无帅之兵，谓之乌合。"① 对小学生不一定要求作文中心明确，但让其知道作文应该有中心，即应该为了表达一个意图，这是必要的。

---

① 《小学语文教学研究》编写组. 小学语文教学研究［M］. 南京：江苏教育出版社，1993：262.

### （三）作文教学目标的层次（深度）

明确作文教学目标不仅要明确作文目标涉及哪些项目及类别，还应明确这些项目应达到什么程度，什么时候达到。很显然，对于不同年级的学生，对作文的同一个方面所提出的要求或要达到的标准是不同的。因此作文教学必须明确每个项目不同时期应该达到的标准。为了便于从宏观上掌握作文教学目标，提高教学的目的性、计划性和自觉性，教师不能只是知道每个学段的作文教学目标，而应该从宏观到微观、立体地掌握不同层次的作文教学目标，应该明确作文教学目标的以下"层次"及"基本顺序"问题：每个项目的"最高"标准，每个项目的标准还可细分为哪些更小的项目以及一般达成顺序，每个学段的标准，每次作文的具体标准等。这些标准应该依据什么来确定呢？当然必须依据学生的心理发展水平，依据作文教学的规律来确定。下面对作文目标的"最高"标准、还可细分成的项目及一般达成顺序、每个学段的标准、每次作文的具体标准等作一说明。

#### 1. 作文的"最高"标准（远期目标）

所谓作文的"最高"标准，就是作文教学最终要达到的标准。这些标准不一定是小学阶段能够达到的，有的甚至到大学也未必能达到。例如在作文的"中心"方面，作文教学所追求的最终目标就是学生能够做到作文"中心明确"。我国以往的教学大纲曾规定小学阶段要做到"中心明确"或"有中心"，但如前所述，自 2000 年颁布的《九年义务教育全日制小学语文教学大纲（试用修订版）》起，已经没有"中心"方面的要求了。事实上，有些大学生的作文也未必能达到"中心明确"。因此，"最高"标准也许只是作文教学的理想，是远期目标。

值得注意的是，尽管"最高"目标是远期目标，但作为教师，还是应该明确的。其实，奥苏伯尔有关"渐近分化"教学内容组织方式启示我们，作文教学的"最高目标"也是有必要首先告诉学生的。"渐近分化"是指按概括性和包容性大小的顺序呈现教材，即首先呈现每一学科的最一般的和最概括的观念，然后再呈现较特殊、较具体的观念和细节，以使学习者能将下位观念类属于原有的上位观念。他把概括与包容水平高于要学习的新材料的材料叫陈述性"组织者"。① 作文教学中先让学生明确最高目标，正相当于给学生一个十分有用的陈述性"组织者"。布鲁纳也主张，我们可以通过一种特殊的"翻译"工作，将任何学科中需要重复强调、反复学习的重要原

---

① 张承芬. 教育心理学 [M]. 济南：山东教育出版社，2004：344.

理以适应不同智慧发展阶段儿童学习的不同方式展现出来，同一概念、原理、主题在不同阶段儿童学习的教材中以不同的方式反复出现，但再度出现时，其范围要加宽，层次要加深，思维的抽象性要增强。①

如前面已提到的，作文专门知识能力 12 个方面的"最高"目标，可分别用四个字来概括表述：类型正确，选材合适，中心明确，结构合理，条理清楚，段落分明，内容具体，重点突出，语言规范，标点正确，书写认真，修改认真。这 12 个方面不可能一步达到，但了解这 12 个方面，有了这样一个"组织者"，将有助于作文知识与能力的进一步学习与形成。

2. 目标细目及一般达成顺序

作文的每项"最高"目标往往不是一步达到的，大多含有一些更细的项目，需要分步达到，并且这些"分步"目标之间往往具有很强的顺序性。例如"类型正确"这一目标，最基本的顺序应是先学会写句子，再学会写段，再学会写各种篇；"中心明确"应逐步做到有中心、中心集中、中心正确、中心明确；"选材合适"应逐步达到真实（合理）、典型、新颖；"段落分明"的目标可以先知道分段写（自然段），再学会怎样合理分段写；"条理清楚"应首先做到一段话里句与句之间连贯，再做到一篇文章里段与段之间衔接自然；"内容具体"应逐步做到内容全面、叙述或描写细致；"重点突出"应逐步做到有详有略、抓住特点、重点突出、详略得当；"语言规范"逐步做到语句通顺、词汇丰富、语言得体、语言优美、表现手法与修辞手法运用熟练等；"修改"内容方面逐步能对字词句标点、表达形式、中心等进行修改。掌握了这样的目标细目及达成顺序，无疑有助于作文教学序列的设计，有助于把握不同阶段的作文教学目标，有助于循序渐进地全面达成作文教学目标。

3. 阶段目标

国家为了确保教育教学质量，会通过教学大纲或课程标准对作文课程（教学）的目标作出规定，包括总目标和阶段目标。其实所谓的"总目标"，也仍是阶段目标，如义务教育阶段总目标、高中阶段总目标等。作为教师，必须熟悉教学大纲或课程标准中规定的这些作文课程（教学）阶段目标。

很显然，课程标准在这些阶段目标的表述中，目标的三个方面（或维度）"相互渗透，融为一体"，很难分清哪一条是属于哪个方面（或维度）

---

① 张承芬. 教育心理学［M］. 济南：山东教育出版社，2004：343.

的。"纠缠不清"的目标，显然不利于理解与掌握。为了便于比较和达成这些目标，我们可以用表格将《义务教育语文课程标准（2011 年版）》中的学段作文教学目标作如下分解（表6-3）：

表6-3　**各学段作文教学目标**

| 项目 | | 小学各学段目标 | | |
|---|---|---|---|---|
| | | 一 | 二 | 三 |
| 审题立意 | 确定类型 | 写话。 | 能不拘形式地写下……能用简短的书信、便条进行交流。 | 能写简单的纪实作文和想象作文。学写读书笔记，学写常见应用文。 |
| | 确定中心 | | | 感情真实。 |
| 选材组材 | 选择材料 | 自己想说的话，想象中的事物，自己对周围事物的认识和感想。 | 自己的见闻、感受和想象。 | |
| 谋篇布局 | 谋划结构 | | | |
| | 安排条理 | | | |
| | 划分段落 | | | 能根据内容表达的需要，分段表述。 |
| 专门知识与能力目标 | 内容表达 | | 写清楚。 | 内容具体。 |
| | 重点处理 | | 注意把自己觉得新奇有趣或印象最深、最受感动的内容写清楚。 | |
| 语言表达 | 语言修饰 | 运用阅读和生活中学到的词语。 | 尝试在习作中运用自己平时积累的语言材料，特别是有新鲜感的词句。 | 语句通顺。 |
| | 标点使用 | 学习使用逗号、句号、问号、感叹号。 | 根据表达的需要，正确使用冒号、引号等标点符号。 | 根据表达需要，使用常用的标点符号。 |
| | 文字书写 | | | 行款正确，书写规范、整洁。 |
| 修改推敲 | 推敲修改 | | 学习修改习作中有明显错误的词句。 | 修改自己的习作。 |

（续表）

| 项目 | | 小学各学段目标 | | |
|---|---|---|---|---|
| | | 一 | 二 | 三 |
| 一般知识能力目标 | 积累 经验与知识 | | | |
| | 语言 | | | |
| | 智力 观察、思维、想象等能力 | | | |
| 情感态度目标 | | 对写话有兴趣，留心周围的事物，乐于运用……词语。 | 观察周围世界，乐于书面表达，增强习作的自信心，愿意与他人分享习作的快乐。 | 懂得写作是为了自我表达和与人交流。养成留心观察周围事物的习惯，有意识地丰富自己的见闻，珍视个人的独特感受，积累习作素材。主动与他人交换修改。 |
| 量化目标 | | | 课内习作每学年 16 次左右。 | 习作要有一定速度。课内习作每学年 16 次左右。 |

**4. 每次作文的具体目标与习作要求**

作文教学的"最高"目标或阶段目标指明了作文教学总的或阶段的方向，但这些目标都必须通过一次次具体的作文教学训练才能达成。因此，教师必须明确一次次作文训练的具体目标，并通过具体"习作要求"去具体落实训练目标。

如前所述，为了确保作文课程（教学）目标与要求的落实，小学语文教科书（中高年级）一般每个单元都设计一次"大作文"训练，有些课文后面还设计一些"小练笔"。但是，这些要求只有与学生实际结合起来才能奏效；此外，这些"习作要求"本身也未必能恰当体现课程标准的要求，体现训练的系统性。因此，作文训练不能满足于使用现成的教科书中的"习作要求"，而应该在对教材中的"习作要求"系统分析的基础上，结合学生实际作出具体习作的系统设计。

分析教材中的"习作要求"可以用列表比较的方法。例如表 6-4 就是用表格对人教社 2001 年版义务教育课程标准实验教科书语文三年级上册前三次"大作文"的习作要求所作的对比分析：

表6-4 "大作文"习作要求对比分析举例

| | | 三年级上册一 | 三年级上册二 | 三年级上册三 |
|---|---|---|---|---|
| 习作要求 | | 在口语交际里，我们交流了各自的课余生活，这次习作就来写一写自己的课余生活。可以写课余参加的活动，可以写课余发生的有趣的事、高兴的事，或者你愿意写的其他事。写好以后读给爸爸妈妈听，让他们和我们分享习作的快乐。 | 我们身边有许多熟悉的人，他们身上有许多值得写的事。这次习作就来写熟悉的人的一件事。先想一想打算写谁，写他的哪件事，把这件事想清楚，再动笔写。写完以后，可以读给你写的那个人听，请他评评写得怎么样。 | 选一幅或画一幅秋天的图画，先跟同学说一说图画的内容，再写一写你选的或画的画。注意用上平时积累的词句。写好后读给同桌听，根据他的意见认真改一改。再把习作和图画一起贴在教室里，让大家欣赏。 |
| 专门知识能力目标 | 类型 | 写活动或写事。 | 写人（通过一件事）。 | 看图作文（写景）。 |
| | 中心 | | | |
| | 材料 | 课余活动、有趣的事、高兴的事或其他事。 | 身边、熟悉的人，他的一件、值得写的事。 | 选一幅或画一幅秋天的图画，先跟同学说一说图画的内容，再写一写你选的或画的画。 |
| | 结构 | | | |
| | 条理 | | 把这件事想清楚，再动笔写。 | |
| | 段落 | | | |
| | 内容 | | | |
| | 重点 | | | |
| | 语言 | | | 注意用上平时积累的词句。 |
| | 标点 | | | |
| | 书写 | | | |
| | 修改 | | | |
| 其他目标 | 分享 | 写好以后读给爸爸妈妈听，让他们和我们分享习作的快乐。 | 写完以后，可以读给你写的那个人听，请他评评写得怎么样。 | 写好后读给同桌听，根据他的意见认真改一改。再把习作和图画一起贴在教室里，让大家欣赏。 |

用这样的方法进行比较，可以使各次训练之间的区别与联系一目了然，当然也容易发现教材各次习作之间不恰当的次序安排或"空白"，以便于适当补充（设计）训练内容，或调整训练次序及每次的训练要求。

**（四）作文教学目标的表述**

制定作文教学目标是一项复杂的工作，作文训练的目标既应全面又要具体，具有可操作性。有研究者通过中国期刊网中检索到的近百个"写作教学设计"方案发现，写作教学目标设计存在较大的问题，这些问题集中在三个方面：目标的设计过于空泛；目标的设计过于宏大，不具有可行性；目标的设计过于随意。① 当然，教学目标的设计与表述并不完全是一回事。作文教学设计（教案）中未必需要写得面面俱到，有些目标内容（如一般能力培养的目标等）是没有必要在每次教学设计（教案）中都写出来的。我们从目前的教学设计案例中还是能够找到一些作文教学目标表述（陈述）的一般规律的。以下是几个习作教学设计中"教学目标"表述的例子：

例1. 《我们的风筝会——一节体验活动作文训练设计》② 的"训练目标"为："在开展风筝会的系列体验活动中，启发学生能根据需要有目的地选材、组材，进行个性化表达。"这里的"训练目标"，没有分条表述，包含了写前准备——"体验活动"（创造材料）的内容，也包含了作文专门知识能力——"有目的地选材、组材，进行个性化表达"的内容。

例2. 《会观察 亲体验 学表达——"怪物袋"活动作文教学设计》③ 的"习作目标"为："1. 让学生主动参与游戏，仔细观察同学表演时的动作、神态、心理活动，说一小段通顺的话。2. 学习一定的观察方法，将游戏过程有条理地、清晰地叙述下来，写出内心的真实感受。3. 在游戏中获得成功的体验，享受习作的乐趣。"这里的"习作目标"有三条，第一条是写前准备的内容，包括参与游戏、观察、口述等，主要解决材料问题（创造材料）；第二条是表达等作文专门能力方面的目标；第三条是情感目标。

例3. 《〈习作4〉教学设计（苏教版国标本四年级下册）》④ 的"教学目标"为："1. 从例文中获得启发，引发'尊敬老人'话题的议论，通过同学间谈论相互看法，在观念碰撞的启发下形成'敬老'的新观点。2. 借鉴例文的表达观点方式，有选择地汲取符合自我观点的表达内容和方式，准确地展示自我观点，并从书面表达的要求，完善习作。3. 认真修改整理自

---

① 倪文锦，欧阳芬，余立新. 语文教育学概论 [M]. 北京：高等教育出版社，2009：141 – 142.

② 蔡志坚. 我们的风筝会——一节体验活动作文训练设计 [J]. 新作文（小学作文创新教学），2012（Z1）：56.

③ 何红梅，杨丽君. 会观察亲体验学表达——"怪物袋"活动作文教学设计 [J]. 作文教学研究，2011（4）：71.

④ 傅登顺. 《习作4》教学设计（苏教版国标本四年级下册） [J]. 语文教学通讯，2010（12）：29.

己的习作，在与对象交流和借鉴中进一步提升习作素养。"这里的三条"教学目标"，第一条也是写前准备活动，主要为了解决材料问题；第二条是选材与表达等作文专门能力方面的目标；第三条是修改与交流分享方面的目标。

这几个案例中，第一个案例的"训练目标"更像传统的"习作要求"，没有分条表述；第二、第三个案例都将习作或教学目标进行了分条表述。尽管形式不同，但三个案例的目标都涉及了作文的专门知识能力目标以及与表达密切相关的作前体验活动（创造材料）或作后分享活动（体验成功与乐趣）等。在这些方面的目标中，作文专门能力目标当然是重点目标，但作前体验活动（创造材料）与作后分享活动（体验成功与乐趣）等似乎更符合新课改所谓的"过程"或"情感"目标，因此从新课改要求的角度看，也是可以写在教学目标中的。

综合考虑有关教学目标理论与现状，在教学设计中陈述教学目标时可考虑以下三个方面（或三条）：

（1）选材的前期体验准备工作。如阅读、观察、游戏、参观、讨论等。

（2）表达的专门知识能力目标。"类材中结条段、内重语标书修"的有关方面。

（3）情感态度目标。兴趣、习惯、情感与态度等。

# 第三节 作文教学的基本原则

## 一、作文教学原则概述

作文教学的原则也就是作文教学应该遵循的基本要求。有的作文教学论著或教材中叫做作文教学的基本原则，有的则叫做作文教学的"要则"，有的叫做作文教学的"策略"，还有的叫作文教学的"经验"。有的教学论不主张再保留教学原则这个层次的内容，认为教学原则是教学规律与教学方法之间意义不大、科学性不强的内容。但教学原则实际上是有关专家提出的一些教学建议，是比较容易被大家理解的东西，因此掌握这个层次上的东西还是很有必要的。

作文教学应遵循的原则有哪些？当然不可能有统一的答案。许多作文教学论著或教材中都提到一些作文教学的原则。例如：

人民教育出版社 1958 年出版的《小学语文教学法》提出了作文教学的四条"要则"：作文教学要按从说到写、从述到作的顺序来进行；作文练习要结合儿童的实践活动和生活经验，发展儿童的思维，启发儿童的积极自觉；作文教学要与阅读教学、汉语教学、识字写字教学密切配合；作文教学要加强目的性与计划性。①

广西人民出版社 1979 年出版的《小学语文教学法》提出了如下五条"作文教学的要则"：作文教学要按照从说到写的顺序，由易到难，由简单到复杂，循序渐进，逐步提高要求的原则进行；作文教学要接触社会实际，结合学生的生活实践，指导学生观察和分析事物，发展他们的思维能力，丰富他们的写作源泉；作文教学要与阅读教学密切配合，处理好学与用的关系；作文教学还要让学生多练，反复实践，才能提高写作水平；作文教学要加强计划性。② 与前例相比，此书更强调了观察与多练。

福建人民教育出版社 1981 年出版的《小学语文教学法》提出了五条"作文教学的要则"，其中第五条是"要让学生多读多说多写"。③

江苏人民出版社 1981 年出版的《小学语文教材教法》提出了四条作文教学的"原则"，其中的二、三、四提到了三个"结合"：与阅读教学、基础训练相结合；与思想教育、实践活动相结合；发展语言与发展智力相结合。④

人民教育出版社 1984 年出版的《小学语文教材教法》，其作文教学部分包含"作文教学的特点""作文教学的过程"以及低、中、高年级的作文教学五项内容，没再单独列出教学原则一项，但在上述各项内容中都有类似于教学原则的内容。⑤

江苏教育出版社 1992 年出版的《小学语文教学研究》，在"作文教学的几个理论问题"一节中论述了"内容与形式""真实与虚构""模仿与创

---

① 薛焕武，李树棠，吴德涵，等. 小学语文教学法 ［M］. 北京：人民教育出版社，1958：191–195.

② 广西壮族自治区中师教材语文编写组. 小学语文教学法 ［M］. 南宁：广西人民出版社，1979：101–105.

③ 戴景曦，叶存玲，林金山，等. 小学语文教学法 ［M］. 福州：福建人民教育出版社，1981：389–395

④ 南京晓庄师范学校. 小学语文教材教法 ［M］. 南京：江苏人民出版社，1981：165–170.

⑤ 袁微子. 小学语文教材教法 ［M］. 北京：人民教育出版社，1984：157–211.

作""局部训练与整体训练"几个问题。① 处理好这几个问题，实际也是作文教学应遵循的一些原则。该书在作文教学一章的"作文教学的几个具体问题"一节中，介绍了"近年来"人们研究的几个具体问题："关于命题问题""关于培养作文兴趣问题""关于作文的应用性问题""关于批改问题"。② 其实，关注这些问题，也是作文教学的一些原则。

浙江教育出版社 1992 年出版的《小学语文教育学》提出了三个"基本问题"：一是要以学生为本位；二是要以儿童生活为基础；三是要以阅读为基础。③

人民教育出版社 1995 年出版的《小学语文教学法》论述了四个"作文教学应注意的问题"：将教学生做文与教学生做人结合起来；重视两种能力的培养；指导学生作文要从内容入手；作文训练与听、说、阅读训练相结合。④

齐鲁书社 2002 年出版的《小学语文教学法》，针对小学作文教学中存在的弊端提出了教学改革的四条"策略"：一是扩大读者群体，提升作文意义，激发学生的写作兴趣；二是扩大阅读面，丰富语用经验，提高学生的作文能力；三是扩大写作范围，试写各种文体，锻炼表达能力；四是平等交流对话，改革评改方式，优化作文环境。⑤

高等教育出版社 2003 年出版的《小学语文新课程教学法》谈了四点新课程写作的"主要取向"或"改革的特点"：淡化技巧训练；注重写作过程；突出写作主体；倡导研究性写作。⑥

高等教育出版社 2004 年出版的《小学语文课程与教学》，对"习作教学理论的关注点"与"习作教学的基本经验与方法"作了简单论述与总结。其谈到的"习作教学理论的关注点"有："兴趣与习惯""个性与创新""思维与语言""情感体验与写作技巧""生活积累与读写结合""纪实与想

① 《小学语文教学研究》编写组. 小学语文教学研究［M］. 南京：江苏教育出版社，1993：245－258.

② 《小学语文教学研究》编写组. 小学语文教学研究［M］. 南京：江苏教育出版社，1993：282－290.

③ 戴宝云. 小学语文教育学［M］. 杭州：浙江教育出版社，1992：140－142.

④ 人民教育出版社小学语文室. 小学语文教学法［M］. 北京：人民教育出版社，1995：239－246.

⑤ 魏薇. 小学语文教学法［M］. 济南：齐鲁书社，2002：165－166.

⑥ 倪文锦. 小学语文新课程教学法［M］. 北京：高等教育出版社，2003：133－140.

象"。① 四条"习作教学的基本经验与方法"是：习作要做到观察、思维、表达密切结合；习作教学要与阅读教学密切结合；习作教学要从内容入手，密切联系儿童生活实际；习作训练应遵循从说到写的顺序。② 这些理论关注点与经验方法也正是作文教学应该注意的问题或遵循的要求，也即是作文教学的基本原则。

山东人民出版社 2005 出版的《语文课程与教学论》从四个方面论述了"写作教学的新理念"：呼唤写作主体的回归；实现"人""文"的融合；培养学生良好的个性及创新意识；以学生的生活实践为基础。③

山东教育出版社 2008 年出版的《新课程背景下的小学语文学与教》，提出了小学生写话与习作指导的四条"原则"：主体性原则；阶段性原则；鼓励性原则；"学得"与"习得"相统一的原则。④

我国 2011 年颁布的《义务教育语文课程标准（2011 年版）》，在"教学建议"部分提出的作文教学建议，是目前官方提出的最新的建议，我们可以把它看做是作文教学的基本原则。这些建议包含着以下要点：贴近实际、关注现实，表达真情实感；降低起始难度，培养兴趣自信；注重培养观察、思考、表达、创造的能力；说真话；减少束缚，鼓励自由和有创意的表达；鼓励想象，加强平时练笔；在各环节实践中学写作，重视自改互改；读、说、写结合；注重书写；合理利用信息技术优势。

## 二、作文教学的基本原则归纳

从上面列举的作文教学原则可以看出，有些原则是各家都提到的，有些则不尽相同，有些归纳过于简单。"在目前原则莫衷一是的情况下，教学原则可以各成体系，但力戒随意创立或孤立运用。"⑤ "如何避免原则之间的分散孤立而构建一个完整的、相互有机联系的教学原则体系成了探讨原则的一个重要课题。"⑥ 下面从几个方面对作文教学的基本原则作一归纳，归纳为

① 江平. 小学语文课程与教学［M］. 北京：高等教育出版社，2004：228－233.
② 江平. 小学语文课程与教学［M］. 北京：高等教育出版社，2004：235－241.
③ 曹明海，李洪先. 语文课程与教学论［M］. 济南：山东人民出版社，2005：179－183.
④ 尚继武. 新课程背景下的小学语文学与教［M］. 济南：山东教育出版社，2008：289－290.
⑤ 吴立岗，夏惠贤. 现代教学论基础［M］. 南宁：广西教育出版社，2001：84.
⑥ 吴立岗，夏惠贤. 现代教学论基础［M］. 南宁：广西教育出版社，2001：83.

三个方面共十条。

　　教学目标把握方面三条原则：开发智力；健全人格；培养兴趣。

　　训练途径与形式选择方面三条原则：丰富生活；多读多背；多写多练。

　　指导过程与教学方法设计方面四条原则：放收结合；仿创结合；说写结合；重视评改。

　　作文教学的目标是多方面的，在培养学生作文能力的同时应该促进学生的全面发展。培养作文能力当然是作文教学最重要的本体的目标，即使不作强调，大家也不会忽视，因此这里教学目标把握方面的原则并没有培养作文能力方面的内容。在作文教学诸方面目标中，开发智力、健全人格、培养兴趣三个方面，与作文能力的培养联系密切而又容易被忽视，因而有必要列为教学的原则以引起重视；而开发智力与健全人格对于作文的意义与做法并不难理解，其与培养兴趣相比略显次要，因此在此不作论述。下面重点对上述所列十条原则中的其余八条略作阐释。

### （一）培养兴趣

　　宋代教育家朱熹曾说："教人未见意趣，必不乐学。"爱因斯坦有句名言："兴趣是最好的老师。"美国现代心理学家布鲁纳指出："学习最好的刺激乃是对学习材料的发生兴趣。"可以说，重视兴趣培养是古今中外教育大家普遍关注的教学原则。作文教学失败的最主要原因往往是忽视对学生作文兴趣的培养。没有兴趣，只会把作文看成一件苦差事，聪明才智自然发挥不出来，作文当然写不好；有了兴趣，就会积极主动地去探索，去实践，当然有利于提高作文水平。

　　激发与培养学生作文的兴趣，需要了解影响学生作文兴趣的原因。有关小学语文（作文）教学的教材或论著中不难找到这样的内容。如《小学语文教学研究》编写组编的《小学语文教学研究》认为，学生对作文不感兴趣大致有以下几方面的原因：（1）学生的课业负担过重，生活内容单调，缺少能激发学生情感的活动，因而缺乏表达的欲望，无法产生写作的兴趣。（2）作文教学中，常常由于低年级词句训练没有抓扎实，又忽视了从"说"到"写"，从片断训练到整篇训练的过渡，三年级一开始作文，学生面对较大坡度的作文训练，不知如何下笔，于是视作文为苦差事。久之，就觉得写文章是神秘的、高不可攀的事情，因而害怕去实践，当然就谈不上感兴趣了。（3）教师对学生写作水平的期望过高，任意提高作文的要求，批分过严过死，挫伤了学生的积极性和自信心。（4）命题作文脱离学生的思想实际和生活实践也是学生对作文不感兴趣的一个重要原因。① 魏薇主编的《小学语文教学法》认为，影响学生作文积极性即对学生产生消极作用的心理因素主要有以下几点：（1）作文训练中对学生的限制过多，使学生缺乏应有的心理自由；（2）作文训练文体单一，使学生体会不到作文的价值；（3）作文评价不合理，使学生缺乏基本的成就感。②

对如何培养与激发学生作文的兴趣，上述论著或教材中也有论述。如《小学语文教学研究》编写组编的《小学语文教学研究》认为，可以从以下几个方面培养学生写作的兴趣：（1）组织丰富有趣的认识活动；（2）打好基础，顺利过渡；（3）在作文批改和讲评中保护学生的写作热情；（4）改革作文教学。③ 魏薇主编的《小学语文教学法》提出了作文教学改革的如下几条策略：（1）扩大读者群体，提升作文意义，激发学生的写作兴趣；（2）扩大阅读面，丰富语用经验，提高学生的作文能力；（3）扩大写作范围，试写各种文体，锻炼表达能力；（4）平等交流对话，改革评改方式，优化作文环境。④

有关培养作文兴趣的建议或策略可以归纳为如下几点：

（1）贴近生活，"投其所好"。熟悉的、喜欢的作文内容与形式当然更容易引起学生的兴趣。作文内容与训练形式都应考虑学生实际，内容要贴近学生生活，教学形式要适合儿童特点。要让学生写熟悉的、喜欢的内容，如写身边的事物，写自己参加的有趣的活动，编童话、写科幻故事等；尽量让学生在观察、活动、讨论的基础上再动笔，写完后鼓励学生交流分享。这样，学生就不会感到作文是陌生的、可怕的事情，有利于把对活动的兴趣迁移到写作上来。

（2）先放后收，由易到难。万事开头难，教学应循序渐进。子曰："辞达而已矣。"（《论语·卫灵公》）文章能用准确的语言表达内容即可，不必徒事与内容无关的文饰。对学生、特别是刚开始学习作文的学生来说，更不能提过多过高的表达技巧方面的要求，而应尽量放手让他们自由表达，写

---

① 《小学语文教学研究》编写组. 小学语文教学研究［M］. 南京：江苏教育出版社，1993：285－286.

② 魏薇. 小学语文教学法［M］. 济南：齐鲁书社，2002：164.

③ 《小学语文教学研究》编写组. 小学语文教学研究［M］. 南京：江苏教育出版社，1993：286－287.

④ 魏薇. 小学语文教学法［M］. 济南：齐鲁书社，2002：165－166.

"放胆文"，培养自信。等他们有了一定的写作经历与积累（基础）以后，再慢慢提高要求，规范训练。这样先放后收，由易到难，学生的作文兴趣就会逐步得到巩固与发展。

（3）多写多用，体会价值。作文教学的主要目的是培养学生用文字进行表达与交际的能力。作文就是用来表达与交际的。学生只有体会到作文表达与交际的功能与价值，才能产生真正的作文动机与兴趣。因此，作文教学应该创设各种文字表达与交际的情境，让学生在各种情境中试写各种文体。"凡是实际生活中需要的言语交际活动"，"只要是小学生能够而且应该掌握的，都按照由浅入深，由易到难的程序列入训练计划。一般的教学方法是创设具体的情境，让学生在言语交际的情境中进行说和写的训练"①。学生在言语交际的情境中体会到了作文的价值，必然激发起作文的兴趣与动机。

（4）多褒少贬，体验快乐。对于作文学习来说，与其说"失败是成功之母"，不如说"成功是成功之母"更恰当。作文难，人人都不乏失败的作文体验，写作文最需要的是成功的体验与鼓励。因此，作文教学中要注意保护学生的积极性，尽量使学生体验到成功的快乐。于永正老师给我们做出了很好的榜样：于老师特别重视作文批改和作文评讲，主张批改作文要"多就少改"。于永正老师认为"批改的过程就是发现闪光点的过程"，讲评"则是'放大'闪光点"。学生用了一个传神的词，写了一句有意思的话，于老师都会做上记号，加上眉批。到了评讲课，便大讲它如何好，好在哪里。学生的一句话，于老师能夸他几句、十几句话。于老师认为，学生取得成功，而且被老师发现了、表扬了，兴趣就会慢慢产生，就逐渐喜欢作文了。②

发现优点，放大"闪光点"，应该落实在儿童生活的每一个角落。儿童天然是诗人，就看我们怎么去发现与引导。台湾著名散文家张晓风在《娇女篇》中所记小女儿晴晴的故事也许能给我们一些启发：③

> 那一年，晴晴九岁，我们在佳洛水玩。我到票口去买票，两个孩子在一旁等着，做父亲的一向只顾摆弄他自以为得意的照相机。就在这时

---

① 《小学语文教学研究》编写组. 小学语文教学研究 ［M］. 南京：江苏教育出版社，1993：288.

② 于永正. 于永正：我怎样教语文 ［M］. 北京：教育科学出版社，2014：200.

③ 席慕蓉，张晓风，爱亚. 白色山茶花 ［M］. 北京：中国友谊出版公司，1989：74 - 76.

候，忽然飞来一只蝴蝶，轻轻巧巧就闯了关，直接飞到闸门里面去了。

"妈妈！妈妈！你快看，那只蝴蝶不买票，它就这样飞进去了！"

我一惊。不得了，这小女孩出口成诗哩！

"快点，快点，你现在讲的话就是诗，快点记下来，我们去投稿。"

她惊奇地看着我，不太肯相信：

"真的？"

"真的。"

诗是一种情缘，该碰上的时候就会碰上，一花一叶，一蝶一浪，都可以轻启某一扇神秘的门。

她当时就抓起笔，写下这样的句子：

我们到佳洛水去玩，

进公园要买票，

大人十块钱，

小孩五块钱。

但是在收票口，

我们却看到一只蝴蝶，

什么票都没有买，

就大模大样地飞进去了。

哼！真不公平！

"这真的是诗哇？"她写好了，仍不太相信。直到九月底，那首诗登在《中华儿童》的"小诗人王国"上，她终于相信那是一首诗了。

这个故事启发我们，作为教师，要善于发现学生的智慧火花，发现他们的文学"天赋"，鼓励他们大胆表达与发表，为他们创造成功的机会，让他们体验成功的快乐，不断地在"成功"中走向更大的"成功"。

## （二）丰富生活

生活是作文的源泉。小学生作文就是写"自己看到的、听到的、想到的内容或亲身经历的事情"[《九年义务教育全日制小学语文教学大纲（试用）》]。如果学生"自己看到的、听到的、想到的内容或亲身经历的事情"少，生活单调，经历贫乏，作文的源泉枯竭，如做无米之炊，作文自然写不好。关于作文教学内容与形式的关系，很多学者、专家是主张先内容后形式的。夸美纽斯认为，"应当先研究事实，然后才能研究事实的组合……从逻辑上看来，内容是先于内容所采取的形式的"，"先借观察去学会事实"，然后"才能对于事实作出健全的判断，或用合理的措词去把它们表示出来"①。叶圣陶先生认为："有质料是首要的，没有质料如何能写？"② "我们要记着，作文这件事离不开生活，生活充实到什么程度，才会做成什么文字。所以论到根本，除了不间断地向着求充实的路走去，更没有可靠的预备方法。走在这条路上，再加写作的法度、技术等等，就能完成作文这件事了。""必须寻到源头，方有清甘的水喝。"③ 有人提出"要使学生作文'言之有物'，不能光从作文教学上想办法，要着重平时的教育，日积月累地培养儿童热爱生活，敏于观察，让他们对周围的世界有兴趣、有劲头，什么都要去看一下、听一下、闻一下、摸一下。这不仅仅为作文提供材料，而且有更大的意义——这是学习科学的开端，是认识世界的开端"④。这些观点启发我们作文教学中应注意以下几点：

（1）拓宽学生的生活空间。小学生的生活里不能只有读书与作业，游戏玩耍、户外活动、家务劳动、走亲访友等，都是他们应有的生活内容。教师不仅要组织学生开展或参加学校丰富多彩的活动，还要鼓励学生在日常生活中多听、多看、多想、多活动，丰富生活经历，开拓作文源泉。

（2）培养学生留心生活的习惯。拓宽生活空间很重要，但留心生活、关注生活更重要。如果对经历的事情从来没有用心去感受、去思考，那么再丰富的生活、再有意义的事情也不会给学生留下深刻的印象，也不容易成为自己作文的素材。例如，很多学生写好人好事类的题目只能想到推车子、让位子、扶瞎子、抱孩子、捡包子，有人戏称为"五子登科"；1998 年某省高考作文试卷，要求以"坚韧——我追求的品格"或"战胜脆弱"为题，写一篇自己的心理承受力的文章，结果竟然有不少考生写的是在"父母双亡"的"考验"下"战胜脆弱"。这样的作文显然很多都是杜撰的内容。好人好事每个小学生肯定都会见过许多，承受压力战胜脆弱对高中生来说肯定也都有过真实的经历，但作文时为什么还要编造而不写真实的内容呢？原因就是对自己的生活经历留心不够，没有思考过它的意义，没有使它们变成可用的作文素材。

① 曹孚，滕大春，吴式颖，等. 外国古代教育史［M］. 北京：人民教育出版社，1981：207.
② 叶圣陶. 叶圣陶语文教育论集［M］. 北京：教育科学出版社，1980：720.
③ 叶圣陶. 叶圣陶语文教育论集［M］. 北京：教育科学出版社，1980：363.
④ 李建荣，陈吉林. 小学作文教学大全上册［M］. 成都：四川大学出版社，2002：12.

培养学生留心生活的习惯，有许多好的方法，如写观察日记、组织学生每天举行"新闻发布会"等。

### （三）多读多背

"读书破万卷，下笔如有神。""熟读唐诗三百首，不会作诗也会吟。"关于读书、背诵对写作的作用，古今中外不乏精辟的论断与例子。宋代理学家朱熹在其《朱子读书法》中说，"大抵观书，先须熟读，使其言皆若出于吾之口。继以精思，使其意皆若出于吾之心，然后可以有得尔"。夸美纽斯认为："假如我们能够记得所曾读到、听到和我们的心里所曾欣赏过的一切事物，随时可以应用，那时我们便会显得何等的有学问啊！我们确曾实际应用过许多我们所已学过的事物，但是我们记住的数量是不够的，事实上我们还是继续不断地把流水泼到一个筛子上去。"① 现代著名作家、语言大师巴金曾说："我有两百多篇文章储蓄在脑子里面了。虽然我对任何一篇都没有好好地研究过，但是这么多的具体的东西至少可以使我明白所谓'文章'究竟是怎么一回事，可以使我明白文章并非神秘不可思议"，"读多了，读熟了，常常可以顺口背出来，也就能慢慢地体会到它们的好处，也就慢慢地摸到文章的调子。"（《谈我的散文》）真正有成就的文学家、诗人，无一不得益于"肚子"里积累了大量的优秀诗文。鲁迅、茅盾、郭沫若、巴金等等，无不得益于其坚实的"背功"。通过读书、背诵，可以丰富知识、积累语言、提高认识水平，可以学到观察、选材、立意、布局谋篇的具体方法。因此，要想提高作文水平就不能不重视多读多背。

### （四）多写多练

熟能生巧，实践出真知，实践出才干，练习是技能形成的基本途径。正像巴金老人所说："只有写，你才会写。"多写多练是作文教学更为重要的一条原则。

生活固然重要，但生活再丰富，如果没有把生活变成作文的训练，也不可能写好作文。叶圣陶认为："有所积蓄，是一回事；怎样用文字表达所积蓄的，使它恰到好处，让自己有如量倾吐的快感，人家有情感心通的妙趣，又是一回事。"② "具有同样生活经历的人，不一定能写出同样感人的文章。特别对于开始学习作文的小学生来说，把生活体验变成文字，存在着很大的

① 曹孚，滕大春，吴式颖，等. 外国古代教育史［M］. 北京：人民教育出版社，1981：214.
② 叶圣陶，张圣华. 叶圣陶教育名篇［C］. 北京：教育科学出版社，2013：182.

困难。"① 正像有人所说："如果生活积累够了，就能写好作文的话，那么饱经沧桑的老农、风吹雨淋的乞丐，天然就该是文豪了。"② 因此，有了生活与语言的积累，还应注意多进行表达的练习。

多读多背固然重要，但也并不是说读得多、背得多就一定能写好作文。"从阅读知能到写作知能，只存在迁移的可能性，而非必然性。换句话说，多读可能会写，但多读不必然会写。"③ 学写作文就像学游泳一样，了解游泳要领，看别人的游泳示范，有助于尽快掌握正确的游泳方法，但如果不下水实践，是永远也学不会游泳的；如果不多实践，就永远也游不好。正像夸美纽斯所说："要让学生从书写去学书写，从谈话去学谈话，从唱歌去学唱歌，从推理去学推理。"④

怎么练习呢？郭沫若认为："应该时常练习写作。开始不必一定图巧，图妙，应该尽力求其正确。把自己所见到、所听到、所想到的东西，正确地写下来，这是很必要的事。写得多了，写得久了，自然也就会巧起来，妙起来。"⑤ 总之，要利用一切可能的机会进行写的训练。

多写，除了量多以外，还应注意形式多样，试写各种文体，鼓励学生用笔来表达自己的各种诉求，促使其体验到作文的价值，认识到作文是生活的需要。

### （五）放收结合

作文训练应让学生无拘无束地写，这叫做"放"；作文教学也应让学生按照一定的章法练，这叫做"收"。"放"，注重从内容入手，淡化形式要求，目的是让学生敢写；"收"，用作文章法规范学生的写作，目的是让学生尽快掌握写作规律与方法，以"自能作文"。很显然，"放""收"不能走极端，只有做到放收结合，才能达到敢作文与自能作文的目的。

北京市特级教师张光璎认为，作文应"无拘无束写，有章有法练"。"无拘无束写"指的写什么，能由着自己，自由写，喜欢写。前提是学会观察，走进自己的生活。"有章有法练"指掌握一些基本章法，文章组织得比

---

① 《小学语文教学研究》编写组. 小学语文教学研究［M］. 南京：江苏教育出版社，1993：248.
② 郑北京. 郑北京爆破作文［M］. 北京：北京教育出版社，2001：12.
③ 倪文锦，欧阳芬，余立新. 语文教育学概论［M］. 北京：高等教育出版社，2009：129.
④ 曹孚，滕大春，吴式颖，等. 外国古代教育史［M］. 北京：人民教育出版社，1981：215.
⑤ 彭放. 郭沫若谈创作［M］. 哈尔滨：黑龙江人民出版社，1982：221.

较规范，中心、内容、层次、表达方法等，有模有样。①

作文指导首先要放，要让学生无拘无束地写。这在学习作文的初期更为重要。

放收结合，实际上涉及正确处理"内容与形式"关系的问题。内容是重要的，但形式也不可忽视。"从学生长大后实际写作情况看，当他们在工作和生活中需要提笔写东西的时候，经常遇到的不是'写什么'的问题，而是'怎么写'的问题。例如完成任务后写个工作总结，给亲朋好友写封信，当然都有话要说，有内容可写，这里不存在'写什么'的问题，要解决的仅是'怎么写'的问题。"② 先放后收是被广为接受的观点，但也应看到"收"，即明确目标或要求的重要性。《全日制义务教育语文课程标准（实验稿）》的教学建议提到"写作知识的教学务必精要有用"，但并不等于说不要学生掌握作文知识。夸美纽斯认为："规则可以帮助，并且强化从实践得来的知识。"③ 我国的教育心理学或教学论著作也是关注作文知识及教师指导的重要性的。如潘菽主编的《教育心理学》认为，对小学中年级儿童来说，他们在生活实践中，对客观事物的认识还停留在直接认识的水平，必须在别人，特别是教师的启发指导下，才能较快地由低级向高级过渡，由模糊到明确，由不熟悉到掌握。所以教师在作文教学中应该把作文的基本东西（包括内容和形式，写作的基本知识和技能）教给儿童。④ 有专家认为，"知识传授是必要的，甚至是教学的本义。"⑤ "内隐学习"是语文学习的一条重要途径，但是，如果把它作为现代课堂教学的主要"学得"方式，则是不妥的。它与学校课堂教学所期待的教学时效是相冲突的。"让学生在大量选文中'悟'出写作知识，在追求时效性的课堂教学环境中是很难进行的。"⑥ 课堂里写作教学设计的"缺失"或"自我放逐"表现为教师热衷于以学生的"习得"式"自由写作"代替通过"教"使学生"学得"写作知识、提高写作能力的规范教学。⑦《小学语文教学研究》编写组编的《小学

---

① 张光璎. 习作教学理论与实践. 国培计划（2013）小学语文高端研修远程培训配套专题视频资料.

② 《小学语文教学研究》编写组. 小学语文教学研究 [M]. 南京：江苏教育出版社，1993：245－246.

③ 曹孚，滕大春，吴式颖，等. 外国古代教育史 [M]. 北京：人民教育出版社，1981：216.

④ 潘菽. 教育心理学 [M]. 北京：人民教育出版社，1983：266.

⑤ 倪文锦. 小学语文新课程教学法 [M]. 北京：高等教育出版社，2003：183

⑥ 倪文锦，欧阳芬，余立新. 语文教育学概论 [M]. 北京：高等教育出版社，2009：129.

⑦ 倪文锦，欧阳芬，余立新. 语文教育学概论 [M]. 北京：高等教育出版社，2009：140.

语文教学研究》认为，即使让学生写"放胆文"，如果没有教给作文的方法，学生也会"放"不出胆来的。① 由此可见，作文教学中既要注重内容，又不可忽视形式。适时归纳或者提出一些作文形式方面的要求是十分必要的。

放收结合，也涉及正确处理"局部训练与整体训练"关系的问题。传统的作文训练注重从局部到整体的训练序列，但上个世纪 80 年代初出现的"注音识字，提前读写"实验中，作文教学采取与传统训练程序完全相反的做法：它根据整体性原则，从篇章入手，一开始就要求立意明确，理清思路，搭好架子，即按照"确定中心→谋篇布局→遣词造句"的路子进行作文训练，而不孤立地进行句子或段落的训练。该实验取得了很好的效果。从奥苏伯尔"先行组织者"教学策略的观点来看，先给学生一些较概括的知识也是必要的。奥苏伯尔认为，如果学生认知结构中的原有知识在抽象和概括水平上高于新知识，那么新旧知识相互联系和作用的同化过程最有成效，这是最理想的有意义接受学习的内部机制。因此，"局部训练和整体训练都是作文教学不可缺少的训练方式。两种训练都有自己的作用，也都有自身的局限性，因而应该互相配合，交叉进行。我们应该从整体训练出发，加强局部训练，再回到整体训练中去；针对整体训练中发现的问题，加强局部训练，为提高整体训练的水平打好基础"②。教师应适时帮助学生总结作文的规律，有些基本规律也可以先"灌输"给学生，再慢慢引导学生体会与把握。如作文的十二字目标，就可以较早地"灌输"给学生。

### （六）仿创结合

作文教学要注意发挥阅读教学的作用，注意学习范文，由仿到创，仿创结合。夸美纽斯认为：产生一个艺术家的是练习，不是别的。最初应当精确地模仿指定的形状，后来才可多给一些自由。一切语文从实践去学习比用规则学习来得容易，儿童学习行走、奔跑、谈话与游戏，全是这样从模仿学来的，一点不用劳苦的规则……没有一个人是单靠规则精通了任何语文或艺术的；至于有了练习，哪怕没有教训，精通也是可能的。③ 从夸美纽斯的这些话中可以看出他对模仿学习的重视。

---

① 《小学语文教学研究》编写组. 小学语文教学研究 ［M］. 南京：江苏教育出版社，1993：249.

② 《小学语文教学研究》编写组. 小学语文教学研究 ［M］. 南京：江苏教育出版社，1993：258.

③ 曹孚，滕大春，吴式颖，等. 外国古代教育史 ［M］. 北京：人民教育出版社，1981：216.

我国古今有关文论或作文教学论著中也不乏模仿与创作或阅读教学与作文教学关系的论述。《文心雕龙·宗经篇》云："文能宗经，体有六义。"刘勰认为，文章写作必须"宗经"，向经典著作学习。作文能"宗经"，就可以使文章内容和形式达到完美的结合。茅盾认为："写了以后，如果觉得跟名著相比有点模仿的样子，那也不要紧，人生入世，第一桩事就是模仿，婴孩倘不模仿大人，就不会说话……"① 薛焕武、李树棠等编的《小学语文教学法》指出：阅读教学教儿童读了许多典范的文章，在语言的丰富的表现力方面给儿童提供了许多范例。其次，阅读教学扩大了儿童的词汇，阅读教学中的分段讲读、编提纲、复述等活动培养了儿童组织材料的能力，口头表达能力，这些对作文教学均有直接的影响。② 《小学语文教学研究》编写组编的《小学语文教学研究》引用教育心理学的观点认为：个体的学习一般总是由模仿学习逐步过渡到创造性学习的，无论是模仿还是创造，都是学生获得知识、能力和技能的重要途径。学生书面表达能力形成一般要经历大同小异（模仿）→大异小同（改造）→百花齐放（创造）三个阶段。作文教学中，没有开始阶段的"大同小异"作基础，不通过读写结合进行扎实的基本功训练，就不可能出现最后的创造。③

作文教学仿创结合，要注意仿与创的顺序与目的。作文学习的开始阶段或形式固定的文体学习可以从模仿开始，重视范文的引导；有了一定的习作经验或基础之后则应鼓励创新。"从作文教学的目的来看，仿作也仅是写作训练的一种过渡方式。作文教学的最终目的是要培养学生独立的书面表达能力，因此，不能长久停留在仿作阶段，应尽快尽早地引导学生脱离模仿，独立写作。"④

### （七）说写结合

个人的语言发展自然是口头语言先于书面语言，书面语言的发展依赖于一定的口头语言发展水平。就一次作文训练来说，让学生先说再写，既可以

---

① 茅盾，钟桂松. 茅盾文集第 10 卷评论·创作经验·作家论［M］. 北京：中华工商联合出版社，2015：71.

② 薛焕武，李树棠，吴德涵，等. 小学语文教学法［M］. 北京：人民教育出版社，1958：193.

③ 《小学语文教学研究》编写组. 小学语文教学研究［M］. 南京：江苏教育出版社，1993：253.

④ 《小学语文教学研究》编写组. 小学语文教学研究［M］. 南京：江苏教育出版社，1993：255.

使自己的构思更细致，又可以相互启发，相互促进。因此，无论从低年级到高年级的作文训练序列安排还是一次作文的训练，都应该注意先说再写，说写结合。

说写结合的观点在我国有关作文教学的许多论著中都有体现。如薛焕武、李树棠等编的《小学语文教学法》认为，口头语言是书面语言的先导，是书面语言的基础。所以作文教学工作的安排应当从提高儿童的口头语言能力，也就是从"说"入手。① 不仅整个小学阶段作文教学应按从说到写的顺序安排，就是各个年级作文也应当注意。例如在书面叙述和作文之前可做一做口头叙述的工作，经过这些口头准备工作，儿童对要写的东西思想上更明确了，写起来也就会更清楚、更有条理。② 江平主编的《小学语文课程与教学》认为，从说到写，既是小学阶段习作教学的总体安排，例如，低年级侧重听说训练，中高年级多命题习作，又体现在每次习作训练的过程之中。"说"可以检查思考的结果，起到组织语言的作用，同时又促进思考，有利于书面语言的发展。③

潘菽主编的《教育心理学》曾根据有关的心理学试验，对小学二年级下学期"通过谈论再写作，可提高书面语言的数量和质量"的原因进行过分析，如低年级儿童观察事物往往笼统、不精确，容易忽略许多主要的东西，加上遗忘的影响，印象往往模糊、混淆。经过互相谈论，就能靠口头语言的帮助对事物作分析综合，使过去感知的印象更加明确和完善，补充感知不清或遗忘的东西，校正错误或混淆的部分。④ 当然，该书也指出，随着年龄的升高，"谈论"对写作的作用逐渐减弱，甚至无效。⑤

### （八）重视评改

作文评改是作文教学的重要环节，但作文的评改不能由老师包办代替。《全日制义务教育语文课程标准（实验稿）》关于写作的教学建议中提出，要"重视引导学生在自我修改和相互修改的过程中提高写作能力"。"文章是改出来的"，改作文的能力是作文能力的一个重要方面。心理学认为，练

---

① 薛焕武，李树棠，吴德涵，等. 小学语文教学法［M］. 北京：人民教育出版社，1958：191.

② 薛焕武，李树棠，吴德涵，等. 小学语文教学法［M］. 北京：人民教育出版社，1958：192.

③ 江平. 小学语文课程与教学［M］. 北京：高等教育出版社，2004：241.

④ 潘菽. 教育心理学［M］. 北京：人民教育出版社，1983：263.

⑤ 潘菽. 教育心理学［M］. 北京：人民教育出版社，1983：264.

习是技能形成的基本途径。因此，改作文的能力只有通过自己改的实践练习才能形成，教师包办代替是解决不了问题的。当然，"认识错误是改正错误的一半"，知道自己练习的结果是有效练习的重要条件，因此，改文章应以评文章为前提，应注意指导学生自评作文。

《九年义务教育全日制小学语文教学大纲（试用）》中曾指出："小学生作文就是练习把自己看到的、听到的、想到的内容或亲身经历的事情，用恰当的语言文字表达出来。""恰当""表达"当然需要反复推敲、修改。通常的作文教学，每次习作往往只经历作前指导、独立成文、教师批改、教师讲评这样几个环节，学生基本不参与评改，并且一般认为写完初稿就完成任务了，老师给打个分数一次作文就结束了。学生没有走完反复推敲、修改，而后"发表"这一必经过程，这不利于作文能力的真正提高，也不利于良好作文习惯的培养。因此，"我们应该以积极的态度去克服作文批改的弊病，把力气用在教会学生自己修改的工作上，变无效劳动为有效劳动。当然，要培养学生自己修改作文的能力绝不是一件轻而易举的事。开始阶段，需要克服各种困难，付出更多心血。但只要认识明确，措施落实，不断探索总结，就肯定能达到培养学生自我修改能力的目的，相应地能减轻教师的负担"①。

# 第四节　作文训练的途径与形式

作文训练应该通过哪些途径、采用哪些形式进行，显然是作文教学必须明确的问题。本节内容先对作文训练的形式作一梳理，然后探讨作文训练的途径及各种途径中应采用的主要训练形式。

## 一、作文训练的形式

小学作文训练有多种多样的形式，对作文训练的形式可以从不同的角度进行分类。了解作文训练的形式与分类有利于选择更好的形式进行训练。

从不同时期语文教学法或语文课程与教学论著中不难找到作文训练形式及分类的内容。例如：

李纪生著的《小学语文教学法讲话》认为，作文课的教学，可以采取

---

① 《小学语文教学研究》编写组. 小学语文教学研究［M］. 南京：江苏教育出版社，1993：290.

两种主要方式：一种是写作指导，一种是命题作文。其所谓"写作指导"，是把写作的技巧分为几个部分，指导儿童进行写作练习，每次作文课时只选取一个重点。其所谓"命题作文"，具有综合要求的性质，无论选材，或篇章组织，或叙述方法等，都要求儿童自己来思考决定。① 这里的"写作指导"，其实就是"单项训练"；"命题作文"其实就是篇的"综合训练"。关于"作文课写作指导"，即"单项训练"，该书列出了以下几个参考"类项"：一是描写技巧方面的习作（如变口头叙述为文字叙述、听写、诗歌改为散文、故事缩编等）；二是篇章组织方面的习作（如连环画作文、系统答问作文等）；三是订正改错方面的习作（如改文习作、语法错误订正习作、错别字订正习作等）；四是说话练习（如讲演、朗诵等）；五是特殊应用文习作（如听报告笔记、新闻报道——包括标题练习等。）② 该书认为，小学中高年级命题作文的题材范围，大概有下列几方面：以课外校外活动（包括少先队活动）为题的作文；节日活动的叙述；有意义的故事的精简叙述；对周围习见事物或自然现象的描写；种植或自然现象观察的笔记；劳动情况与过程的叙述；写信，写通知，写报告的练习；联系语文教材的文字叙述（如读后感想，或对阅读过的教材的意见等）；其他以周围生活命题的作文或短评。③ 这实际上是从材料来源或选材范围上对作文训练形式进行的分类。

魏薇主编的《小学语文教学法》针对小学生各年级段的年龄心理特征，将作文训练方式分为了"准备性设计、过渡性设计、完成性设计"三大类型。各种类型的具体方式摘录如下：④ （1）准备性设计：①初级写话设计；②口头作文设计（观察口述、据题口述、经验口述）。（2）过渡性设计：①高级写话设计（看图写话、观察日记、课堂素描）；②片段作文。（3）完成性设计：①命题作文设计（借鉴型命题作文——模仿型、变通型、评论型、引申型，智能型命题作文——侧重培养观察能力的命题、侧重锻炼思考能力的命题、侧重激发想象能力的命题、侧重训练联想能力的命题，自我教育型命题作文，实用型命题作文）；②材料作文设计（书面材料作文——扩写、缩写、改写，音像材料作文——音乐作文、图画作文、影视欣赏作文，活动

---

① 李纪生. 小学语文教学法讲话［M］. 杭州：浙江人民出版社，1954：141.
② 李纪生. 小学语文教学法讲话［M］. 杭州：浙江人民出版社，1954：142.
③ 李纪生. 小学语文教学法讲话［M］. 杭州：浙江人民出版社，1954：144.
④ 魏薇. 小学语文教学法［M］. 济南：齐鲁书社，2002：155－164.

材料作文——素描、工笔、写意）；③自由作文设计。

江平主编的《小学语文课程与教学》提到的习作训练方式有：编童话、看图说话和写话、写观察日记、课内素描、扩写、续写、仿写、缩写、改写，以及想象习作、命题习作和应用文练习等。①

王荣生、宋冬生主编的《语文学科知识与教学能力》，对中学生写作的语篇类型是从以下几个角度来分的：①按照表达方式分，如记叙文、说明文、议论文等；②依据语篇的功能目的分，如表达性的、信息传达性的、劝说性的、文学性的等；③根据话题领域分，如阐述课文的作文、表现生活的作文、处理日常工作和事务方面的作文等；④依照阅读对象分，如为自己写作、为不同读者写作。②

从上面列举的教材或论著中有关作文训练形式与分类的内容不难看出，作文训练的形式是多种多样的，其分类也没有统一的标准。当然，作为教师，应该能够尽量从不同的角度看待各种训练形式。例如可以从以下不同角度对作文训练形式进行分类：

**（一）按作文的目的分**

（1）应试作文。即根据训练或考试的要求作文，包括一切单项训练及命题、半命题、话题作文等。

（2）生活作文。即根据生活与实践的需要而进行的作文。

**（二）按功能分**

（1）智能型作文。如观察作文、想象作文、创新作文等。

（2）教育型作文。如评论班内的某种现象等。

（3）实用型作文。

**（三）按训练的综合程度分**

（1）单项（或基本功）训练，包括观察训练、列提纲训练、片断训练、连段成篇训练、评改训练等。

（2）综合训练。

**（四）按题目来源或训练安排的主次分**

（1）大作文。即语文教材"语文园地"或"基础训练""积累·运用"中的作文训练题目。

---

① 江平. 小学语文课程与教学［M］. 北京：高等教育出版社，2004：245.

② 王荣生，宋冬生. 语文学科知识与教学能力［M］. 北京：高等教育出版社，2011：79－82.

（2）小作文（或辅助训练）。包括语文教材大作文训练题目以外的一切有利于写的听说读写及其他训练。

**（五）按材料来源分**

（1）联系课文（文字材料）作文。包括仿写、扩写、缩写、续写、改写、读后感等。

（2）音像材料作文。包括看图作文、音乐作文、影视作文、观后感等。

（3）联系生活作文。即根据已有经验或重新观察、体验从而选材作文。

（4）构图想象作文。

（5）想象作文。

**（六）按体裁类型分**

（1）文学作品。包括童话、寓言、故事、小说、童谣、诗歌等。

（2）纪实作文。包括写人、记事、写景、状物、写场面等记叙文。

（3）议论文。包括演讲稿、读（观）后感、小评论、杂文等。

（4）应用文。包括留言条、通知、广告或海报、书信、会议记录、建议书、计划、总结、日记、新闻消息、通讯等。

（5）说明文。

**（七）按选题、选材的自由程度分**

（1）命题作文；（2）供料作文；（3）情境作文；（4）自由作文；（5）自动作文。

## 二、作文训练的途径与对应的训练形式

语文课，特别是"大作文"课，是使学生学习作文知识、进行作文训练的重要途径。但是，作文能力的训练决不能仅仅依赖有限的语文课，更不能仅仅依赖几次"大作文"——封闭在课堂内的、已经定好"习作要求"的单一的写的训练。"写作是为了自我表达和与人交流"，是"生活的需要"，"自我表达"和"与人交流"的能力只有在"生活"的环境中、在"自我表达"和"与人交流"的生活实践才能真正形成，而不能封闭在课堂内，完全寄希望于课堂内。作文能力是一种综合能力，它依赖于一定的观察能力、认识水平，需要有丰富的生活、语言储备，而不是仅凭写这一条训练途径、一种训练形式就能形成。因此，作文训练的途径要拓宽，训练的形式要多样化，要精心设计"大作文"课以外的"辅助"训练，使课内与课外有机结合。

当然，"作文难"，并不是没有有效的作文训练形式与方法。相反，很多教师、特别是年轻教师，感到作文教学难的原因之一是"有效"的形式与方法层出不穷，以至于使他们无所适从——这么多有效方法什么时间用？若每种方法都用一用会不会加重学生负担？因此，进行作文教学要对训练形式的种类、各种训练形式安排的次数与时间、每次训练的大体步骤等进行规范，使其便于操作，以克服作文训练的随意性，克服"过量"训练和训练不足问题，使教学有章可循、各种方法易于操作。本人曾对此进行过探索，此部分内容就是在有关成果基础上修改而成的。①

作文的训练途径虽然多种多样，但可归纳为以下六条："大作文"课、语文（阅读）课、"大阅读"课、实践活动（作文）课、晨读、课外生活。为了便于操作，提高训练的有效性，下面列出每条途径的主要训练方式，并对其略作说明。依此训练，即可化繁为简，不至于加重学生负担；扎实训练，即可收到理想的效果。

**（一）"大作文"课——"大作文"训练（包括低年级的说写话训练）**

语文教材中安排的"大作文"训练（包括低年级的说写话训练），是最基本的作文训练形式。作文教学首先应扎扎实实地搞好"大作文"的训练。这是因为，语文教材尽管总会存在一些问题，但毕竟大都经过许多专家的细心推敲，"大作文"题目的设计、安排的次序等，是有其相当的合理性的，作文训练与课文配合也不失为较好的作文教材编写形式。对于有很深造诣的教师来说，当然可以不受教材的约束，另行设计训练题目，采取其他形式进行训练；但对于一般教师来说，首先落实好"大作文"的训练才不至于"舍本逐末"。"大作文"训练一般每两周一次（篇），每次具体用几课时，安排在星期几，这要根据教学进度、题目难易、学生水平等实际情况来确定，不能作机械规定。

"大作文"的具体形式多种多样，但基本规律是从写话到写段再到写篇。各学段对应的主要训练形式为：

（1）低年级段：写话。如听写句段，仿写句子，补充句子，据词造句，整理错乱排列的词语成句，修改病句，回答问题写话，看图写话等；写请假条、留言条等。

（2）中年级段：高级写话与片段训练。如听写片段，默写片段，给片段加标点，仿写片段，排列语句，回答连续的问题成段，看图写段，扩句成段，据词写段，续、编写故事，观察素描等；写日记、书信等。

（3）高年级段：篇的训练。专项训练——拟定题目，提炼中心，选择材料，编写提纲，开头结尾，过渡照应，作文修改等。综合训练——提供材料（针对统一的图画、视频、录音、文字等材料所提供的内容，或同一人、事、景、物、活动等）作文；命题作文；自由作文；写常用应用文。

"大作文"课怎么上？在后面的"作文教学的基本过程与方法（八步三课模式）"中将详细讨论。

**（二）语文（阅读）课——学文练作文**

语文课中的阅读课实际上是作文训练的重要途径。阅读教学要注意读写结合，充分发挥课文的示范作用，从阅读中学习作文的方法，提高学生作文水平。阅读教学如何做到读写结合呢？首先，在对课文的理解环节，除了对内容的理解外，要重视对文章表达方法的理解领悟，如体会作者的观察方法、用词造句的妙处、布局谋篇的方法等。当然最好要引导学生自己去品评欣赏。其次，在练习或作业环节，要改变只注重字、词、句的训练，而忽视段、篇的写的训练的做法，尽量做到每学一篇课文都进行一次写段或篇的训练，即做到一课一练。

一课一练应注意以下几点：

（1）训练形式要多样。包括听记、默写、概括大意、仿写、续写、缩写、扩写、改写、写评论等。其中的写评论，即体会型读书笔记，包括评写法、评内容、写综合收获、写引申联想到的内容等。

（2）写的练习要求不必过高。篇幅可长可短，特别是"差生"，只要写就有收获；当然要鼓励他们尽量写长、写好。

（3）要尽量在课堂内完成，不要加重学生负担。为了提高写的质量，可以先让学生口述；为了减轻教师批改的负担，可有代表性地集体讨论修改几篇，再让学生互改，当堂完成。

**（三）"大阅读"课——阅读写笔记**

高尔基认为"书是人类进步的阶梯"，罗曼·罗兰认为"和书籍生活在一起，永远不会叹息"。读书不仅仅使人获取知识，找到灵魂的伴侣，它也是一个人提高认识水平、提高作文水平的重要途径。当然，阅读的能力、兴趣与习惯需要培养。对于小学生来说，特别要注意搭建语文课内阅读与课外阅读的桥梁，培养他们课外阅读的兴趣。开设"大阅读"课，是沟通课内与课外阅读、培养学生课外阅读兴趣的重要举措。各年级每周的"大阅读"课时可以安排如下：低年级 1 课时，中年级 2 课时，高年级 3 课时。中、高年级每周的几个课时要连起来排，这样能提高效率，也有利于培养学生专心的读书习惯。

组织"大阅读"课要特别注意两点：

（1）要明确阅读的内容。阅读的内容要广泛，不要只读范文和作文知识。阅读的内容既要有作文方面和配合课文学习的内容，也要有配合其他学科学习的内容，更要有在课堂上学不到但有价值的其他内容，特别是学生自己感兴趣的内容。从阅读感兴趣的书开始，是培养广泛的阅读兴趣的有效方法。兴趣是最好的老师，无论是什么书（当然是健康的），学生只要感兴趣就一定会积极地去读；只要读就一定有收获。苏霍姆林斯基认为："阅读是对'学习困难的'学生进行智育的重要手段。"[①] 苏霍姆林斯基曾说："三十年的经验使我深信，学生的智力发展取决于良好的阅读能力。"[②] 因此，"不要靠补课，也不要靠没完没了的'拉一把'，而要靠阅读、阅读、再阅读，——正是这一点在'学习困难的'学生的脑力劳动中起着决定性的作用。"[③] 阅读对"学习困难的"学生有作用，对学习没有困难的学生当然更有作用。"智育"效果好了——开启了学生的"智"，当然有助于学生更广泛地阅读、学习，提高作文水平。

当然，学生有了一定兴趣以后，要引导学生多读经典。"文章体制原出于经"。《文心雕龙·宗经篇》曰："论说辞序，则《易》统其首；诏策章奏，则《书》发其源；赋颂歌赞，则《诗》立其本；铭诔箴祝，则《礼》总其端；纪传盟檄，则《春秋》为根；并穷高以树表，极远以启疆，所以百家腾跃，终入环内者也。"小学生未必一定要学习艰深的古籍，但多读些经典之作，无论对作文还是做人，都是十分有益的。

（2）要注意"大阅读"课的指导。大阅读课当然应以学生的自读为主，但是教师绝不能完全撒手，放任自流，而应发挥好主导作用。这是因为，小学生的自制力差，特别是对阅读还没有兴趣的时候，需要教师组织教学和引

---

① 瓦·阿·苏霍姆林斯基. 给教师的建议 [M]. 杜殿坤，编译. 北京：教育科学出版社，1984：51.

② 瓦·阿·苏霍姆林斯基. 给教师的建议 [M]. 杜殿坤，编译. 北京：教育科学出版社，1984：11.

③ 瓦·阿·苏霍姆林斯基. 给教师的建议 [M]. 杜殿坤，编译. 北京：教育科学出版社，1984：52.

导；学生的阅读方法、习惯也需要教师指导、培养。大阅读课一般可按"激趣—阅读—交流"三段进行。

### （四）实践活动（作文）课——实践用作文

生活是作文的源泉。学生要写好作文，头脑中必须有大量感知了的事物的表象；如果生活单调，作文素材匮乏，当然写不出丰富多彩的作文来。小学生活动的天地主要是学校和家庭，要想写出有真情实感的作文，仅仅有这些范围的生活积累是远远不够的。所以我们必须创造条件，组织学生开展丰富多彩的活动，拓展学生的生活空间，充实学生的生活，为作文提供有益的素材，丰富作文的源泉。组织活动应注意以下两点：

（1）要对各类活动作周密的安排。学校的各种活动课都可能成为作文的机会，或为作文提供素材。因此，学校应真正开全各类活动课程，认真组织学生参加活动，应该在学期初就对本学期的活动作出整体的规划。制订规划时应考虑这几个方面：①要有足够的活动时间。各种活动的时间都应有明确的规定，定在课程计划里，标在课程表里——当然可以根据实际提前或后移，也可以把几周的时间合并起来用，但活动的总量不能少。②要有广泛的活动内容。要根据学校条件、学生年龄等实际，尽量使活动内容范围广泛一些，以丰富学生的生活，开阔学生的视野。特别要组织好如下活动：节日庆祝或纪念活动、游览或观察大自然活动、社会实践活动、参观访问活动、读书交流活动、故事会、主题演讲、朗诵比赛，鼓励学生参加征文比赛，积极向报刊、广播站投稿等。要多进行读、看、问、写、演等综合活动。经常组织专项作文训练，如智能型作文训练（课堂素描、想象作文、看图作文、写童话等），教育型作文训练（如针对学生出现的某种苗头而有意布置的作文等），实用型作文训练。③要有一定的灵活性。有些很好的活动机会是学期初所预料不到的，如上级突然安排学校开展一个什么活动，学校突然发生了一件什么事，突然出现了一个什么特殊的天气等等，只要对学生有利，教师就应该不失时机地组织学生参与或开展有关活动，增加锻炼的机会。

（2）要做到活动与作文有机结合——让学生写"实践作文"。这有两种情况，即"写活动"或"在活动中写"。所谓写活动，就是活动结束后要求学生把活动情况写下来；所谓在活动中写，就是活动本身就要求学生动笔写一些东西，写就是活动的一部分。例如，组织学生开展一次环保夏令营活动，活动结束以后要求学生把活动情况写下来，写成一篇作文，这就是写活动；而如果在行动之前要求学生制订一个活动方案，行动之后要求学生写一份有关家乡河流污染情况的考察报告，提交给环保局局长或县长等，这就属于在活动中写。

### （五）晨读——说背练语言

晨读，顾名思义就是利用早晨的大好时光进行读书活动。可惜的是，许多学校早晨却难以听到读书声。当然，学生到校后也可以交流见闻，谈看法，或交流日记。"说背练语言"就是指，早晨或上午学生到校以后先做两件主要事情：一是说见闻或交流日记；二是朗读背诵指定的课文或其他名家名篇、名段，培养学生自觉搜集信息、积累语言等习惯，提高学生的认识水平和口头表达能力。

#### 1. 说见闻或交流日记

口头表达能力，既是与书面表达能力并列的重要的语文能力，同时又是书面表达能力形成的重要条件。组织好学生的说见闻活动，不但可以锻炼学生的口头表达能力，而且可以培养学生留心周围事物、认真观察的习惯，提高学生的评价能力、认识水平，还可以为作文积累素材。交流日记，既可收到说见闻的效果，又可代替教师批日记，减轻教师负担；同时，交流日记还可以使学生相互启发，激发学生写日记的积极性，提高日记的质量。因此，每天"晨读"时间都应拿出一点时间（如可用 10 分钟），让学生说见闻或交流日记。这要注意以下几点：要坚持一个"恒"字，即要持之以恒；要注意一个"广"字，即内容要广；要体现一个"实"字，即尽量说清楚、说具体。

在交流形式上，可以先让学生同桌或小组内说，然后选出好的向全班说，尽量使每一个学生都得到锻炼。

#### 2. 背诵积累

背诵，是我国传统而有效的语文学习方法。如何指导学生背诵？这也是很重要的一个问题。指导不好，背诵不得法，不但体现不出上面所说的好处，相反还会加重学生负担，降低学习兴趣，影响学生的发展。在指导学生背诵的时候，应该注意以下几点：

（1）选择合适的内容。古今中外的优秀诗文浩如烟海，到底应该让学生背诵什么样的诗文、背诵多少、选择哪一些去背诵呢？背诵的内容当然应该是适合学生特点、易被学生理解、篇幅较短、语言优美、思想健康的作品。语文课程标准"附录"推荐的古诗词以及课本中要求背诵的其他课文，是首先应该要求学生背诵的。另外，还可以从《三字经》《笠翁对韵》《唐诗百首》《宋词百首》《幼学琼林》等书中选择一些内容让学生背诵。

（2）指导背诵的方法。要使学生明白，背诵优秀诗文时采取的方法不同，背诵的效果是不一样的。特别应使学生做到以下四点：尽量理解、反复诵读；过度背诵、及时复习。

（3）培养背诵的兴趣。兴趣是最好的老师。只有对背诵感兴趣，学生才能积极主动地去背诵，才能提高背诵的效果。为培养学生对背诵的兴趣，教师应注意用名人刻苦学习的事例启发学生，使学生明确背诵的意义，树立信心；要求背诵的量要适度，要因人而异，循序渐进，不能"一刀切"；要通过竞赛、经验交流等形式，使学生相互启发，相互激励；要鼓励学生在说话、作文中灵活运用背诵过的诗文佳句，在应用中体验背诵的乐趣。

**（六）课外生活——实践性作业。**

作文训练的途径应延伸到学生自由支配的时间中去，应布置长期性的作业，如读书，观察写日记，办小报、网站，投稿等。以下重点谈一谈两种实践性作业：观察写日记与办报。

1. 观察写日记

写日记是作文的一项重要基本功。指导学生写日记应注意以下几点：

（1）由少到多。对于小学生，特别是对于刚刚开始学写日记的小学生来说，次数不必过多，每周记两三次就可以了。记的内容可以是当天发生的，也可以是近几天发生的，一天发生的事情也可以分写成几篇。这样要求似乎不符合日记的要求——"日记日记，一日一记；一日不记，不叫日记"，但是只有这样才能落到实处，才能收到理想的效果。袁微子主编的《小学语文教材教法》就认为："观察日记不必每天都写，有内容就写。"[①]当然，随着学生水平的不断提高，还是应该要求学生逐步养成一日一记的习惯的。

（2）由粗到细。学生刚开始学写日记的时候，教师不能限制过多、要求过严。写成素材积累的形式或记成"流水账"也是一个积累、锻炼的过程：记"流水账"也能使学生积累经验，使语言表达水平得到锻炼，没有这个过程学生就很难真正理解怎样写日记才不是记"流水账"。袁微子主编的《小学语文教材教法》就认为："在观察的基础上写观察日记，要求不要太高，一句话、几句话都行，不要强调文字的优美生动，要强调真实，强调

---

① 袁微子. 小学语文教材教法［M］. 北京：人民教育出版社，1984：185.

句子通顺。"①

看看下面几篇季羡林大学毕业时的日记，就不会对学生日记提过高的要求了：②

二十四日

过午三点乘洋车进城，访峻岑，见梁竹航、宋还吾有信来，仍然关于教员事。我先以为要找我教英文，岂知是教国文，这却教我不敢立刻答应，这简直有点冒险。

晚上到公园去看芍药，住在西斋。

二十五日

晨八时乘汽车返校。

仍然看 *Practical Criticism*。

过午打手球。

教员问题一天都在我脑筋里转着。我问长之，他答得不着边际。我自己决定，答应了他再说，反正总有办法的。

二十六日

今天写信给峻岑、竹航，答应到高中去。尽管有点冒险，但也管不了许多。

晚上学校开欢送毕业同学会，有新剧比赛，至十二点才散。

当然，对学生的日记绝不能因此而放松要求，当学生有了一定的体验以后，应逐步引导学生抓住重要的内容写详细，不仅要有详细的过程叙述，更要有细节的描写，还应写出自己的感受或看法。

（3）以小见大。学生写日记除了容易记成"流水账"以外，还往往感到没有什么"大事"可记。教师要注意培养学生"处处留心""平中求奇""小中见大"的习惯和能力，让学生习惯给自己提出四个问题：有什么？什么样？像什么？为什么？

（4）及时引导。小学生写日记是学写日记，需要老师的指导，这不同于成人日记，也不同于中学生日记，小学生的日记应该允许老师看，这不是

---

① 袁微子. 小学语文教材教法［M］. 北京：人民教育出版社，1984：185.
② 青年季羡林日记里谈愿景：多和几位女性发生关系［EB/OL］. 凤凰网［2012－04－13］ news. ifeng. com/history/zhongguojindaishi/detail－2012－04/13/13859018_ o. shtml.

"侵犯"学生隐私权的问题。为了不加重教师负担，可以采用抽查的方式，也可发挥同学的作用，交换检查、评改、评比，或在晨读时间交流。

2. 办报多锻炼

办小报或建网站是非常有益的一项训练。办报必然要搜集资料，这有利于促使学生去阅读，培养阅读兴趣；设计不同的栏目，编写各栏目的内容，可以锻炼学生的创新能力，提高作文水平；设计版面，画图、修饰，可以锻炼学生的审美和绘画能力，等等。

指导学生自办"手抄报"要注意以下几点：

（1）人人参与。要使每一个学生都参与，可以小组合办，也可个人办。

（2）分层要求。对学生办报的要求不能搞"一刀切"，要考虑年级差别和优、"差"生的差别。低年级学生或"差生"，可以以图画、摘抄和剪贴现成的简单内容为主，中高年级学生、特别是优秀学生，应以自己的创作为主。应鼓励创新，但要量力而行，不要加重学生负担。

（3）认真指导。教师对学生办小报不能撒手不管、放任自流，而应该认真给以指导。

（4）重视展评。对学生的小报要尽量展出并组织评比，可以在教室内设立小报栏，及时更换，轮流展出；也要尽量创造条件，在校内或更大范围内展出。

# 第五节　作文教学的过程与方法

小学作文教学的过程、方法、方式等，是几个"纠缠不清"的复杂概念。小学作文教学的过程有不同的层次，既可指从低年级到高年级的过程，也可指每次习作指导的过程。作文教学的方法也有不同层次，既可指一套宏观的教学设计，也可指某一项训练的方式。作文教学的"过程"与"方法"、"方式"与"方法"有时又不好截然分开。例如：

李纪生著的《小学语文教学法讲话》在"低年级说话与写话教学的方式方法"中，主要讲的是说话课与写话课的"组织形式"，即课堂结构或教学过程，并按其结构或过程逐个环节说明具体做法，因此这里的"方式方法"既含着一课的教学过程又含着各个环节或步骤的具体方式方法。① 在

---

① 李纪生. 小学语文教学法讲话 [M]. 杭州：浙江人民出版社，1954：131－137.

"小学中、高年级作文课的教学方法"一讲中，将"作文课教学的主要方式"分为两种——"写作指导"与"命题作文"，然后分别讲了"作文课写作指导的教学方法"与"命题作文教学的方法"，这里的"方式"是大于"方法"的概念，"方法"中既含着内容确定、命题等的方法，也含着指导的过程等。①

薛焕武、李树棠等编，人民教育出版社1958年出版的《小学语文教学法》中，"作文教学"一章的三、四、五节内容"与发展连贯性语言有关的几种练习""叙述的教学""作文的教学"的先后顺序，体现了作文训练由易到难的整体设计思路；其中各种练习、各类作文题材都列举或说明了具体的"方式"或"教学步骤"。

袁微子主编的《小学语文教材教法》，"作文教学的过程"是其"作文教学"一章中的一个专题，该专题所"阐述的并不限于专设的作文课的教学过程，而是从整个作文教学探讨它的过程。""这个训练过程是由平时一次一次的训练构成的。"② 因而这里的"作文教学过程"主要是作文教学宏观的顺序问题。与"作文教学过程"并列，分三个专题讨论了不同学段的作文教学，对各学段主要训练形式及训练重点等作了阐述。

人民教育出版社小学语文室编著、人民教育出版社1995年出版的《小学语文教学法》中，"作文教学的过程"是"作文教学"一章中的一节，这一节既讲了"小学阶段作文教学的过程"，也讲了"一次作文的教学过程"；对于"作文的指导、批改和讲评""不同类型作文的教学"分别作为一节进行了阐述。

魏薇主编的《小学语文教学法》介绍的几种"小学训练序列"，实际是小学作文教学的整体设计；其"作文教学设计"即针对三个学段的三类"作文训练方式"；其"作文教学的实践过程"就是一次作文的指导过程，当然其中介绍了这一过程各环节的一些注意事项与方式方法等。

江平主编的《小学语文课程与教学》，讲了"写话教学的重点与方法""习作教学的基本经验与方法""习作的指导与评价"，但所讲内容都比较偏重"原则"，对具体训练的步骤或程序并没有过多强调。

综合各时期教材特点，本节将分以下几个问题进行讨论：作文教学的整体设计（探讨小学作文教学的整体顺序及各种训练形式之间的关系）、写话

① 李纪生. 小学语文教学法讲话［M］. 杭州：浙江人民出版社，1954：140－146.
② 袁微子. 小学语文教材教法［M］. 北京：人民教育出版社，1984：169.

与作文的准备性训练（探讨写话等作文准备性训练的基本过程与方法）、作文训练的一般过程（探讨一次作文教学的基本过程）、作文教学的方法（探讨作文教学各个环节的具体步骤与方法）。

## 一、作文教学整体设计（宏观方法或训练序列）

不同时期的语文课程与教学论教材或教学大纲等，大都对作文教学整体设计（宏观方法或训练序列）进行探讨或提出一些建议。例如：

李纪生著的《小学语文教学法讲话》认为，简单的文字叙述——造句和写话——能力，须从一年级开始培养。① 在小学低年级说话与写话是密切结合的，说话课要结合写话，写话课同样要结合说话。② 在小学中、高年级每周都排有两节作文课。作文课的教学，可以采取两种主要方式：一种是写作指导，一种是命题作文。③ 从造句和写话，到写作指导，再到命题作文，这即是从低年级到高年级作文教学由易到难的整体设计。

薛焕武、李树棠等编的《小学语文教学法》认为，作文教学要按从说到写、从述到作的顺序进行，从一年级到三年级，以口头语言练习为主，到第四学年才过渡到以书面语言的练习为主。不仅整个小学阶段作文教学应按从说到写的顺序安排，就是各个年级作文也应当注意。初步的作文教学要注重"述"，当然，就是在进行叙述的教学时，也要注意培养儿童的创造力，也不能把叙述和作文截然分开。④ 作文练习要结合儿童的实践活动和生活经验，发展儿童的思维，启发儿童的积极自觉；⑤ 作文教学要与阅读教学、汉语教学、识字写字教学密切配合。⑥

《小学语文教学研究》编写组编的《小学语文教学研究》认为，新中国成立以来，特别是"文革"后作文教学改革归纳起来主要有三种类型："强

---

① 李纪生. 小学语文教学法讲话 [M]. 杭州：浙江人民出版社，1954：131.
② 李纪生. 小学语文教学法讲话 [M]. 杭州：浙江人民出版社，1954：135.
③ 李纪生. 小学语文教学法讲话 [M]. 杭州：浙江人民出版社，1954：139、141.
④ 薛焕武，李树棠，吴德涵，等. 小学语文教学法 [M]. 北京：人民教育出版社，1958：191－192.
⑤ 薛焕武，李树棠，吴德涵，等. 小学语文教学法 [M]. 北京：人民教育出版社，1958：192.
⑥ 薛焕武，李树棠，吴德涵，等. 小学语文教学法 [M]. 北京：人民教育出版社，1958：193.

调内容，加强观察""强调过程，分步训练""强调形式，读写对应"。①三种类型的作文教学实验的着眼点和效果是有区别的，但是，它们之间实际上是可以互相补充而不一定是互相排斥的。② 不同类型的作文教学，完全可以从不同的侧面体现作文教学的规律。③ 小学作文教学可分为两个阶段，低年级为第一阶段，重点在进行命题作文前的基本训练，主要是造句、看图说话、看图写一句到几句话；中高年级为第二阶段，主要进行命题作文能力的训练，即进行由教师命题，或者教师确定文体、指定范围，要求学生写成段、成篇的文章的训练。④

人民教育出版社小学语文室编著的《小学语文教学法》认为，小学作文教学应该从说到写，由易到难，循序渐进，经历训练说话—训练写片段—训练写成篇作文的过程。低年级着重练习写话，中年级着重练习写片段，高年级着重练习写成篇的作文。⑤

魏薇主编的《小学语文教学法》针对小学生各年级段的年龄心理特征，将作文训练方式分为了"准备性设计、过渡性设计、完成性设计"⑥ 三大类型，实际就是对小学作文所做的从低年级到高年级的整体设计。

江平主编、高等教育出版社 2004 年出版的《小学语文课程与教学》，基本重述了 2001 年《全日制义务教育语文课程标准（实验稿）》中各学段作文目标的主要内容。

《义务教育语文课程标准（2011 年版）》在各年级教学目标中提到，第一学段为"写话"，"写自己想说的话，写想象中的事物。"第二学段为"习作"，"能不拘形式地写下自己的见闻、感受和想象"，写"简短的书信、便条"。第三学段为"习作"，"写简单的纪实作文和想象作文""学写读书笔记，学写常见应用文"。这也是新课程标准对小学作文教学的整体设计。

---

① 《小学语文教学研究》编写组. 小学语文教学研究 ［M］. 南京：江苏教育出版社，1993：273 – 277.

② 《小学语文教学研究》编写组. 小学语文教学研究 ［M］. 南京：江苏教育出版社，1993：277.

③ 《小学语文教学研究》编写组. 小学语文教学研究 ［M］. 南京：江苏教育出版社，1993：278.

④ 《小学语文教学研究》编写组. 小学语文教学研究 ［M］. 南京：江苏教育出版社，1993：279.

⑤ 人民教育出版社小学语文室. 小学语文教学法 ［M］. 北京：人民教育出版社，1995：208 – 210.

⑥ 魏薇. 小学语文教学法 ［M］. 济南：齐鲁书社，2002：155 – 164.

我国教育心理学论著中也有对于作文整体训练序列安排的建议，如潘菽主编的《教育心理学》就提到："教师对儿童的作文训练，应从说到写，从述到作，从模仿到创作，逐步提高要求。"①

从有关资料中可以归纳出作文教学整体设计的如下几条重要规律：

**（一）由说到写，由述到作**

低年级应注重说话训练，要在说话的基础上进行写话训练。在正式作文之前，可以先进行叙述的训练。"叙述"是叫儿童练习把读过的书、听过的故事、看过的电影和戏剧等，用他们自己的话叙述出来。"叙述比作文容易。"②"由说到写，由述到作"不仅是作文教学整体设计的思路，而且也是每次作文训练应该采用的顺序与方法。

**（二）由简单到复杂，由单项到综合**

作文训练应该由写话到写段再到写篇，低、中、高年级分别侧重句、段、篇的训练；作文训练应该由单项到综合，应在单项训练的基础上，进行综合训练，逐步提高要求。值得注意的是，有的作文整体设计，似乎打破了从句到段再到篇或从单项到综合的一般训练路子，如20世纪80年代初黑龙江省教育学院的"注音识字，提高读写"实验，一年级就指导学生从整体入手，"搭好架子"，进行开篇成文的训练，要求写出有头、有尾、有中心的文章；又如，上海师大吴立岗教授研究了湖南省凤凰县箭坪道小学"童话引路"的教改经验后，提出了小学低年级作文教学应有新的突破，在作文训练上主张"变写话训练为写文章的训练""变句子训练为篇章训练"等四个转变。③但实际上这并没有违背由简单到复杂的规律或基本路子，而是重视在整体性原则的指导下，把字词句段的分解性训练寓于整体训练之中，使词句段的训练更加有效；学生对篇的理解与把握，在不同年级肯定有不同的水平，整体上是在逐步提高。

**（三）先放后收，由仿到创**

先放后收即作文学习的初始阶段不作过多的限制，让学生放手去写，等有了一定的体验之后再逐步提高要求。由仿到创即作文训练的初始阶段允许学生模仿范文，等模仿的多了，有了作文的一定感觉，再逐步要求"创

---

① 潘菽. 教育心理学 [M]. 北京：人民教育出版社，1983：266.

② 薛焕武，李树棠，吴德涵，等. 小学语文教学法 [M]. 北京：人民教育出版社，1958：191、192.

③ 李建荣，陈吉林. 小学作文教学大全上册 [M]. 成都：四川大学出版社，2002：41；吴立岗. 小学低年级的作文训练要实现四个转变 [J]. 小学语文教师，1990（4）：1-7.

作"。先放后收与由仿到创，都是为了降低作文起始阶段的难度，培养学生的作文自信；经过一段时间的练习，有了作文的自信与经验，自然有助于更高要求的训练。

### 二、写话与作文的准备性训练

写话是作文的基础，是低年级作文训练的主要形式。低年级就要注意让学生"写自己想说的话，写想象中的事物"。低年级作文准备性训练的具体训练形式有仿写句子、根据词语造句、看图写话、听故事写话、根据某情境或某要求写话等。仿写句子与根据词语造句比较简单，而看图写话、听故事写话与根据某情境或某要求写话等，往往不只是写简单的一句话，而是写几句话或一段话，有时甚至像一篇短文了。

低年级的写话如何指导，在不同时期的小学语文课程与教学论教材中大都会提出一些建议。例如：

李纪生著的《小学语文教学法讲话》认为，写话课的上课组织形式可分为"确定题目、口头叙述、篇章组织与语汇准备、文字叙述（写话）、订正批改等环节"①。

薛焕武、李树棠等编的《小学语文教学法》，对"书面叙述""看图作文""根据儿童的观察、游览作文""根据儿童的生活经验作文"等低年级或作文准备性的训练都介绍了具体的教学步骤。如对"书面叙述"介绍了"简短的谈话""教师朗读材料""就读过的材料进行谈话并解释词语""拟定提纲""口头复述""儿童作书面叙述"等六个步骤，另外还提到了批改、讲评、改正甚至重作等步骤与要求。②

袁微子主编的《小学语文教材教法》认为，看图写话的教学，首先要引导学生有顺序地看图，提出一些带启发性的问题，让学生边看边想，弄清图意。在仔细看图的基础上练习说话，可以先分开说，再连起来说。教师要注意指导，指导的重点是帮助学生把看到的内容有条理地说清楚。对于学生想象比较丰富、表达比较生动的语言，要及时表扬鼓励。写话，要在大多数学生会说的条件下进行。第一次进行写话练习时，要讲清书写格式，并且严

---

格要求。①

江平主编的《小学语文课程与教学》认为，写话训练应坚持从说到写、以说促写、说写结合的方法进行。②

由上可见，低年级的写话或准备性作文训练，尽管形式多样，但相对于完整的作文教学来说其教学的过程还是比较简单的，一般在一堂课内就会完成，大体可以按以下几步进行：

1. 激发兴趣

"对写话有兴趣"是低年级学段"写话"的重要目标，激发学生对所写内容的兴趣也是保证写话有效进行的重要前提。因此，开始写话前要引起学生对所写内容的注意与兴趣。

2. 熟悉内容

写话首先要有话可写，为此要引导学生看图，或观察实物，或听故事等，熟悉要写的内容。

3. 引导说话

引导学生口述观察或听到、想到的内容。教师可以做必要的示范，进行及时的指导。

4. 指导写话

指导学生把说的话用文字写下来。注意个别指导。

5. 交流互改

可以先让学生相互检查，再展示并点评有代表性的作业，然后再让学生修改或互改。

## 三、作文教学的一般过程（一次作文教学的一般过程）

一次作文教学的过程是各时期小学语文教学法或课程与教学论所共同关注的重要问题。例如：

李纪生著的《小学语文教学法讲话》认为，作文题目确定后，应该用谈话的方式，帮助儿童选择要叙述的材料，准备必要的语汇，组织文篇叙述的结构，然后才让儿童开始写作。③

袁微子主编的《小学语文教材教法》对于上好"每周专设的作文课"

---

①　袁微子. 小学语文教材教法［M］. 北京：人民教育出版社，1984：181.

②　江平. 小学语文课程与教学［M］. 北京：高等教育出版社，2004：225.

③　李纪生. 小学语文教学法讲话［M］. 杭州：浙江人民出版社，1954：146.

提出了以下几方面的要求：做好作文前的准备工作；仔细考虑出题范围；提倡教师自己试作；指导学生修改；重视作文后的讲评。① 而后，对低、中、高三个年级段作文教学分别进行了具体论述。

《小学语文教学研究》编写组编的《小学语文教学研究》认为，小学作文教学课堂结构的传统形式，一般就是指命题作文的课堂结构形式。② 传统作文教学一次命题作文有如下几个环节：③

作文指导—作文—批改—讲评

其中除第3个环节"批改"在课堂外进行以外，其余均在课堂内进行。除第2个环节"作文"是学生活动以外，其余均以教师活动为主。④ 该书认为，传统作文教学课堂结构的弊端十分明显，其教学模式过分强调教师的指导作用，而忽视小学生作文的心理特点，限制了小学生作文主观能动性的发挥。近年来的改革强调教师和学生合作，共同选题，共同起草作文，共同讨论和修改作文；强调学生之间的合作，加强学生之间的反馈，变教师的单一指导、讲评为伙伴间的相互学习；强调允许学生自由命题选材，实行"开放式"作文教学等。⑤

魏薇主编的《小学语文教学法》认为，从教师这个角度讲，作文教学的实践过程可以分为作文指导、作文批改、作文讲评三个环节。⑥

江平主编的《小学语文课程与教学》提到，习作教学的环节包括：命题、指导、批改、讲评。命题习作的指导比较严格地按照审题、确定中心、选材、编提纲、指导修改草稿等步骤进行。非命题习作指导是根据习作指导的实际采用比较灵活的方式进行，常常围绕话题来展开教学。⑦

有教材指出：与我国写作教学设计重"内容"不同，国外的写作设计

---

① 袁微子. 小学语文教材教法［M］. 北京：人民教育出版社，1984：175 – 179.

② 《小学语文教学研究》编写组. 小学语文教学研究［M］. 南京：江苏教育出版社，1993：279.

③ 《小学语文教学研究》编写组. 小学语文教学研究［M］. 南京：江苏教育出版社，1993：280.

④ 《小学语文教学研究》编写组. 小学语文教学研究［M］. 南京：江苏教育出版社，1993：280.

⑤ 《小学语文教学研究》编写组. 小学语文教学研究［M］. 南京：江苏教育出版社，1993：281.

⑥ 魏薇. 小学语文教学法［M］. 济南：齐鲁书社，2002：166.

⑦ 江平. 小学语文课程与教学［M］. 北京：高等教育出版社，2004：245.

重"技术"①；与我国写作教学设计重"活动"不同，国外的写作教学设计重"过程教学法"。过程教学法是国外写作教学设计的一个基本框架，即教师常常在过程导向的框架之内，组织教学环节。所谓"过程教学法"，通常把写作分为计划、起草、修改、发表四个阶段，每一个阶段都有相应的写作策略和教学策略，课堂教学中，教师往往围绕具体的写作类型与写作任务，以写作的四个阶段为基本步骤，组织课堂教学。②

从上述不同教材有关内容可以看出，作文教学过程是没有统一模式的。一次作文训练，目的不同，要求不同，其过程也是不同的。但没有统一的模式，不等于没有共同的规律，一次完整的作文训练一般应经历以下八步：

拟定题目—写前准备—写前指导—独立成文—评改准备—指导评改—全面"把关"—再改完善。

其中写前指导、独立成文、指导评改和再改完善四步一般要在课堂内进行；写前指导与独立成文两步应连起来上。这样，这四步就可以看作三步，或者看作三种课型：试作课、评改课、讲评课。当然，这三个课型不是要用三个或四个课时的时间。为了便于记忆，我们可以把这个一般过程叫做"八步三课"模式。其中每一步的意图、具体步骤方法及注意事项，将在下一个问题"作文教学的方法"中论述。

## 四、作文教学的方法（"八步三课"各步或各课型的具体步骤与方法）

作文训练的形式多种多样，写作的心理过程非常复杂，因而作文教学的方法也是多种多样的。就作文训练的一般过程来说，不同阶段有不同的教学方法。有的材料把不同阶段的教学方法叫做写作策略。如王荣生、宋冬生主编的《语文学科知识与教学能力》指出，"写作策略指为完成写作任务，根据写作情境的要求所选择和使用的写作方法、程序与技巧等"③。例如该书列出的写作"预写"的策略有：头脑风暴，联想、想象、谈话，画草图（簇型图、环形结构图、鱼骨图、蜘蛛图），研究，列举，实地考察、查阅资料、读写结合、RAFT（角色、读者、文体、话题）策略、列提纲等。④

---

① 倪文锦，欧阳芬，余立新. 语文教育学概论［M］. 北京：高等教育出版社，2009：142.
② 倪文锦，欧阳芬，余立新. 语文教育学概论［M］. 北京：高等教育出版社，2009：143.
③ 王荣生，宋冬生. 语文学科知识与教学能力［M］. 北京：高等教育出版社，2011：84.
④ 王荣生，宋冬生. 语文学科知识与教学能力［M］. 北京：高等教育出版社，2011：84.

下面就作文训练"八步三课"一般模式各个步骤或课型的具体步骤与方法作一探讨。本人曾对作文训练的过程与方法进行过探索，此部分内容就是在有关成果基础上修改而成的。①

**（一）拟定题目——作文教学设计**

这一步的目的是：设计合理的习作要求，细化作文教学目标。

小学作文的基本训练形式可分为两类——大作文训练和辅助训练。"大作文"题目即语文教材"语文园地"或"综合训练"中的习作要求，是早已设计好了的，一般按进度直接使用就可以了；当然也可以打乱原来的序列，将相同类型的作文集中起来训练，或对"大作文"的习作要求作适当的修改。辅助训练，特别是阅读教学"学文练作文"的写文（或片断）和"实践活动课"中写的"实践作文"的题目，则主要由教师自己拟定。

从语文教学论或教育心理学中不难找到有关作文命题的观点。如《小学语文教学研究》编写组编的《小学语文教学研究》认为，人们对如何命题有了以下几点比较一致的看法：第一，命题要从学生的生活实际出发；第二，题目的措词要新鲜有趣；第三，命题的方式可以多样化。② 薛焕武、李树棠等编的《小学语文教学法》认为，作文的命题要明确、具体、切合实际、新颖醒目，忌大，忌空，忌远。③ 潘菽主编的《教育心理学》指出，命题既要防止大而无当，难而抽象，脱离学生实际，又要避免范围过窄，重复单调，或公式化，以免造成学生写作训练中的心理障碍，挫伤写作的兴趣与积极性。④

无论是选用语文教科书中的"大作文"题目还是自己拟定题目，都应该注意以下几点：

（1）要有全局观念。也就是要有计划性，力戒随意性。

薛焕武、李树棠等编的《小学语文教学法》曾指出：过去，小学的作文教学一般是缺乏计划性和目的性的。教师对学生的作文缺乏具体的指导，常常随兴之所至出题，学生也就按照题目胡乱凑上几句。究竟整个小学作文教学如何安排，一个学期要作几篇怎样性质的文章，题材往哪儿找，每次作

---

① 江玉安. 规范化教育教学探索［M］. 北京：九州出版社，2012：172 – 191.

② 《小学语文教学研究》编写组. 小学语文教学研究［M］. 南京：江苏教育出版社，1993：284.

③ 薛焕武，李树棠，吴德涵，等. 小学语文教学法［M］. 北京：人民教育出版社，1958：209.

④ 潘菽. 教育心理学［M］. 北京：人民教育出版社，1983：264.

文指导要重点解决什么问题，这一切教师都是心中无数的。因此作文教学的质量是难得提高的。① 这些现象在今天的许多小学语文教师中也是存在的。尽管现在语文教材中都有一些现成的习作要求，但教师可能并没有对其进行系统分析，并不了解每次训练的意图，并不了解各次训练之间的关系，更发现不了存在的问题与需要调整、更换、补充的内容。因此，拟定作文题目（习作要求），首先要作宏观考虑。教师在学期初就应该对整个学期的作文训练作出比较详细的计划，而不能靠"临场发挥"。当然，不失时机地针对一些有意义或学生感兴趣的"突发"事件，临时出一些题目让学生练习，也是很有必要的。抓住时机进行作文训练，学生有兴趣，自然能收到好的效果。当然这样的训练也要尽量与整体计划、年段要求等联系起来。

（2）要注意贴近学生生活。作文应是生活的需要，因此习作内容要贴近学生生活。拟定习作题目首先要注意要求学生写熟悉的事物，例如写学生看到的、听到的、想到的内容或亲身经历的事情，只有写这样的内容才有话可写，才能写具体。其次，要尽量让学生写感兴趣的事物，如心爱的玩具、喜欢的动物、有趣的活动等，学生对感兴趣的事物必然观察细、印象深，写这样的事物才有可能写具体、写生动。

（3）题目不能过大。要求所写的对象应尽量具体，内容范围不可过于宽泛。写活动，其场面、情节、人物不可过多；写物，尽量写具体的物件，而不宜写一类物；写人、记事也应尽量写某个具体的人或某件具体的事，而不宜写某类人或事。

**（二）写前准备**

这一步的目的是：准备必要的作文材料。

学生作文之前必须有一定的准备，这里说的主要是材料的准备。教师要根据作文的需要，提前布置学生做好有关准备，为作文准备下充足的可供选择的"原材料"。准备工作主要有以下几类：（1）参加有关活动；（2）观察有关事物；（3）访问有关人物；（4）查阅有关资料。

**（三）写前指导**

这一步的目的是：明确目标，激发欲望。

---

① 薛焕武，李树棠，吴德涵，等. 小学语文教学法［M］. 北京：人民教育出版社，1958：194.

学生动笔之前，一般需要教师作必要的指导。即引导学生明确写什么，知道该怎么写，激发起表达的欲望。

写前指导课很大程度上决定了学生作文的成败。而怎么指导，教师们往往不知所措——教无定法，对于千变万化的作文的教学，就更无定法了。不过，作文写前指导课，还是有一些规律性的东西可循的。尽管作前指导课是各式各样的，但其基本思路不外乎两种："自然式"指导与"规范化"指导。

1. 从内容入手的"自然式"指导

从内容入手的"自然式"指导，即不谈写法而直奔内容，首先引导学生通过体验或回忆等，关注要写的内容或材料；在体验或回忆的基础上，引导学生叙述将要写的内容，老师相机点拨，逐步引导学生把内容说得有条理、说具体、说通顺；最后要求学生把自己说的内容写下来。这种思路的指导，直奔写作的内容，而"条理""具体""通顺"等要求，是针对学生说的情况而相机自然提出的，很多情况之下学生意识不到是在写作文，不会有作文的压力或包袱，因而容易说（写）好。

看图作文、观察生活作文、实践活动作文、素描作文、想象或童话作文等大都符合此种指导思路。

例如"课堂素描"一般安排在三、四年级进行。"素描课"大致有以下几个步骤：（1）讲清要求；（2）观察实物或者师生的演示；（3）讨论观察所得，进行重点指导；（4）借鉴范文；（5）帮助学生理清思路，列出提纲；（6）口头作文或书面写作。① 这里的"素描课"的步骤基本符合从内容入手的"自然式"指导思路。

郭根福老师（江苏省溧阳市教师进修学校）提出的作文教学模式体系基本上也是"自然式"指导的思路。他提出的教学模式体系的结构为：营造氛围，诱发创新热情—放胆表达，拓展创新思维的空间—交流合作，激活创新思维的火花—评优激励，激发新的创新动机。②

贾志敏老师引导学生把"闷热"写具体③、于永正老师引导学生选歇后

---

① 《小学语文教学研究》编写组. 小学语文教学研究［M］. 南京：江苏教育出版社，1993：274.

② 郭根福. 构建新的小学作文教学体系［J］. 语文教学通讯·小学刊，2007（1）：36－37.

③ 贾老师作文"三重奏"［J］. 语文教学通讯·小学刊，2006（7－8）：42－43.

语编故事①、王崧舟老师的"亲情测试"②、李白坚教授的作文游戏活动"比手劲""上课吃花生""在学校旅游"③ 等，实际上都是从内容入手的"自然式"指导。北京市特级教师张光璎认为，作文"具体指导课要从感性渗透理性，从生活到作文"④，其实就是"自然式"指导的思路。

"自然式"指导可安排以下几个基本环节：

（1）导入激趣

作文课与阅读教学等一样，也应该有导入激趣这一环节。导入的方法当然多种多样。例如薛焕武、李树棠等编的《小学语文教学法》在中高年级看图作文教学步骤中就提到："有时由教师作简短的谈话，说明图画所反映的事件或时代背景等。有时需要制造适当的气氛激起儿童的某种感情，有时可利用儿童的生活经验和已有知识来组织谈话，有时也可以朗读某篇文学作品。"⑤ 这样做的目的，就是为了激发学生对这次作文的兴趣。

（2）体验选材

对于刚开始学习作文的学生来说，获取材料，即找到所写的内容，当然是第一要务。体验选材的常用方法大致可划分为以下几类：

①观察类——主要通过观察获取材料的方法。这类方法包括观看图画或视频、观察实物等获取材料的方法。看图作文、写观后感、作文素描练习等，都是主要通过观察获取写作材料（内容）的。无论对图画、视频或是实物的观察，都要提醒学生注意观察顺序，注意对重点内容的细节或特点的观察。

②体验类——主要通过现场活动体验获取材料的方法。学生一般都对各种游戏或活动感兴趣，在活动或游戏体验的基础上，随即对活动或游戏情况进行叙述会更容易。因此，可以通过组织学生开展某些活动而获取作文材料。如上面提到的王崧舟老师的"亲情测试"、李白坚教授的作文游戏活动"比手劲""上课吃花生""在学校旅游"等，就是通过现场的活动体验来

---

① 张敬义. 播撒趣味因子收获性灵文字——品全国著名特级教师于永正作文教学《歇后语编故事》［J］. 语文教学通讯·C，2007（7－8）：36－40.

② 陆霞. 王崧舟《亲情测试》课堂实录［J］. 语文教学通讯·小学刊，2007（1）：16－20、54.

③ 李白坚. 作文游戏活动教学的几个问题［J］. 语文教学通讯·C，2007（7－8）：4－8.

④ 张光璎. 习作教学理论与实践. 国培计划（2013）小学语文高端研修远程培训配套专题视频资料.

⑤ 薛焕武，李树棠，吴德涵，等. 小学语文教学法［M］. 北京：人民教育出版社，1958：213.

获取作文材料的。

③回忆想象类——主要通过回忆或想象获取材料的方法。如果要求学生所写的内容是学生过去做过的事、认识的人、看过的景，或想象中的事物，无法现场观察或体验，这就需要引导学生通过回忆或想象而获取材料。如写"一件难忘的事""我忘不了他""一次难忘的旅行""20 年后的我"等，这一类作文的材料是无法再进行现场"制造"的，只能靠回忆或想象，当然教师进行有关回忆线索的提示或想象的引导也是十分必要的。

④文字拓展类——从一定文字材料入手拓展联想获取材料的方法。从一个汉字、一个词语、一句话、一段文字、一篇文章，都可以引发无限的联想，从而产生作文的材料。前面提到的于永正老师引导学生选歇后语编故事、贾志敏老师给学生提示词语让学生写句子与片段等，就属于这一类获取材料的方法。读书笔记或材料作文等也是从一定文字材料入手拓展联想获取材料的。

（3）试述点拨

引导学生对第（2）环节中观察、体验或回忆、想象、联想到的内容进行口述。可以先让学生自己试说；再同桌或小组内互说互评；然后指名试说，大家评价，教师相机点拨。教师的点拨应重点放在条理、内容、语言三个方面，但不一定出现这些作文术语。

"自然式"指导，学生关注的是内容，感觉不到是在写作文，有兴趣，无压力，因而容易写好。这种思路与"先放后收"作文教学中"放"的精神也是一致的。这种思路适合指导生活作文，适合于低年级的作文教学。但值得注意的是，"自然式"指导并不是作文教学唯一的和万能的方法，例如对于命题作文往往就很难完全用这种思路，这种思路在引导学生掌握系统的作文知识与能力方面显然是不够的。而下面的"规范化"指导则正好弥补了这种思路的不足。

2. 从审题入手的"规范化"指导

叶圣陶先生认为"命题作文是不得已而为之"。当然，尽管不得已，但我们还是应该认真为之的。有教材指出："强调写作与生活的联系，这种做法无可厚非。但是，把课堂教学设计的重点放在'生活制造'或者'生活体验'上，却值得我们反思：首先，我们需要反思这种教学设计的前提——'学生写作的最大困难，在于内容缺失，而内容的缺失，原因在于生活的贫乏'——是否成立？其实，'写什么'的内容问题和'怎么写'的技能问题孰重孰轻，至今尚无定论。其次，就算'写什么'更重要，学生生活贫乏的问题，能否通过课堂上时间短暂的'体验'就能解决呢？"① 因此，应"在写作学习中，鼓励多写、勤写自发生成的话题。但为锻炼写作能力，往往要布置一些特定的话题，按指定要求、完成写作任务。"② 按指定要求作文，就要注意很重要的第二种思路，即从审题入手的"规范化"指导。《小学语文教学研究》编写组编的《小学语文教学研究》认为："传统作文教学一次命题作文"有"作文指导""作文""批改""讲评"几个环节，其中"作文指导"一般有以下几个步骤：（1）出示题目，指导审题；（2）指导表达，编拟提纲。③ 这里的"作文指导"的步骤实际上就属于"规范化"指导的思路。

对于命题作文，往往要从审题入手，按照审题、选材、立意、表达的基本顺序，逐步明确要求，从而按要求习作。我们可以把这种思路叫做"规范化"指导。这种思路，有利于学生掌握审题、作文的一般思路与方法，比较适用于中高年级的命题作文指导。

"规范化"指导可安排以下几个基本环节（当然这仅仅是一个例子）：导入激趣—尝试审题—规范审题—整体回顾—试述点拨。

（1）导入激趣

大部分学生对命题作文都有一种"天然"的畏惧心理，因此命题作文之前更需要激发学生兴趣，调动学生积极性。具体方法很多，如可以用有关作家、作品、故事或作文知识感染学生，引起学生注意与兴趣，当然也可以通过与作文内容相关的游戏或活动导入。

（2）尝试审题

"不愤不启，不悱不发。"不考虑学生基础与愿望，教师先入为主的指导，学生必然感到无趣。因此，出示"习作要求"后，要让学生自己读一读，并让学生说说有哪些方面的要求，有什么问题，自己准备怎么写，等等。

（3）规范审题

教师引导学生按照一定的顺序审题，明确要求，并逐步落实。可按以下两步进行：

① 倪文锦，欧阳芬，余立新. 语文教育学概论［M］. 北京：高等教育出版社，2009：141.
② 王荣生，宋冬生. 语文学科知识与教学能力［M］. 北京：高等教育出版社，2011：77.
③ 《小学语文教学研究》编写组. 小学语文教学研究［M］. 南京：江苏教育出版社，1993：279－280.

①明确规范。让学生回顾作文的一般整体要求或路子，即作文一般有哪些方面要求，先后顺序怎样，也就是作文的一级目标：类型正确→选材合适→中心明确→结构完整→条理清楚→段落分明→内容具体→重点突出→语言规范→标点正确→书写认真→修改认真。可用代号（符号）板书出来，例如"L C Z J T D N △ Y B S X"（类材中结条段，内重语标书修）等，使学生首先建立起整体观念。这也相当于给学生提供一个"先行组织者"。奥苏伯尔认为，促进学习和防止干扰的最有效的策略是利用适当相关的和包摄性较广的、最清晰最稳定的引导性材料，这种引导性材料就是所谓的组织者。"在认知结构中是否有可以利用的具有适当抽象水平、概括性和包容水平的起固定作用的观念，这显然是有意义学习和保持中的一个先行的重要变量。"① 由此可见，学习作文之初就让学生记住作文的整体要求或一般路子，每次作文在引导学生具体"审题"之前先回顾一下这一整体要求或一般路子，也是有必要的。

我国有学者认为，单篇课文的理解可以通过自上而下加工和自下而上加工，篇章结构的理解与字、词、句的学习互为学习的条件，没有严格的或单一的起点能力。② 其实，"没有严格的或单一的能力起点"不仅指课文理解，写作文也是这样的。作文从内容入手，是一种思路，它以解决作文内容问题为起点，但它并不排斥学生应该对作文形式的要求有一定了解。20 世纪 80年代初黑龙江省教育学院包全恩主持的"注音识字，提前读写"实验，根据整体性原则，主张从篇章入手，一年级就要求"搭好架子"，进行开篇成文的训练，写出有头、有尾、有中心的文章。这一实验取得了很好的效果，这也说明了整体的作文知识或观念对掌握单项作文要求的意义。

②循序审题。即按照作文的基本路子（类→材→中→结→条→段，内→重→语→标→书→修），一方面一方面地审题，明确要求。一般重点讨论选材（写什么）、条理（按什么顺序写）、内容（怎样详细写）三个方面。每一方面一般应该做"明要求""举例子""说打算"三步工作：

"明要求"，即明确二级目标，从"习作要求"中找出体现该方面要求（一级目标）的语句。可以划出来，适当整理后可板书在相应一级目标的后面，可让学生说说是什么意思。例如，人民教育出版社义务教育课程标准实

① 奥苏伯尔，等. 教育心理学——认知观点［M］. 佘星南，宋钧，译. 北京：人民教育出版社，1994：202 - 203.
② 皮连生. 教学设计（第 2 版）［M］. 北京：高等教育出版社，2009：148.

验教科书语文（2004 年 6 月第 1 版）四年级上册"语文园地一"的习作要求是：

> 在口语交际的基础上，围绕自己游览过或了解到的一处自然景观，写一篇习作。可以写著名的旅游景点，也可以写身边的景物。写之前要想想主要突出哪一点奇特之处，大体按怎样的顺序写。希望通过你的习作，读者能够想象出画面，感受到大自然的奇妙。

该习作要求中，有关"选材"方面的要求是"自己游览过或了解到的一处自然景观""可以写著名的旅游景点，也可以写身边的景物"；有关"条理"方面的要求是"想想……大体按怎样的顺序写"；有关"重点"及"内容具体"方面的要求是"突出""一点奇特之处"使"读者能够想象出画面，感受到大自然的奇妙"。不但要指导学生找出该方面的要求，还要让学生明确其要点与意思。如有关"选材"方面的要求，要明确"自己游览过或了解到的""一处""自然景观""可以写著名的旅游景点，也可以写身边的景物"等要点与意思。

习作要求中并没有具体提出来、但应该明确的要求，也应该作必要的提示。如上述"习作要求"中的"条理"方面，并没有提出按怎样的顺序写，这时就应提示或引导学生明确，写景物一般应按怎样的顺序来写，如按方位顺序、从整体到部分等。

"举例子"，即明确三级目标，（师生）列举能够明显体现二级目标要求的正面例子，如有关课文、范文等；也可适当列举反面例子（但要以正面例子为主），帮助学生真正理解二级目标，明确具体标准。例如上面所提到的习作要求中，对于"内容具体"的要求——"突出""一点奇特之处"使"读者能够想象出画面，感受到大自然的奇妙"，可以引导学生回顾欣赏《观潮》中潮水移来一段的描写，体会课文对所写景物"潮"的形状、声音的细致描绘的作用。

"说打算"，即让学生说一说在这个方面自己准备怎么做（写）。例如上面习作中"内容具体"的要求，让学生说说自己准备具体写景物的"哪一点奇特之处"，从哪几个方面来写等。教师要注意点评引导。

（4）整体回顾。逐条明确目标后，让学生再从整体上看一下目标并质疑。教师再强调应特别注意的重点目标，让学生根据整体目标，或再观察，或重新选材、确定中心，或调整叙述顺序，详细构思自己的作文，可列出较详细的提纲，准备详细口述。

薛焕武、李树棠等编的《小学语文教学法》指出："应当做到使儿童每次作文时均'胸有成竹'，对全文的轮廓有一个清晰而完整的概念。不能让儿童在没有全文的概念的情况下，写了上句想下句，不能让儿童这样一句一句地来凑。"① "整体回顾"的目的就是检验学生对目标的掌握情况，加深对目标的理解，使学生再从整体上把握目标，明确重点目标，做到既有全局观念，又能突出重点。可按以下步骤进行：

①回顾质疑。

②构思提纲。

（5）试述点拨。学生在整体构思的基础上试着口述，为"笔述"做好充分的准备。遵循由说到写的原则，先引导学生充分地口述，并让同学尽量用目标进行评价；教师也可以读一读自己的"下水文"，让学生评一评，使学生相互启发，相互借鉴，激发起不吐不快、不写不快的写作欲望。可按以下步骤进行：

①自己试说。

②同组（桌）互说互评。

③指名说，大家评。

3. 正确认识"规范化"指导的特点及其与"自然式"指导的关系

（1）"规范化"指导的特点

①注重整体性原则，有利于学生系统地掌握作文知识，更好地形成作文能力。该"思路"在审题之前先尽量让学生知道或回顾作文的一般整体要求，在这样的前提下再进行分项具体指导；分项指导以后，再让学生整体把握目标。注重整体与部分的关照，显然更有利于对部分的掌握，有利于系统作文知识的掌握与能力的形成。

②规范指导，有章可循。审题如何下手，作文指导先指导什么再指导什么，这是使大多数教师感到困惑的问题。而本指导"思路"的"循序指导"，给出了比较清晰而可行的路子，即整体上从"类型"到"选材"或"中心"等，直到"修改"；而每个方面则可从"明要求"到"举例子"，再到"说打算"。这就避免了不知从何入手、无章可循的问题。

---

① 薛焕武，李树棠，吴德涵，等. 小学语文教学法［M］. 北京：人民教育出版社，1958：209.

③说评结合，适度点拨，充分体现学生主体地位。如指导学生明确某一方面目标时，强调以学生"说打算"为主；分项指导后，要求学生口述自己的作文提纲或全文，并让学生用该次作文的目标，对同学口述的内容或教师的"下水文"进行评价。通过谈论，可以提高学生的口头表达能力；通过谈论，可以检验学生对本次作文目标是否全面掌握；如果评价时注意指导学生先找优点，再找缺点，并且优缺点均按作文目标的先后顺序评，则有利于培养学生全面看问题的观点，培养思维的条理性，提高认识水平。

（2）正确认识"规范化"指导与"自然式"指导的关系

"规范化"指导与"自然式"指导的区别是明显的：自然式指导从内容入手，淡化甚至回避作文的要求或"规范"；而"规范化"指导则是按照作文的基本"规范"，从审题开始，一步步明确要求，按照规范和要求进行作文。如前面所说，这两种思路都是必要的，但"规范化"指导对于高年级来说显得更为重要。

值得注意的是，"自然式"指导与"规范化"指导不是对立的，这是因为作文的内容与形式并不是矛盾的。"自然式"指导从内容入手，目的是避免"规范"或形式的要求给学生带来作文的压力，但最终还是要让学生遵循并掌握作文的一定"规范"的——可以适时归纳或总结作文的要领；"规范化"指导从审题入手，注重"规范"的作用，按照一定要求去选材并表达，有利于学生系统作文知识的掌握并学会自能作文，但也应注意内容（材料）的体验或讨论，注意作文形式与内容结合，尽量让学生体会到作文的趣味与意义。因此，只要明确了"自然式"指导与"规范化"指导两种思路的特点，在作文教学实践中，是可以演化出更多"写前指导"的具体方式的。

### （四）独立成文

这一步的目的是：目标指导，独立成文。

在写前指导，明确目标，口述作文的基础上，让学生"趁热打铁"完成书面作文。这一步有四个要点：

（1）趁热打铁。学生构思好了作文以后，教师要提醒他们立即动笔表达，也就是"写前指导"与"独立成文"两步要连起来，中间不要有长时间的间隔。"独立成文"要尽量放在课内，一般不要当成家庭作业。这是因为，作文是很容易受情绪左右的，古人认为"用笔不灵观燕舞，行文无序赏花开""情动而辞发"，这是很有道理的。据说，李白的很多诗就是借助酒兴作出来的。有人说，"唐朝韩愈搞古文运动，就是要恢复汉朝文章的质朴之气。他每为文前要先读一些司马迁的文章，为的是借一口气。"① 著名文化学者余秋雨也曾认为："文章一旦阻断，远比其他事情的暂停麻烦，因为文思的梳理、文气的酝酿，需要有一个复杂的过程，有时甚至稍纵即逝，以后再也连贯不上。"② 这些事例无不说明情绪对作文的重要作用。"写前指导"将学生的写作欲望激发起来以后，如果不"趁热打铁"独立成文，而把作文这件事搁置起来，隔一段时间再写，激情早已"冷却"，也就难以写出有真情实感的作文了。

（2）一气呵成。教师要求学生写前充分考虑成熟，一旦动笔就要一气写下去，不要"一步三回头"。"一步三回头"有时可能会把局部写好，但会中断整体思路，使局部与整体不协调。为此，教师要注意两点：一是限定时间，即限时完成初稿；二是尽量"沉默"，即教师不能"嘴碎"，不要随便打断学生思路，对"差生"可以个别指导，但不能发现一个人的问题就对着全班大嚷。古人早就认识到了这一点。《学记》中说："未卜禘，不视学，游其志也。时观而弗语，存其心也。"这说的是，先前，天子不去学校视察，是要使学生得有悠闲以发展其志向；教师常常观察学生，但到必要时才加以指导，是要使学生主动、自觉地思考。

（3）鼓励修改。学生写完初稿以后，教师要鼓励学生反复、大胆修改，不要"一去不回头"。"文章是改出来的"。"名篇"是改出来的，"名家"也无不重视文章的修改。鲁迅认为："写完后至少看两遍，竭力将可有可无的字、句、段删去，毫不可惜。"北宋欧阳修，诗、文、词均所擅长，特别是其散文尤负盛名，为唐宋八大家之一，这恐怕也得益于他十分重视文章的修改。有人评价："欧公每为文既成，必自窜易，至有不留本初一字者。"（元·王构语）。马克思的手稿中有许多删减、增添和移位。毛泽东的手稿更是勾勾画画，龙飞凤舞。因此，教师一定要鼓励学生大胆修改，培养学生认真修改文章的好习惯。学生写完初稿以后，教师不能包办修改，也不能包办评价，而应该重视学生自评自改。

就独立成文这个环节来说，不要过分强调书写整洁，应允许并鼓励学生在誊抄好的作文上大胆修改。袁微子主编的《小学语文教材教法》主张，

---

① 梁衡. 文章大家毛泽东［N］. 人民日报，2013－2－28（7）.
② 余秋雨. 藏书忧［A］//胡国华主编. 中华美德书. 广州：广东人民出版社，2005：244.

"学生作文不必要求先打草稿然后誊抄。要训练学生直接往作文本上写的能力。"[1] 为了减轻学生压力，中年级学生可以先打草稿再誊抄，但高年级应要求"一次成文"，以省出重复抄写的时间。当然"一次成文"不等于成文后就不能再改动了，"成文"后还要鼓励学生大胆修改。

（4）鼓励交流。教师要鼓励学生互改交流，培养学生虚心向别人请教和细心认真的学习态度。

子曰："为命：裨谌草创之，世叔讨论之，行人子羽修饰之，东里子产润色之。"（《论语·宪问》）孔子说："郑国政府要作一道辞令，裨谌起草，世叔来讨论，行人子羽来修饰，东里子产加以润色。"孔子在这里是告诉弟子，郑国多贤才和贤才对国家的重要——当然，这也表达出了集思广益或为文反复修改、精益求精的重要性。因此，独立成文这一步，在学生自我修改的基础上，要鼓励大家互改交流；除结对子互改交流外，还可以让写得好的学生读给大家听一听，让大家评一评，使大家相互启发和借鉴。

相互修改不能走过场，当然要循序渐进，最初只要能相互发现并修改漏字、多字和错别字就可以了。漏字、多字和错别字是小学生常犯的错误，也是学生之间完全能够相互检查出来的。扎实地进行相互修改漏字、多字和错别字的训练，不仅减轻了教师批改作文的无谓的负担，而且可以培养学生细心认真的学习态度，因此意义是重大的。

**（五）评改准备**

这一步的目的是：了解学生作文初稿的情况，明确学生作文初稿中出现的主要问题，做好引导学生认识并改正这些问题的准备。

"独立成文"，并不是一次作文指导的终点。对于一次"大作文"训练，不能满足于"独立成文"后随时进行的简单的自改互改，而应在较全面地了解学生作文情况的前提下，更有效地指导学生自评自改。

"强调让学生自己修改，并不是说教师可以放手不管"，而"教师必须加强指导"。[2] "在学生练习写作时，教师除了在写作前指导外，写作后的批改，对文章各方面的分析、评价和讨论所作出的结论，为学生以后写作指出改良方向，这在提高写作技能上都是十分重要的。"[3] 袁微子主编的《小学

---

① 袁微子. 小学语文教材教法［M］. 北京：人民教育出版社，1984：176.
② 袁微子. 小学语文教材教法［M］. 北京：人民教育出版社，1984：178.
③ 潘菽. 教育心理学［M］. 北京：人民教育出版社，1983：267.

语文教材教法》认为，指导学生修改的方法很多，可以在征得学生同意后，抄录一篇他的文章，师生共同来讨论修改，指出大部分学生都有的通病；可以由教师对学生的作文做上各种修改符号，让学生自己去修改；也可以跟学生面谈，指导修改；还可以提倡学生之间相互研究修改；等等。① 这里的第一种方法实际上是集体示范性修改，可以给学生自己修改或互改提供范例；第二、三种方法是个别指导，可放在学生自己修改之后，特别对基础较差的学生进行这样的指导；第四种方法是学生自己修改或教师修改的有益补充。魏薇主编的《小学语文教学法》列举了以下几种作文批改方法："示范批改法""符号批改法""一题重做法""互评互改法""当面批改法"。② 这五种方法，除"一题重做法"外的其余四种与上例中的四种方法是基本一致的，其中的"一题重做法"指的是教师讲评后学生自己对整篇或部分的改写。

教师评改、学生自评自改、互评互改的效果是不一样的；这些方法互相穿插使用，各种方法的先后顺序不同，其效果也是不一样的。总的来说应该注意以下几点：重视自评自改，以评促改；注意由扶到放，发挥教师主导作用；注意互评互改，发挥同学协作作用。"独立成文"中的自改互改，缺少了教师有针对性的指导，主要靠学生的自觉、自能，因而只可能是简单的、低层次的。因此，"独立成文"及学生初步的自改互改后，教师应该较全面地了解学生作文情况，并做好有关准备，以便进一步有效地指导学生自评自改。

"评改准备"应做好以下三项工作：

（1）浏览学生作文，确定评改重点。将学生的作文初稿浏览一遍或浏览一部分，了解作文初稿情况，根据训练重点和普遍问题确定下一步重点指导评改的方面。

（2）设计"病例文"和正、反例段。根据评改重点，设计一两篇存在问题的作文——"病例文"，设计一些优秀的或存在问题的片断，以备指导评改时使用。"病例文"不宜直接用学生现成的作文，注意保护学生自尊心；应根据学生普遍存在的问题去设计。有一个简单的办法就是，找一篇好作文（不应是本班学生的），把它改成不好的作文——由不好改好不容

---

① 袁微子. 小学语文教材教法 ［M］. 北京：人民教育出版社，1984：178.
② 魏薇. 小学语文教学法 ［M］. 济南：齐鲁书社，2002：168－169.

易，但由好改得不好却很简单。

（3）制作"作文目标"表格。"作文目标"表格，即在"作前指导"时，教师引导学生依据作文审题、立意、选材、构思、表达、修改等一般顺序及要求，分析本次具体习作要求，用表格形式列出的作文要求或标准。例如上面所提到的人民教育出版社义务教育课程标准实验教科书语文（2004年6月第1版）四年级上册"语文园地一"的习作要求，可以制作如下作文目标表格（表6－5）：

表6－5　四年级上册一作文目标表格

| 习作要求 | 在口语交际的基础上，围绕自己游览过或了解到的一处自然景观，写一篇习作。可以写著名的旅游景点，也可以写身边的景物。写之前要想想主要突出哪一点奇特之处，大体按怎样的顺序写。希望通过你的习作，读者能够想象出画面，感受到大自然的奇妙。 | | |
|---|---|---|---|
| 项目（一级目标） | 要求（二级目标） | 自评 | 师评 |
| 类型正确 | 写景。 | | |
| 中心明确 | 希望通过你的习作，读者能够想象出画面，感受到大自然的奇妙。 | | |
| 选材合适 | 自己游览过或了解到的一处自然景观；可以写著名的旅游景点，也可以写身边的景物。 | | |
| 结构完整 | | | |
| 条理清楚 | 想想……大体按怎样的顺序写。（方位顺序、从整体到部分等） | | |
| 段落分明 | | | |
| 内容具体 | 通过你的习作，读者能够想象出画面，感受到大自然的奇妙。（具体描写形状、大小、颜色、声音、变化等） | | |
| 重点突出 | | | |
| 语言规范 | | | |
| 标点正确 | | | |
| 书写工整 | | | |
| 修改认真 | | | |
| 补充批语 | | | |

这时教师要把"作文目标"表格制成课件（没有多媒体的，可以放大抄写一份），以便示范评改时对照使用。"作前指导"时可提醒学生把"作文目标"抄写在作文本上——如果不让学生抄写，也可以此时印制好，待下一步指导评改时发给学生，让其贴在作文前面（或提前直接印制在作文本上），以备指导学生自评或老师评时参考使用。

**（六）指导评改**

这一步的目的就是：教师引导学生依据作文目标自评自改作文，培养学生评改作文的能力。

1. 指导评改的一般模式——"规范化"评改指导模式

如前所述，"强调让学生自己修改，并不是说教师可以放手不管"，"教师必须加强指导"。可按"导入激趣—逐项引评—综合评价—自己修改—互改交流"这几个环节进行。可以把这个模式叫做"规范化"评改指导模式。

（1）导入激趣

这一环节的目的是：通过教师对全班作文的简要总评和提示，使学生明确评改重点，集中注意力，以便有针对性地进行评改。

可以采用如下步骤和方法：

①出示"作文目标"，引导学生回顾本次作文要求，使学生迅速进入作文情境。

②教师简要评价学生作文初稿情况，指出"作文目标"中的哪些方面做得好，哪些方面有问题。例如上述人民教育出版社义务教育课程标准实验教科书语文（2004年6月第1版）四年级上册"语文园地一"的习作要求，学生习作中易出现问题的方面是"条理"及对"奇妙"之处的"具体"描写。因此，这一步就要提醒学生：他们的作文可能在这两个方面出现了问题。这样，学生的注意力就集中在了这些方面，下面的评改也就有的放矢了。

（2）逐项引评

这是最重要的一个环节，其目的是：引导学生进一步明确本次作文各方面的要求，发现自己作文各方面存在的问题，学会评改的具体步骤和方法。

①总体步骤与方法

这一环节可以采用如下步骤和方法：依据"作文目标"各条排列的先后顺序，对重点项目（"简要总评"时指出存在问题的条目）逐项进行讨论，引导学生一项项评价自己的作文。一般应重点引评"条理""内容""语言"等项目。

②评价每一项的步骤与方法

评价"条理""内容""语言"等每一项时，都应遵循从"评他"到"评己"，从模仿到独创等规律。可按"明要求""评例子""评自己"几小步进行：

"明要求"，即让学生回顾这一方面的要求。

"评例子"，即列举正、反例子（包括"病例文"），让学生比较评价，并对反面例子（包括"病例文"）进行修改，使学生明确怎样符合要求、怎样不符合要求和怎样修改。对"病例文"的评价，可在出示的"作文目标"表格本项后面打上相应的符号（如符合本项要求打"√"，不符合本项要求打"×"等），以防"综合评价"时忘记对本项的评价。

"评自己"，即教师指出学生本次习作中这一方面出现的各类问题，提醒学生"对号入座"，检查自己的作文，让学生说一说这方面做得怎样，并提醒学生也在自己的"作文目标"表格本项目后面打上相应符号。

例如，对前例作文易出现问题的几个方面，应按先"条理"后"具体"的顺序去评改。指导评改"具体"描写这一方面时，可按以下具体步骤进行：首先，引导学生回顾习作要求有关语句，说一说怎样才能"通过你的习作"，使"读者能够想象出画面，感受到大自然的奇妙"。（具体描写形状、大小、颜色、声音、变化等）其次，回顾课文《观潮》《雅鲁藏布大峡谷》《鸟的天堂》《火烧云》中有关景物具体描写的内容；出示一些学生习作中景物描写成功或不成功的片断及"病例文"，让学生比较分析并讨论修改。然后，教师概括指出学生本次习作中没注意景物具体描写的各种表现，提醒学生对照检查自己的作文，让他们说一说是否注意了景物的具体描写，并作上记号。

③"逐项引评"环节应注意以下几点：

第一，各个击破。即要一项一项地评。让学生一下子就找出自己作文各方面的问题，是很难做到的。因此，必须引导学生一项一项（一个方面一个方面）地去评价自己的作文，将问题各个击破。例如评价"条理"是否清楚时，就暂不牵扯其他方面的问题，等评价完了"条理"后，再评价其他方面。

第二，循序评价。与"规范审题"相似，要注意两个层次的顺序：第一个层次的顺序即整体的顺序，即要依据"作文目标"的顺序（类材中结条段，内重语标书修）评。"作文目标"各项目排列的先后顺序，基本反映了作文的程序，也是评改作文应遵循的顺序。依据"作文目标"顺序评改，既可使评改少走弯路，又可避免不知从何处下手、顾此失彼等现象，有利于学生掌握评改方法，形成评改能力。第二个层次的顺序即评价每个方面的具体步骤（回顾要求，评改正反例子，提示问题，自评）。这样，学生就真正知道自己的作文在这一方面做得怎样；如果有问题，也就知道怎样修改了。

第三，突出重点。指导评改时整体上一般要抓住条理、内容、语言等几个重要方面；而在评改每一重点方面时，则要把评改病例文和评价自己的作文当做重点。

（3）综合评价

这一环节的目的是：使学生从整体上清楚自己作文的优缺点，以便从整体着眼，改好写得不足的部分；学习评价作文的方法，提高评价能力。

可以采用如下步骤和方法：

①指导学生综合评价未修改前的"病例文"。要求学生先说优点，再说缺点，优、缺点都要按照"作文目标"的顺序说，使学生学会综合评价的方法。

②让学生运用综合评价"病例文"的方法，将"逐条评价"的自己作文的情况综合起来，作出"综合评价"；让学生说一说，教师再给以指导。这样，学生从整体上清楚了自己作文的得失，也就能全面而有重点地修改自己的作文了。

（4）自己修改

这一环节的目的是：学生通过自我修改的实践，改正作文中的问题，掌握修改的方法，提高自改作文的能力。

方法是：提醒学生依据"作文目标"的顺序，逐条修改自己作文中存在的问题。教师对"差生"给以具体指导。

（5）互改交流

这一环节的目的是：使学生相互启发，相互借鉴，相互促进，激发兴趣。

可以采用如下步骤和方法：

①互改。让学生同桌，或小组内，或自愿结对子交换评改。

②交流。让学生谈一谈修改情况——怎样修改的和为什么这样修改。

2."规范化"评改指导模式的特点

（1）有序可循，便于掌握方法。重视依据"作文目标"进行评改，克服了无序、盲目、片面等现象，使评改有序可循，有法可依，有利于学生建立和完善必要的作文知识结构，培养思维的条理性和全面性，提高评改作文的能力。

（2）重视以评促改，使改的目的更明确。只有认识到错误，才能改正错误，因此评是改的前提。本方法重视"评"——"逐条评""综合评""说一说"等，在会评的前提下去改，使"改"的目的更明确，"改"的行动更自觉。

（3）由扶到放，更好地发挥了教师主导作用。遵循了由"评他"到"评己"、由模仿到独创等学习规律。充分发挥了教师的主导作用，由扶到放，使作文评改由难变易。

（4）重视自评自改，体现了学生的主体地位。作文的评改是在教师引导下学生自己进行的，因而主体地位得到了真正体现。

当然，指导学生自评自改，未必一定能保证学生把作文改好，并不能完全代替教师的批改。学生的发展是不平衡的，要使学生人人过关，个个进步，还需要教师全面掌握学生的作文情况，对自评自改后仍有问题的作文，再进行必要的"师评"指点，以更好地发挥教师的主导作用——这正是下面两步的任务。因此，引导学生自评自改后，可以让学生把印发或抄写的"作文目标"表格附在自己的作文前面一同交给老师，或教师提前将"作文目标"表格印在作文本或作文纸上——教师"把关"写批语时要用。（如果用符号打总批，此表可略去。）

**（七）全面"把关"**

这一步的目的是：尽量运用"批语符号"给学生批作文，以提高批阅效率，对每一个学生的作文进行"把关"，真正面向全体，使各类学生都有进步。

这一步相当于"传统"作文教学的教师批改环节。

如何批改作文？许多老师已创造了一些成功的经验，如于永正老师，"作文收上来，有三条我必做：一是浏览一遍，二是记下精彩之处（在作文本上折出来即可，留做评讲时表扬或者指正用），三是打分。"[①] 批改作文包括批和改两项工作。"批"就是评价，指出学生作文的优缺点；"改"就是修改学生作文中的问题。采用不同的批改方法，效果是不同的。

"评"有多种类型，例如，从评价主体上分，有自评、互评、大家评、

---

① 于永正. 于永正：我怎样教语文［M］. 北京：教育科学出版社，2014：204.

师评等；从评价的内容范围上分，有眉批（旁批）与总批；从交流方式上分，有面批、书面批等；书面批从批改的形式上分，可有文字批、表格批、符号批等。

"改"也有多种类型，也可以从修改主体、修改内容范围、修改方式等方面分。从修改方式上看，主要有增、删、理、换等。

作文教学要重视指导学生自评自改，培养学生自评自改的能力，这是毋庸置疑的。但是，教师不对学生的作文进行"把关"批阅行不行？不行！只"部分批改"行不行？也不行！为什么呢？朱熹认为："圣贤施教各因其材，小以小成，大以大成，无弃人也。"（《孟子集注》卷十三《尽心·君子之所以教者五》）促进每一个学生的发展是老师的天职。学生的作文能力发展是不平衡的。这表现在两个方面：一是不同学生之间的不平衡，有些学生自评自改的能力差，难以发现自己作文中的问题，没有能力自改，"差生"是必然存在的；二是同一学生不同次训练之间的不平衡，作文是一种最具差异性和不稳定性的特殊作业，即使"优生"也难以保证每次作文都能正确自评，很好地自改，保证每次作文都得"优"——即使写得好，也需要教师的肯定，以鼓励其在原有基础上再进一步。

很显然，如果将评改完全放给学生，那是不负责任的；只对学生的作文"部分"批改，也不是最好的办法。在充分发挥学生主体作用，指导学生自评自改的前提下，教师还应充分发挥主导作用，全面掌握学生的情况，对所有学生的作文全面"把关"，即对自评自改后的作文，进行必要的"师评"指点，指出学生自己发现不了的问题，以使学生人人"过关"，个个进步，使每一个学生的能力都得到进一步的提高。正像于永正老师所认为的那样，应该重视作文批改，"所谓重视，就是篇篇看。学生好容易写了一篇文章，如果不看，就对不起学生了"①。当然，在"传统"的作文教学中，由于批改方法落后，例如批改过细、浪费很大精力写批语等，致使教师没有精力对全班学生的作文真正"把关"，有的老师便只能"部分批改"，这是没有办法的办法，难以保证全班学生作文的质量，不能真正"面向全体"。

对学生自评自改后的作文进行"把关"，采用"面批"的形式当然效果很好，但是对每个学生的作文都能面批也是难以做到的。在很多情况下，

---

① 于永正. 于永正：我怎样教语文［M］. 北京：教育科学出版社，2014：203.

对学生作文的"把关"评价是通过写书面批语的形式实现的。而传统的写书面批语的方法，正是造成语文教师负担过重且劳而无功的一个重要原因。曾有教师这样说：一个学校中前勤人员和后勤人员比，前勤人员累；语文教师和数学教师比，语文教师累；语文教师中低年级教师和高年级教师比，高年级教师累。这是有一定道理的。高年级语文教师累的原因何在？就在批作业，特别是批作文。这是因为，写书面批语不仅需要教师思考写什么、按什么顺序写、怎样写，而且需要用文字把内容书写出来，写一篇作文的批语就相当于写一篇小论文，这是一项非常枯燥、费时的工作。

"不愤不启，不悱不发"，教师的主导作用应发挥在该点拨的关键处。怎样才能既减轻教师负担，又能把好学生作文质量关，充分发挥教师的主导作用呢？以下三点值得注意：

1. 重视"眉批"（旁批），提高针对性

批改小学生作文应就具体的内容进行点评，既要肯定优点，又要指出不足，更要指明方向。批语越具体明确，才越有利于发挥指导作用。对于小学生来说，老师在具体作文内容旁边或文字底下所作的点评（眉批或旁批），显然比总批更易理解、更有针对性、更能发挥作用。因此于永正老师认为要重视批改，应篇篇看，但他"改得不细"，"'总批'的话很少，有时没有，但'眉批'较多"。他主张"少'总批'，多'眉批'"。他认为，"几十本作文，都'总批'，即使是由文学评论家来写，也会千篇一律。'眉批'则不会，而且针对性强，语言也不会太多，省时省力"①。

2. "多就少改"，保护积极性

作文批改应"多就少改"，即多肯定，少改动。作文是特殊的作业，成功的体验比失败的体验更宝贵。因此作文批改应该多就少改，多肯定，多鼓励，多给学生成功的体验；尽量少改动，少指责，尽量避免造成学生失败的体验。于永正老师的做法很值得借鉴，于老师批作文时"看什么？看闪光点，看精彩处。红色波浪线、红圈圈随处可见"；于老师主张给学生高分，"有人得了100分了还觉得不够，于是再加个五角星，最多的加4颗星，我戏称是'四星大将'，'三星上将'就了不起了，'四星大将'就更厉害了。这样学生高兴。"②

---

① 于永正. 于永正：我怎样教语文［M］. 北京：教育科学出版社，2014：203.
② 于永正. 于永正：我怎样教语文［M］. 北京：教育科学出版社，2014：203－204.

3. 巧用符号，提高批改效率

怎样做到"全面把关"而又不加重教师负担呢？"规范化"作文教学是运用符号"把关"的方法来解决这个问题的。

（1）符号"把关"批阅的方法

什么是符号"把关"批阅呢？写批语时（无论"总批"还是"旁批"），许多语句是经常要用到的，如："中心明确""条理清楚""语言规范""书写不认真""这一部分……"等。这些使用频率较高的词句完全可以分别用一个或几个简单的字母或其他符号来代替，如前面的词句可分别用"Z√""T√""Y√""S×""｝"等来代替。像这些代替文字批语的字母或符号，我们把它叫做批语符号。各种批语符号、修改符号及用法如下面的三个表（表6-6、表6-7、表6-8）：

表6-6　作文批语符号（一）（旁批）

| 符　号 | 意　思 | 例子（或用法） |
|---|---|---|
| 1. × 或 ⎺⎺× | 该字或标点错。 | 小华爱打竺球，<br>× × |
| 2. ＝ | 该字为别字。 | 小华爱打蓝球。<br>＝ |
| 3. ⎯ | 该字词用得不恰当，或该句、该部分有毛病。 | 人人都要爱戴公物。 |
| 4. ∿ 或 ∞∞ | 好词、句、段等。 | （标在有关文字下面。） |
| 5. ｝ | 该部分。 | （标在所指内容旁边。） |
| 6. ⌣ 或 ∧ | 该处漏掉了标点或字、词、句等内容。 | 我们要认学习。 |
| 7. ∽ 或 → | 该部分字或词、句、段之间的顺序需要调换，或该部分应该移到其他位置。 | 小华打篮球爱。<br>∽<br>（标在该部分内容下或后。） |
| 8. ‖ | 应分段。 | （标在应分段处。） |
| 9. ⊖ | 该部分有多余的内容，应删去，或该部分应略写。 | 人人都要爱护集体的公物。<br>（标在该部分内容下或后。） |
| 10. ⟜○ | 该部分应全删去。 | （标在有关内容后。） |
| 11. ? | 不符合实际、有知识性错误或认识错误。 | （标在该部分内容下或后。） |
| 12. △△ | 删掉的内容应保留。 | 错了，就得承认错误。 |

表6-7　作文批语符号（二）（总批或旁批）

| 项目及代号 | 用　　法 | |
|---|---|---|
| | 总批（打在全文后）或旁批（打在文章右或左边） | 文中批（打在有关内容下） |
| 类型 L | 1. 代号后面打"√"表示该方面做得好。 | 1. 代号打在"～～"下，表示划线部分该方面做得好。 |
| 材料 C | | |
| 中心 Z | 2. 代号后面打"√"表示该方面有些地方或部分做得好，有些地方或部分做得不好。 | 2. 代号打在"——"下，表示划线部分该方面做得不好。 |
| 结构 J | | |
| 格式 G | | 如：N 表示该部分内容不具体或交代不清楚；Y 表示该部分语言好。 |
| 条理 T | 3. 代号后面打"×"表示该方面做得不好。 | |
| 段落 D | | |
| 内容 N | 如：G×表示格式不正确；N√表示内容具体；T×表示条理不清楚。 | |
| 重点△ | | |
| 语言 Y | | |
| 标点 B | | |
| 书写 S | | |
| 修改 X | | |

表6-8　作文修改符号

| 符　　号 | 意思 | 举　　例 |
|---|---|---|
| 1. 或 | 删掉 | 我的语文成绩提高了许多成绩。 |
| 2. 或 | 改换 | 我园满完成了学习任务。 |
| 3. ∨ 或 ∧ 或 | 添加 | 他的学绩有明提高。 |
| 4. △ △ | 保留 | 写好作文并不难。 |
| 5. ‖ | 分段 | （略） |
| 6. | 缩格 | 小刚天天坚持跑步，身体很健康，从不打针吃药。 |
| 7. ↤ | 顶格 | 小刚天天坚持跑步，身体很健康，↤ 从不打针吃药。 |
| 8. ∽ | 小换位 | 同学们很认真学习语文。 |
| 9. | 大换位 | （略） |

所谓符号"把关"批阅，就是教师细看学生的作文后，用规定的符号代替文字给学生的作文打批语。具体方法是：

①运用符号打"旁批"。细看学生的作文后，运用"旁批"符号对学生作文的局部作出评价，将符号标在被评价内容的下面或旁边。当熟练以后，一篇文章从头看到尾，"旁批"往往也就能随手打完。

②借助"作文目标"表格或符号打"总批"。给学生的作文打总批，可以借助"作文目标"表格，也可以只用批语符号。

借助"作文目标"表格打"总批"。学生每人的作文前面可以附上一张"作文目标"表格，如前面的例子。"作文目标"表格的右边有"师评"栏，底部有"补充批语"栏。我们可以利用这张"作文目标"表格给学生打"总批"。即哪一条目标做到了，就在哪一条目标后面的"师评"栏内打"√"，哪一条目标没做到，就在哪一条目标后面的"师评"栏内打"×"；当然也可以在"师评"栏内打其他符号或写简单的文字，标明该条目标做得怎样。如果"师评"栏容纳不下评价的内容，可以写在"补充批语"栏内。

运用符号打"总批"。学生的作文不一定每次都得附上一张"作文目标"表格，供老师给他批作文用。如果没有附上"作文目标"表格，这时教师可以用"总批"符号给学生的作文打"总批"。"总批"符号的排列，要优点在先，缺点在后；优、缺点内部也要注意按照目标的先后顺序排列。这样做，有利于培养学生思维的条理性、评价的全面性。

下面是一个符号评价的例子。原习作是根据人教社义务教育课程标准实验教科书语文（2004 年 6 月第 1 版）四年级上册"语文园地一"的习作要求而写的。这次"习作要求"见前面的表格。

文中及右边的符号与补充文字为"旁批"，文下的"T√　N╳　Y╲"为符号"总批"。如果用表格打"总批"，则可以在目标表格"条理""内容""语言"三项对应的"师评"栏内分别打"✓""✗""✗"。

## 九天洞

暑假里的一天，爸爸妈妈带我去九天洞玩。

行车大约半个小时，我们来到了山脚下的停车场。爬上一段陡峭的台阶，九天洞口便出现在了我们眼前。洞口上方岩石上写着"天下第一石花洞"几个红色大字，洞口的月亮门上方则写着三个红色大字——"九天洞"。

走进洞门，一股阴风袭来，我不禁打了个寒战。但我的注意力很快就被洞里面神奇的景色所吸走。这里有形态各异的石瀑、石笋、石柱、石钟乳与石花。它们晶莹剔透、色彩斑斓，使人仿佛来到了神话中的水晶宫。

Y

这里的石瀑，有的飞流直下，有的层层叠叠。这里的石笋，有的像直冲云霄的火箭，有的像刚刚露头的笋芽。这里的石钟乳，有的一排排，就像冬天倒悬在房檐上的冰锥，有的孤零零，好似一把倒悬空中的利剑。有的石笋与石钟乳连在了一起，形成了一根根顶天立地的擎天柱。

N✓
Y✓（比喻）

最好看的要数这里的石花。它们各式各样，形象逼真。在五光十色的灯光照耀下，这里仿佛一个百花盛开的大花园。

N

什么样？

一步步往洞深处移动。空间时而宽阔，时而狭窄，但景色却没有一处不美，没有一处让人感到重复和乏味。

不知不觉已到了溶洞的尽头。我们只得返回原路，恋恋不舍的离开了九天洞。

T✓　　N✓　　Y✓

当然，无论借助"作文目标"表格打"总批"，还是只用批语符号打"总批"，都只能从一些大的方面对作文作出粗略的评价。要使学生认识到自己作文的得失，必须引导学生把"总批"与具体的"旁批"结合起来，对"总批"加以具体说明，以真正理解、内化批语。这是"八步三课"最后一步"再改完善"的任务，但为了说明符号批阅的方法，在此把上面这篇作文的符号批语"翻译"成如下的文字批语：

这篇短文条理清楚，整体上按游览顺序写，而对洞中的景物又按总分总的顺序进行描写，层次清晰；内容比较具体，如对石瀑、石笋、石柱、石钟乳的描写，较具体地写出了不同的形态；语言比较规范，词汇较丰富，对石瀑等的描写运用了许多生动的比喻句，能给人留下较深的印象。但是，短文也还有不够具体的地方，如对石花的形态等就没有具体描写；个别词句也还有问题，例如"爸爸妈妈带我去九天洞玩"一句中的"玩"改成"游玩"会更合适；最后一段中的"返回原路"改为"原路返回"才通顺；文中"阴风""吸走"等词语用得不恰当；最后一句中的"的"应是"地"。

"总批"后面可以打上一个"模糊"总分或等级。但值得注意的是，分数或等级的高低要以能调动学生的积极性为原则；对于"差生"特别不能吝惜分数。这是因为：作文当中的问题只可能用批语（"总批"和"旁批"）明确指出来，试图用分数精确评价作文的优劣是很难做到的——作文当中的问题是很难量化的；而学生对分数却是很敏感的，分数的高低往往直接影响他们对作文的态度。因此，作为作文训练（并不是作文考试），批语要精确，而分数宜"模糊"，分数高低要以能调动学生的积极性为原则。

（2）符号"把关"批阅的意义

①能够提高批阅效率，减轻教师负担，真正面向全体。用批语符号批作文，一方面由于"总批"符号或"作文目标"表格中的各条目标，其排列顺序是有规律的、基本固定的，打"总批"时，只需按"总批"符号或"作文目标"各条的先后顺序对学生的作文逐条"过滤"，并打简单的符号就可以了，这样就省去了构思批语的内容和叙述顺序、推敲批语词句等所耗费的精力和时间；另一方面，无论"总批"符号还是"旁批"符号，都很显然的比它们所代表的汉字笔画简单得多，用符号打批语显然要比写文字批语省力得多。因此，用符号对学生的作文进行"把关"批阅，能大大提高"把关"批阅的效率，减轻教师负担，使"面向全体"成为可能。

②有利于教师的批语内化为学生的认识，提高"把关"批阅的效果，真正发挥教师的主导作用。学生对教师写的文字批语是很少感兴趣的，教师如果忽视指导学生内化批语，那么即使批语写得再具体，也往往难以发挥很好的指导作用。而用符号打批语就不同了：一方面，由于符号具有形象直观性，因而符号批语比文字批语容易引起学生的兴趣。心理学认为，教材中的"符号标志""虽然不提供实际的信息，但却使材料的结构更为清

晰，使人一目了然，因而有助于读者选择信息并把握信息的相互关系和结构。"① 作文批改中运用符号，当然也能起到这样的作用。另一方面，用符号打批语，而要求学生自己把符号批语"翻译"成文字批语，这就"逼"着学生将批语与自己的作文对号，这就必须动一番脑筋。"有时教师审阅学生作文时不加批改，仅用符号标出文中错误和不妥之处，发还给学生自己修改，再交还教师审批。这样，可启发学生积极思考，关心自己学习的成果，培养学习责任心和分析问题、解决问题的能力。"② 因此，用符号对学生的作文进行"把关"批阅，只要教师批作文时能恰当地使用批语符号，"总批""旁批"打得准，学生能够理解各种批语符号的意思（可将批语符号打印或抄写在学生作文本的前面，以方便学生查阅），教师再设法引导学生将"总批"与"旁批"结合起来，"翻译"成文字批语，就有利于促使学生将老师的批语内化为自己的认识，提高教师"把关"批阅的效果，真正发挥教师的主导作用。

总之，用符号对学生的作文进行"把关"批阅，既能减轻教师负担，又能对学生作文质量进行全面把关，充分发挥教师的主导作用，解决"传统"作文批改方法劳而无功这一老大难问题，具有重要的意义。

当然，教师给学生作文打的批语，只有内化为学生自己的认识，并指导学生改好自己的作文，教师的劳动才能转化为有效劳动；学生只有完善自己的作文，"发表"出去，得到积极的效果反馈，才能体验到作文的乐趣，增强写好作文的信心，养成精益求精的作文态度。因此，教师给学生作文打上批语，并不是一次作文的结束，还必须引导学生"内化"批语，让学生再改作文，并相互交流欣赏，相互启发，提高训练的效果。这正是下一步的任务。

### （八）再改完善

这一步的目的是：指导学生"内化"教师给学生作文打的"把关"批语，再改作文，交流欣赏，相互启发，完善提高。

这一步相当于传统作文教学的"作文讲评"课。但是，传统的作文讲评是"教师按照作文教学计划和本次作文训练的要求，针对全班学生作文的优点和不足所做的分析总结和评论"③。其主角是教师，注重的是教师的

---

① 张承芬. 教育心理学［M］. 济南：山东教育出版社，2004：347.
② 潘菽. 教育心理学［M］. 北京：人民教育出版社，1983：267.
③ 魏薇. 小学语文教学法［M］. 济南：齐鲁书社，2002：169.

"总结和评论"，而教师的"总结和评论"能否为学生所理解，能否发挥更大的指导作用，往往被忽视。为了改变传统"作文讲评"的这一不足，在此把作文训练的这一重要步骤称为"再改完善"。

对于如何上作文讲评课，小学语文课程与教学论教材中一般都会提出一些建议。例如，袁微子主编的《小学语文教材教法》在"作文教学的过程"中指出，讲评要注意两点：一是抓住重点，抓准主要的共同性的问题；二是要重在鼓励。① 这里主要强调的是讲评的内容与对学生的态度。《小学语文教学研究》编写组编的《小学语文教学研究》认为，传统作文教学一次命题作文的"作文讲评"一般包括以下几个步骤：（1）先总述该次作文的一般情况，指出具有共性的优缺点，然后选取有代表性的作文实例，就一两个主要问题作重点分析；（2）选取佳作，师生共同赏析；（3）当堂消化，完成辅助性作业。② 这里提出了讲评的步骤，注重的是示范性的讲评。江平主编的《小学语文课程与教学》，通过一个简单例子说明了习作的"跟进指导"的步骤：片段评析，展示个性；展示个性，完善习作；互评互改，充实提高；办习作专栏等。③ 该教材还指出了习作评改中要做好的三方面工作：激发修改习作的愿望；明确修改的内容和要求；教给修改方法。④ 其实这些主要是写后第一次评改指导的方法与注意事项。魏薇主编的《小学语文教学法》列举了如下"作文讲评课"常见的形式：专题讲评课、佳作讲评课、对比讲评课、综合讲评课、学生自评课。⑤ 这是依据讲评内容、方式、主体等侧重点划分的讲评课种类，其实在同一次讲评课中这些形式可能会同时应用。

从有关语文教学杂志中也不难找到有关作文讲评的文章。例如，有文章介绍了以下几种讲评形式：学生作文的典型讲评、当堂作文典型讲评、指导学生讲评方法课、学生相互讲评批改、接力讲评写作、同题作文写作讲评、名著赏析讲评。该文章还指出了上好讲评课要注意的问题：①在作文讲评课上，真正的主体也是学生，教师仍然是主导；②讲评课的安排要有重点，有针对性；③课程内容安排要系统有序；④作文讲评的目标在于

---

① 袁微子. 小学语文教材教法［M］. 北京：人民教育出版社，1984：178－179.

② 《小学语文教学研究》编写组. 小学语文教学研究［M］. 南京：江苏教育出版社，1993：280.

③ 江平. 小学语文课程与教学［M］. 北京：高等教育出版社，2004：245.

④ 江平. 小学语文课程与教学［M］. 北京：高等教育出版社，2004：246.

⑤ 魏薇. 小学语文教学法［M］. 济南：齐鲁书社，2002：170.

提高学生的作文评判分析能力，最终提高学生的作文能力。① 有教师总结出了包含以下四步的作文讲评模式：明确依据、剖析典型、自我评价、去"病"成"佳"。② 有的老师设计了如下的讲评步骤：面向全体，整体评价；美文欣赏，体悟写法；学会号脉，集体修改；自我诊断，自我修改。③

从上述文献不能看出，作文讲评课并没有统一的模式。但为了保证教师全面把关批阅后"再改完善"的效果，我们还是应该尽量设计出一个比较普遍可行的模式。以下就是本着这样的目的而设计的"再改完善"（作文讲评）课的一般模式，可以称为"规范化"讲评模式。

1. "再改完善"的一般模式——"规范化"讲评模式

这一模式设计了以下几个环节：导入激趣—内化批语—再改互改—交流欣赏—全面总结—完善延伸。

（1）导入激趣

这一环节的目的是：通过教师对全班学生作文自改情况的简要总评，使学生明确再次评改的重点，集中注意力，以便有针对性地进行再次评改。

这一环节要先引导学生回顾"习作要求"或"作文目标"，回顾"指导评改"时重点讨论的条目，再简要总结学生自改的情况，鼓励的同时指明本课的任务。

（2）内化批语

这一环节的目的是：使学生将老师给自己的作文打的符号批语"翻译"成文字批语，内化为自己的认识，发现自己发现不了的问题，以便进一步改好作文，提高评改能力。

这一环节可以分两小步进行：

①书面翻译。让学生将老师用符号给自己的作文打的批语试着翻译成文字批语，写出来。

②口头翻译。让学生质疑，读批语，教师指导批语的表述方法，检查学生对批语是否真正理解。翻译批语时要注意指导学生先说优点，再说缺点；优、缺点都要按目标的先后顺序说，以培养学生思维的条理性，提高评价能力；对缺点要结合作文说具体，以使学生真正认识到自己作文的

---

① 陈红伟. 上好作文讲评课［J］. 语文教学与研究，2008（11）：33.

② 陈铁成. 作文讲评四步法［J］. 小学语文教学，1999（9）：17－18.

③ 郑玉贞. 多元鉴赏 快乐评改——人教版四年级上册《未来的……》作文讲评课［J］. 小学教学设计，2007（7、8）：102－103.

得失。

这一环节具有重要的意义。教育心理学关于技能形成的理论认为，知道自己练习的结果是有效练习的重要条件。教师对学生的作文进行"把关"批阅，目的正是为了帮助学生正确认识自己作文的得失——没有能力自评自改的问题——进一步改好作文，培养作文能力。因此，打完批语并不是一次作文的结束，教师给学生的作文打完批语以后，应设法促使学生将批语内化成自己的认识。"翻译批语"就是促使学生内化批语的有效方法。这是因为，翻译批语必须将符号与自己的作文对号，不得不动一番脑筋，这就促进了"批语"的内化。因此，用符号打批语并让学生翻译批语，比教师直接用文字写批语更有利于促使学生理解老师的批语，内化批语；只有"内化"了批语，教师批作文所付出的劳动才能转化为有效劳动，教师的"把关"才算有效，才算真正发挥了主导作用。

另外，让学生"先说优点再说缺点"有利于学生发现与肯定自己的长处，树立自信，也向学生渗透了一种重要的评价别人的艺术。正像毛主席所说："内部批评，一定要估计人家的长处，肯定优点，再说缺点，人家就比较容易接受了。"①

（3）再改互改

这一环节的目的是：使学生在"内化"了老师给自己的作文打的批语的基础上，进一步修改自己的作文，提高作文评改能力。

这一环节可以分两小步进行：

①自改。在上一个环节指导学生"内化"了批语的基础上，让学生自己再改作文。由于已经经过了老师的"把关"指点，这时的修改，比"指导评改"时的自改更有针对性了。这时教师要重点巡回辅导"差生"。

②互改。让学生同桌、同组或自愿结对子，交流互改——让同学帮助修改自己仍然修改不了的问题。让学生交流互改，既发挥了学生的"小先生"作用，减轻教师负担，又锻炼了学生，还有利于培养学生虚心听取别人意见的学习态度。

（4）交流欣赏

这一环节的目的是：通过"佳篇"与"得意句段"的交流欣赏，使学生体验成功的喜悦，相互启发，激发和培养作文的兴趣。

---

① 林衢. 世纪抉择中国命运大论战第 4 卷 ［M］. 北京：时事出版社，1997：1621.

这一环节可以分两小步进行：

①"佳篇"欣赏。让各组的代表或教师指名写得好的学生，将整篇的作文向全班同学展示，让同学评价。

②"得意句段"欣赏。人人都有"表现欲"，人人都需要体验成功；而整篇作文写得好的学生毕竟是少数，时间也不允许人人都整篇宣读。因此，应鼓励更多的学生介绍自己最得意的段、句，甚至是一个词语、一个标点；要尽量让学生谈出怎么好。要特别注意让"差生"体验到成功的快乐，哪怕是谈出一个词用得好也要鼓励，以培养他们的兴趣。

这一环节的意义是非常重大的。兴趣是最好的老师。孔子说："知之者不如好之者，好之者不如乐之者。"教育心理学认为，成功的学习是以思维为核心的认知系统和以情感为核心的动力系统协同活动的结果。列宁说过："没有'人的感情'，就从来没有也不可能有人对于真理的追求。"苏霍姆林斯基在《学生的精神世界》中说："一个孩子如果从未品尝过学习劳动的欢乐，从未体验过克服困难后的骄傲——这是他的不幸。""给儿童以劳动的欢乐和取得学习成绩的欢乐，唤醒他们的心灵里的自豪感——这是教育工作的头一条金科玉律。"这些观点都说明了兴趣、情感，在学习中的重要作用。学生往往害怕写作文，对作文没有兴趣，这是作文写不好，难以进步的重要原因。如何培养学生对作文的兴趣呢？这显然是一个很复杂的问题，不是单靠某一种方法就能全部解决的，但满足学生的"表现欲"，使他们经常体验到成功的快乐，却是十分有效且重要的。交流欣赏，特别是"得意句段"的交流欣赏，使每个学生都能有"得意"之处介绍，都有了表现自我的机会，都能体验到成功的快乐，这就会对作文产生积极的情感，有利于作文兴趣的培养。这对读的同学和听的同学都是有利的。于永正老师的作文教学在这个方面也给我们做出了很好的榜样：于老师在作文教学中第一抓"大典型"——作文优秀者，第二抓"小典型"——哪怕只是用得恰当的一个词，只是写得漂亮的一句话或一个好的开头、一个好的结尾，他都加以放大，在全班同学面前大力"鼓吹"。这些"小典型"的标准也因人而异。于老师认为，"一定得让每个学生都感受成功、体验成功的喜悦。没有成功的体验，就很难产生兴趣，这一点我们一定要认识到。"①

---

① 于永正. 于永正：我怎样教语文［M］. 北京：教育科学出版社，2014：201.

（5）全面总结

这一环节的目的是：总结交流学习收获，系统梳理作文知识，巩固学习效果。

这一环节可按以下两步进行：

①谈收获。让学生全面回顾本次作文的过程，谈一谈本次作文的收获，可以是写法方面的，也可以是为学、做人等方面的，只要是收获就可以谈——要"放得开"。当然也可以质疑。这样会变一人的收获为大家的收获，相互启发，增强兴趣。

②归纳总结。在学生"放得开"谈的基础上，教师简要归纳总结，突出重点训练项目——也就是要"收得住"，使本次习作的重点目标进一步明确强化。

（6）完善延伸

这一环节的目的是：完善作文，拓展能力，培养学生善始善终、严肃认真的学习态度。

让学生再进一步修改自己的作文，编入个人作文集，或抄写在自己的手抄报上，或发布在自己的网站、博客或"朋友圈"里，或向班报、校报、校广播站、有关报刊投稿等。这样，会使作文更完善，目标进一步内化；做到这一步，也才使学生真正走完一次作文训练的完整过程，有利于培养学生善始善终、严肃认真的学习态度。

2. "规范化"讲评模式的特点

总起来说，"再改完善"这一步具有以下特点：

（1）更好地发挥教师主导作用。让学生"翻译"批语，有利于促使学生内化批语，解决传统的作文教学中教师"把关"劳而无功的问题，充分发挥教师的主导作用。

（2）充分体现学生主体地位。重视交流欣赏，充分体现学生主体地位，有利于激发学生的作文兴趣，培养思维的条理性，提高评价能力，培养作文能力，还有利于培养学生虚心听取别人意见的学习态度。

（3）训练过程完整。注意作文的"完善延伸"，训练过程完整，有利于培养学生善始善终、严肃认真的学习态度。

至此，一次完整的作文指导的过程与方法已讨论完毕。但特别值得注意的是，"教学有法而无定法"。因此，"八步三课"只是一次完整的习作指导的一般过程，具体的作文指导，不一定每次都要完整地经历这八步，每一步也并非一定要按固定的模式去操作。每一种理论或方法，都有它的合理性，但也一定有它的适用范围与局限性。因此，作文教学需要联系实际而博采众家之长，需要在实践中不断总结经验；只有自己总结的方法，才是最有效的方法。

**思考与实践：**

1. 作文能力有哪些要素？影响作文能力形成的因素有哪些？
2. 我国有丰富的作文教学理论或经验，试列举几例并作简要评价。
3. 设计一次作文教学的教案。

# 第七章
# 口语交际教学

新中国成立以来，口语交际教学在小学语文课程与教学论中经历了如下的过程：从合并或从属于写话（或作文）教学、阅读教学，到从中分化出来并与其成为并列的内容；从只关注说话教学，到听说教学并重，又到注重交际。这一变化过程从如下的教材中即可看出：

李纪生著、浙江人民出版社 1954 年出版的《小学语文教学法讲话》中没有单独讲听说教学，但讲到了说话教学的内容，是将说话与写话放在"小学低年级说话与写话的教学方法"一讲中来讲的。讲到了"以说话为主的课"的种类、说话课的教材、说话课的组织形式等。

薛焕武、李树棠等编，人民教育出版社 1958 年出版的《小学语文教学法》，也没有单独讲听说教学，但在"识字教学"一章的"准备课的教学"一节中讲到听话、说话的教学问题，在作文教学中讲到了叙述（包括口头叙述）与低年级的口头作文等。

袁微子主编、人民教育出版社 1984 年出版的《小学语文教材教法》，把"开设说话课，指导看图说话"当做"低年级作文教学的特有形式"，讲到了编写说话教材或拟订说话训练计划要注意的问题等。

江苏教育出版社 1993 年出版的《小学语文教学研究》单独设有"小学听说教学"一章，共讲了五节内容："听说教学的重要意义""听说教学的原则""听说能力的结构""听说训练的途径和方式方法""听说教学应注意的问题"。

人民教育出版社小学语文室编著、人民教育出版社 1995 年出版的《小学语文教学法》也专设了一章"听话、说话教学"，包括"听话、说话教学的意义和要求""听话、说话教学的过程""听话、说话训练的途径和方式""听说、说话教学应注意的问题"几节内容。

　　魏薇主编、齐鲁书社 2002 年出版的《小学语文教学法》设有"听说教学"一章，包括"听说教学的意义和目标""听话能力训练""说话能力训练"三节内容。

　　江平主编、高等教育出版社 2004 年出版的《小学语文课程与教学》设有"口语交际指导"一节内容，其中讲了"口语交际指导的意义""口语交际的教学目标""口语交际指导的关注点""口语交际的指导方法"等四个问题。

　　目前相关教材中这一部分内容主要涉及口语交际教学的意义、目标、途径与形式、过程与方法等。以下分节论述这几个方面的问题。

# 第一节　口语交际教学概述

## 一、口语交际的概念

### （一）口语交际概念的提出与演进

　　口语交际能力是现代公民的必备能力。培养口语交际的能力，显然是语文教学的重要任务。但是，把"口语交际"作为一项语文能力来看待，在大纲中把"口语交际"训练作为一项内容而不是分开来安排，却是近年来的事情。

　　1923 年吴研因起草、委员会覆订的《新学制课程标准纲要小学国语课程纲要》中就提到了语言的听、说两方面的要求。在"程序""方法"中提到会话、讲演、辩论等要求，在"毕业最低限度的标准"中规定初级小学"能听国语的故事演讲，能用国语作简单的谈话"，高级小学"能听国语的通俗演讲，能用国语演讲"①。

　　1929 年的《小学课程暂行标准小学国语》，将"说话"与"读书""作文""写字"作为并列的"作业类别"，"各学年作业要项""教学方法要点""最低限度"等的"说话"中都包含着听话的内容。②

　　1950 年的《小学语文课程暂行标准（草案）》在"目标"中提出了阅读、说话、写作、写字等方面的要求，但把说话与写作是当做表达放在一

　　①　课程教材研究所. 20 世纪中国中小学课程标准·教学大纲汇编·语文卷［M］. 北京：人民教育出版社，2001：13 - 15.

　　②　课程教材研究所. 20 世纪中国中小学课程标准·教学大纲汇编·语文卷［M］. 北京：人民教育出版社，2001：16 - 21.

条中来表述的；在"教材大纲"中也是把"说话练习"归到了"写话方面"；至于"听"，只是在"写话教学的注意点"中提到"第一、二学年的说话教学，要注意先听后说，务使儿童听熟之后，再学说"。①

1955 年的《小学语文教学大纲草案（初稿）》把"听"摆到了重要的位置，在前面的"说明"中把"听"与"说""读""写"并列提出："必须通过小学语文科的教学，提高儿童的语言能力，让他们掌握了正确地听、说、读、写的技巧，然后能够让他们去吸收知识，接受文化，促进他们的全面发展。"② 在"准备课"里也提出了"听"的要求。对于"说"，在各年级教学大纲的阅读与作文教学中都有相关要求。当然，在"小学语文科的内容"和各年级教学大纲中"听""说"都还没有作为独立的项目来表述。

1956 年的《小学语文教学大纲（草案）》在"说明"部分，明确地提出"小学语文学科的基本任务是发展儿童语言"，儿童理解和运用语言的能力分开说即听、说、读、写的能力。③

1963 至 1986 年的几个小学语文教学大纲，对听话、说话，特别是听话能力的重视很不够。

1988 年的《九年制义务教育全日制小学语文教学大纲（初审稿）》在"教学内容和教学提示"以及"各年级的具体教学要求"中，第一次把"听话、说话"作为一项独立的、与"识字、写字""阅读""作文"等并列的内容来表述。

2000 年《九年义务教育全日制小学语文教学大纲（试用修订版）》，根据对现代社会口语交际能力日益重要的认识，将"听话、说话"合并成了"口语交际"，更加突出强调了"交际"。

**（二）口语交际的含义**

2000 年的《九年义务教育全日制小学语文教学大纲（试用修订版）》虽然将"听""说"合并成了"口语交际"，但并没有给口语交际下具体的定义。2001 年《全日制义务教育语文课程标准（实验稿）》在"教学建议"

---

① 课程教材研究所. 20 世纪中国中小学课程标准·教学大纲汇编·语文卷［M］. 北京：人民教育出版社，2001：62、64、69.

② 课程教材研究所. 20 世纪中国中小学课程标准·教学大纲汇编·语文卷［M］. 北京：人民教育出版社，2001：81.

③ 课程教材研究所. 20 世纪中国中小学课程标准·教学大纲汇编·语文卷［M］. 北京：人民教育出版社，2001：117.

中指出："口语交际能力是现代公民的必备能力。应培养学生倾听、表达和应对的能力，使学生具有文明和谐地进行人际交流的素养。""口语交际是听与说双方的互动过程。"这也不是"口语交际"的定义，但却点出了它的主要内涵。2003 年《普通高中语文课程标准（实验）》在"教学建议"中指出："口语交际是在一定的语言情境中相互传递信息、分享信息的过程，是人与人之间交流和沟通的基本手段。"

　　新课改以来出版的语文课程与教学论有关教材大都对口语交际的含义有所论述。例如：

　　有的认为，"口语交际就是指在一定的情境中，人们运用口头语言，我说你听，你说我听，交流思想、沟通感情、传递信息的双向互动的言语活动"，"口语交际是一种人类社会活动"具有"普遍的实用性""明显的即时性""很强的情境性""能动的互动性""较强的综合性"。①

　　有的认为，口语交际的指导应关注如下一些特点："情境性""实践性""整体性""互动性""同步性"。② 这些特点，也就是口语交际的特点。

　　有的认为，"口语交际是一种在特定的情境里，对话交流双方以互动的方式进行信息传递、交流思想感情的言语活动"。口语交际的一般特点是："具有时空限定性""口语具有整合性""口语具有情境性""口语交际具有互动性""要求对话双方的思维速度、内部语言组织速度先于和快于口语表达的速度"等。③

　　有的认为，"口语交际就是运用口头语言以及非语言因素进行意义交流的活动，是发生在特定语境中的、即时性的言语互动行为"。理解这一概念需要注意三点："语境"不同，口语交际的方式也不相同；口语交际是一种即时性的"互动"；"非语言交流"在口语交际中具有非常重要的作用。④

　　从上述列举的资料可以看出，口语交际并没有统一的定义，对其内涵的论述也不一致。但可以看出，以下要点是大家一般所关注的：口语交际是互动的，交际各方是相互联系、彼此影响的，口语交际不是在自说自道，必须关注对方的表现或反应；口语交际是在一定的情境中进行的，情境往

---

① 李家栋. 小学语文新课程教学法［M］. 北京：开明出版社，2003：120 – 121.
② 江平. 小学语文课程与教学［M］. 北京：高等教育出版社，2004：250 – 251.
③ 尚继武. 新课程背景下的小学语文学与教［M］. 济南：山东教育出版社，2008：250.
④ 王荣生，宋冬生. 语文学科知识与教学能力［M］. 北京：高等教育出版社，2011：85 – 86.

往决定着说话的目的、内容、方式等；口语交际以口头语言为主要媒介，但非语言因素也起着重要的作用；口语交际中各方的互动是即时的；口语交际是为了传递信息、交流思想感情。因此，我们可以对口语交际作如下定义：

所谓口语交际，就是人与人在特定的交往情境中，运用口头语言及非语言因素即时传递信息、交流思想感情的活动。

## 二、口语交际教学的意义

2001 年的《全日制义务教育语文课程标准（实验稿）》在"教学建议"中指出："口语交际能力是现代公民的必备能力。"口语交际的意义是重大的，口语交际教学的意义自然也是重大的。它的意义，可以从不同的方面来论述。

李纪生著的《小学语文教学法讲话》曾提到："经常注意儿童说话的训练，固然可以提高儿童说话的能力，但要儿童的说话做到语句合乎语法，发音正确，内容组织前后衔接并合乎逻辑，说话流利有表情，仍须进行特殊的教学。"① 这句话所强调的正是"特殊的教学"对发展儿童口头语言的重要性。当然那时还没有提出口语交际教学的问题。

江苏教育出版社出版的《小学语文教学研究》在"听说教学的重要意义"一节中论述了以下三点：培养听说能力是社会和时代的需要；培养听说能力能促进智力的发展；培养听说能力有利于语文能力的全面提高。②

人民教育出版社小学语文室编著的《小学语文教学法》对"听话、说话教学的意义"从以下四个方面进行了论述：培养学生的听说能力，是提高小学语文教学质量的需要；培养学生的听说能力，是现代生活、学习、工作的需要；培养学生的听说能力，有利于促进学生思维能力的发展。③

魏薇主编的《小学语文教学法》将听说教学的作用归纳为以下四点：增长见闻，丰富知识；利于交际，沟通感情；磨砺思维，发展智力；促进

---

① 李纪生. 小学语文教学法讲话 [M]. 杭州：浙江人民出版社，1954：130.
② 《小学语文教学研究》编写组. 小学语文教学研究 [M]. 南京：江苏教育出版社，1993：215-219.
③ 人民教育出版社小学语文室. 小学语文教学法 [M]. 北京：人民教育出版社，1995：186-188.

读写，提高能力。①

江平主编的《小学语文课程与教学》对口语交际指导的意义从以下四个方面进行了论述：口语交际能力是社会生活与人际交往必备的能力；口语交际能力是生存与发展必需的手段；口语交际训练是发展多元智能的重要途径；口语交际能力是全面发展语文能力的必要条件。②

综合各家观点，口语交际教学的意义不外乎四个要点：丰富知识；发展智力；促进读写；利于交际。

## 第二节　口语交际的能力结构与教学目标

### 一、口语交际能力的结构

培养口语交际的能力显然是口语交际教学的根本目标。了解口语交际能力的构成，对于全面理解与达成口语交际教学的目标显然是十分重要的。因此，本节内容先对口语交际能力的构成作一探讨。

口语交际能力是一种综合能力。这种综合能力是由哪些分项能力构成的、各分项能力之间又具有怎样的层级关系呢？对此有不同的观点。仅从对口语交际能力分类的第一个层级来看，最起码有如下三种观点：

第一种观点主要按照言语活动形式来分，认为口语交际能力包括听的能力、说的能力与其他能力。如田笑霞、陈相伟、戴新虹主编的《大学语文》认为，口语交际是听话、说话能力在实际交往中的应用，所以口语交际是靠"听"和"说"来完成的，因而口语交际能力主要包含了两方面的能力，即听话能力和说话能力。但口语交际是一个复杂的过程，一个人的口语交际过程是一个人综合素质的体现，所以口语交际能力除了听话能力和说话能力外，还包括其他能力，如心理素质、逻辑思维能力以及态势语的运用能力等。③ 有资料认为：口语交际"是听话、说话能力在实际交往中

① 魏薇. 小学语文教学法 ［M］. 济南：齐鲁书社，2002：174 - 175.
② 江平. 小学语文课程与教学 ［M］. 北京：高等教育出版社，2004：246 - 248.
③ 田笑霞，陈相伟，戴新虹. 大学语文 ［M］. 哈尔滨：黑龙江大学出版社，2011：261.

的应用。听话、说话是口语交际的重要组成部分"①。该资料对口语交际的能力是分"倾听能力""表达能力""应对能力"三个方面来说明的。②

第二种观点主要按照口语交际的心理因素来分类。例如，周小蓬、陈建伟主编《语文学习心理论》认为，听话、说话能力是口语交际能力的重要组成部分，但听话、说话能力并不等于口语交际能力。口语交际能力是一种综合性的能力，它由多种因素构成，其中主要因素是："良好的语音能力""敏捷的思维能力""快速的语言组合能力""得体的举止谈吐能力"等。③ 姚喜双、韩玉华、孟晖等编著的《普通话水平测试常用术语》认为，口语交际能力的构成因素包含以下成分："语言知识""语言技能""语篇能力""语用能力""策略能力"等。④

第三种观点按照智力与非智力来分类。如吴亮奎主编的《语文课程与教学研究（小学卷 1979—2009）》将口语交际能力的构成因素分为两大类：一类是非智力因素，如交际的兴趣、情趣，听说的仪态、习惯等；一类是智力因素，如临场应变所表现出来的思维的敏捷性，表情达意所表现出来的语言组合的快速性和语言表达的准确性。⑤ 当然这一种分类也可以归到第二种分类当中去。

从训练的可操作性上来看，第一种分类更好一些。口语交际能力就是通过听与说的外显活动来表现的，听话能力与说话能力无疑是口语交际最重要的能力。当然，口语交际不是简单的听与说，体态语在口语交际中也起着重要的作用。但是，体态语是附着在听或说的过程中的，因此，正确使用体态语的能力，也可以归到听话能力与说话能力当中去。

听话、说话能力与一定的语言知识、交际礼仪知识有关，与记忆、思维等智力因素有关，口语交际能力需要在实践中形成。对于听话、说话能力的形成过程及构成要素，不难找到有关资料。

江苏教育出版社出版的《小学语文教学研究》，在"听说能力的结构"

---

① 国家教师资格统一考试规划教材编写组. 国家教师资格统一考试规划教材·语文学科知识与教学能力（高级中学·2014 版）[M]. 北京：现代教育出版社，2014：225.

② 国家教师资格统一考试规划教材编写组. 国家教师资格统一考试规划教材·语文学科知识与教学能力（高级中学·2014 版）[M]. 北京：现代教育出版社，2014：225 – 226.

③ 周小蓬，陈建伟. 语文学习心理论 [M]. 北京：语文出版社，2013：147 – 148.

④ 姚喜双，韩玉华，孟晖，等. 普通话水平测试常用术语 [M]. 北京：语文出版社，2014：179.

⑤ 吴亮奎. 语文课程与教学研究小学卷 1979—2009 [M]. 南京：南京师范大学出版社，2014：523.

一节中对听和说的能力结构分别进行了论述，认为听的能力结构由三个因素构成："对语言的感知与记忆""对语言的理解与组织""对语言的反应与评价"。听力结构的三个因素，体现了"听清—听懂—分辨"三个不同的层次，它们既各有侧重，逐步提高，又紧密联系，融为一体。听力的形成和发展，总是和注意力、记忆力、思维力、想象力紧密地联系在一起的。[①] 说的能力结构由五个因素构成："根据目的组织语言的能力""根据对象决定说话方式的能力""随机调节语言的能力""控制语言的能力""运用态势语的能力"。[②]说话能力的形成和发展离不开观察、注意、记忆、想象、思维等智力活动。具有较强的思维能力和良好的思维品质是形成和发展说话能力的根本保证。一般地说，语言的准确性体现思维的明晰性，语言的条理性体现思维的缜密性，语言的连贯性体现思维的逻辑性，语言的求异性体现思维的深刻性，语言的辩驳性体现思维的独立性和批判性，语言的随机性体现思维的灵活性和敏捷性，语言的多样性体现思维的广阔性和形象性。[③]

东北师范大学网络教育学院组编的《小学语文教学论》认为，听话的心理过程主要分为三个阶段："言语知觉阶段、语法分析阶段和利用阶段。"在我国理论界，一般把说话过程分为以下四个紧密相连的环节："产生言语动机""确定和组织内容""选择表达方式和词句""言语表达"。听话能力的基本结构可分为以下四个成分："言语的感知与记忆""言语的理解与组织""言语的反应与品评""言语的创造"。[④] 说话能力结构可以概括为下列五个方面："语言材料与法则的内部储存""组织内容""选择表达方式""发音""运用体态语"。[⑤]

为便于理解，我们可以把口语交际的能力结构整理为如下表格（表7-1）：

---

① 《小学语文教学研究》编写组. 小学语文教学研究 [M]. 南京：江苏教育出版社，1993：223 - 225.

② 《小学语文教学研究》编写组. 小学语文教学研究 [M]. 南京：江苏教育出版社，1993：227 - 229.

③ 《小学语文教学研究》编写组. 小学语文教学研究 [M]. 南京：江苏教育出版社，1993：230.

④ 东北师范大学网络教育学院. 小学语文教学论 [M]. 长春：东北师范大学出版社，2005：133.

⑤ 东北师范大学网络教育学院. 小学语文教学论 [M]. 长春：东北师范大学出版社，2005：134.

表 7-1　口语交际能力的结构

| 能力构成 | | | 基础知识与素质 |
|---|---|---|---|
| 口语交际能力 | 倾听能力 | 语音识别能力 | 语言知识；<br>谈话内容相关知识；<br>交际礼仪知识；<br>观察、记忆、思维、想象、注意等智力因素；<br>…… |
| | | 话语记忆能力 | |
| | | 话语理解能力 | |
| | | 话语评判能力 | |
| | | 体态语理解能力 | |
| | 表达能力 | 语言组织能力（观点、内容、条理、词汇等的选择、确定与整理） | |
| | | 语言表达技巧（音高、音量、语速、停顿、重音、语调、语气） | |
| | | 运用体态语的能力（仪表、位置、姿势、表情、手势、动作、道具与媒体） | |

## 二、口语交际的教学目标

### （一）口语交际教学目标的广度（项目）

从大的方面来说，口语交际的教学目标也应涉及知识、能力与情感三个方面。

1. 知识目标

主要包括以下方面：

（1）听、说相关知识（听话、说话的要求）；

（2）交际礼仪知识；

（3）与"话题"内容相关的知识。

2. 能力目标

主要包括以下两个方面：

（1）训练听、说、交际的相关技能；

（2）促进智力发展。

3. 情感态度目标

主要包括以下方面：

（1）培养积极交际的兴趣、态度等。

（2）培养合作精神。

（3）培养"话题"所导向的情感态度。

### （二）目标的深度（层次）

1. 口语交际教学的总目标

《义务教育语文课程标准（2011 年版）》制定的口语交际总目标是：

具有日常口语交际的基本能力，学会倾听、表达与交流，初步学会运用口头语言文明地进行人际沟通和社会交往。

2. 口语交际教学的学段目标

为了便于比较理解，现把《义务教育语文课程标准（2011 年版）》的口语交际学段目标内容整理成如下表格（表 7 - 2）：

表 7 - 2　各学段口语交际目标

| 项目 | 第一学段 | 第二学段 | 第三学段 |
|---|---|---|---|
| 普通话 | 学说普通话，逐步养成讲普通话的习惯。 | 能用普通话交谈。 | |
| 倾听能力 | 能认真听别人讲话，努力了解讲话的主要内容。 | 学会认真倾听，能就不理解的地方向人请教，就不同的意见与人商讨。听人说话能把握主要内容，并能简要转述。 | 听他人说话认真耐心，能抓住要点，并能简要转述。 |
| 言语表达能力 | 听故事、看音像作品，能复述大意和自己感兴趣的情节。能较完整地讲述小故事，能简要讲述自己感兴趣的见闻。 | 能清楚明白地讲述见闻，说出自己的感受和想法。讲述故事力求具体生动。 | 表达要有条理，语气、语调适当。能根据交流的对象和场合，稍作准备，做简单的发言。 |
| 交际态度 | 与别人交谈，态度自然大方，有礼貌。有表达的自信心。积极参加讨论，敢于发表自己的意见。 | | 与人交流能尊重、理解对方。乐于参与讨论，敢于发表自己的意见。在交际中注意语言美，抵制不文明的语言。 |

### 3. 口语交际教学的课时目标

口语交际课时教学目标的制定，可以按前面"口语交际教学目标的项目（广度）"的框架去思考，具体内容当然应考虑学段的要求，更要考虑具体"话题"及训练提示。对于促进智力发展、培养口语交际兴趣之类每次训练都应该有的目标，可以不写出来。例如，下面是人教版义务教育课程标准实验教科书语文二年级上册（2001 年 12 月第 1 版，2010 年 5 月第 12 次印刷）"语文园地二"的"口语交际"要求：

王宁选自己当劳动委员，对这件事你怎么看？如果班里改选干部，你会不会选自己？说说自己的想法，和同学讨论讨论。

对这次口语交际训练，可以制定如下目标：

（1）（知识目标）知道在讨论中应该大胆说出自己的想法，客观公正，尊重别人；在集体中应该热心为大家服务，在选举中既要敢于竞争，又要发扬民主。

（2）（能力目标）能够大胆说出自己的想法，能够有理有节地进行辩论。

（3）（情感目标）培养关心集体、热爱劳动、热心为大家服务以及竞争与民主的意识。

## 第三节　口语交际类型与训练途径

口语交际形式多种多样、内容丰富多彩、机会无时不有。对口语交际的类型与训练途径进行梳理，对于把握口语交际训练的时机，选择合适的训练方法无疑是十分必要的。本节内容先梳理一下口语交际的类型，然后讨论口语交际训练的途径与对应的训练形式。

### 一、口语交际的类型

影响口语交际的因素是多种多样的，如口语交际的主体、对象、情境、内容、语言等，而每一种因素又有不同的情况。因而每一种因素都可以成为口语交际分类的一种依据，也就是说，口语交际有不同的分类方法。例如下面是一些教材中的有关分类情况：

李纪生著的《小学语文教学法讲话》曾提到以下几类"说话课教材的

内容"：一类是尽可能从讲读过的语文课本或补充读物里选取；一类是关于儿童自己生活情况的报告或关于周围社会与自然现象的讲述；一类是时事新闻，祖国伟大建设的事迹，战斗英雄，劳动模范，少年先锋队队员的模范事迹，庆祝或纪念祖国重要节日的活动，革命伟人的少年时代故事等。①这可以看作是从内容方面对口语交际的分类。

倪文锦主编的《小学语文新课程教学法》，在"口语交际教学的三点建议"中介绍了陈建民的"口语表达基本类型"及桑德拉·黑贝尔斯等交流的三个层次。陈建民将"口语表达基本类型"分为：日常会话、在动作或事件中作出反应的偶发的话、夹杂动作的话、无事先准备地说一段连贯的话、有提纲的即兴发言、离不开讲稿的讲话、念稿子等。交际的场合和语体可分为：亲朋之间使用的家常口语体、在一般交际场合使用的正式语体、在隆重场合使用的典雅口语体、在特殊场合的书面语有声表达。桑德拉·黑贝尔斯等交流的三个层次为：人际间沟通、小组内沟通、公共场合的沟通。② 这些分类是依据交际的场合或表达的方式来分的。

王荣生、宋冬生主编的《语文学科知识与教学能力》认为，口语交际可以分为日常生活中的口语交际、组织中的口语交际和隆重场合的口语交际。③ 这也是依据交际场合来分的。

2002 年教育部基础教育司组织编写的《语文课程标准（实验稿）解读》，列举了一种教材中关于口语交际的话题，将其分为五种类型，即："介绍"类、"独白"类、"交往"类、"表演"类、"讨论"类。④ 江平主编的《小学语文课程与教学》在口语交际教学部分，也列举了这一分类。⑤这是按照表达与交流方式来分的。如果从表达形式及参与者人数来看，显然前两类是侧重于单向说的训练的，后三类侧重于听说双向、双方或多方互动的训练的。

由上可见，对口语交际的分类并没有统一的标准。为了便于有针对性地进行训练，下面参考上述资料、特别是《语文课程标准（实验稿）解读》提到的分类，主要依据表达或交流方式，将口语交际作如下分类（表 7 - 3）：

————————

① 李纪生. 小学语文教学法讲话 [M]. 杭州：浙江人民出版社，1954：132 - 133.

② 倪文锦. 小学语文新课程教学法 [M]. 北京：高等教育出版社，2003：181.

③ 王荣生，宋冬生. 语文学科知识与教学能力 [M]. 北京：高等教育出版社，2011：87.

④ 巢宗祺，雷实，路志平. 语文课程标准（实验稿）解读 [M]. 武汉：湖北教育出版社，2002：77.

⑤ 江平. 小学语文课程与教学 [M]. 北京：高等教育出版社，2004：249 - 250.

表 7 - 3　口语交际的类型

| 类型 | | 主要内容与形式 |
|---|---|---|
| 侧重点 | 类型 | |
| 单向 听 | "倾听"类 | 听写（记）、听辨语病、听后复述（转述） |
| 单向 说 | "介绍"类 | 自我介绍、介绍朋友宾客、介绍我的家、介绍我的家乡、介绍我的一张照片、介绍我国的一个民族、介绍我国的一座城市、介绍一处名胜古迹、介绍世界名城、介绍一种动物等 |
| | | "独白"类 | 说小笑话、说故事、说说广告、说说自己的奇思妙想、说说自己的愿望、说读后感观后感、说经验谈教训、说目击情况、发布小小新闻、看图说话、口头作文等 |
| 双向（多方）互动 | "问答"类 | 日常谈话、课堂问答 |
| | "游戏"类 | 传口令、学说绕口令、猜谜语 |
| | "交往"类 | 道歉、做客、祝贺、待客、转述、劝阻、商量、请教、赞美、批评、安慰、解释、采访、辩论、借物、购物、指路、问路、看病、打电话、接电话、约请、推荐与自我推荐、当导游等 |
| | "表演"类 | 演童话剧、演小剧本、说相声、当众演讲、主持节目等 |
| | "讨论"类 | ……对不对、……好不好、……行不行、怎么办、小小建议、小小讨论、小小辩论等 |

## 二、口语交际训练的途径

口语交际能力是在口语交际的实践中形成的。可以说，学生参与的一切口语交际活动，都是在进行口语交际能力的训练。因此，口语交际训练的途径是宽广的，它覆盖学生活动的广阔时空，既覆盖校内，也延伸到课外。为便于明确相关人员的责任，便于训练的实施，我们可以把训练途径作一必要的细化梳理。其实，小学语文课程与教学论教材或有关论著，已有类似的内容。例如：

李纪生著的《小学语文教学法讲话》提到了三种"以说话为主的课"：由于阅读课教学的需要，可以单上以说话为主的课；由于儿童学校生活或社会生活的需要，让儿童在班上讲述自己的见闻或报告某些活动情况，也可以单独上以说话为主的课；有时也可单为训练儿童说话能力，组织以说话为主的课。① 这里实际指出了口语交际训练的阅读教学、班级活动与专门

① 李纪生. 小学语文教学法讲话［M］. 杭州：浙江人民出版社，1954：131 - 132.

的说话课三种课型或三条途径。

《小学语文教学研究》编写组编的《小学语文教学研究》在"听说训练的途径和方式方法"一节中认为，听说训练主要有三条途径："在语文教学过程中进行随机训练""开设说话课进行系统训练""在课外活动中进行听说训练"。① 这里指出的三条途径是语文课、专门说话课与课外活动。

巢宗祺、雷实、路志平等主编的《语文课程标准（实验稿）解读》，根据 2001 年课程标准的"教学建议"，提到了教学与日常生活两条途径。②

参考有关教材或论著中的观点，结合学生一般的校内外各种学习及活动情况，在此特别强调一下"大口语交际"课、语文课其他内容教学、晨读与阅读活动、其他学科教学、各种教育活动与日常生活等途径。

### （一）"大口语交际"课

培养口语交际的能力，显然是语文教学的重要任务。因此，语文课自然是口语交际教学的最主要途径。语文课不同内容的教学，在口语交际训练上所发挥的作用是不一样的，其中"说话课"或"大口语交际"训练课当然是最重要的。新课改以来的小学语文教科书中一般都设计有一些口语交际的训练内容，一般每个单元的"语文园地"中都有一个这样的专门训练题目。进行这样的题目训练，是口语交际教学的最重要途径，我们可以把这样的训练叫做"大口语交际"训练，或"大口语交际"课。"大口语交际"的训练内容与形式是多种多样的，如前面口语交际分类表中所列的内容与形式都有可能涉及。"大口语交际"课怎么上，在后面的"口语交际教学过程"中将重点讨论。

### （二）语文课其他内容教学

"大口语交际"课是口语交际教学的主要途径之一，但不是唯一途径。听说读写是密切结合的，语文其他内容的教学，即识字写字教学、阅读教学、作文教学等，都与口语交际密切相关。因此，识字写字教学、阅读教学、作文教学都是口语交际训练的重要途径。

如何结合语文各项内容的教学进行口语交际训练，早有许多论述与精彩的例子。例如：

---

① 《小学语文教学研究》编写组. 小学语文教学研究［M］. 南京：江苏教育出版社，1993：230 – 240.

② 巢宗祺，雷实，路志平. 语文课程标准（实验稿）解读［M］. 武汉：湖北教育出版社，2002：80.

李纪生著的《小学语文教学法讲话》就提到了阅读教学与说话写话的关系：“阅读课的主要教学环节，都可以适当的注意说话与写话能力的培养，实际上提高口头的文字的叙述发表能力，正是语文课教学的主要目的。”①

《小学语文教学研究》编写组编的《小学语文教学研究》，对拼音教学、识字教学、阅读教学、作文教学中的听说训练方式进行了论述。例如在看图学词学句和看图学文中练习听说的教学过程一般是：引导儿童集中注意力听教师有关的指令；根据指令，仔细看图，理解图意；在理解的基础上组织语言进行口头表达，说明图意；再在教师指导下学词、学句、学短文，进行认读，理解文字的意思；再仿照课文的规范化语句说准确图意，提高表达能力。② 各年级课文有插图的也可以按这样的过程来进行讲读，并进行听说训练。③ 又例如朗读中培养听说能力一般可采用两种方法：一是听老师范读，然后概述要点或说出初步感受；一是听同学朗读，然后品评优劣。该书认为，“答问、讨论、评议同学发言等阅读教学中常用的活动方式，在帮助学生理解课文的同时，也进行了听说训练，有利于培养听说能力”④。

有老师在教学苏教版实验教科书语文二年级上册《识字2》（有关国庆的几组词串）时，让学生交流、说说亲眼见过或从影视、图画中看见过的北京天安门及广场等有关景物的样子，或国庆阅兵的情景，说说联想到的内容等，学生兴趣盎然，讨论、发言热烈、精彩，这是识字课，不也是很好的口语交际训练吗？

再看于永正老师教学《草》一课的片断：⑤

师：“原上草”，就是草原上的草。草原上的草长得怎么样呢？请看——

（顺手在黑板上画了一幅“草原图”。）

---

① 李纪生. 小学语文教学法讲话 ［M］. 杭州：浙江人民出版社，1954：137.

② 《小学语文教学研究》编写组. 小学语文教学研究 ［M］. 南京：江苏教育出版社，1993：231.

③ 《小学语文教学研究》编写组. 小学语文教学研究 ［M］. 南京：江苏教育出版社，1993：231－232.

④ 《小学语文教学研究》编写组. 小学语文教学研究 ［M］. 南京：江苏教育出版社，1993：232－233.

⑤ 于永正. 于永正课堂教学实录1 阅读教学卷 ［M］. 北京：教育科学出版社，2014：3－10.

师：小朋友，草原上的草长得怎么样？

生：草原上的草长得很高，很密。

生：草原上的草长得很茂密，一棵挨着一棵。

生：草原上的草长得很茂盛。

生：草原上的草绿油油的，一眼望不到边。

师：说得太美了。聪明的小朋友看了这幅图，一定知道"离离"是什么意思了。谁说说？

生："离离"就是茂盛的意思。

生："离离"就是草长得很茂密，一棵挨着一棵。

师：说得完全正确！谁能把这一句的意思连起来说一说？

生："离离原上草"就是草原上的草长得非常茂盛。

师：谁能看着图，说得再具体一点？

生：就是草原上的草长得很茂盛，绿油油的，一眼望不到边。

师：很好！再看第二句"一岁一枯荣"。谁能用"岁"说一句话？

生：我今年八岁了。

生：我奶奶今年八十岁了，还能做饭。

师：不简单！祝她健康长寿！

生：祝老师岁岁平安！（掌声）

生：祖国万岁！

师：小朋友刚才说的句子中都有"岁"字。第一个小朋友说，他今年八岁了，也就是说，他从生下来到现在几年了？

生：（齐声）八年了！

师：八岁是八年，一岁呢？

生：（齐声）一岁就是一年！

师：一岁就是一年，这不懂了吗？哎，一年有几个季节呀？

生：一年有四个季节：春、夏、秋、冬。

师：一年四季草有哪些变化呢？（用彩笔在黑板上画了一棵刚发芽的小草。）

师：这是春天的小草。春天的小草怎么样？谁能看图说一说？

生：春天来了，小草发芽了。

生：春天来了，天气暖和了，小草发芽了。

生：春天来了，小草从地里探出了小脑袋。

师：说得太漂亮了！夏天呢？（又画了一棵长得茂盛的草。）

生：夏天到了，天气很热，雨水很多，小草长得非常茂盛。

师：秋天到了，天气凉了，小草怎么样了呢？（在黑板上又画了一棵老叶发黄的草。）

生：秋天到了，天气凉了，小草慢慢变黄了。

师："慢慢"一词用得好，小草变黄有个过程。冬天呢？（接着又画了一棵枯黄的草。）

生：冬天，小草都冻死了，叶子变黄了。

生：到了冬天，小草叶子黄了，耷拉脑袋了。

师：（指着黑板上的四季的草）小草一年当中，有两次明显的变化，谁看出来了？

生：一年当中，草绿一次，黄一次。

师：多聪明！

生：草春天、夏天长得茂盛，到了秋天和冬天，就枯黄了。

师：小朋友这么聪明，我想一定知道"枯"和"荣"是什么意思了。（学生纷纷举手）不过，我不想让你们说。现在，我请一位小朋友到黑板前边来，看看"枯"该写在哪一幅图的下面，"荣"该写在哪幅图的下面，能写对，就说明他懂了。

（一位小朋友把"荣"写在夏天草的下面，把"枯"写在冬天草的下面。众赞叹。）

师：写对了！请你说说"枯""荣"的意思。

生："荣"就是"茂盛"的意思，"枯"就是"黄了、干了"的意思。

师："一岁一枯荣"什么意思？

生：就是一年当中，草茂盛一次，干枯一次。（众赞叹）

这里不仅仅是引导学生理解诗句的意思，也是语言能力的训练：即引导学生把意思说明白，说具体。

这一课后面的练习环节，于老师采用了表演的形式，使教学生活化、戏剧化，不仅巩固了所学内容，而且更是口语交际的训练了：

师：小朋友，放学回家谁愿意背诗给妈妈听？（学生纷纷举手，于老师请一名小学生到讲台前）现在，我当你妈妈，你背给我听好吗？想想，到了家里该怎么说。

生：妈妈，我今天学了一首古诗，背给你听听好吗？

师：好！（生背）

师：我女儿真能干，老师刚教完就会背了。（众笑）

师：谁愿意回家背给哥哥听？（指一名学生到前边来）现在我当你哥哥，你该怎么说？

生：哥哥，今天我学了一首古诗，我背给你听听好吗？

师：哪一首？

生：《草》。

师：噢。这首诗我也学过，它是唐朝大诗人李白写的。

生：哥哥，你记错了，是白居易写的！

师：反正都有个"白"字！（众笑）我先背给你听听：离离原上草，一岁——

生：一岁一枯荣！

师：野火烧不尽，春……春……哎，最后一句是什么来着？

生：春风吹又生！

师：还是弟弟的记性好！（众笑）

师：谁愿意背给奶奶听？（指一名学生到前边来）现在，我当你奶奶。你奶奶没有文化，耳朵有点聋，请你注意。

生：奶奶，我背首古诗给你听听好吗？

师：好！背什么古诗？什么时候学的？

生：背《草》，今天上午刚学的。

师：那么多的花不写，干吗写草啊？

生：（一愣）嗯，因为……因为草很顽强，野火把它的叶子烧光了，可是第二年又长出了新芽。

师：噢，我明白了。背吧！

（生背）

师："离离原上草"是什么意思？我怎么听不懂？

生：这句诗是说，草原上的草长得很茂盛。

师：还有什么"一岁一窟窿"？（众笑）

生：不是"一岁一窟窿"，是"一岁一枯荣"。枯，就是干枯；荣，就是茂盛。春天和夏天，草长得很茂盛；到了冬天，就干枯了。

　　师：后面两句我听懂了。你看俺孙女多有能耐！小小年纪就会背古诗！奶奶像你这么大的时候，哪有钱上学啊！（众大笑）

　　好，今天的课就上到这，小朋友，放学回家后请把《草》这首诗背给家里的人听。

这样的古诗阅读教学，不也在很好地锻炼学生的口语交际能力吗？

至于作文教学，更是与学生的口语交际训练分不开的。低年级的看图说话，当然是听说训练的重要方式。各年级的作文教学，通过书面表达，可以规范学生的口头语言；作文写作前先让学生口头作文，既可以提高书面表达的效果，也正是很好的口头表达训练。如果在口述作文的同时，让学生相互讨论、评价，作文讲评课时让学生参与讲评，那就更是口语交际的训练了。

### （三）晨读与阅读活动

晨读时间安排学生谈见闻，背诵经典美文；每周开设专门的"大阅读课"，这在作文训练的途径中已谈到。它们不仅是作文训练的途径，也是口语交际训练的重要途径。组织好晨读与阅读活动，丰富学生的知识，对于培养学生的口语交际能力具有特别重要的意义。

诸葛亮出使东吴，是在"受任于败军之际，奉命于危难之间"，即在刘备"弃新野，走樊城，败当阳，奔夏口"的狼狈处境下，去东吴求人合作，借人之力的。孙权的谋士们当然知道诸葛亮的处境与意图，因而对他毫不客气，"哪壶不开提哪壶"，那是令人尴尬，很难应对的。但是，诸葛亮纵论古今，游刃有余，巧妙地将众"儒"一个个驳得哑口无言，硬是将一壶壶冷水烧得滚烫沸腾。如果不是博览群书、具有丰富的知识积累，不引用那十多位名人的事迹典故，不了解管仲、乐毅、韩信，不了解苏秦、张仪，不了解伊尹、子牙，不了解张良、陈平、邓禹、耿弇，不了解"小人之儒"杨雄，怎能变被动为主动，慷慨陈词，咄咄逼人，令群儒无言以对！

又如前面"阅读教学的共性与特色"中所提到的著名特级教师于漪教学《白杨礼赞》的例子。如果没有深厚的文学功底，没有对《论语》的深入研究，在课堂教学中，在对学生的问答应对中，是难以做到纵横捭阖、左右延伸，从而诱导学生在亢奋的精神状态中获取可贵的东西的。

### （四）其他学科教学、各种活动与日常生活

知识积累对于提高口语交际能力非常重要，但只是知识积累，而不注

重实际交际的训练也是难以形成口语交际能力的。从某种意义上说，实际交际的训练，比知识的积累更重要。口语交际能力的训练，仅靠语文教学也是远远不够的。因此，作为语文教师，除了上好语文课、组织好语文活动外，还应该鼓励学生积极参加各种活动，在各种活动中，在各科学习中，在日常生活中大胆交流，积极锻炼口语交际的能力。

## 第四节　口语交际训练的原则

在小学语文课程与教学论有关教材或论著中不难找到口语交际训练的一些原则，当然其内容是不尽相同的。例如，《小学语文教学研究》编写组编写的《小学语文教学研究》，在"听说教学的原则"一节中论述了以下几点：循序渐进、系统训练的原则；听说结合的原则；兴趣性原则；面向全体学生的原则。① 在"听说教学应注意的问题"一节中论述的几个问题是：要加强听说训练的计划性；要注意训练的针对性；要注意非智力因素的作用；要注意创设良好的语言环境和充实学生的文化精神生活。② 注意这些问题其实也是听说教学应遵循的原则。

倪文锦主编的《小学语文新课程教学法》对口语交际教学提出了三点建议：根据交际的场景合理地规划口语交际教学；口语交际教学的内容选择要针对口语交际的特点和学生的实际问题；语文教师要大力吸收口语交际方面的知识。③

李家栋主编的《小学语文新课程教学法》，在口语交际教学部分，对口语交际教学中话题选择与情境创设应注意的问题都有所论述。如口语交际的话题要来源于生活，贴近学生的生活实际；灵活运用教材，创造性地使用教材；选择的话题要能较好地体现双向或多向互动的特点；选择的话题要有价值，有意义；选择的口语交际话题要有利于创设口语交际的情境。④

江平主编的《小学语文课程与教学》简单论述了口语交际指导的五个

① 《小学语文教学研究》编写组. 小学语文教学研究［M］. 南京：江苏教育出版社，1993：219-223.
② 《小学语文教学研究》编写组. 小学语文教学研究［M］. 南京：江苏教育出版社，1993：240-244.
③ 倪文锦. 小学语文新课程教学法［M］. 北京：高等教育出版社，2003：181-184.
④ 李家栋. 小学语文新课程教学法［M］. 北京：开明出版社，2003：122-123.

关注点：情境性、实践性、整体性、互动性与同步性。① 该教材还根据课程标准中口语交际教学的建议，提出并论述了指导口语交际训练应注意的几个要点：寻找贴近小学生生活的话题；精心创设交际情境；努力实现口语交际的双向或多向互动；优化口语交际指导流程；多给学生口语交际的实践机会。②

语文教学大纲或课程标准中的听话说话或口语交际教学建议，其实就是不同时期官方或主流认可的教学原则。《义务教育语文课程标准（2011 年版）》对口语交际也提出了一些教学建议。

参考有关资料，结合口语交际教学现状，现对如下几条建议或原则略加论述。

## 一、口语交际的话题要贴近学生生活

口语交际的话题只有贴近学生生活，学生才感兴趣，训练才有意义。"语文园地"中的"口语交际"话题都是经过编者精心设计的，当然大部分可以直接利用。但是，有些时候也需要根据学生实际适当改编或更换。特别应注意两点：

（1）要注意所选话题是有必要在课堂上练习的。口语交际课"并不是简单地把日常的生活情景搬到教室里来'活动'一番。"诸如"打电话""买文具""招待客人"之类的活动"很大程度上学生在家庭生活中已经自然习得"，就"不值得不停地在语文课里重复地教"。③ 有专家把诸如寒暄和攀谈、打电话、劝说、直言、婉言、协商之类口语交际中所使用的技能和策略称为"反思性的课程内容"，认为这些技能绝大部分是在日常生活中自然习得的，不需要刻意去教，关键在于启发他们反观自身，对自己口语交际中的"坏习惯"进行反思和警醒。④ 当然"启发他们反观自身"有时也是有必要在口语交际课中进行的。

（2）话题不能"过于宏大"。像课堂上的"谈理想"采访之类的口语交际，"从根本上讲不具有真实性，学生的采访回答恐怕有作假之嫌，很可能也是临时应对而根本没想到要对自己所说的话负起什么责任"。"真实、

① 江平. 小学语文课程与教学 [M]. 北京：高等教育出版社，2004：250 - 251.
② 江平. 小学语文课程与教学 [M]. 北京：高等教育出版社，2004：251 - 257.
③ 倪文锦. 小学语文新课程教学法 [M]. 北京：高等教育出版社，2003：174.
④ 王荣生，宋冬生. 语文学科知识与教学能力 [M]. 北京：高等教育出版社，2011：87.

诚恳是口语交际的第一要义，也是口语交际教学的第一要义。"①

## 二、要创设具体的交际情境

口语交际总是在一定的情境中进行的，只有在特定的情境中，才能产生与其相适应的口语交际的需要与兴趣；离开了特定的情境，口语交际就无法正常进行。因此，口语交际教学要注意努力创设情境，引导学生入情入境，进入角色，引发交际的需要，调动口语交际的积极性。如何创设口语交际的情境呢？巢宗祺、雷实、路志平主编的《语文课程标准（实验稿）解读》列举了如下方式：陈设相关实物、绘制有关情景的图画、制作必要的道具、展播录像节目、播放录音来渲染气氛，教师或学生的语言描述和表演等。②

## 三、尽量听说结合、双方或多方互动

口语交际的核心是"交际"，注重的是人与人之间的交流和沟通，是听与说的双向互动，而不是听和说的简单相加。不考虑对象反应的说，或不作出相应回应的听，都算不上真正的口语交际。因此，口语交际训练，要尽量让学生互动起来。即使以说为主的口语交际训练，也应提醒说的学生注意说话的对象；要鼓励听的学生对说的同学进行评价或做出反应。对有关话题内容进行分组讨论，或把相关内容放到游戏或情境表演中进行训练，是"互动"训练的最好方法。

深圳名师赵志祥老师，在教学人教社版五年级下册第三组的口语交际《劝说》时，创设情境与双向互动就做得相当好。他在让学生分组演练的基础上，创设情境，让学生在模拟的环境中展示成果。为了让学生有身临其境的感觉，他故意选择了学生爱看的《大话西游》在教室里播放，他自己充当"说个没完没了"的人。他先后扮演了唠叨的父亲、女中学生、"拍拖"的青年、醉汉等角色，并引导学生先后对这些角色进行劝说。下面是他扮演前两个角色并引导学生劝说的课堂片段：③

---

① 倪文锦. 小学语文新课程教学法［M］. 北京：高等教育出版社，2003：171.

② 巢宗祺，雷实，路志平. 语文课程标准（实验稿）解读［M］. 武汉：湖北教育出版社，2002：78.

③ 赵志祥. 铺厚、垫稳、抖得脆——人教版国标本五年级下册第三组口语交际教学设计［J］. 语文教学通讯·小学刊，2006（5）：34-35.

师：现在，我就是一位比较有修养但是有点爱激动的父亲，我与我的孩子一起看戏。（走到一女生跟前，坐下，大声说话）啊，亭亭，你说是猪八戒可爱还是孙悟空可爱？（笑声）怎么不理老爸？说呀，乖女儿！（笑声）长辈问话时，晚辈要认真回答，这是礼貌哦！

生1：老师，啊不，叔叔（笑声），您的女儿很有礼貌呀！

师：是吗？我怎么没看出来？

生1：她怕影响别人看电视，啊不，是看戏，才没有回答您的问题。您说，她是不是很有礼貌呀？

师：哦！对不起，我忘记这里是剧院，是公共场所了。请原谅，我这个人好激动，在家里看电视时总是忍不住地评头论足，养成了坏习惯。

生2：叔叔，您真是一个有修养的人。您老人家（笑声）一定读过很多很多的书吧？

师：哈，书是读过几本，但是不敢说很多。怎么了，你有什么话要说？

生2：是的。您一定知道一个大名人——奥斯特洛夫斯基。

师：知道知道，我就是读他的"钢铁"长大的。

生2：他有一句名言，送给叔叔吧。"人应该支配习惯，而决不能让习惯支配人，一个人不能去掉他的坏习惯，那简直一文不值。"（老师带头鼓掌，掌声四起。）

师：啊，好孩子，你不但制止了我在剧院里乱说话的行为，而且规劝我改掉坏习惯！看来你的修养比叔叔好啊！

生2：叔叔客气啦。我比您还差得很远哪。

生1：我也有一句名言要送给你，是萧伯纳说的："自我控制，是最强者的本能。"

师：啊，谢谢！你连萧伯纳都知道啊！

生1：当然啦！

师：那——他是哪国人？有什么成就？

生1：不知道！（笑声）

师：叔叔我知道一点点，想告诉你，愿意听吗？

生1：愿意。

师：萧伯纳是爱尔兰剧作家，诺贝尔文学奖获得者，代表作品是

《卖花女》。

生1：啊，叔叔的知识真丰富！

……

师：现在，我是两个中学生中的一位，注意，我们是女生（笑声）。（走到一个女生跟前坐下）嘉玲，你觉得猪八戒笨吗？

生3：不笨。

师：哎呀，你怎么和我想的一样呀！我觉得，他不但不笨，倒是很可爱呦！（笑声）

生3：是呀！

生4：从后边轻拍二人的肩膀，在二人回头时用一个手指挡在嘴边，随后抱拳为作揖状）

师、生3：哦！对不起！

师：大家注意了没有，古铁轩同学用了一种特殊的语言来劝说。

生5：我知道，是"拍肩膀语言"。

生6：不对，应该是"手指语言"，她用手指挡在嘴边才让赵老师和倪嘉玲不说话的。

师：哈，你看的很准哦！但是，不应该这样说。拍肩膀，用手指挡在嘴边，这叫肢体语言，或者叫体态语。（板书：体态语）看到没有，有时候，与人交流不一定要开口说话，非常简单的一个动作，甚至一个眼神，都能达到非常好的效果。

生5："放电"！（笑声）

师：不要笑，此"放电"非彼"放电"也！她说的"放电"是用眼神制止某个错误的行为。还记得《琵琶行》吧，其中的一句叫此时——

生（齐）：此时无声胜有声。

上述例子是口语交际"提示"中明确提出或适于"表演"的"话题"，而有些话题，看上去好像是单纯训练说话的，不好"双向互动"或表演。对这样的话题，不要局限于"交际提示"，把口语交际做成问题解答，也不要做成看图说话。而应该挖掘话题，尽量让学生有问有答，互动起来。如一年级下册第一单元"春天在哪里"这个话题，不能只是让学生介绍自己观察到的春天，介绍自己画的春天，评价同学的画与同学的介绍。而要尽量让学生互相发问，如问："你是到哪里去观察的？""你看到的景色美吗？能讲给我听一听吗？""我想知道你去的那里有些什么花，你介绍一下好吗？""我画得不够好，您能告诉我怎样改好吗？"又如一年级下册"语文园地二"的口语交际"我该怎么办"，可以让小组内的几个同学分别扮演父母、孩子、同学等角色，表演劝说父母的过程。说服"父母"后，请"父母"谈谈，为什么接受了"孩子"的要求。二年级下册"语文园地二"的"伸出我们的双手"，更应该让学生表演帮助别人的情景。

### 四、充分发挥教师的主导作用

口语交际课，不只是学生自由的交际活动，更不是交际能力的展示，而是交际能力训练的过程；教师不能只做旁观者或评判者，而应指导学生进行有效的口语交际实践。有专家认为，口语交际课不能以一场比赛或测试取代教学。"语文课程与教学'重在实践'，这与体育有几分相似之处；但重在实践，决不能理解成把学生扔到水里让他们自己去游，教师却只管拿着一块秒表登记登记学生们游到终点的时间。""语文课程与教学，是要'教'的；口语交际教学，也是要'教'要'学'的。"① 游戏或表演固然能使学生"互动"起来，在模拟的情境中进行交际，但是，游戏或表演的目的性要强，要尽量让学生通过游戏或表演得到口语交际能力的训练，而不能只为了课堂的热闹。如有的教师在教学口语交际《我会拼图》时，安排了"拼图商店"游戏，但是没有提示在游戏中买卖双方如何打招呼、买卖拼图时依据什么去讨价还价等（这本身就是对拼图的评价，是训练提示中的一个要求），结果学生的"买卖拼图"就只能是走过场了。

### 五、重视说话内容及语体的指导

口语交际能力的构成要素是多方面的，但其中能把"话"说好却是最重要的因素。把内容表达清楚、把话说通顺、说话符合身份与语境，这当然是口语交际课上要重点指导的内容。正如《千字文》中所言："笺牒简要，顾答审详"。无论书信还是说话，都应做到既简洁又周全。口语交际训练，应重视说话内容及语体的指导。如果抛开所说的"话"（即语言）的质量（内容、语法、语体等），而只关注体态等非语言本身的东西，那就是本

---

① 倪文锦. 小学语文新课程教学法［M］. 北京：高等教育出版社，2003：175－176.

末倒置了。

有教材指出，在说话过程中，学生常常会出现两种情况：一是像背书一样，听起来很不自然，一是像随意聊天，方言俚语，很不规范。这种情况产生的一个主要原因是学生没能正确运用谈话语体。谈话语体，从语音方面看，音量适度，语速适中，语调灵活；从语汇方面看，用词平易确当，排斥粗俗的言词和方言俚语；从句式方面看多用短语、省略句，很少用结构复杂的长句，关联词语使用的频率也较低等等。① 口语交际训练不能只求交际的形式，以为学生只要互动了就是交际了，而应特别关注学生说的是什么，说得怎么样，对他们说的话要进行细致的指导。

## 六、重视文明态度和语言修养的指导

交际的礼仪与修养古今中外都备受重视。《千字文》中有"聆音察理，鉴貌辨色""矩步引领，俯仰廊庙。束带矜庄，徘徊瞻眺"等有关交际礼仪的建议。《论语》的《乡党》篇中前两章为："孔子于乡党，恂恂如也，似不能言者。其在宗庙朝廷，便便言，唯谨尔。""朝，与下大夫言，侃侃如也；与上大夫言，訚訚如也。君在，踧踖如也，与与如也。"从这些内容可以看出古人对交际礼仪的重视。王荣生、宋冬生主编的《语文学科知识与教学能力》引用如下资料证明了非语言交流在口语交际中的重要作用：1967 年，加州大学洛杉矶分校的梅拉宾教授研究发现，在对一个有歧义的信息进行判断时，身体语言起到的作用为 55%，语调起到的作用是 38%，而有声语言起到的作用仅为 7%。这就是所谓的"7% –38% –55%"规则，有人形象地称之为"范儿理论"。② 可见，重视文明态度和语言修养的指导也是有科学依据的。因此，口语交际的指导，不但要指导学生把话说正确、说清楚，也要注意语言态度与语言修养的指导。教师要注意以身立教，本身要进入角色，讲文明，讲礼貌，尊重学生。前面两个课例中的老师，在这些方面就做得非常好。

## 七、鼓励学生在各科学习活动及日常生活中锻炼

《全日制义务教育语文课程标准（实验稿）》建议："鼓励学生在各科教

---

① 《小学语文教学研究》编写组. 小学语文教学研究［M］. 南京：江苏教育出版社，1993：242.

② 王荣生，宋冬生. 语文学科知识与教学能力［M］. 北京：高等教育出版社，2011：87.

学活动以及日常生活中锻炼口语交际能力。"口语交际能力的形成重在实践。如在前面有关口语交际教学途径中所说，口语交际能力的形成仅靠语文教学是远远不够的。语文教师必须鼓励学生在各科学习活动及日常生活中锻炼。特别要鼓励学生在各科学习活动中大胆发言，敢于质疑，积极参加讨论，积极参加各种活动，努力提高口语交际的能力。

## 第五节　口语交际的教学过程与方法

教学过程与方法都是比较复杂的概念。本节主要讨论"大口语交际"课的一般教学过程或课堂结构问题。至于口语交际的教学方法，则融合在课堂结构中，只对每个环节的实施步骤略作说明。

说话课怎么上？这在较早的语文教学论著中就有论述。如李纪生著、浙江人民出版社 1954 年出版的《小学语文教学法讲话》就提到，说话课的教学组织形式，大致可采用如下几个环节："组织教学，告知这次说话课的内容范围并作必要的示范，讲述或报告，总结评定，口头或书面巩固。"①

2001 年开始的新一轮课程改革，把口语交际提到了从未有过的高度。广大语文教学研究人员与教师对口语交际教学进行了积极探索与实践，有关口语交际课堂教学结构已出现了许多成果。例如，江平主编的《小学语文课程与教学》引用介绍了郭福根的口语交际教学的四个步骤：（1）课前准备；（2）导入情境；（3）模拟交际；（4）课外延伸。② 前面曾提到的深圳名师赵志祥老师教学《劝说》这一话题的课堂结构是：（1）挑战难关，在师生交际中选择话题；（2）分组演练，在生生交际中集体攻关；（3）创设情境，在模拟环境中展示成果；（4）趁热打铁，下笔成文时扬长避短。有的教材把口语交际教学的课堂结构概括为四种类型：随文训练式、焦点发散式、板块合成式、线性递进式。③

口语交际训练的内容丰富多彩，其课堂结构与教学方法也肯定是多种多样的。当然，"大口语交际"课也一定有共同的规律可循。在"大口语交际"的教学过程中，导入激趣、尝试交际、分项指导、综合训练、测验总

---

① 李纪生. 小学语文教学法讲话［M］. 杭州：浙江人民出版社，1954：133.
② 江平. 小学语文课程与教学［M］. 北京：高等教育出版社，2004：256.
③ 王守恒. 小学语文教学与研究［M］. 北京：人民教育出版社，2006：167.

结、延伸作业是值得关注的几个环节。下面对这几环节的意图与方法略作说明：

1. 导入激趣

这一环节的意图是：导入话题，激发兴趣。

可以采用举例子、讲故事、做游戏等方法，引起学生的兴趣，并导出口语交际的话题。

2. 尝试交际

这一环节的意图是：理解题意，明确要求，尝试交际。

可按以下三步进行：

（1）让学生读读说说口语交际话题的要求。

（2）教师解释并强调话题要求，使学生明确任务。

（3）鼓励学生按话题提示尝试着做一做或说一说，鼓励学生质疑问难。

3. 分项训练

这一环节的意图是：明确要领，分解训练，攻克难点。

针对上一环节学生尝试交际中的问题，逐项（或逐步）引导，使学生明确要求，并进行训练。每一项（或步）可按以下具体步骤进行：

（1）试一试。让学生试着说一说应该怎么做（或说），并试着做一做（或说一说）。教师具体指导。

（2）练一练。让学生再练一练。

"试一试"或"练一练"都可以先同桌或小组内进行，再指名展示；指名展示后要鼓励学生对其进行评价；这一环节要特别重视说话的指导，低年级甚至要一句一句地指导。

4. 综合训练

这一环节的意图是：模拟交际，综合训练。

在前一环节分项训练的基础上，创设有关情境，让学生扮演一定角色进行模拟表演。每种情境中的交际训练，可按以下具体步骤进行：

（1）分配角色，明确规则。

（2）进入角色，模拟交际。

（3）跳出角色，评价效果。

综合训练要尽量创设多种情境，尽量让学生体验多种角色；要注重评价与指导，避免流于形式。

5. 测验总结

这一环节的意图是：查漏补缺，总结巩固。

可分两步进行：

（1）学生质疑、谈收获。

（2）教师重点检查并课堂总结。教师要对本节课所应掌握的口语交际要领进行更加明确的概括与提示；对学生的进步予以充分的肯定。

6. 延伸作业

这一环节的意图是：课外延伸，拓展训练。

布置适当的实践性作业，引导学生在课外大胆实践课堂上所学习的口语交际知识，锻炼自己的口语交际能力。当然也可以说写结合，进行适当的书面表达训练。

**思考与实践：**

1. 口语交际能力包括哪些要素？影响口语交际能力形成的因素有哪些？

2. 设计一个口语交际教学的教案。

# 第八章
# 小学语文综合性学习

　　语文综合性学习是 2001 年《全日制义务教育语文课程标准（实验稿）》中出现的一项重要内容。因此 2001 年以来的小学语文课程与教学论有关教材或论著，大都包含有小学语文综合性学习的有关论述。例如：

　　倪文锦主编、高等教育出版社出版的基础教育新课程教师教育系列教材《小学语文新课程教学法》（2003 年 7 月第 1 版），设有"小学语文综合性学习"一章，包含"小学语文'综合性学习'概述""小学语文综合性学习的实施""小学语文综合性学习的评价"三节内容。

　　李家栋主编、开明出版社出版的中小学教师继续教育——新课程教学丛书《小学语文新课程教学法》（2003 年 11 月第 1 版），设有"整合语文资源，活化语文学习——小学语文综合性学习教学实践与设计"一章，包含"对语文综合性学习的理解""语文综合性学习的实施建议""语文综合性学习的教学设计"三项内容。

　　江平主编、高等教育出版社出版的高等院校小学教育专业教材《小学语文课程与教学》（2004 年 8 月第 1 版）设有"综合性学习"一节，含有"综合性学习的意义""综合性学习的目标""综合性学习指导的关注点""综合性学习的基本类型及其指导方法""综合性学习的评价策略"等内容。

　　尚继武主编、山东教育出版社出版的高职高专初等教育专业系列教材《新课程背景下的小学语文学与教》（2008 年 8 月第 1 版）设有"小学语文综合性学习"一章，包括"小学语文综合性学习概述""小学生语文综合性学习指导""小学语文综合性学习实施"三节内容。

　　上述有关教材的内容涉及小学语文综合性学习的概念、实施、评价等。下面将分如下四节对小学语文综合性学习及其指导的有关问题进行探讨：小学语文综合性学习概述、小学语文综合性学习目标、小学语文综合性学习的指导原则、小学语文综合性学习的过程与方法。

# 第一节　小学语文综合性学习概述

## 一、小学语文综合性学习的概念

### （一）语文综合性学习概念的提出

语文学习不能局限于课内，这在早期的课程标准中就有体现。如1929年的《小学课程暂行标准小学国语》，其"教学方法要点"的第33条提出："利用课外的表演，讲演会，读书会，展览会，作文比赛会，写字竞进会，刊物投稿等，以增加学习的效率。"① 1950年的《小学语文课程暂行标准（草案）》在"教学方法要点"中提出："不论读、说、作、写，都要从综合的实践中进行教学，使儿童手脑并用。使儿童具有从感性认识提高到理性认识的基本习惯，并能随时发现问题。"②

改革开放以来，课内外结合与综合性学习越来越受到了重视。1978年的《全日制十年制学校小学语文教学大纲（试行草案）》在"大力改进小学语文教学"部分要求："要处理好课内与课外的关系。""除了加强课外阅读，鼓励课外习作，还应当在学校的统一安排下，有计划地引导学生参加三大革命运动，让学生从小接触社会，热爱劳动，丰富语文教学的活动，充实写作的内容，有效地提高语文教学质量。"③ 1988年的《九年制义务教育全日制小学语文教学大纲（初审稿）》把"课外活动"作为大纲内容的一个独立部分，将"课外活动"提高到了一个从没有过的高度，并提出了语文与其他学科活动配合问题，指出："课外活动是语文教学的有机组成部分。它可以加速培养并提高学生听说读写的能力；可以增长学生的知识，开阔视野，陶冶情操，丰富生活；可以激发学生的兴趣，发挥特长，促进个性的发展。""小学语文的课外活动包括课外阅读、兴趣小组活动和其他语文课外活动。""要有目的、有计划地开展语文课外活动，注意和其他学

---

① 课程教材研究所. 20世纪中国中小学课程标准·教学大纲汇编·语文卷［M］. 北京：人民教育出版社，2001：20.

② 课程教材研究所. 20世纪中国中小学课程标准·教学大纲汇编·语文卷［M］. 北京：人民教育出版社，2001：68.

③ 课程教材研究所. 20世纪中国中小学课程标准·教学大纲汇编·语文卷［M］. 北京：人民教育出版社，2001：182.

科活动的协调配合，不要加重学生的负担。"① 该大纲在"教学中应该注意的几个主要问题"中提出："要注意教学的纵向联系和横向联系。""要重视听说读写之间的联系，从听读学说写，以说写促听读，使口头语言和书面语言相互促进。要注意课内和课外的联系。还要注意语文和其他学科的联系，做到相互配合、协调发展。"② 2000 年的《九年义务教育全日制小学语文教学大纲（试用修订版）》的"教学内容和要求"部分，在"教学的总要求""各年段的要求""课文"三项内容之后，单独列出了"语文实践活动"，用"语文实践活动"代替了原来大纲中的"课外活动"。③ 在"教学中应该注意的几个问题"中提出："要充分利用现实生活中的语文教育资源，优化语文学习环境，努力构建课内外联系、校内外沟通、学科间融合的语文教育体系。开展丰富多彩的语文实践活动，拓宽语文学习的内容、形式与渠道，使学生在广阔的空间里学语文、用语文，丰富知识，提高能力。"④

2001 年《全日制义务教育语文课程标准（实验稿）》提出了"综合性学习"的概念。在"课程的基本理念"中提到："语文综合性学习有利于学生在感兴趣的自主活动中全面提高语文素养，是培养学生主动探究、团结合作、勇于创新精神的重要途径，应该积极提倡。""综合性学习"作为学习方式，与"识字与写字""阅读""写作""口语交际"等内容不是一个层面，但为了突显其重要性，该课程标准在阶段目标中把它作为与"识字与写字""阅读""写作""口语交际"并列的一项内容列出来，在"教学建议"与"评价建议"中都专门提出了"综合性学习"的建议。"综合性学习"的概念涵盖了原来"语文实践活动"的内容，但又大大超出了"语文实践活动"的内容。

**（二）语文综合性学习的含义与特征**

1. 语文综合性学习的含义

什么是语文综合性学习？2001 年的《全日制义务教育语文课程标准（实验稿）》并没有给出明确的定义。只是在"教学建议"中提出："综合

① 课程教材研究所. 20 世纪中国中小学课程标准·教学大纲汇编·语文卷 [M]. 北京：人民教育出版社，2001：214.

② 课程教材研究所. 20 世纪中国中小学课程标准·教学大纲汇编·语文卷 [M]. 北京：人民教育出版社，2001：215.

③ 课程教材研究所. 20 世纪中国中小学课程标准·教学大纲汇编·语文卷 [M]. 北京：人民教育出版社，2001：258-259.

④ 课程教材研究所. 20 世纪中国中小学课程标准·教学大纲汇编·语文卷 [M]. 北京：人民教育出版社，2001：259.

性学习主要体现为语文知识的综合运用、听说读写能力的整体发展、语文课程与其他课程的沟通、书本学习与实践活动的紧密结合。"

王荣生、宋冬生主编的《语文学科知识与教学能力》认为："语文综合性学习是以读写听说能力的整体发展为首要目标的语文实践活动。"这一定义强调了以下两点：语文综合性学习的本质是语文实践活动；提高读写听说的综合能力是语文综合性学习的首要目的。①

尚继武主编的《新课程背景下的小学语文学与教》认为：对小学语文综合性学习的内涵，可作教学主体、学习方式、培养目标、学习途径、成果形态、综合特点等方面的描述。② 对小学语文综合性学习的内涵从这些方面去描述是比较全面的，但作为定义，这样显然不够简明。

我们可以把小学语文综合性学习简单定义为：围绕某一主题或任务，通过学生的自主活动，学语文，用语文，全面提高语文素养的学习方式。这一定义中有如下几个要点：一是围绕某一主题或任务进行，即综合性学习应有一个主题或总的任务——或者从事某项活动，或者研究某个问题等——这就给语文学习赋予了意义与趣味，会给学生带来学习的动力；二是学生自主活动，即小学语文综合性学习应是学生自主的学习活动，教师应该给予指导，但不能代替学生的主体地位；三是学语文、用语文，即应该把活动与学习语文、运用语文结合起来，通过活动学习语文，或在活动中运用语文；四是全面提高语文素养，即通过小学语文综合性学习活动，应尽量使学生多方面的语文素养得到锻炼和提高。

2. 小学语文综合性学习的特征

为了更好地把握综合性学习的含义，有些教材对综合性学习的特征进行了归纳与论述。如，王文彦、蔡明主编的《语文课程与教学论》（第2版），将综合性学习的主要特点概括为整体性、自主性、开放性。③ 尚继武主编的《新课程背景下的小学语文学与教》，将小学语文综合性学习的主要特征归结为六个方面：综合性、自主性、实践性、合作性、开放性、创造性。④ 王荣生、宋冬生主编的《语文学习知识与教学能力》，将语文综合性

---

① 王荣生，宋冬生. 语文学科知识与教学能力［M］. 北京：高等教育出版社，2011：94 – 95.

② 尚继武. 新课程背景下的小学语文学与教［M］. 济南：山东教育出版社，2008：325.

③ 王文彦，蔡明. 语文课程与教学论（第2版）［M］. 北京：高等教育出版社，2006：285.

④ 尚继武. 新课程背景下的小学语文学与教［M］. 济南：山东教育出版社，2008：325 – 327.

学习的特征概括为语文性、真实性、合作性。① 可以看出，各种教材对综合性学习特征的归纳是不完全相同的，但它们所归纳的特征确实都是综合性学习所应关注的问题。参考有关观点，我们可以把小学语文综合性学习的特征归纳为以下八个方面：

（1）目标的全面性。小学语文综合性学习的目标是全面提高学生的语文素养。既要考虑知识，又要考虑能力，还要考虑情感态度等，而知识、能力、情感态度各方面所涉及的内容也应尽量考虑全面。

（2）内容的综合性。小学语文综合性学习的内容应是多方面并且相互联系的，既要注意语文知识能力的综合，又要注意语文课程与其他课程的沟通，注意语文学习与社会活动、日常生活的联系。

（3）时空的开放性。小学语文综合性学习应突破课堂与教室的时空限制。在时间上，一项任务或一个课题，可以一节课或一天完成，也可以一周、一月甚至一个学期完成；在空间上，可以在教室内，但更多的是走出教室，到更广阔的天地里去学习。

（4）形式的实践性。小学语文综合性学习主要是在观察自然与社会、参与社会活动等实践过程中学习，语文的学习与运用是在实践活动中进行的。

（5）主体的自主性。小学语文综合性学习与一般的课堂教学相比，更加注重学生的主体性，活动主题或学习任务的确定、学习计划或方案的制订、学习方法的选择、过程的实施与总结交流等，都应体现学生的自主性。当然教师的指导是必不可少的。

（6）人员的合作性。小学语文综合性学习需要个人努力，但更关注学生的合作，注意学习过程的合作，注意结果的共享与交流。

（7）方式的探究性。小学语文综合性学习注重采用探究性学习方式，尽量由学生提出任务或问题，运用科学合理的方法，通过一定的努力去完成任务或解决问题。

（8）重点的语文性。语文综合性学习首先是语文的学习。小学语文综合性学习虽然要求注意语文课程与其他课程的沟通，强调在各种活动中进行，但其学习与运用语文、全面提高学生的语文素养才是最根本的目标。"读写听说能力的整体发展是语文综合性学习的学科立场和核心特征。"②

3．小学语文综合性学习与几个相关概念的区别

（1）小学语文课堂教学。小学语文课堂教学虽然也应注重听说读写结

---

① 王荣生，宋冬生．语文学科知识与教学能力［M］．北京：高等教育出版社，2011：96.
② 王荣生，宋冬生．语文学科知识与教学能力［M］．北京：高等教育出版社，2011：96.

合、注重联系实际、注重实践等，但其学习内容、学习时间、学习地点等基本是既定的，主要是在教室内按部就班进行的。而综合性学习则不受课堂时间地点的限制，其学习内容更为丰富，学习时间更为灵活，学习空间更为广阔。

（2）小学语文课外活动或语文实践活动。过去的小学语文教学也提倡开展课外活动或语文实践活动，但学习内容与活动方式往往比较单一，如成语接龙比赛、课外阅读活动、诗文朗诵比赛、故事会等。这些活动仍局限在语文学习活动内，并没有与学生的生活实际联系起来，并不能很好地体现综合性，难以使学生体会到语文学习的意义。而综合性学习，把语文学习融合在丰富的生活与实践活动中，在活动中学语文、用语文，有助于学生体会到语文的意义与价值。

（3）综合实践活动课程。综合实践活动，是国家规定在小学至高中设置的一门综合性课程，是一门必修课。其内容主要包括：信息技术教育、研究性学习、社区服务与社会实践以及劳动与技术教育。它强调学生通过实践，增强探究和创新意识，学习科学研究的方法，发展综合运用知识的能力。增进学校与社会的密切联系，培养学生的社会责任感。因此，综合实践活动课程虽然也强调综合，但它是一门特定的课程，有特定的课程目标与课程内容。而小学语文综合性学习，仍然属于语文课程，是语文课程的一种学习方式。

## 二、小学语文综合性学习的意义

《义务教育语文课程标准（2011 年版）》在"课程的基本理念"中提到："综合性学习既符合语文教育的传统，又具有现代社会的学习特征，有利于学生在感兴趣的自主活动中全面提高语文素养，有利于培养学生主动探究、团结合作、勇于创新的精神，应该积极提倡。"这是对小学语文综合性学习意义的明确揭示。新课改以来的小学语文课程与教学论教材大多对小学语文综合性学习的意义有所论述。例如：

倪文锦主编的《小学语文新课程教学法》认为，"小学语文课程设置'综合性学习'具有多方面的意义，它使小学语文教育的价值功能有可能充分发挥。"[1] 江平主编的《小学语文课程与教学》对综合性学习的意义从以下四个方面进行了论述：推动语文教学改革的发展；拓展学生语文学习的

---

[1]　倪文锦. 小学语文新课程教学法［M］. 北京：高等教育出版社，2003：190.

空间；促进学生多元智能的发展；促进学生综合运用能力、探究能力的提高。① 童子双主编的《小学语文新课程教学与研究》认为，在小学语文综合性学习的理念下，至少在以下四个方面发生了质的变化：使语文课堂变大了；学生的修养更全面了；真正实现了语文学习的"学以致用"；真正践行了"合作"的理念。② 熊开明编著的《小学语文新课程教学法》对综合性学习的意义从以下三个角度进行了论述：从语文课程设计的角度说，语文综合性学习体现了课程综合化的趋势，是落实"努力建设开放而有活力的语文课程"这一语文课程基本理念的重要途径；从课程目标的角度说，语文综合性学习有利于整体提高学生的语文素养；从课程实施的角度说，语文综合性学习有利于转变学生的学习方式。③ 刘济远主编的《小学语文教学策略》对综合性学习的意义也从"课程设计""课程目标""课程实施"三个角度进行了论述。④

由上可以看出，小学语文综合性学习的意义是多方面的，可以从不同的方面或角度进行理解。总起来说，小学语文综合性学习对于建设开放而有活力的语文课程，对于促进语文教学改革、特别是促进学生学习方式的转变，对于全面提高学生的语文素养等，都具有重要的意义。

# 第二节　小学语文综合性学习的目标

## 一、目标的广度（项目）

### （一）知识目标

主要包括以下方面：

（1）与"活动主题"有关的知识。综合性学习往往要围绕一定的主题（或某一任务）而进行，研究这一主题或完成这一任务则可获得与之相关的知识。

（2）语文知识。综合性学习当然可以把学习某一（些）语文知识作为

---

① 江平. 小学语文课程与教学［M］. 北京：高等教育出版社，2004：257－258.

② 童子双. 小学语文新课程教学与研究［M］. 北京：中国广播电视出版社，2008：295－296.

③ 熊开明. 小学语文新课程教学法［M］. 北京：首都师范大学出版社，2010：142.

④ 刘济远. 小学语文教学策略［M］. 北京：北京师范大学出版社，2010：178－179.

研究主题或任务，这样的综合性学习当然要达成一定的语文知识目标；而围绕非语文的研究主题或任务的综合性学习，也应尽量运用已有语文知识，从而巩固语文知识，并尽量获得新的语文知识。

（3）有关学习方法的知识。在综合性学习的过程中，对学习的方法必然有新的认识与感受。

### （二）能力目标

主要包括以下方面：

（1）在实践中学习和运用语文的能力。这是语文综合性学习最核心的目标，它包括：提出问题与讨论、解决问题的能力；观察与表达生活、自然的能力；参与、组织与表达社会实践及学习活动的能力。

（2）搜集与处理信息的能力。

（3）运用新技术与多媒体学习语文的能力。

（4）发展智力，重点是想象力与创造潜能。

### （三）情感态度目标

主要包括以下两方面：

（1）学习兴趣、探究精神与合作意识。

（2）"活动主题"所导向的情感、态度。

## 二、目标的深度（层次）

### （一）总目标

《义务教育语文课程标准（2011年版）》总目标中的每一条都与综合性学习有密切的联系，都需要借助综合性学习才能达成。但与综合性学习联系最直接的是第5、10条，这两条即为小学语文综合性学习的总目标：

> "能主动进行探究性学习，激发想象力和创造潜能，在实践中学习和运用语文。""学会使用常用的语文工具书。初步具备搜集和处理信息的能力，积极尝试运用新技术和多种媒体学习语文。"

### （二）学段目标

《义务教育语文课程标准（2011年版）》制定了各学段的综合性学习目标，教师在制定每次综合性学习具体目标时必须符合学段目标的要求。理清各学段综合性学习目标之间的联系及层次性是很有必要的。有些小学语文课程与教学论教材，已做过有关工作。例如，李家栋主编的《小学语文新课程教学法》指出，"综合性学习一至三学段目标的制定涉及的活动领域有学生生活、自然、社会，一二学段侧重学生生活和大自然，第三学段侧重学生生活和社会"。该书认为综合性学习形式主要有问题探究性学习、观察性学习与活动性学习三种，并对这三种学习形式所对应的各学段的要求进行了梳理。① 尚继武主编的《新课程背景下的小学语文学与教》认为，"各学段综合性学习目标的差异性主要体现在，这些目标要求是随着小学生年级的升高不断提升、不断发展的"，对此，该教材从"态度、能力""成果表达""主题范围"三个方面进行了举例梳理。②

为便于把握各学段目标之间的联系与层次性，现将《义务教育语文课程标准（2011年版)》中的综合性学习目标列表整理如下（表8-1)：

表8-1 各学段的综合性学习目标

| 学习类型 | 一 | 二 | 三 |
|---|---|---|---|
| 问题探究性学习（提出与讨论问题） | 对周围事物有好奇心，能就感兴趣的内容提出问题，结合课外阅读，共同讨论。 | 能提出学习和生活中的问题，有目的地搜集资料，共同讨论。 | 为解决与学习和生活相关的问题，利用图书馆、网络等信息渠道获取资料，尝试写简单的研究报告。对自己身边的、大家共同关注的问题，或电视、电影中的故事和形象，组织讨论、专题演讲，学习辨别是非、善恶、美丑。初步了解查找资料、运用资料的基本方法。 |
| 观察性学习（观察、思考与表达） | 结合语文学习，观察大自然，用口头或图文等方式表达自己的观察所得。 | 结合语文学习，观察大自然，观察社会，用书面或口头方式表达自己的观察所得。 | |
| 活动性学习（生活、活动与表达） | 热心参加校园、社区活动。结合活动，用口头或图文等方式表达自己的见闻和想法。 | 能在教师的指导下组织有趣味的语文活动，在活动中学习语文，学会合作。在家庭生活、学校生活中，尝试运用语文知识和能力解决简单问题。 | 策划简单的校园活动和社会活动，对所策划的主题进行讨论和分析，学写活动计划和活动总结。 |

---

① 李家栋. 小学语文新课程教学法［M］. 北京：开明出版社，2003：136.

② 尚继武. 新课程背景下的小学语文学与教［M］. 济南：山东教育出版社，2008：338-339.

# 第三节　小学语文综合性学习的指导原则

2001 年、2011 年语文课程标准在教学建议与评价建议中都对综合性学习提出了一些建议。我们可以把这些建议看做是综合性学习指导的原则。

教育部基础教育司组织编写的《语文课程标准（实验稿）解读》，对各个阶段"综合性学习"的目标所作的分析，实际上也是对综合性学习指导所提出的建议：一是突出综合，包括学习目标的综合、跨领域学习目标的综合、学习方式的综合；二是加强实践，包括重探究、重应用，重过程、重参与，重方法、重体验；三是强调自主。①

自 2001 年的语文课程标准实施以来，有关小学语文课程与教学论的教材或论著，大多对小学语文综合性学习的指导建议有所论述。如魏薇主编的《小学语文教学法》，在"小学语文实践活动的设计思路"中提出了五个方面的建议，也可看做综合性学习指导的建议："学生地位：从被动到主动"；"教师职能：从传授到指导"；"活动内容：从单一到综合"；"活动空间：从封闭到开放"；"活动形式：丰富多样"。② 倪文锦主编的《小学语文新课程教学法》从以下三个大的方面说明了综合性学习实施的基本要求：一是"学习内容确定和目标取向"，包括重综合、重实践、重生成、重开放四个方面；二是"学习方式"，包括学习者的主动探究、学习方式的个性化、学习者之间的合作互动、学习者的过程体验四个方面；三是"学习活动指导"，包括了解、尊重学生的兴趣爱好和学习需求，关注、联系儿童的生活世界，鼓励孩子们"动"起来三个方面。③ 李家栋主编的《小学语文新课程教学法》，从开发资源、教学程序、实施评价三个方面提出了语文综合性学习的实施建议。④ 江平主编的《小学语文课程与教学》认为，综合性学习的指导要关注综合性、自主性、实践性等特点。⑤ 尚继武主编的《新课程背景下的小学语文学与教》论述了指导小学生语文综合性学习应坚持的

---

① 巢宗祺，雷实，路志平. 语文课程标准（实验稿）解读 [M]. 武汉：湖北教育出版社，2002：81 – 85.

② 魏薇. 小学语文教学法 [M]. 济南：齐鲁书社，2002：71 – 74.

③ 倪文锦. 小学语文新课程教学法 [M]. 北京：高等教育出版社，2003：195 – 198.

④ 李家栋. 小学语文新课程教学法 [M]. 北京：开明出版社，2003：137 – 139.

⑤ 江平. 小学语文课程与教学 [M]. 北京：高等教育出版社，2004：259 – 260.

几条理念：立足于语文学科教学，彰显学习活动的综合性；立足于学习资源开发，突显综合性学习的开放性；着眼小学生全面发展，强化小学生学习主体性；搭建科学平台，追求综合性学习的实践性。①

其实简单地说，小学语文综合性学习指导的建议，就是要求努力体现小学语文综合性学习的特点（特征）。因此，我们可以把努力体现小学语文综合性学习的特征作为小学语文综合性学习的指导原则。前面已对小学语文综合性学习八个方面的特征作过简单说明，在此不再重述，仅再列出其标题，即：目标的全面性、内容的综合性、时空的开放性、形式的实践性、主体的自主性、人员的合作性、方式的探究性、重点的语文性。

## 第四节　小学语文综合性学习的类型

小学语文综合性学习的类型是多种多样的。不同类型的综合性学习显然有其不同的特点，在指导上应该采取不同的方法。因此搞清小学语文综合性学习的类型是十分必要的。当然对其分类也是一项复杂的工作，并没有统一的标准与结论。例如：

倪文锦主编的《小学语文新课程教学法》分别按照"设计主体""学习目标""学习活动形式""资源利用""成果呈现方式"等对小学语文综合性学习进行了分类。② 李家栋主编的《小学语文新课程教学法》认为，综合性学习的学习形式主要有三种（问题探究性学习、观察性学习、活动性学习），也即从学习形式方面进行了分类。③ 江平主编的《小学语文课程与教学》，根据学习目标和学习方式将综合性学习分为了四种类型。④ 尚继武主编的《新课程背景下的小学语文学与教》，分别按照"学习主题的来源不同""学习方式不同"和"学习资源的不同"对小学语文综合性学习进行了分类，并指出，"还可以按照学习目标、学习成果的呈现方式进行划分"。⑤

————————

　① 尚继武. 新课程背景下的小学语文学与教［M］. 济南：山东教育出版社，2008：332 - 334.

　② 倪文锦. 小学语文新课程教学法［M］. 北京：高等教育出版社，2003：194.

　③ 李家栋. 小学语文新课程教学法［M］. 北京：开明出版社，2003：136.

　④ 江平. 小学语文课程与教学［M］. 北京：高等教育出版社，2004：260.

　⑤ 尚继武. 新课程背景下的小学语文学与教［M］. 济南：山东教育出版社，2008：327 - 328.

上面所列举的分类依据，涉及设计主体（或"设计"来源）、学习目标（或知识范围、知识的综合程度）、学习活动形式、资源利用、成果呈现方式等方面。当然，即使依据同一个标准或从同一角度来分类，其具体的分类情况也不是完全相同的。在诸多的分类依据或角度中，按照设计主体、主题来源、综合程度、活动形式来分类，对于理清综合性学习的思路显得特别重要。下面就从这四个角度对小学语文综合性学习略作分类梳理。

## 一、按设计主体分

"设计主体"，即综合性学习的要求或题目是由谁设计或提供的。这在倪文锦主编的《小学语文新课程教学法》里被称作"设计主体"，而在尚继武主编的《新课程背景下的小学语文学与教》里被称作"学习主题的来源"。他们分别将小学语文综合性学习分为"教材本位""教师本位""学生本位"的综合性学习设计，① 或"主题源自教材""主题源自教师""主题源自小学生"的综合性学习。② 他们的说法有区别，但内容是一致的，其三种综合性学习的设计者都分别是教材（即教材编者）、教师、学生。

（1）教材中设计的"综合性学习"。2001 年《全日制义务教育语文课程标准（实验稿）》颁布实施以来，根据新课标理念和精神编写的小学语文教材中，都设计了综合性学习的题目或要求。这些题目或要求一般分两种形态：一种是结合着一般的课文学习或语文知识和听说读写训练而进行的综合性学习，一种是专门编排的"综合性学习"项目。这两种形态的学习的关系，类似于我们通常所说的作文训练中的"小练笔"与"大作文"、或口语交际训练中的"小口语交际"与"大口语交际"等的关系，因此，我们也可以把教材中专门设计的"综合性学习"项目叫做"大综合性学习"。

下面是人教社版义务教育课程标准实验教科书语文中"综合性学习"设计的几个例子：

三年级上册中设计了两次"综合性学习"。第一次"综合性学习"在第一单元。这个单元的主题是"丰富多彩的生活"，由 4 篇课文 1 个"语文园地"组成。4 篇课文是《我们的民族小学》《金色的草地》《爬天都峰》和略读课文《槐乡的孩子》。在第一课《我们的民族小学》的课后，安排了"综合性学习"，提出了如下要求："我们在学校过着快乐的学习生活，课余

---

① 倪文锦. 小学语文新课程教学法 [M]. 北京：高等教育出版社，2003：194.
② 尚继武. 新课程背景下的小学语文学与教 [M]. 济南：山东教育出版社，2008：327.

生活又是怎么安排的呢？让我们开展一次活动，把自己的课余生活记录下来。可以用文字叙述，可以填表格，可以画图画……注意边记录边整理资料，准备和同学交流。"在第三课《爬天都峰》之后，又作了一次"综合性学习提示"："这几天，你是不是把自己的课余生活记录下来了？下面是我的记录，你是怎么记录的？我们来交流交流吧！"附有如下表格（表8-2）：

### 表8-2　综合性学习提示举例

| 时间 | 活动内容 | 收获和感受 |
| --- | --- | --- |
| 星期一 | 整理自己的房间。<br>准备了一个好词好句积累本。 | 我现在是三年级的学生了，在学习上要更加努力。 |
| 星期二 | 学会了煮面条。<br>和小伙伴捉迷藏。 | 学会了一个新本领，心里特别高兴。 |
| 星期三 | …… | …… |

此单元"语文园地"中"口语交际"话题是"我们的课余生活"，"习作"也是写课余发生的事。

第二次"综合性学习"在第五单元。这个单元的主题是"光辉灿烂的传统文化"，也由4篇课文和1个"语文园地"组成。4篇课文是《孔子拜师》《盘古开天地》《赵州桥》和略读课文《一幅名扬中外的画》。教材也是在第一、三课后提出了开展了解传统文化活动的要求与提示。"语文园地"中"口语交际"话题与"习作"内容也都是"传统文化"。

义务教育课程标准实验教科书语文六年级上册也安排了两次"综合性学习"。一次是在"祖国在我心中"专题中，与课文的学习同步进行，要求学生开展调查访问、搜集资料等活动，交流收获和展示成果。另一次"轻叩诗歌的大门"安排在第六组。这次综合性学习，首先在导语中提出学习任务——以"了解诗歌"为主题，开展搜集诗歌、欣赏诗歌、朗诵诗歌等活动。而后分成两大板块——"诗海拾贝""与诗同行"，按两个阶段开展综合性学习。教材在这两大板块中，分别提出活动建议，提供若干必读材料。第一个板块引导学生搜集诗歌并进行整理、欣赏；第二个板块引导学生动手写诗、开诗歌朗诵会、编诗集和进行诗歌知识竞赛。最后，提出写一个简单的活动总结。

"大综合性学习"项目，把听说读写能力的培养贯穿在整个学习活动中。除了学习专题和必读材料予以落实以外，学习的具体内容、方式、方法，学习成果的呈现方式等，师生有相当大的自主权。其目的是为了培养学生的合作精神，培养策划、组织、协调和实施的能力，特别是语文综合运用能力。

（2）教师设计的"综合性学习"。这类综合性学习，是指教师在领会并落实好语文教科书中设计的综合性学习的基础上，根据教学或学生发展需要而选择或设计的综合性学习。

（3）学生设计的"综合性学习"。这类综合性学习，是指学生自行设计的综合性学习。

## 二、按主题来源分

综合性学习的主题，即综合性学习所围绕的主要问题或内容；主题来源是指获取主题的知识领域或活动范围等。此种分类在许多材料中观点差不多，但所分的类别也不完全一致。例如，倪文锦主编的《小学语文新课程教学法》认为，综合性学习主题的选择与确定，可以从语文学习中发现、提取问题，从学生生活实践中发掘课题，从学校、家乡的自然和文化资源中提炼课题，从学科之间的联系中寻找课题[①]；李家栋主编的《小学语文新课程教学法》认为，主题来源一是课堂学习中探究未尽而又兴趣未减的问题，二是教材中涉及的问题，三是学习、生活中学生自发产生的问题，四是来源于学校组织的语文活动、校园活动以及社区组织的活动等[②]；江平主编的《小学语文课程与教学》认为，可以从课堂教学中创生主题，从生活实践中发掘主题，从自然、社会资源中提炼主题，从学科之间的联系中寻找主题[③]；尚继武主编的《新课程背景下的小学语文学与教》认为，综合性学习课题来源的一般途径有，从语文教材中选择课题、从生活实践中开发课题、从本土文化中开发主题、从学科的"交汇区"开发课题[④]。

总之，小学语文综合性学习的主题来源于学生学习、生活涉及的方方面面，例如：

（1）来源于语文教材。如课文内容涉及的问题、课文表达特色、相关语文知识、作者及相关作品、文史知识等。

（2）来源于学习活动。如学习方法、学习活动的探讨、尝试与启示等。

① 倪文锦. 小学语文新课程教学法［M］. 北京：高等教育出版社，2003：199－201.
② 李家栋. 小学语文新课程教学法［M］. 北京：开明出版社，2003：138.
③ 江平. 小学语文课程与教学［M］. 北京：高等教育出版社，2004：261－262.
④ 尚继武. 新课程背景下的小学语文学与教［M］. 济南：山东教育出版社，2008：342－344.

（3）来源于日常生活。如生活的启示、生活中的问题等。

（4）来源于自然或社会现象。如对自然与社会的观察，自然与社会现象的启示等。

（5）来源于各科知识、各种信息资源。如从各科学习与课外阅读中发现问题、解决问题等。

### 三、按综合程度分

综合性学习最重要的内涵是学习内容、特别是知识与能力的综合，但其综合程度是有区别的。可以按其综合程度分为如下几类：

（1）突出语文单项知识或能力的学习活动。这类活动往往为了字词句篇或听说读写某项知识的巩固、技能的形成或兴趣的培养而开展。例如：

突出识字写字的学习活动。如编字谜、猜字谜游戏，查字典比赛，寻找并纠正生活中的错别字等。

突出阅读能力训练的活动。如故事会、诗歌朗诵会、读书交流会等。

突出写作能力训练的活动。如书评、影评、投稿、征文比赛等。

突出口语交际能力训练的活动。如演讲比赛、辩论会等。

（2）语文知识、能力综合性训练活动。这类学习活动不只是突出语文知识能力的某一项，而是在活动中尽量使学生语文知识能力的多个方面获得提高。例如，办手抄报、举办语文竞赛周、编演课本剧等。

（3）语文与其他学科知识综合性实践活动。这类活动主要是把语文知识、能力运用到生活或其他学科的学习、活动中去，在日常生活、社会活动或某些学习研究活动中学习语文，运用语文，体现与提高语文素养。这是语文综合性学习所应努力追求的层次。

### 四、按学习活动的形式分

有关教材或论著中对综合性学习的分类，大都涉及按学习活动的形式或方式来分，但其所分的类别及名称是不尽相同的。例如，倪文锦主编的《小学语文新课程教学法》认为，按学习活动形式分类，可分为讨论、演讲、表演、辩论、参观、观察、访问、调查；按学习活动范围分类，可分为校园活动、社区活动、家庭活动、社团活动等。[①] 这里涉及学习活动的具

---

① 倪文锦. 小学语文新课程教学法［M］. 北京：高等教育出版社，2003：194.

体形式与范围。李家栋主编的《小学语文新课程教学法》认为，综合性学习的学习形式主要有三种：问题探究性学习、观察性学习、活动性学习。①该书在"语文综合性学习的教学设计"中，又从"综合性学习的学习方法"的四个方面来论述，所提到的四个方面是：语文知识、能力的整合；课内外相结合；书本学习与实践活动的结合；语文课程与其他学科的沟通。② 这实际上又是从学习内容范围方面对综合性学习所作的分类。江平主编的《小学语文课程与教学》认为，根据学习目标和学习方式可将其分为主题探究的研究性学习，问题解决的应用性学习，考察、参观、访问的体验性学习和社会参与的实践性学习四种类型。③ 尚继武主编的《新课程背景下的小学语文学与教》认为，按照学习方式不同，可以分为问题—解决式、观察—表达式、活动—探究式三类。④

综合性学习注重目标、形式等的综合，其活动形式应该是多种学习方式的组合，其组合形式当然是多种多样的。因此，对综合性学习方式的分类出现不同的意见是不足为奇的。当然，就具体的一次综合性学习项目或活动来说，必然有一种主要的学习方式。我们可以按照所采用的最主要的学习方式对综合性学习进行分类，分为如下三类：

（1）观察性学习。即引导小学生对自然、社会进行观察和思考，并把观察结果口头或书面表达出来的学习活动。

（2）体验性学习。即引导小学生设计、组织、参与某一活动，在活动中巩固、运用或获取语文知识，增长能力，提高语文综合素养的学习活动。例如：参加各种趣味语文活动；组织策划、参与校内外参观、访问、考察及社区服务等活动，在活动中学写计划与总结，表达见闻与想法等。

（3）探究性学习。即提出某一问题，围绕着解决这一问题而开展的学习活动。例如提出生活中的某个问题，通过查找资料或实验找到答案或解决办法，写出报告或研究结果，交流或表达研究成果等。研究的具体问题例如："为什么洋快餐比中国快餐更吸引人？""小学生为什么迷恋网吧？""风筝为什么会飞上天？"等。这类综合性学习对培养学生实践能力与创新意识意义重大。

---

① 李家栋. 小学语文新课程教学法 [M]. 北京：开明出版社，2003：136.
② 李家栋. 小学语文新课程教学法 [M]. 北京：开明出版社，2003：140.
③ 江平. 小学语文课程与教学 [M]. 北京：高等教育出版社，2004：260.
④ 尚继武. 新课程背景下的小学语文学与教 [M]. 济南：山东教育出版社，2008：328.

# 第五节 小学语文综合性学习的过程与方法

综合性学习的类型多种多样，其学习或指导过程也一定是多种多样的。当然，综合性学习的指导过程也一定有一些共同的规律，掌握这些规律显然是十分必要的。许多小学语文课程与教学论教材对小学语文综合性学习的指导过程都有所介绍或探讨。例如：

倪文锦主编的《小学语文新课程教学法》认为，小学语文综合性学习的实施过程一般分为四个阶段：综合性学习活动的准备阶段，进入问题情境阶段，实践体验和问题求解阶段，总结、表达和交流阶段。[①] 李家栋主编的《小学语文新课程教学法》对小学语文综合性学习一般的教学程序说明了以下四点：确定主题、指导策划、指导落实、交流共享。[②] 尚继武主编的《新课程背景下的小学语文学与教》认为，一般来说，一次具体的综合性学习活动以确定学习主题为起点，经过方案设计规划、学习宣传激励、教师督促指导、学习成果展示等环节，以学习反思与评价为结束。[③]

从以上资料可以看出，尽管研究者探讨的都是小学语文综合性学习指导的"一般"过程，其大体程序相似，但其所归纳的环节、步骤及其称谓却并不完全相同。其实这也说明，综合性学习的实施过程与教师或专家的认识是密切相关的；只要大体程序合理，具体环节或步骤的划分或名称可以各有特色。就一次完整的小学语文综合性学习的指导来说，一般应依次做好如下四个阶段的工作：准备—启动—展开—总结。下面对各阶段应该注意的问题略作说明。

## 一、准备阶段

综合性学习的指导，与所有教学活动一样，都需要教师的精心准备。作为 2001 年新课标才提出的一项重要学习内容或方式，综合性学习的教学实施更需要教师的认真准备与设计。有两项工作特别重要：一是宏观设计，二是具体设计。

---

① 倪文锦. 小学语文新课程教学法［M］. 北京：高等教育出版社，2003：201.
② 李家栋. 小学语文新课程教学法［M］. 北京：开明出版社，2003：138 – 139.
③ 尚继武. 新课程背景下的小学语文学与教［M］. 济南：山东教育出版社，2008：342.

### （一）宏观设计

在前面小学语文综合性学习的分类中提到，按"设计主体"，综合性学习的要求或题目可分为教科书中的设计、教师设计及学生设计三类。其实，教科书中的综合性学习设计也需要教师根据实际进行选用或改编，学生的设计当然更需要教师提前进行规划，因此，教师在综合性学习的设计中起着最关键的作用。像其他内容的教学一样，教师应该熟悉全套教材综合性学习的编排体系，于每个学期开学前，结合课程标准、教材内容、学校活动安排、学生实际及有关资源与环境条件等，整体规划学生的综合性学习主题与大体时间安排等。当然，当具体实施的时候，还应注意根据情况的变化，灵活调整或修改综合性学习的题目。

### （二）具体设计

每次综合性学习具体实施前，教师必须进行具体的设计，写出可行的指导方案（教案）。综合性学习的指导方案（教案），大体结构与其他内容的教案差不多，每部分的标题可略有不同。可包括如下部分：活动主题或题目、活动要求说明、学情分析、活动目标、活动重难点、活动方式、活动准备、活动时间、活动过程等。

## 二、启动阶段

启动阶段即学生综合性学习的起始阶段。这一阶段的意图是：导出活动主题，激发学生兴趣，明确活动目标，设计活动方案。可按以下三步进行：

（1）导入激趣。无论要学习研究什么内容或开展什么活动，都应该引起学生的注意与兴趣。综合性学习主题的导出，可以从有趣的故事或谈话开始，也可以说明其目的与意义等，这样才能使学生以积极的心态投入到学习中去。

（2）明确目标。引导学生明确给定的综合性学习的要求，或自主选择、确定学习研究的问题或活动主题。教师对学生提出问题要充分肯定、热情鼓励，要尊重学生的选择。

（3）设计方案。引导学生设计完成任务的具体方案，重点规划好任务分工、步骤方法等。可形成书面的活动方案，其主要内容可包括以下项目：活动主题或课题；活动目标或任务；活动时间、地点；活动步骤；任务分工；成果形式等。

## 三、展开阶段

展开阶段是综合性学习的具体实施阶段。这一阶段的意图是：根据本次综合性学习方案，开展具体的实践探究或学习体验活动。这一阶段的时间、地点都是开放的，要打破传统课堂时空限制，地点不限于学校内、课堂内，时间可以是几节课、几天甚至几个月。有教材把这一阶段的主要学习活动归纳为：观察（自然现象、社会现象）、搜集（学习资料、信息资源）、记录（观察所得、学习心得）、整理（对积累的材料进行归档、分析、概括、综合等等）、反思（对学习过程、收获、结果的反省认识，以及自我评价和对行动方式加以改善等等）、表达（选择合适的形式"叙述"学习成果、表征学习成果）。① 对于观察性学习，主要是观察并记录整理观察所得；对于问题探究性学习，主要是利用图书、网络、实验、调查访问等渠道或方法获取信息，寻求答案，尝试写研究报告等；对于活动或实践体验性学习，主要是具体开展活动，学写活动总结或表达活动见闻与想法等。

这一阶段以学生的自主活动为主，但教师不应完全撒手不管。教师应了解与关注学生的学习情况，适时督促与指导。要特别关注弱势学生，鼓励他们积极参与，大胆实践，促使每个学生都有收获。

### 四、总结阶段

总结阶段是综合性学习不可缺少的重要阶段。这一阶段的主要意图是，交流共享，提升学习效果。可按以下步骤进行：

（1）汇报展示。让各小组汇报学习研究情况，展示学习研究成果，以实现成果共享、相互启发。

（2）评比反思。①成果评比。鼓励学生对别人或其他小组的成果进行评价，以实现相互帮助、相互促进。②自我反思。鼓励学生谈自己的收获与不足，以学会反思、提升能力。

（3）总结延伸。教师对本次综合性学习的情况进行整体梳理、总结，布置延伸作业，巩固提升学习效果。

**思考与实践：**

1. 综合性学习有哪些类型？

2. 综合性学习的指导应遵循哪些基本原则？

3. 设计一次综合性学习的指导方案。

———————————

① 尚继武. 新课程背景下的小学语文学与教［M］. 济南：山东教育出版社，2008：344 - 345.

# 参考文献

李纪生. 小学语文教学法讲话 ［M］. 杭州：浙江人民出版社，1954.

薛焕武，李树棠，吴德涵，易新夏，等. 小学语文教学法 ［M］. 北京：人民教育出版社，1958.

袁微子. 小学语文教材教法 ［M］. 北京：人民教育出版社，1984.

戴宝云. 小学语文教育学 ［M］. 杭州：浙江教育出版社，1992.

《小学语文教学研究》编写组. 小学语文教学研究 ［M］. 南京：江苏教育出版社，1993.

人民教育出版社小学语文室. 小学语文教学法 ［M］. 北京：人民教育出版社，1995.

魏薇. 小学语文教学法 ［M］. 济南：齐鲁书社，2002.

倪文锦. 小学语文新课程教学法 ［M］. 北京：高等教育出版社，2003.

李家栋. 小学语文新课程教学法 ［M］. 北京：开明出版社，2003.

董蓓菲. 小学语文课程与教学论 ［M］. 杭州：浙江教育出版社，2003.

江平. 小学语文课程与教学 ［M］. 北京：高等教育出版社，2004.

东北师范大学网络教育学院组. 小学语文教学论 ［M］. 长春：东北师范大学出版社，2005.

王文彦，蔡明. 语文课程与教学论（第2版）［M］. 北京：高等教育出版社，2006.

尚继武. 新课程背景下的小学语文学与教 ［M］. 济南：山东教育出版社，2008.

倪文锦，欧阳芬，余立新. 语文教育学概论 ［M］. 北京：高等教育出版社，2009.

刘华. 小学语文课程与教学导引 ［M］. 镇江：江苏大学出版社. 2015.

李秉德. 教学论［M］. 北京：人民教育出版社，1991.

王道俊，王汉澜. 教育学［M］. 北京：人民教育出版社，1999.

张华. 课程与教学论［M］. 上海：上海教育出版社，2000.

吴立岗，夏惠贤. 现代教学论基础［M］. 南宁：广西教育出版社，2001.

朱慕菊. 走进新课程——与课程实施者对话［M］. 北京：北京师范大学出版社，2002.

巢宗祺，雷实，路志平. 语文课程标准（实验稿）解读［M］. 武汉：湖北教育出版社，2002.

朱昌宝. 课程改革发展 第二辑 课程改革4［M］. 北京：中央民族大学出版社，2002.

潘菽. 教育心理学［M］. 北京：人民教育出版社，1983.

张承芬. 教育心理学［M］. 济南：山东教育出版社，2004.

杨丽珠. 儿童心理学纲要［M］. 北京：社会科学文献出版社，1996.

朱作仁. 语文教学心理学［M］. 哈尔滨：黑龙江人民出版社，1984.

马笑霞. 语文教学心理研究［M］. 杭州：浙江大学出版社，2001.

乌美娜. 教学设计［M］. 北京：高等教育出版社，1994.

皮连生. 教学设计（第2版）［M］. 北京：高等教育出版社，2009.

［美］加涅，等. 教学设计原理（第5版）［M］. 王小明，等，译. 上海：华东师范大学出版社，2007.

王荣生，宋冬生. 语文学科知识与教学能力［M］. 北京：高等教育出版社，2011.

国家教师资格统一考试规划教材编写组. 语文学科知识与教学能力（高级中学·2014版）［M］. 北京：现代教育出版社，2014.

林治金. 中国小学语文教学史［M］. 济南：山东教育出版社，1996.

曹孚，滕大春，吴式颖，等. 外国古代教育史［M］. 北京：人民教育出版社，1981.

课程教材研究所. 20世纪中国小学课程标准·教学大纲汇编·语文卷［M］. 北京：人民教育出版社，2001.

［苏］瓦·阿·苏霍姆林斯基. 给教师的建议［M］. 杜殿坤，编译. 北京：教育科学出版社，1984.

叶圣陶. 叶圣陶语文教育论集［M］. 北京：教育科学出版社，1980.

南京师范学院附属小学，南京师范学院教育系. 斯霞教育经验选编 [C]. 北京：人民教育出版社，1978.

李吉林. 李吉林文集（第1卷）情境教学实验与研究 [M]. 北京：人民教育出版社，2006.

于永正. 于永正：我怎样教语文 [M]. 北京：教育科学出版社，2014.

李楠. "注音识字，提前读写" 实验报告——小学语文教学改革的成功经验 [C]. 北京：中国社会科学出版社，1985.

郑宏尖，王松舟. 小学作文教学改革与流派 [M]. 北京：航空工业出版社，1994.

李建荣，陈吉林. 小学作文教学大全 上册 [M]. 成都：四川大学出版社，2002.